COMENTÁRIOS À LEI DAS ELEIÇÕES

LEI Nº 9.504/1997, DE ACORDO COM A LEI Nº 13.165/2015

CÉLIA REGINA DE LIMA PINHEIRO
JOSÉ EDVALDO PEREIRA SALES
JULIANA RODRIGUES FREITAS

Coordenadores

COMENTÁRIOS À LEI DAS ELEIÇÕES

LEI Nº 9.504/1997, DE ACORDO COM A LEI Nº 13.165/2015

Belo Horizonte

2016

© 2016 Editora Fórum Ltda.

É proibida a reprodução total ou parcial desta obra, por qualquer meio eletrônico, inclusive por processos xerográficos, sem autorização expressa do Editor.

Conselho Editorial

Adilson Abreu Dallari
Alécia Paolucci Nogueira Bicalho
Alexandre Coutinho Pagliarini
André Ramos Tavares
Carlos Ayres Britto
Carlos Mário da Silva Velloso
Cármen Lúcia Antunes Rocha
Cesar Augusto Guimarães Pereira
Clovis Beznos
Cristiana Fortini
Dinorá Adelaide Musetti Grotti
Diogo de Figueiredo Moreira Neto
Egon Bockmann Moreira
Emerson Gabardo
Fabrício Motta
Fernando Rossi

Flávio Henrique Unes Pereira
Floriano de Azevedo Marques Neto
Gustavo Justino de Oliveira
Inês Virgínia Prado Soares
Jorge Ulisses Jacoby Fernandes
Juarez Freitas
Luciano Ferraz
Lúcio Delfino
Marcia Carla Pereira Ribeiro
Márcio Cammarosano
Marcos Ehrhardt Jr.
Maria Sylvia Zanella Di Pietro
Ney José de Freitas
Oswaldo Othon de Pontes Saraiva Filho
Paulo Modesto
Romeu Felipe Bacellar Filho
Sérgio Guerra

Luís Cláudio Rodrigues Ferreira
Presidente e Editor

Coordenação editorial: Leonardo Eustáquio Siqueira Araújo

Av. Afonso Pena, 2770 – 15º andar – Savassi – CEP 30130-012
Belo Horizonte – Minas Gerais – Tel.: (31) 2121.4900 / 2121.4949
www.editoraforum.com.br – editoraforum@editoraforum.com.br

C732   Comentários à lei das eleições: Lei nº 9.504/1997, de acordo com a Lei nº 13.165/2015 / Célia Regina de Lima Pinheiro, José Edvaldo Pereira Sales, Juliana Rodrigues Freitas (Coords.). – Belo Horizonte : Fórum, 2016.

368 p.
Inclui anexo.
ISBN 978-85-450-0148-5

1. Direito Constitucional. 2. Direito Eleitoral. 3. Justiça Eleitoral. 4. Reforma Eleitoral. I. Pinheiro, Célia Regina de Lima. II. Sales, José Edvaldo Pereira. III. Juliana Rodrigues Freitas. IV. Título.

CDD 324.63
2016-63   CDU 342.8

Informação bibliográfica deste livro, conforme a NBR 6023:2002 da Associação Brasileira de Normas Técnicas (ABNT):

PINHEIRO, Célia Regina de Lima; SALES, José Edvaldo Pereira, FREITAS, Juliana Rodrigues (Coords.). *Comentários à lei das eleições*: Lei nº 9.504/1997, de acordo com a Lei nº 13.165/2015. Belo Horizonte: Fórum, 2016. 368 p. ISBN 978-85-450-0148-5.

SUMÁRIO

Artigos 1º ao 9º
DISPOSIÇÕES GERAIS, DAS COLIGAÇÕES E DAS CONVENÇÕES PARA A ESCOLHA DE CANDIDATOS
José Henrique Mouta Araújo 11

Artigos 10 ao 16-B
DO REGISTRO DE CANDIDATOS
Luiz Ismaelino Valente, José Edvaldo Pereira Sales 37

Artigos 17 ao 32
DA ARRECADAÇÃO E DA APLICAÇÃO DE RECURSOS NAS CAMPANHAS ELEITORAIS E DA PRESTAÇÃO DE CONTAS
José Edvaldo Pereira Sales 69

Artigos 33 ao 41
DAS PESQUISAS E TESTES PRÉ-ELEITORAIS E DA PROPAGANDA ELEITORAL EM GERAL
Juliana Rodrigues Freitas 125

Artigos 42 ao 57-I
DA PROPAGANDA ELEITORAL MEDIANTE OUTDOORS, DA PROPAGANDA ELEITORAL NA IMPRENSA, DA PROPAGANDA ELEITORAL NO RÁDIO E NA TELEVISÃO
Maíra de Barros Domingues 147

Artigo 58
DO DIREITO DE RESPOSTA
Juliana Rodrigues Freitas 189

Artigos 59 ao 72
DO SISTEMA ELETRÔNICO DE VOTAÇÃO E DA
TOTALIZAÇÃO DE VOTOS, DAS MESAS RECEPTORAS
E DA FISCALIZAÇÃO DAS ELEIÇÕES
Elmana Viana Lucena Esmeraldo 199

Artigos 73 ao 78
DAS CONDUTAS VEDADAS AOS AGENTES PÚBLICOS
NAS CAMPANHAS ELEITORAIS
Alan Rogério Mansur Silva, Elmana Viana Lucena Esmeraldo 233

Artigos 79 ao 89
DISPOSIÇÕES TRANSITÓRIAS
Sávio Leonardo Melo Rodrigues 283

Artigos 90 ao 107
DISPOSIÇÕES FINAIS
Luzia do Socorro Silva dos Santos 299

ANEXO – LEI Nº 9.504, DE 30 DE SETEMBRO DE 1997 325

SOBRE OS AUTORES 367

PREFÁCIO

Esta obra surgiu como um projeto comemorativo do 69º aniversário da Justiça Eleitoral no estado do Pará. Nos meses que antecederam as eleições de 2014, foi feita uma publicação local pelo próprio Tribunal, com pequena tiragem. Um trabalho robusto que envolve vários autores experimentados na seara do direito eleitoral provenientes da Academia, do Judiciário, do Ministério Público, da Advocacia e do quadro funcional da Justiça Eleitoral. E, certamente, tem sido de grande valia como fonte de consulta para os que militam nesse ramo especializado do direito.

Mesmo havendo muitas publicações que tratam do direito eleitoral, parece que a carência de obras é sempre constante, pois a dinâmica das mudanças legislativas e também da jurisprudência na matéria eleitoral exige um trabalho árduo e contínuo de atualizações, novas publicações e republicações. Esse aparente quadro de instabilidade, ao que tudo indica, é inevitável no direito eleitoral. O processo eleitoral e as suas mais diversas facetas exigem constantes revisões dos regramentos existentes. Nem sempre, é verdade, isso ocorre para melhor.

A Lei nº 9.504, de 30.9.1997, veio a lume com a pretensão de ser uma "lei permanente" para as eleições em substituição ao quadro anterior em que havia uma lei para cada eleição. Mas, basta uma consulta rápida para se notar que, desde sua publicação, várias foram as mudanças legislativas, assim como as revisões de interpretações dadas pela jurisprudência das cortes eleitorais.

A última alteração ocorreu em 29.9.2015, através da Lei nº 13.165. Isso sem mencionar a Emenda Constitucional nº 91, de 18.2.2016. A mencionada lei introduziu mais uma, entre tantas, "minirreforma" eleitoral. As alterações foram muitas no Código Eleitoral (Lei nº 4.737, de 15.7.1965), na Lei dos Partidos Políticos (Lei nº 9.096, de 19.9.1995) e na Lei das Eleições (Lei nº 9.504, de 30.9.1997). Além disso, decisões importantes foram proferidas pelo Supremo Tribunal Federal (STF) e pelo Tribunal Superior Eleitoral (TSE), como é o caso da vedação de doação de recursos para a campanha eleitoral por pessoas jurídicas (ADI nº 4.650, j. 17.9.2015).

O quadro jurídico, portanto, para as eleições municipais de 2016, é complexo e contém muitas novidades. Além das referidas inovações no âmbito da legislação e da jurisprudência, cabe também aqui consignar que as eleições deste ano serão as primeiras sob a vigência do novo Código de Processo Civil, Lei nº 13.105, de 16.3.2016, sobre o qual a Justiça Eleitoral deverá pronunciar-se e explicitar continuamente sua incidência no direito eleitoral, não só a aplicação de suas regras diante de lacunas, mas também uma releitura de todo o processo eleitoral sob o viés interpretativo do novo código.

Essas foram as razões que nos motivaram a fazer contato com os autores, atualizar estes comentários e publicá-los novamente. Em muitos aspectos, o texto anterior publicado por esta Corte teve partes inteiras reescritas, tamanhas foram as modificações na lei eleitoral. Um trabalho árduo que cada um dos autores tomou a responsabilidade de levar a termo, aos quais deixamos os mais sinceros agradecimentos pela contribuição. É imprescindível o registro do primeiro idealizador desses comentários, o Desembargador Leonardo de Noronha Tavares, então Presidente e Diretor da Escola Judiciária do TRE/PA, que coordenou os trabalhos juntamente com a Dra. Juliana Rodrigues Freitas e o Dr. José Edvaldo Pereira Sales.

A obra está assentada na doutrina e na jurisprudência do Tribunal Superior Eleitoral (TSE) e do Tribunal Regional Eleitoral do Pará (TRE/PA). O texto da lei foi mantido para facilitar o manuseio e a consulta. Embora seja tarefa difícil em se tratando do direito eleitoral, os comentários foram atualizados no intuito de apresentar ao público não só a mais recente alteração legislativa, como também a visão dos tribunais externada nos últimos meses.

Aquele projeto que nasceu com uma feição comemorativa, e que, por razões diversas, restringiu-se a uma publicação local com pequena tiragem, toma agora ares mais avantajados, com a pretensão de ocupar espaço maior no cenário jurídico e ser fonte de consulta constante aos que lidam com o direito eleitoral nas faculdades e na prática forense dessa justiça peculiar – a Justiça Eleitoral. É esse o anseio que nos anima a recomendar a leitura destes *Comentários à Lei das Eleições: Lei nº 9.504/1997, de acordo com a Lei nº 13.165/2015*.

Célia Regina de Lima Pinheiro
Desembargadora. Diretora Geral da Escola Judiciária Eleitoral do TRE/PA.
Vice-Presidente do Tribunal Regional Eleitoral do Pará.

APRESENTAÇÃO

No dia 6.6.1945, em sessão presidida pelo saudoso Desembargador Manoel Maroja Neto, foi instalada a Justiça Eleitoral do Pará, e, para assinalar o aniversário de 69 anos da Justiça Eleitoral no Estado do Pará no âmbito acadêmico, que não poderia passar em branco, foram organizados alguns eventos.

O Ciclo de Palestras – Eleições 2014, ocorrido nos dias 25 e 26 de junho, que reuniu profissionais da área eleitoral da região paraense, bem como de outras regiões, como os renomados Dr. Joelson Dias, Ex-Ministro do Tribunal Superior Eleitoral, Dr. José Jairo Gomes, cujo manual de direito eleitoral é de leitura obrigatória para todos os que ingressam e se especializam nos estudos da área eleitoral, e a Dra. Elaine Macedo, Ex-Presidente do Tribunal Regional Eleitoral do Rio Grande do Sul e membro da academia daquela região.

Foram concebidos também os Estudos de Direito Eleitoral – 2014, que consistem em encontros mensais gratuitos realizados no Plenário do Tribunal Regional Eleitoral do Estado do Pará, sempre com a presença de renomados profissionais do Brasil. É uma grande oportunidade para discutir temas relacionados às Eleições 2014, possibilitar a atualização dos profissionais que se dedicam nessa área e alcançar os universitários que iniciam a sua descoberta do direito eleitoral, assim como o cidadão, que simplesmente quer entender como funciona o processo eleitoral, para melhor exercer seu direito de voto.

Todos esses eventos procuram corroborar e reafirmar a importância da Justiça Eleitoral, não apenas para o processo democrático, mas, fundamentalmente, para a cidadania do povo paraense ao lhe proporcionar o acesso à Justiça Eleitoral e a própria desmistificação dessa justiça especializada, como uma justiça que deve estar próxima de todos por ser, em nossa opinião, um dos pilares essenciais para a efetivação da democracia.

Para finalizar as comemorações no plano acadêmico, vislumbramos a elaboração do livro *Comentários à Lei das Eleições*, cuja finalidade é difundir a jurisprudência do Tribunal Superior Eleitoral (TSE) e do Tribunal Regional Eleitoral do Pará (TRE/PA) sobre uma das leis mais importantes que regem o processo eleitoral, a fim de que todo e qualquer cidadão interessado possa melhor conhecer a interpretação jurisprudencial dada a essa lei.

Sem margem para dúvidas, essa é uma obra que se destacará na academia paraense, e brasileira, por ser única, por ser a primeira vez que a jurisprudência eleitoral da Corte regional paraense, em cotejo com a da Corte Superior (TSE), proferidas como interpretação da Lei das Eleições, serão analisadas num livro.

Para a elaboração do livro foram convidados profissionais que, além de terem o perfil acadêmico, atuam no direito eleitoral, seja como servidor público, advogado, promotor ou juiz.

Assim, é com muita expectativa e honra que apresentamos o livro *Comentários à Lei das Eleições*.

Leonardo de Norona Tavares
Desembargador. Presidente e Diretor da Escola Judiciária do TRE/PA.

DISPOSIÇÕES GERAIS, AS COLIGAÇÕES E AS CONVENÇÕES PARA A ESCOLHA DE CANDIDATOS (ARTIGOS 1º AO 9º)

JOSÉ HENRIQUE MOUTA ARAÚJO

O VICE PRESIDENTE DA REPÚBLICA no exercício do cargo de *PRESIDENTE DA REPÚBLICA* Faço saber que o Congresso Nacional decreta e eu sanciono a seguinte Lei:

Disposições gerais

Art. 1º As eleições para Presidente e Vice-Presidente da República, Governador e Vice-Governador de Estado e do Distrito Federal, Prefeito e Vice-Prefeito, Senador, Deputado Federal, Deputado Estadual, Deputado Distrital e Vereador dar-se-ão, em todo o País, no primeiro domingo de outubro do ano respectivo.

Parágrafo único. Serão realizadas simultaneamente as eleições:

I - para Presidente e Vice-Presidente da República, Governador e Vice-Governador de Estado e do Distrito Federal, Senador, Deputado Federal, Deputado Estadual e Deputado Distrital;

II - para Prefeito, Vice-Prefeito e Vereador.

Estes comentários, do art. 1º ao 9º da Lei das Eleições, não podem ser feitos de forma isolada. Visando à boa compreensão do tema, o intérprete deve fazer uso de vários outros dispositivos que compõem o ordenamento eleitoral brasileiro.

Esta lei, criada especificamente para as eleições de 1998, ainda permaneceu sendo utilizada nas eleições posteriores, mas foi alterada por reformas ocorridas nos últimos anos (inclusive dentro do movimento chamado reforma política).[1]

A correta análise da sistemática eleitoral e dos regramentos das eleições deve ser feita analisando, além da própria Lei das Eleições (Lei nº 9.504/97): a Constituição Federal; o Código Eleitoral (Lei nº 4.737/65); a Lei de Inelegibilidade (Lei Complementar nº 64/90); Lei dos Partidos Políticos (Lei nº 9.096/95); resoluções do Tribunal Superior Eleitoral e decisões judiciais dos Tribunais Eleitorais pátrios.[2]

O art. 1º da Lei das Eleições consagra regramentos gerais da matéria, em consonância com o texto constitucional.

Na CF/88 há o indicativo das datas das eleições para Presidente e Vice-Presidente da República, no primeiro domingo de outubro (1º turno) e no último domingo, do mesmo mês, para o 2º turno.

Na verdade, antes das modificações ocorridas pela Emenda Constitucional nº 16/1997, o Brasil possuía datas fixas para os dias de eleição (3.10 para o 1º turno e 15.11 para o 2º), passando a ter calendário móvel após as modificações dos arts. 28 e 77 da CF/88.

Assim, o dispositivo contido no art. 1º é complementado no art. 2º, para indicar que o 2º turno também ocorrerá em nível estadual em datas móveis.

Deve ser feita uma análise cautelosa em relação a este dispositivo, tendo em vista que trata das eleições gerais e municipais, realizadas de dois em dois anos.[3]

---

[1] "Embora também regulamente os pleitos municipais, esta Lei foi elaborada especificamente para normatizar as eleições presidenciais e estaduais de 1998 e, por isso mesmo, em determinados aspectos, é um tanto superficial no que tange as disputas para os cargos de prefeito e de vereador. Daí a urgente necessidade de sua reformulação" (BARRETTO, Lauro. *Comentários à Lei das Eleições*. Bauru: Edipro, 2000. p. 43).

[2] Olivar Coneglian ensina que o edifício eleitoral é construído sobre uma plataforma onde se erguem três torres, "a *plataforma* é a Constituição Federal. As *três torres* que deveriam coroar o edifício eleitoral são o Código Eleitoral, a Lei dos Partidos Políticos e a Lei das Inelegibilidades" (CONEGLIAN, Olivar. *Lei das Eleições comentada*. Curitiba: Juruá, 2002. p. 13).

[3] Sobre as eleições gerais e municipais, Roberto Porto aponta que: " a simultaneidade de todas essas disputas políticas, salvo das municipais pela incoincidência os mandatos, provavelmente preferida por economia e pelo temor do desinteresse popular por eleições proporcionais isoladas, pode confundir a escolha dos eleitores menos esclarecidos. No passado, essa eleição múltipla demandava a existência de duas cédulas, sendo que numa delas havia um elenco infindável de candidatos. Além disso, é razoável supor que numa tal eleição conjunta os eleitores priorizem a campanha e a escolha dos candidatos aos cargos executivos, notadamente a Presidente da República e a Governador do Estado, relegando a segundo plano a competição política para os postos legislativos, comprometendo ou enfraquecendo, com isso, a legitimidade dos eleitos nessa disputa proporcional" (PORTO, Roberto. *Lei eleitoral anotada*. São Paulo: Saraiva, 2009. p. 3-4).

Temos, portanto, regramento distinto, tendo em vista que o 2º turno é apenas para os candidatos ao Poder Executivo (presidente, governadores e prefeitos), e nas cidades com mais de duzentos mil eleitores.

Neste momento introdutório, é prudente destacar que não se deve confundir eleições gerais e municipais. Há revezamento de dois em dois anos, sendo que as primeiras incluem os cargos de presidente e vice-presidente da República, governador e vice-governador de estado e do Distrito Federal, senador, deputado federal, deputado estadual e deputado distrital; já as segundas são para os cargos de prefeito, vice-prefeito e vereador.

Um dos grandes temas de discussão na atualidade refere-se à reforma política, inclusive atendendo ao clamor popular ocorrido nas mobilizações de 2013. Esta reforma incluiria, entre vários aspectos, a tentativa de uniformização das eleições gerais e municipais, que passariam a ser de quatro em quatro anos.

Algumas modificações da legislação eleitoral já foram objeto da Lei nº 12.891/2013, e a comunidade jurídica aguarda as etapas seguintes da chamada reforma política.

> Art. 2º Será considerado eleito o candidato a Presidente ou a Governador que obtiver a maioria absoluta de votos, não computados os em branco e os nulos.
>
> §1º Se nenhum candidato alcançar maioria absoluta na primeira votação, far-se-á nova eleição no último domingo de outubro, concorrendo os dois candidatos mais votados, e considerando-se eleito o que obtiver a maioria dos votos válidos.
>
> §2º Se, antes de realizado o segundo turno, ocorrer morte, desistência ou impedimento legal de candidato, convocar-se-á, dentre os remanescentes, o de maior votação.
>
> §3º Se, na hipótese dos parágrafos anteriores, remanescer em segundo lugar mais de um candidato com a mesma votação, qualificar-se-á o mais idoso.
>
> §4º A eleição do Presidente importará a do candidato a Vice-Presidente com ele registrado, o mesmo se aplicando à eleição de Governador.

O art. 2º da Lei das Eleições passa a tratar especificamente do 2º turno. O regramento dessa etapa eleitoral também é tratado na CF/88, em seu art. 77 (*eleição em 1º e 2º turnos das eleições gerais, aos cargos de presidente e governadores*).

Assim, para 1º turno a exigência é de maioria absoluta de votos. Logo, a eleição requer votos válidos, que são calculados excetuados os nulos e brancos (idem no art. 77, §2º, da CF/88).[4] Caso este número não seja alcançado, o 2º turno será realizado no último domingo de outubro, apenas para os cargos de presidente e governadores.

Naqueles estados em que a eleição para governador se encerrar no 1º turno, o 2º será apenas para o cargo de presidente. Por outro lado, se ocorrer eleição para presidente em 1º, o 2º apenas ocorrerá nos estados em que o governador não alcançar número de votos suficiente para sua eleição no primeiro turno.

Por outro lado, nos §§2º e 3º estão previstos os critérios para substituição de candidato em caso de morte, desistência ou outro motivo de impedimento de participação. Pela ordem, será convocado o que tiver maior votação ou, em caso de empate, o mais idoso.

É importante ressaltar que a lei não trouxe previsão para o caso de empate no segundo turno. Esta situação, mesmo que difícil de ocorrer na prática, poderá provocar discussão e embate judicial. A tendência, seguindo as outras situações (como empate no primeiro turno e outros previstos no Código Eleitoral – art. 110), é que o critério de idade também seja utilizado para o segundo turno, declarando-se, em caso de empate, eleito o candidato mais idoso.[5]

Por outro lado, se a eleição for para os cargos do legislativo (federal, estadual ou municipal), o critério de eleição não será necessariamente pela idade (exceto quando se tratar de mesmo partido ou coligação), mas por outros (como quociente partidário). Nesse sentido, já decidiu o Tribunal Superior Eleitoral:

> Eleição proporcional. Quociente partidário. Empate de medias entre as legendas. Partido político. Coligação. Direito a vaga. Candidato mais idoso. CE, art. 110. Inaplicabilidade. Cerceamento de defesa. Juiz eleitoral. Competência. 1. A jurisprudência do TSE tem sido no sentido de que no caso de empate das medias entre dois ou mais partidos,

---

[4] Qual seria a maioria absoluta de votos, quando a divisão da metade não alcança número inteiro? A resposta é simples: o número imediatamente superior à metade. Transcrevo o exemplo citado por Lauro Barretto: "numa cidade cujo número de votos válidos apurados seja 211.123, a maioria absoluta será 105.562, uma vez que a metade deles é 105.561,50. Ou seja, neste caso, não é necessário que um candidato alcance 105.563 votos para ser eleito na primeira rodada das urnas" (BARRETTO, Lauro. *Comentários à Lei das Eleições*. Bauru: Edipro, 2000. p. 47).

[5] No mesmo sentido, ver CONEGLIAN, Olivar. *Lei das Eleições comentada*. Curitiba: Juruá, 2002. p. 28.

considerar-se-á o partido com maior votação. Precedente: consulta n. 11.449/90. 2. A regra contida no art. 110 do Código Eleitoral, que estabelece que, em caso de empate, haver-se-á por eleito o candidato mais idoso, refere-se ao empate na votação nominal dos candidatos de um mesmo partido ou coligação. 3. Inexistente o alegado cerceamento de defesa e a arguição de incompetência do juiz eleitoral. Não demonstrada violação a texto de lei. Recurso não conhecido. (RESPE – Recurso Especial Eleitoral nº 11.778/MG. Acórdão nº 11.778, de 19.4.1994, Rel. Min. Cid Flaquer Scartezzini. *DJ*, p. 12321, 20 maio 1994. *RJTSE – Revista de Jurisprudência do TSE*, v. 6, t. 2, p. 219)

Ademais, o regramento do §4º, do art. 2º, é de extrema importância e poderá gerar reflexos em uma eventual ação judicial. De fato, a eleição é fechada, única e indivisível: eleito o candidato, automaticamente também o será o seu vice, assim como é indivisível o registro dos candidatos (art. 91 do Código Eleitoral).

Uma crítica a se fazer, bem explorada por Roberto Porto, refere-se à pouca participação política do candidato a vice, que muitas vezes é até desconhecido pela população e acaba exercendo diretamente o cargo, em caso de afastamento do eleito.[6]

Nos dias de hoje, até que se tem observado, durante as campanhas eleitorais, debates, horário eleitoral gratuito e outros instrumentos de comunicação, a presença dos candidatos a vice. Contudo, isto não é regra e sim exceção.

Uma questão extremamente interessante, e que tem reflexos na previsão do §4º, diz respeito à formação ou não de litisconsórcio necessário em eventuais demandas eleitorais (art. 47 do Código de Processo Civil), entre o candidato e seu vice.

Esse tema vem sendo objeto de muitas demandas judiciais nos Tribunais Regionais e no Tribunal Superior Eleitoral. Levando em conta que a eleição é única e indivisível, a eventual propositura de ação eleitoral (AIME, RCED etc.), necessariamente, deve ser em desfavor de todos ou apenas do candidato impugnado? Não se pode esquecer que

---

[6] Ao enfrentar o §4º, do art. 2º, assevera o autor: "ocorre que essa previsão não se preocupa com o fato, frequente em nosso País, de os Governos serem exercidos pelos Vices, cujos nomes não são conscientemente votados nem sequer lembrados pelo eleitorado. A necessidade de se compatibilizar a linha ideológica e programática de tais candidatos é apresentada como justificativa dessa norma. Dever-se-ia, contudo, acrescentar preceito tornando obrigatória alguma participação dos Vices nas campanhas eleitorais, com a advertência de que seriam eles automaticamente eleitos com a escolha do respectivo titular, tornando-os, dessa maneira, pelo menos conhecidos" (PORTO, Roberto. *Lei eleitoral anotada*. São Paulo: Saraiva, 2009. p. 7).

a legislação processual civil obriga a citação de todos os litisconsortes necessários, sob pena de ocorrência de vício procedimental. O TSE, no julgamento de representação eleitoral (*com pena de cassação de registro ou do diploma*), se posicionou pela necessidade de citação do candidato a vice-prefeito, senão vejamos:

> AGRAVO REGIMENTAL. RECURSO ESPECIAL ELEITORAL. ELEIÇÕES 2008. PREFEITA. REPRESENTAÇÃO. ABUSO DE PODER. CONDUTA VEDADA. ART. 73 DA LEI 9.504/97. AUSÊNCIA DE CITAÇÃO DO VICE-PREFEITO. DECADÊNCIA DO DIREITO DE AÇÃO. NÃO PROVIMENTO. 1. Preliminarmente, não conheço do pedido de desistência formulado por Núbia Cozzolino (Protocolo nº 11.837/2013), pois embora se declare recorrente, figura na relação processual como recorrida. 2. Há litisconsórcio passivo necessário entre titular e vice da chapa majoritária nas ações eleitorais que possam implicar a cassação do registro ou do diploma. Precedentes. 3. Na espécie, a representação com fundamento no art. 73 da Lei 9.504/97 foi proposta somente contra o prefeito, sem determinação posterior de citação do vice-prefeito, impondo-se o reconhecimento da decadência do direito de ação. 4. Cumpre aos órgãos da Justiça Eleitoral evitar entendimentos conflitantes durante a mesma eleição, em homenagem à segurança jurídica. Nesse sentido, o entendimento firmado a partir do julgamento da Questão de Ordem no RCED 703 não ocasionou surpresa aos jurisdicionados, pois constituiu primeira manifestação do TSE sobre o tema e só foi aplicado às ações propostas posteriormente. Precedentes. 5. No caso dos autos, a AIJE foi proposta em 25.8.2008, ou seja, após a definição do novo entendimento jurisprudencial, sendo obrigatória, portanto, a citação do vice-prefeito. 6. Agravo regimental não provido. (AgR-Respe – Agravo Regimental em Recurso Especial Eleitoral nº 784.884 – Magé/RJ. Acórdão de 6.6.2013. Rel. Min. José de Castro Meira. *DJE*, t. 117, p. 59, 24 jun. 2013)

Já em outra situação concreta (*registro de candidatura*), o TSE entendeu que inexiste litisconsórcio necessário entre os candidatos a prefeito e vice:

> Inelegibilidade. Condenação por abuso do poder econômico e de autoridade. 1. Não há litisconsórcio passivo necessário entre candidatos a prefeito e vice-prefeito em processos de registro de candidatura. 2. Ainda que se trate de condenação transitada em julgado, em representação por abuso do poder econômico ou político referente a eleição anterior à vigência da Lei Complementar nº 135/2010, incide a inelegibilidade prevista na alínea d do inciso I do art. 1º da Lei Complementar nº 64/90, cujo prazo passou a ser de oito anos. 3. Configurado

o fato objetivo estabelecido na respectiva norma, qual seja, a procedência de representação, com decisão colegiada ou transitada em julgado, por abuso do poder econômico ou político, e estando ainda em vigor o novo prazo de inelegibilidade, pouco importa o decurso de tempo de inelegibilidade anteriormente fixado por norma já modificada ou pela própria decisão. 4. Não há direito adquirido a regime de elegibilidade, nem se pode cogitar de ofensa a ato jurídico perfeito ou à coisa julgada, pois as condições de elegibilidade, assim como as causas de inelegibilidade, devem ser aferidas no momento da formalização do pedido de registro de candidatura. Agravos regimentais não providos. (AgR-Respe – Agravo Regimental em Recurso Especial Eleitoral nº 19.730 – Criciúma/SC. Rel. Min. Arnaldo Versiani Leite Soares. Sessão de 6.11.2012)

A rigor, as questões maiores que devem ser enfrentadas são as seguintes: a) qual a consequência da ação judicial em relação ao candidato e seu vice?; b) a conduta impugnada está relacionada a ambos?; c) a eventual procedência da demanda poderá gerar consequências ao vice (ex.: inelegibilidade, cassação de mandato, registro)?; d) será possível aproveitar a condição jurídica de vice para empossá-lo no cargo?

As respostas a estas indagações podem concluir pela necessidade ou não de citação de ambos. No TRE/PA há interessante precedente, no caso de eleição de prefeito (art. 3º, §1º, da Lei das Eleições), indicando a existência de litisconsorte necessário nos casos de RCED:

Agravos regimentais. Recursos contra expedição de diplomas. Procedimento. Aplicação art. 163 RITRE/PA. Conhecidos. Providos. Agravos regimentais. Recursos contra expedição de diplomas. Expedição de carta de ordem. Notificação. Vice-prefeito. Litisconsorte necessário. Possibilidade. Ausência de notificação. Erro do juízo. Decadência. Não configurada. Aplicação de multa. Litigância de má-fé. Configurada. Recursos conhecidos e improvidos. 1. Possibilidade de interposição de Agravos Regimentais, que visam submeter à matéria relativa à prejudicial de mérito (decadência), em momento anterior ao julgamento do feito principal, inteligência do art. 163 do RITRE/PA. 2. Agravos Regimentais conhecidos e providos, para submeter ao plenário desta Corte Eleitoral, desde logo, os Agravos Regimentais que tratam da matéria relativa a Decadência. 3. Conforme assentada jurisprudência do TSE, as demandas em que se postulam a cassação de registro, diploma ou mandato, existe litisconsórcio necessário entre os integrantes da chapa majoritária. 4. Não há que se falar em decadência, quando a exordial indica claramente tanto o prefeito quanto o vice-prefeito para responderem aos termos da ação. 5. Impossibilidade de se operar a decadência, quando a ausência de notificação do litisconsorte passivo necessário (vice-prefeito), for ocasionada por erro do juízo. 6. Agravos conhecidos e no mérito improvido. (AgR-RCED – Agravo Regimental em Recurso Contra Expedição de Diploma nº 80.441 – Santa Bárbara do Pará/PA. Acórdão nº 26.261, de 10.10.2013. Rel. João Batista Vieira dos Anjos. DJE, t. 196, p. 2-3, 24 out. 2013)

Logo, considerando a previsão de que a eleição é fechada, única e indivisível (art. 2º, §4º da Lei das Eleições), haverá a necessidade de cautela na análise da ação eleitoral a ser manejada, para que se possa concluir pela formação ou não de litisconsorte necessário entre o candidato e seu vice. As respostas às indagações formuladas anteriormente podem indicar o caminho a ser seguido em cada caso concreto.

> Art. 3º Será considerado eleito Prefeito o candidato que obtiver a maioria dos votos, não computados os em branco e os nulos.
> §1º A eleição do Prefeito importará a do candidato a Vice-Prefeito com ele registrado.
> §2º Nos Municípios com mais de duzentos mil eleitores, aplicar-se-ão as regras estabelecidas nos §§1º a 3º do artigo anterior.

Esse artigo é semelhante ao anterior, e também repisa as diretrizes constitucionais (arts. 29, II, e 77 da CF/88). Contudo, dirige-se precisamente às eleições municipais, realizadas de quatro em quatro anos.

O dispositivo é claro quando afirma que o eleito é aquele que vence a eleição, não importando o número de votos ou mesmo a quantidade de candidatos que disputam o pleito. Parte também da regra geral, ligada à eleição fechada (prefeito e seu vice), com a aplicação dos dispositivos do art. 2º. Nesse sentido, ratifica-se o que foi mencionado anteriormente, em relação à necessidade ou não de participação de ambos nas ações eleitorais eventualmente promovidas.[7]

Uma ressalva importante é a de que a maioria dos municípios brasileiros não está sujeita ao segundo turno. Como já mencionado, essa 2ª etapa eleitoral apenas ocorrerá nos municípios com número maior do que duzentos mil eleitores.

---

[7] Ver, no TRE/PA, o já mencionado AgR-RCED – Agravo Regimental em Recurso Contra Expedição de Diploma nº 80.441 – Santa Bárbara do Pará/PA.

Art. 4º Poderá participar das eleições o partido que, até um ano antes do pleito, tenha registrado seu estatuto no Tribunal Superior Eleitoral, conforme o disposto em lei, e tenha, até a data da convenção, órgão de direção constituído na circunscrição, de acordo com o respectivo estatuto.

Neste momento, a Lei das Eleições trata dos requisitos de participação dos partidos políticos nas eleições.

Como ponto de partida, não se pode esquecer de que a CF/88 (art. 17) consagra a liberdade de criação, fusão, incorporação e extinção de partidos. Contudo, se de um lado o Brasil consagra o pluripartidarismo, de outro há a necessidade de registro dos respectivos estatutos no Tribunal Superior Eleitoral.

Há, portanto, regramentos importantes no art. 4º, visando estipular a participação dos partidos políticos: a) registro no TSE até um ano antes do pleito (art. 9º, §§3º e 4º da LPP);[8] b) constituição, até a data da convenção, de órgão de direção na circunscrição.[9] Contudo, antes de efetuar o procedimento junto ao Tribunal Superior, deve o partido requerer o registro no Cartório de Registro de Pessoas Jurídicas para, com a aquisição da personalidade, possa adotar os demais procedimentos visando à participação nas eleições.[10]

Após a inscrição, deve o partido constituir direção na circunscrição eleitoral (limite territorial eleitoral). Como bem aponta Olivar Coneglian:

---

[8] Não basta a apresentação do requerimento de registro, e sim seu deferimento. Reza a Lei nº 9.096/95: "Art. 9º Feita a constituição e designação, referidas no §3º do artigo anterior, os dirigentes nacionais promoverão o registro do estatuto do partido junto ao Tribunal Superior Eleitoral, através de requerimento acompanhado de: I - exemplar autenticado do inteiro teor do programa e do estatuto partidários, inscritos no Registro Civil; II - certidão do registro civil da pessoa jurídica, a que se refere o §2º do artigo anterior; III - certidões dos cartórios eleitorais que comprovem ter o partido obtido o apoiamento mínimo de eleitores a que se refere o §1º do art. 7º. §1º A prova do apoiamento mínimo de eleitores é feita por meio de suas assinaturas, com menção ao número do respectivo título eleitoral, em listas organizadas para cada Zona, sendo a veracidade das respectivas assinaturas e o número dos títulos atestados pelo Escrivão Eleitoral. §2º O Escrivão Eleitoral dá imediato recibo de cada lista que lhe for apresentada e, no prazo de quinze dias, lavra o seu atestado, devolvendo-a ao interessado. §3º Protocolado o pedido de registro no Tribunal Superior Eleitoral, o processo respectivo, no prazo de quarenta e oito horas, é distribuído a um Relator, que, ouvida a Procuradoria-Geral, em dez dias, determina, em igual prazo, diligências para sanar eventuais falhas do processo".

[9] A Resolução nº 22.156/2006, do TSE, em seu art. 2º, também elenca esses requisitos.

[10] A Lei nº 9.096/95 (Lei dos Partidos Políticos – LPP) estabelece as diretrizes e formalidades para os partidos políticos.

Na eleição para presidente, a circunscrição é todo o Brasil, e o partido deve ter uma comissão dirigente nacional, se quiser ter candidato nesse nível.

Na eleição para governador, senador e deputado, a circunscrição é o Estado ou o Distrito Federal, e o partido que quiser participar da eleição em determinado Estado ou no Distrito Federal deve ter órgão diretivo estadual (distrital) ou regional.[11]

Portanto, a legislação pretende estimular a nacionalização dos partidos, fazendo com que possam ter órgão de direção nacional e local. Caberá aos respetivos Tribunais Regionais Eleitorais a publicação dos nomes dos partidos que irão participar das eleições municipais, remetendo ao Tribunal Superior Eleitoral listagem daqueles que irão disputar a eleição nacional. Esse controle do prazo também deve ser feito em relação a cada candidato:[12]

> Art. 5º Nas eleições proporcionais, contam-se como válidos apenas os votos dados a candidatos regularmente inscritos e às legendas partidárias.

Inicialmente, é mister destacar que este dispositivo revogou o art. 106 do Código Eleitoral (que admitia os votos em branco para contagem do quociente eleitoral).

Nos termos da Lei das Eleições, admitem-se como válidos apenas os votos atribuídos aos candidatos com inscrição regular e às legendas partidárias, sendo descartado o voto em branco.

---

[11] CONEGLIAN, Olivar. *Lei das Eleições comentada*. Curitiba: Juruá, 2002. p. 42.
[12] No TRE/PA há o seguinte julgado: "ELEIÇÕES 2012. RECURSO ELEITORAL. PEDIDO DE REGISTRO DE CANDIDATURA. VEREADOR. INDEFERIMENTO. FILIAÇÃO PARTIDÁRIA. INOBSERVÂNCIA DO PRAZO DE 1 (UM) ANO ANTES DO PLEITO. PREVALÊNCIA. PROVAS IMPRESTÁVEIS AO SANEAMENTO DA FALHA. INAPLI-CABILIDADE DA SÚMULA TSE N.º 20. DESPROVIMENTO. 1 -Para concorrer às Eleições Municipais de 2012, o candidato deve possuir filiação deferida pelo partido político desde o dia 7 de outubro de 2011. 2 - Conforme previsto na Resolução TSE n.º 23.373/2011, a prova da filiação partidária é feita com base na última relação oficial de eleitores recebida e armazenada no sistema de filiação partidária a partir dos dados informados pelos próprios partidos políticos. 3 - A Súmula TSE nº 20 é aplicável na falta do nome do filiado na lista encaminhada à Justiça Eleitoral e não quando o nome do filiado consta na lista, mas a filiação é inferior a 1 ano antes do Pleito Eleitoral" (RE-RCAND – Recurso Eleitoral em Registro de Candidatura nº 22.964 – Curionópolis/PA. Acórdão nº 25.124, de 21.8.2012. Rel. Daniel Santos Rocha Sobral. Sessão de 21.8.2012, v. 18:42).

Assim, apesar da existência de críticas,[13] tendo em vista que até 1996 os votos em branco eram computados, o quociente eleitoral será levado em conta, nas eleições proporcionais, apenas com a soma dos votos nominais.

O primeiro voto, nessas eleições proporcionais[14] (o que não ocorre nas majoritárias), é no partido e o segundo é no candidato inscrito, pelo que se pode afirmar que, em verdade, se trata de duas eleições em um só momento.

Os votos atribuídos ao partido, deixando o eleitor de indicar o número do candidato, é considerado voto de legenda.

Das Coligações

Art. 6º É facultado aos partidos políticos, dentro da mesma circunscrição, celebrar coligações para eleição majoritária, proporcional, ou para ambas, podendo, neste último caso, formar-se mais de uma coligação para a eleição proporcional dentre os partidos que integram a coligação para o pleito majoritário.

§1º A coligação terá denominação própria, que poderá ser a junção de todas as siglas dos partidos que a integram, sendo a ela atribuídas as prerrogativas e obrigações de partido político no que se refere ao processo eleitoral, e devendo funcionar como um só partido no relacionamento com a Justiça Eleitoral e no trato dos interesses interpartidários.

§1º-A. A denominação da coligação não poderá coincidir, incluir ou fazer referência a nome ou número de candidato, nem conter pedido de voto para partido político. (Incluído pela Lei nº 12.034, de 2009)

§2º Na propaganda para eleição majoritária, a coligação usará, obrigatoriamente, sob sua denominação, as legendas de todos os partidos que a integram; na propaganda para eleição proporcional, cada partido usará apenas sua legenda sob o nome da coligação.

§3º Na formação de coligações, devem ser observadas, ainda, as seguintes normas:

I - na chapa da coligação, podem inscrever-se candidatos filiados a qualquer partido político dela integrante;

II - o pedido de registro dos candidatos deve ser subscrito pelos presidentes dos partidos coligados, por seus delegados, pela maioria

---

[13] Roberto Porto argumenta que: "os votos brancos são votos válidos, que expressam a vontade do eleitor de não eleger quem quer que seja. Esse desejo deveria ser valorado, aumentando, por consequência, o quociente eleitoral. Não nos parece que o argumento de que a inclusão dos votos brancos prejudicava partidos pequenos seja válido, pois a novidade só serviu de auxílio para que os partidos obtenham mais cadeiras" (PORTO, Roberto. *Lei eleitoral anotada*. São Paulo: Saraiva, 2009. p. 9).

[14] Proporcionais são as que elegem deputados federais, estaduais, distritais e vereadores (arts. 106 e seguintes do Código Eleitoral).

dos membros dos respectivos órgãos executivos de direção ou por representante da coligação, na forma do inciso III;

III - os partidos integrantes da coligação devem designar um representante, que terá atribuições equivalentes às de presidente de partido político, no trato dos interesses e na representação da coligação, no que se refere ao processo eleitoral;

IV - a coligação será representada perante a Justiça Eleitoral pela pessoa designada na forma do inciso III ou por delegados indicados pelos partidos que a compõem, podendo nomear até:

a) três delegados perante o Juízo Eleitoral;

b) quatro delegados perante o Tribunal Regional Eleitoral;

c) cinco delegados perante o Tribunal Superior Eleitoral.

§4º O partido político coligado somente possui legitimidade para atuar de forma isolada no processo eleitoral quando questionar a validade da própria coligação, durante o período compreendido entre a data da convenção e o termo final do prazo para a impugnação do registro de candidatos. (Incluído pela Lei nº 12.034, de 2009)

§5º A responsabilidade pelo pagamento de multas decorrentes de propaganda eleitoral é solidária entre os candidatos e os respectivos partidos, não alcançando outros partidos mesmo quando integrantes de uma mesma coligação. (Incluído pela Lei nº 12.891, de 2013)

O art. 6º trata dos requisitos formais para a criação de coligação de partidos. Como o próprio nome indica, coligação é união de partidos, que pode ser para as eleições majoritárias e/ou proporcionais, sendo tratada como um só partido.[15]

Os partidos políticos são livres para criar ou não as coligações e, em caso positivo, terão duração temporária[16] e dentro da mesma circunscrição (federal, estadual ou municipal), dependendo da eleição a ser disputada.[17]

Pela leitura do *caput* do art. 6º, é possível estabelecer os seguintes regramentos: a) as coligações são celebradas na mesma circunscrição; b) podem atingir as eleições majoritárias, proporcionais ou ambas;

---

[15] Como aponta Olivar Coneglian, a "coligação é uma pessoa jurídica formal, nascida da união de partidos, com o objetivo de participar das eleições, tendo duração finita no tempo, durante o processo eleitoral". (CONEGLIAN, Olivar. *Lei das Eleições comentada*. Curitiba: Juruá, 2002. p. 54).

[16] O TSE, em seguidas decisões, consagrou a expressão "partidos temporários" (ver, entre outros, os acórdãos nºs 5.025/2005 e 25.015/2005).

[17] De acordo com o item 1, da Resolução TSE nº 22.580/2007: "1. A formação de coligação constitui faculdade atribuída aos partidos políticos para a disputa do pleito, conforme prevê o art. 6º, caput, da Lei nº 9.504/97, tendo a sua existência caráter temporário e restrita ao processo eleitoral".

c) quando forem para as proporcionais, é possível que incluam alguns dos partidos que integrem a coligação para as majoritárias.

Utilizando-se as lições de Roberto Porto, é possível exemplificar uma hipótese de coligação para as proporcionais e majoritárias:

> Os partidos A, B, C e D podem formar uma coligação para as eleições majoritárias e mais de uma coligação para as eleições proporcionais, agrupando, nesse exemplo, os partidos A e C numa delas e os partidos B e D em outra, para Deputado Federal e para Deputado Estadual ou Distrital.[18]

Destarte, quando há coligação para as eleições majoritárias (presidente, governador, por exemplo), há a possibilidade de criação de coligações para as eleições proporcionais entre os partidos que compuseram a coligação maior, sendo, portanto, admissível mais de uma coligação secundária, desde que entre partidos que compuseram a coligação majoritária.

Por outro lado, há situações em que se não pode permitir coligação local, como no caso enfrentado pelo TRE/PA:[19]

> REGISTRO DE COLIGAÇÃO. ELEIÇÕES MAJORITÁRIAS. GOVERNADOR. SENADOR. COLIGAÇÃO. DELIBERAÇÃO. OBSERVÂNCIA DOS PRAZOS FIXADOS. REGULARIDADE. IMPUGNAÇÃO REJEITADA. COLIGAÇÃO. PARTIDOS POLÍTICOS. VERTICALIZAÇÃO. INOBSERVÂNCIA. EXCLUSÃO DE PARTIDO. IMPUGNAÇÃO PARCIALMENTE ACOLHIDA. DEFERIMENTO DO PEDIDO COM EXCLUSÃO DE PARTIDO. É válida a decisão tomada em Convenção que delega poderes à comissão executiva do Partido Político para deliberar sobre coligações e indicação de pré-candidatos. Não pode

---

[18] PORTO, Roberto. *Lei eleitoral anotada*. São Paulo: Saraiva, 2009. p. 12.
[19] Já o TSE decidiu: "ELEIÇÕES 2012. AGRAVO REGIMENTAL EM RECURSO ESPECIAL. IMPUGNAÇÃO. REGISTRO DE COLIGAÇÃO PARTIDÁRIA PROPORCIONAL. DRAP. ALEGAÇÃO DE OFENSA AO ART. 6º, CAPUT, DA LEI Nº 9.504/97. NÃO OCORRÊNCIA. SÚMULA 83/STJ. DESPROVIMENTO DO AGRAVO. 1. Na linha da jurisprudência desta Corte Superior: 'O partido que não celebrou coligação para a eleição majoritária pode celebrar coligação proporcional com partidos que, entre si, tenham formado coligação majoritária' (AgR-REspe nº 4616-46/PB, Rel. Ministro ARNALDO VERSIANI, publicado na sessão de 7.10.2010) – caso dos autos. 2. Hipótese em que a questão relacionada ao instituto da verticalização, visando excluir o Partido dos Trabalhadores (PT) dos quadros da coligação Agravada, encontrar-se-ia de qualquer forma preclusa, porque não suscitada nos autos do DRAP da coligação majoritária. 3. Agravo regimental desprovido" (AgR-AgR-REspe – Agravo Regimental em Agravo Regimental em Recurso Especial Eleitoral nº 17.865 – Cunha/SP. Acórdão de 1.8.2013. Rel. Min. Laurita Hilário Vaz. *DJE*, t. 157, p. 74, 19 ago. 2013).

o partido político que lançar, isoladamente ou em coligação, candidato à eleição de Presidente da República, formar coligação para eleição de Governador e Senador com partido político que tenha, isoladamente ou em coligação diversa, lançado candidato ao mesmo cargo. Habilitação parcialmente deferida. (RC – Registro de Candidato (subst. de nome/ compl./incl.) nº 1.121 – Belém/PA. Acórdão nº 19.565, de 8.8.2006. Rel. Ricardo Felipe Rodrigues Macieira. Sessão de 8.8.2006, v. 11h22)

Uma questão interessante também enfrentada pelo órgão colegiado eleitoral paraense refere-se à formalização da coligação. Será necessária uma ata individual de cada partido que compõe a coligação ou poderá ser feita uma ata geral, em que as agremiações partidárias manifestam um interesse global na formação da coligação?

Ao reformar a sentença, entendeu o TRE/PA pela possibilidade de ata conjunta, senão vejamos:

RECURSO ELEITORAL. ELEIÇÕES 2012. DRAP. CONVENÇÃO PARTIDÁRIA. DELIBERAÇÃO ACERCA DE FORMAÇÃO DE COLIGAÇÃO. AUSÊNCIA DE ATAS INDIVIDUAIS DOS PARTIDOS. MERA FORMALIDADE. PARTIDOS MANIFESTARAM-SE PARA FORMAR COLIGAÇÃO. CONVENÇÃO CONJUNTA. ADMISSÃO. REFORMA DA SENTENÇA. PROVIMENTO. 1 – As ATA dos partidos que deliberarem acerca da escolha de candidatos e formação de Coligações deverão acompanhar o formulário do DRAP. Tal requisito foi obedecido, mesmo que, para tanto, tenha havido uma Ata conjunta onde as agremiações expressaram a vontade de se unir. 2 – Os Partidos Políticos são autônomos para definirem o modo pelo qual deliberam acerca de formação de Coligação. 3 – Recurso conhecido e provido. (RE-RCAND – Recurso Eleitoral em Registro de Candidatura nº 57.908 – Colares/PA. Acórdão nº 25.502, de 11.9.2012 Rel. Eva do Amaral Coelho. Sessão de 11.9.2012, v. 11:56)

Outrossim, o art. 17, §1º, da CF/88 complementa as disposições deste art. 6º, no sentido de indicar que no Brasil não há verticalização (art. 17, §1º, da CF/88):[20] não há a necessidade de repetir a coligação nacional no âmbito local.

---

[20] "CONSULTA. PARTIDO SOCIAL LIBERAL. VERTICALIZAÇÃO DAS COLIGAÇÕES POLÍTICO-PARTIDÁRIAS. FIM DA OBRIGATORIEDADE. ART. 17, §1º, DA CONSTITUIÇÃO FEDERAL. INCIDÊNCIA A PARTIR DA ELEIÇÃO DE 2010. 1. A obrigatoriedade de verticalização das coligações, que se fundamentava no princípio do caráter nacional do partido, foi mantida somente para as eleições de 2006 (ADIN nº 3.685-8/DF, Relª. Minª. Ellen Gracie, DJ de 10.8.2006 e §1º do art. 3º da Res.-TSE nº. 22.156/2006). 2. O art. 17, §1º, da Constituição, alterado pela EC 52/2006, assegura aos partidos políticos autonomia para

Uma vez estabelecida e criada a coligação, poderá ser tratada com a junção das siglas dos partidos envolvidos (art. 6º, §1º), ou uma denominação própria, *v.g.*, "juntos pelo povo", "solução pelo Brasil", "amigos cuidando da gente" etc., sem esquecer que, em relação ao processo eleitoral, ela será tratada como partido único, com direitos e deveres próprios da agremiação partidária.

Interessante notar que há possibilidade de exclusão, mediante ação judicial, de algum partido da coligação, que não tenha atendido às diretrizes normativas, registrando-se a coligação apenas com as demais legendas. Sobre o tema, decidiu o TRE/PA:

> REGISTRO DE CANDIDATOS. ELEIÇÕES PROPORCIONAIS. COLI-GAÇÃO UNIDOS PELO PARÁ. PRELIMINARES DE ILEGITIMIDADE DE PARTES E INCOMPETÊNCIA DA JUSTIÇA ELEITORAL. REJEIÇÃO. IMPUGNAÇÃO. DELEGAÇÃO DE PODERES À COMISSÃO EXECUTIVA. CONCRETIZAÇÃO DA COLIGAÇÃO APÓS O DIA 30 DE JUNHO. NÃO EXTRAPOLAÇÃO DO PRAZO PARA REGISTRO DE CANDIDATURAS. POSSIBILIDADE. VIOLAÇÃO ÀS REGRAS DA VERTICALIZAÇÃO. OCORRÊNCIA. IMPUGNAÇÃO ACOLHIDA PARCIALMENTE PARA EXCLUIR O PARTIDO DA COLIGAÇÃO. DEFERIMENTO DO PEDIDO DE HABILITAÇÃO DA COLIGAÇÃO SEM O PARTIDO EXCLUÍDO E HABILITAÇÃO DO PARTIDO EXCLUÍDO PARA CONCORRER ISOLADAMENTE NAS ELEIÇÕES. (RC – Registro de Candidato (subst. de nome/compl./incl.) nº 763 – Belém/PA. Acórdão nº 19.587, de 10.8.2006. Rel. José Maria Teixeira do Rosário. Sessão de 10.8.2006, v. 13h35)

De outro prisma, a Lei nº 12.034/2009 incluiu o §1º-A visando evitar alguma manobra na indicação do nome da coligação que possa lembrar algum partido ou candidato a cargo político. Está vedada, portanto, qualquer coincidência em relação ao nome da coligação com candidato ou partido, e mesmo qualquer referência a número de partido ou candidato e mesmo pedido de voto em legenda partidária.

'adotar os critérios de escolha e o regime de suas coligações eleitorais, sem obrigatoriedade de vinculação entre as candidaturas em âmbito nacional, estadual, distrital ou municipal, devendo seus estatutos estabelecer normas de disciplina e fidelidade partidária'. 3. A nova redação do art. 17, §1º, da Constituição Federal, dispondo acerca do fim da obrigatoriedade da verticalização das coligações político-partidárias, incidirá sobre as eleições de 2010, segundo interpretação do STF na ADIN nº 3.685-8/DF (Relª. Minª. Ellen Gracie, DJ de 10.8.2006). Para as eleições de 2010 não há obrigatoriedade de verticalização partidária. 4. Consulta conhecida e respondida afirmativa" (Cta – Consulta nº 1.735 – Brasília/DF. Resolução nº 23.200, de 17.12.2009. Rel. Min. Felix Fischer. *DJE*, t. 38, p. 29-30, 25 fev. 2010).

Já o §2º estabelece diretrizes em relação à propaganda para as eleições majoritárias que usará, obrigatoriamente, as legendas de todos os partidos, ao passo que nas proporcionais, cada partido usará apenas sua legenda com o nome da coligação.[21] Essas disposições objetivam dar ciência ao eleitoral de quais partidos compõem a coligação no âmbito das eleições majoritárias e proporcionais, separando, em relação a estas, cada legenda partidária.

Aliás, em relação à propaganda, uma questão interessante ocorre quanto ao uso da imagem de candidato a cargo majoritário federal (presidente da República), por candidato a cargo majoritário local. O TSE entendeu, ao apreciar a Consulta nº 120.949, que:

> CONSULTA. PROPAGANDA ELEITORAL. UTILIZAÇÃO DE IMAGEM E VOZ DE CANDIDATO A PRESIDENTE DA REPÚBLICA. PROGRAMA ELEITORAL. ÂMBITO REGIONAL. ARTS. 45, §6º, E 54, DA LEI Nº 9.504/97.1. Candidato a cargo majoritário na circunscrição do Estado não pode utilizar na sua propaganda eleitoral imagem e voz de candidato a Presidente da República ou de militante do mesmo partido quando seu partido estiver coligado em âmbito regional com outro que também tenha lançado candidato a Presidente da República. 2. Candidato a cargo majoritário na circunscrição do Estado não pode utilizar na sua propaganda eleitoral imagem e voz de candidato a Presidente da República ou de militante de partido diverso em conjunto com candidato a Presidente da República do seu próprio partido, ainda que esses dois partidos estejam coligados em âmbito regional, de acordo com o que dispõe o art. 54 da Lei nº 9.504/97.3. Consulta conhecida e respondida negativamente aos dois questionamentos. (Cta – Consulta nº 120.949. Resolução nº 23.292, de 29.6.2010. Rel. Min. Aldir Guimarães Passarinho Junior. *DJE*, t. 030, p. 80, 11 fev. 2011)

Logo, o uso da imagem deve ser analisado caso a caso, principalmente quando há divergência na formação da coligação aos cargos majoritários nas eleições federais e locais.

O §3º estabelece algumas regras a serem observadas pelas coligações, em relação: i) à inscrição e ao registro de candidatos;

---

[21] Interessante a decisão do TSE em relação às inserções de 15 segundos. Assim decidiu a Corte Superior: "Propaganda eleitoral. Inserções de 15 segundos em rádio. Art. 6º, §2º, da Lei nº 9.504/97. 1. Presente a decisão da Corte que autorizou veiculação de propaganda eleitoral em rádio por períodos de 15 segundos, torna-se necessário admitir que não há espaço para a identificação da coligação e dos partidos que a integram, sob pena de reduzir-se o tempo disponível, o que não é compatível com a finalidade a que se destina. 2. Representação julgada improcedente" (RP – Representação nº 1.004 – Brasília/DF. Acórdão de 22.8.2006. Rel. Min. Carlos Alberto Menezes Direito. Sessão de 22.8.2006).

ii) à designação de representantes dos partidos que as integram; iii) à representação perante a Justiça Eleitoral e indicação dos delegados no Juízo Eleitoral, Tribunal Regional Eleitoral e Tribunal Superior Eleitoral.[22]

O §4º consagra a legitimidade de atuação isolada de um dos partidos coligados, deixando claro que, como regra, a manifestação judicial é conjunta (*a coligação é tratada como partido* único), exceto quando um deles pretende questionar a validade da própria coligação, durante o período entre a convenção e o prazo final de impugnação do registro de candidatos.

Por fim, o §5º, incluído pela Lei nº 12.891/2013, estabelece que o pagamento das multas de propaganda eleitoral é solidário entre os candidatos e partidos, sem que seja repassado este ônus aos demais partidos que integram a coligação. Ademais, como bem decidiu o TSE no acórdão a seguir transcrito, a multa é aplicada independentemente da eleição ou não do candidato:

> ELEIÇÕES 2010. AGRAVO REGIMENTAL EM RECURSO ESPECIAL. REPRESENTAÇÃO. PROPAGANDA ELEITORAL. OUTDOOR. DES-PROVIMENTO. 1. Para afastar o entendimento da instância ordinária acerca da caracterização de propaganda eleitoral em outdoor, necessário seria o reexame do conjunto fático-probatório dos autos, o que não é cabível em âmbito de recurso especial por força do entendimento consolidado nas Súmulas nos 7 do Superior Tribunal de Justiça e 279 do Supremo Tribunal Federal. 2. A transgressão à norma do artigo 39, §8º, da Lei nº 9.504/97 sujeita a empresa responsável, os partidos, as coligações e os candidatos à imediata retirada da propaganda irregular e ao pagamento de multa, sendo irrelevante, para a incidência da norma, o fato de o candidato responsável pela propaganda não haver sido eleito. Precedente. 3. Agravo regimental desprovido. (AgR-Respe – Agravo Regimental em Recurso Especial Eleitoral nº 216.468 – Porto Velho/RO. Acórdão de 7.11.2013. Rel. Min. Laurita Hilário Vaz. *DJE*, t. 235, p. 44, 10 dez. 2013)

---

[22] "Os partidos políticos que integram uma coligação devem designar um representante, que terá as atribuições idênticas às de um presidente de partido político, para tratar de todos os interesses da coligação e dos partidos dela integrantes no que se refere ao processo eleitoral, inclusive junto à Justiça Eleitoral. Demais disso, os partidos que compõem uma coligação poderão indicar delegados perante o Juízo Eleitoral (até três), perante o Tribunal Regional Eleitoral (até quatro) e perante o Tribunal Superior Eleitoral (até cinco)" (MASCARENHAS, Paulo. *Lei eleitoral comentada*. 5. ed. Leme/SP: LED – Editora de Direito Ltda., 2002. p. 22).

Ainda em relação a este §5º, vale enfrentar novamente o problema do litisconsórcio necessário, que já foi tratado nestes comentários. Pelo dispositivo em questão, a responsabilidade é solidária e, seguindo as diretrizes do Código Civil, pode ser imputada, a um ou mais obrigados (CC, arts. 264 a 285), não sendo obrigatória a presença de todos no polo passivo.[23] Sobre o tema, vale citar precedente do TSE:

> Propaganda eleitoral irregular. Publicação de anúncio. 1. O art. 43, §2º, da Lei nº 9.504/97 estabelece a possibilidade de imposição de multa tanto aos responsáveis pelos veículos de divulgação como aos partidos, coligações e candidatos beneficiados, o que não implica a necessidade de formação de litisconsórcio passivo. 2. A multa prevista no citado §2º do art. 43 pode ser aplicada aos candidatos beneficiados, não exigindo que eles tenham sido responsáveis pela veiculação da propaganda paga, na imprensa escrita, que extrapolou o limite legal. Agravo regimental não provido. (AgR-AI – Agravo Regimental em Agravo de Instrumento nº 27.205 – São Paulo/SP. Acórdão de 6.11.2012. Rel. Min. Arnaldo Versiani Leite Soares. *DJE*, t. 32, p. 73, 18 fev. 2013)

Assim, cabe ao autor da ação a indicação do polo passivo, inexistindo a figura do litisconsórcio passivo necessário.

Das Convenções para a Escolha de Candidatos
Art. 7º As normas para a escolha e substituição dos candidatos e para a formação de coligações serão estabelecidas no estatuto do partido, observadas as disposições desta Lei.
§1º Em caso de omissão do estatuto, caberá ao órgão de direção nacional do partido estabelecer as normas a que se refere este artigo, publicando-as no Diário Oficial da União até cento e oitenta dias antes das eleições.
§2º Se a convenção partidária de nível inferior se opuser, na deliberação sobre coligações, às diretrizes legitimamente estabelecidas pelo órgão de direção nacional, nos termos do respectivo estatuto, poderá esse órgão anular a deliberação e os atos dela decorrentes. (Redação dada pela Lei nº 12.034, de 2009)
§3º As anulações de deliberações dos atos decorrentes de convenção partidária, na condição acima estabelecida, deverão ser comunicadas à Justiça Eleitoral no prazo de 30 (trinta) dias após a data limite para o registro de candidatos. (Redação dada pela Lei nº 12.034, de 2009)

---

[23] Art. 275 do Código Civil: "o credor tem direito a exigir e receber de um ou de alguns dos devedores, parcial ou totalmente, a dívida comum; se o pagamento tiver sido parcial, todos os demais devedores continuam obrigados solidariamente pelo resto".

§4º Se, da anulação, decorrer a necessidade de escolha de novos candidatos, o pedido de registro deverá ser apresentado à Justiça Eleitoral nos 10 (dez) dias seguintes à deliberação, observado o disposto no art. 13. (Incluído pela Lei nº 12.034, de 2009)

O art. 7º estabelece diretrizes para escolha e substituição de candidatos e as respectivas coligações. A já mencionada Lei nº 12.034/2009 alterou a redação dos §§2º e 3º, além de ter incluído o 4º.

Esse dispositivo consagra a autonomia dos partidos para ditar suas regras e condições para a escolha de candidatos e coligações, desde que atendidos os regramentos constantes nos seus parágrafos.

O primeiro aspecto a ser observado é que prevalece, em caso de omissão no estatuto, o que for deliberado pela direção nacional, desde que sejam publicadas essas normas no *Diário Oficial da União* até cento e oitenta dias antes do pleito eleitoral.[24]

Por outro lado, se a convenção partidária local se opuser, no que diz respeito às normas e diretrizes estabelecidas pelo órgão diretivo nacional, este poderá anular a deliberação inferior e os demais atos dela decorrentes.

Portanto, a leitura conjunta dos §§2º e 3º, do art. 7º, deixa clara a liberdade "vigiada" e a preponderância, em caso de conflito, das diretrizes estabelecidas pelo órgão de direção nacional, que poderá anular a deliberação local e os atos dela decorrentes, comunicando à Justiça Eleitoral no prazo de 30 dias após o prazo para o registro de candidatos.

Algumas situações concretas podem ocorrer, em relação a essa questão da convenção local, que foram enfrentadas pelo TRE/PA. Ao julgar o recurso eleitoral em registro de candidatura para as eleições de 2012, entendeu o Regional que a ausência do nome do candidato na ata da convenção partidária se trata de mero erro formal, especialmente quando a comprovação puder ser feita por outros meios. Esta é a ementa do julgado:

---

[24] Como bem observa Lauro Barretto: "as normas estatutárias a que se refere o *caput* deste artigo, assim como as que forem definidas pelos órgãos de direção nacional dos partidos, nos termos do seu §1º, deverão respeitar os ditames constitucionais e dos demais diplomas legais aplicáveis à questão da escolha e substituição de candidatos e formação de coligações, como é o caso do Código Eleitoral, da Lei Orgânica dos Partidos Políticos e desta própria Lei nº 9.504/97" (BARRETTO, Lauro. *Comentários à Lei das Eleições*. Bauru: Edipro, 2000. p. 57).

RECURSO ELEITORAL. REGISTRO DE CANDIDATURA. ELEIÇÕES 2012. INDEFERIMENTO. NOME DO CANDIDATO QUE NÃO CONSTAVA NA ATA DA CONVENÇÃO PARTIDÁRIA. RETIFICAÇÃO DA FALHA PELO PARTIDO. PROVIMENTO. REGISTRO QUE MERECE SER DEFERIDO. 1. Ausência do nome de candidato na ata da convenção partidária trata-se de mero erro formal, quando devidamente reconhecida pela agremiação partidária e cuja escolha pode ser comprovada por outros meios de prova. 2. Conhecimento e provimento do recurso. (RE-RCAND – Recurso Eleitoral em Registro de Candidatura nº 134.466 – Belém/PA. Acórdão nº 24.945, de 16.8.2012. Rel. Marco Antonio Lobo Castelo Branco. Sessão de 16.8.2012, v. 11:52)

Já em outra hipótese concreta, o posicionamento do TRE/PA foi no sentido de que, no caso de não constar na ata da convenção, a candidatura deve ser indeferida:

RECURSO ELEITORAL. INDEFERIMENTO DE REGISTRO DE CANDIDATURA. CARGO DE VEREADOR. ELEIÇÕES 2012. CANDIDATO NÃO CONSTA NA ATA DO PEDIDO DE REGISTRO. IMPROVIMENTO. 1 – Para fins de registro de candidatura, o pretenso candidato deve ser escolhido em convenção e ter seu nome constado na ata. 2 – O candidato ausente na Ata de Convenção Partidária deve ter o registro de candidatura indeferido. 3 – Recurso improvido para manter a sentença guerreada. (RE-RCAND – Recurso Eleitoral em Registro de Candidatura nº 18.612-. Acórdão nº 24.834, de 9.8.2012. Rel. Eva do Amaral Coelho. Sessão de 9.8.2012, v. 13:22)

Outra situação interessante diz respeito às deliberações internas ocorridas entre os partidos nas convenções para escolha de candidatos. Esses incidentes devem ser resolvidos internamente, apenas sendo acionada a Justiça Eleitoral em situações extremas ligadas à existência de vícios no pleito. Nesse sentido, o mérito das deliberações internas é considerado, em regra, ato *interna corporis*, sendo conhecido pela Justiça Eleitoral apenas nas situações jurídicas viciadas, como vem entendendo o TRE/PA:

RECURSO ELEITORAL. INDEFERIMENTO DE REGISTRO DE CANDIDATURA. CARGO DE VEREADOR. ELEIÇÕES 2012. CANDIDATO(A) NÃO CONSTA NA ATA DA CONVENÇÃO DO PARTIDO. IMPROVIMENTO. 1 – A escolha do(a) candidato(a) em convenção é requisito exigido para o deferimento do pedido de registro de candidatura. 2 – Pendengas partidárias devem ser discutidas em foro próprio, não tendo o(a) candidato(a) se desincumbido do ônus de demonstrar que a convenção do partido foi eivada de vícios. 3 – Recurso improvido. (RE-RCAND – Recurso Eleitoral em Registro de Candidatura nº 33.171 – Primavera/PA. Acórdão nº 24.974, de 18.8.2012. Rel. Daniel Santos Rocha Sobral. TRE – Publicado em Secretaria, 18.8.2012, v. 18h25)

RECURSO ELEITORAL. REGISTRO DE CANDIDATURA DEFERIDO. ELEIÇÕES SUPLEMENTARES. PREFEITO E VICE-PREFEITO. PREJUDICIAL. FALTA DE INTERESSE PROCESSUAL. RECURSO NÃO CONHECIDO. 1. Não cabe em sede de impugnação de registro de candidaturas o exame de controvérsia relativa à validade da convenção partidária, posto que os processos de pedidos de registro de candidatura servem para analisar se a pessoa do candidato reúne os requisitos de elegibilidade previstos em lei. 2. A alegação de supostos vícios nas convenções partidárias que decidiram sobre a constituição da coligação partidária recorrida e a escolha dos candidatos propostos pela mesma para disputar o pleito devem ser matérias discutidas no DRAP. 3. Recurso não conhecido. (RE – Recurso Eleitoral nº 5.846 – Santa Maria do Pará/PA. Acórdão nº 26.360, de 30.1.2014. Rel. Mancipor Oliveira Lopes. Sessão de 30.1.2014)

Por fim, o §4º, do art. 7º, estabelece que, caso ocorra anulação das deliberações decorrentes da convenção partidária e a necessidade de escolha de novos candidatos, o pedido de registro deve ser apresentado no prazo de 10 dias seguintes à deliberação, observando-se o disposto no art. 13 da Lei das Eleições.

Art. 8º A escolha dos candidatos pelos partidos e a deliberação sobre coligações deverão ser feitas no período de 20 de julho a 5 de agosto do ano em que se realizarem as eleições, lavrando-se a respectiva ata em livro aberto, rubricado pela Justiça Eleitoral, publicada em vinte e quatro horas em qualquer meio de comunicação. (Redação dada pela Lei nº 13.165, de 2015)

§1º Aos detentores de mandato de Deputado Federal, Estadual ou Distrital, ou de Vereador, e aos que tenham exercido esses cargos em qualquer período da legislatura que estiver em curso, é assegurado o registro de candidatura para o mesmo cargo pelo partido a que estejam filiados. (Vide ADIN – 2.530-9)

§2º Para a realização das convenções de escolha de candidatos, os partidos políticos poderão usar gratuitamente prédios públicos, responsabilizando-se por danos causados com a realização do evento.

Este art. 8º apresenta as diretrizes ligadas ao prazo para escolha de candidatos e a deliberação sobre as coligações. A Lei nº 12.891/2013 acrescentou ao *caput* a necessidade de publicação da ata,[25] no prazo de 24 horas, em qualquer meio de comunicação.[26] E a Lei nº 13.165/2015 modificou o prazo, fixando-o para o período de 20 de julho a 5 de agosto.

Esse prazo previsto (20 de julho a 5 de agosto) é improrrogável e fatal, gerando, em caso de não atendimento das formalidades legais, o indeferimento do registro. Outrossim, a Lei das Eleições admite a delegação à Comissão Executiva ou a outro órgão a formação de coligação ou a escolha de candidatos, no prazo previsto no art. 11. Sobre esses assuntos, decidiu o TRE/PA:

RECURSO ELEITORAL. INDEFERIMENTO DE REGISTRO DE CANDIDATURA. CARGO DE VEREADOR. ELEIÇÕES 2012. CANDIDATO NÃO CONSTA NA ATA DA CONVENÇÃO DO PARTIDO. IMPROVIMENTO. 1 – A escolha do candidato em convenção é requisito exigido para o deferimento do pedido de registro de candidatura. 2 – Reunião da Comissão Diretiva Provisória da agremiação partidária, além de não ser a instância própria para a escolha de convencionais a cargos eletivos, vem a lume empós o período fatal estabelecido pelo art. 8º da Lei n.º 9.504/97, mostrando-se inservível ao desiderato colimado. 3 – Recurso improvido. (RE-RCAND – Recurso Eleitoral em Registro de Candidatura nº 122.253 – Belém/PA. Acórdão nº 24.929, de 16.8.2012. Rel. Daniel Santos Rocha Sobral. Sessão de 16.8.2012, v. 11:52)

RECURSO ELEITORAL. ELEIÇÕES 2012. DRAP. IMPUGNAÇÃO. DEFERIMENTO. CONVENÇÕES REALIZADAS NO PRAZO LEGAL. DELEGAÇÃO A COMISSÃO PROVISÓRIA DO PARTIDO PARA DELIBERAR SOBRE COLIGAÇÕES. RECURSO NÃO PROVIDO. 1. As convenções destinadas à escolha dos candidatos e a deliberações acerca da formação de coligações devem ocorrer no período compreendido entre 10 e 30 de junho do ano em que se realizam as eleições. (Art. 8º, caput, da Lei nº 9.504/97). 2. É admissível que a convenção delegue à Comissão Executiva ou a outro órgão partidário a efetiva formação de coligação ou a escolha de candidatos, o que poderá ocorrer até o prazo

---

[25] "Nessa ata devem estar presentes todas as deliberações adotadas, contendo o nome completo de cada candidato, as variações de nome para registro, o número atribuído a cada um e as demais decisões tomadas, inclusive a fata de candidatos para preencher a cota dos sexos (art. 10, §3º)" (CONEGLIAN, Olivar. *Lei das Eleições comentada*. Curitiba: Juruá, 2002. p. 86).

[26] Apesar de o prazo ser de 10 a 30 de junho (redação anterior) do ano das eleições, ratifico as observações trazidas por Paulo Mascarenhas, para aduzir que: "é de todo aconselhável que os partidos realizem as suas convenções logo nos primeiros dias do temo inicial, a fim de que, em caso de necessidade de realização de nova convenção, possa esta ser realizada no período determinado na lei" (MASCARENHAS, Paulo. *Lei eleitoral comentada*. 5. ed. Leme/SP: LED – Editora de Direito Ltda., 2002. p. 24).

previsto no art. 11 da Lei nº 9.504/97, a saber, 5 de julho. 3 – Recurso improvido para manter a sentença guerreada. (RE-RCAND – Recurso Eleitoral em Registro de Candidatura nº 7.360 – Maracanã/PA. Acórdão nº 25.163, de 22.8.2012. Rel. Rubens Rollo D'Oliveira. Sessão de 22.8.2012, v. 23h56)

O §1º, deste artigo, que prevê a chamada candidatura nata (*candidatura automática*), pode significar um sério obstáculo à chamada autonomia dos partidos políticos. Nesse sentido, bem aponta Lauro Barretto:

> Sem dúvida, trata-se de um privilégio que reduz e muito a autonomia dos partidos políticos, na medida em que os obriga a aceitar, sem discutir, certas candidaturas que, por motivos diversos, poderiam preferir descartar. É de se ressaltar que este privilégio se estende inclusive aos deputados e vereadores que, durante a legislatura em curso, tenham mudado de partido.[27]

Contudo, foi concedida liminar na ADIN nº 2.530/2011, em 24.4.2002,[28] suspendendo a eficácia desse parágrafo, tendo como último andamento a conclusão ao min. relator, desde 23.6.2010.[29]

Já o §2º permite a utilização de prédios públicos de forma gratuita, por conta e responsabilidade do requerente, para a realização das convenções para escolha de candidatos.

> Art. 9º Para concorrer às eleições, o candidato deverá possuir domicílio eleitoral na respectiva circunscrição pelo prazo de, pelo menos, um ano antes do pleito, e estar com a filiação deferida pelo partido no mínimo seis meses antes da data da eleição. (Redação dada pela Lei nº 13.165, de 2015)
> Parágrafo único. Havendo fusão ou incorporação de partidos após o prazo estipulado no *caput*, será considerada, para efeito de filiação partidária, a data de filiação do candidato ao partido de origem.

---

[27] BARRETTO, Lauro. *Comentários à Lei das Eleições*. Bauru: Edipro, 2000. p. 59.

[28] "O Tribunal, por maioria, deferiu a medida cautelar para suspender a eficácia do §1º do artigo 8º da Lei nº 9.504, de 30 de setembro de 1997, vencido o Senhor Ministro Ilmar Galvão, Vice-Presidente no exercício da Presidência. Ausente, justificadamente, neste julgamento, o Senhor Ministro Marco Aurélio, Presidente. Plenário, 24.04.2002".

[29] Sobre o andamento da ADIN, ver ADI 2530 – Ação Direta de Inconstitucionalidade. *Supremo Tribunal Federal*. Disponível em: <http://www.stf.jus.br/portal/processo/verProcesso Andamento.asp?incidente=11928>. Acesso em: 14 fev. 2014.

O art. 9º estabelece ao candidato o prazo de, pelo menos, um ano no domicílio eleitoral da respectiva circunscrição, além de estar com a filiação deferida no mínimo seis meses antes da data da eleição. A redução do prazo de um ano para seis, no mínimo, quanto à filiação, ocorreu em 2015 através da Lei nº 13.165.

Em verdade, esse dispositivo consagra dois prazos extremamente relevantes durante os procedimentos eleitorais, que são o prazo para fixação do domicílio eleitoral e o de filiação partidária. Como aponta Roberto Porto, várias situações jurídicas decorrentes desse dispositivo foram apreciadas pelo TSE:

> Sobre esse dispositivo, cabe destacar o que vem decidindo o Tribunal Superior Eleitoral: a) o prazo de filiação partidária é igual ao de desincompatibilização para magistrado, membros do Tribunais de Contas e do Ministério Público (Resoluções n. 19.978/1997, 19.988/1997, 20.539/1999, 22.012/2005, 22.015/2005 e 22.095/2005); b) o servidor da Justiça Eleitoral deve se exonerar para cumprir o prazo legal de filiação partidária, ainda que afastado do órgão de origem e mesmo que pretenda concorrer em estado diverso de seu domicílio profissional (Resolução n. 22.088/2005); inexigência de prévia filiação partidária do militar da ativa, bastando o pedido de registro de candidatura após escolha em convenção partidária (Acórdão n. 1.314/1990 e Resolução n. 21.787/2004); d) militar da reserva deve se filiar em quarenta e oito horas, ao passar para a inatividade, quando esta ocorrer após o prazo limite de filiação partidária, mas antes da escolha em convenção (Resoluções n. 20.615/2000 e 20.614/2000).[30]

Por derradeiro, o parágrafo único deste art. 9º estabelece a filiação partidária dos inscritos em partidos que passem por processo de fusão ou incorporação. Como prescreve o dispositivo, nessas duas situações, prevalece a data de filiação ao partido de origem, mesmo que não concorde com a nova legenda.[31]

---

[30] PORTO, Roberto. *Lei eleitoral anotada*. São Paulo: Saraiva, 2009. p. 20-21.
[31] Esse dispositivo vem gerando críticas de abalizada doutrina, como a apontada por Lauro Barretto: "o filiado a determinada legenda que se incorpore a outra após o vencimento deste prazo, mesmo que discorde dela, estará obrigado a aceitá-la, caso queira ser candidato nas eleições que subsequentes. Não aceitando a suposta incorporação e desligando-se do 'novo' partido, estará impedido de ser candidato, por falta de cumprimento do prazo de *filiação partidária*" (BARRETTO, Lauro. *Comentários à Lei das Eleições*. Bauru: Edipro, 2000. p. 65).

Referências

ADI 2530 – Ação Direta de Inconstitucionalidade. *Supremo Tribunal Federal*. Disponível em: <http://www.stf.jus.br/portal/processo/verProcessoAndamento.asp?incidente=11928>. Acesso em: 14 fev. 2014.

BARRETTO, Lauro. *Comentários à Lei das Eleições*. Bauru: Edipro, 2000.

CONEGLIAN, Olivar. *Lei das Eleições comentada*. Curitiba: Juruá, 2002.

MASCARENHAS, Paulo. *Lei eleitoral comentada*. 5. ed. Leme/SP: LED – Editora de Direito Ltda., 2002.

PORTO, Roberto. *Lei eleitoral anotada*. São Paulo: Saraiva, 2009.

Informação bibliográfica deste texto, conforme a NBR 6023:2002 da Associação Brasileira de Normas Técnicas (ABNT):

ARAÚJO, José Henrique Mouta. Disposições gerais, as coligações e as convenções para a escolha de candidatos (artigos 1º ao 9º). *In*: PINHEIRO, Célia Regina de Lima; SALES, José Edvaldo Pereira; FREITAS, Juliana Rodrigues (Coords.). *Comentários à lei das eleições*: Lei nº 9.504/1997, de acordo com a Lei nº 13.165/2015. Belo Horizonte: Fórum, 2016. p. 11-35. ISBN 978-85-450-0148-5.

O REGISTRO DE CANDIDATOS
(ARTIGOS 10 AO 16-B)

LUIZ ISMAELINO VALENTE

JOSÉ EDVALDO PEREIRA SALES

Art. 10. Cada partido ou coligação poderá registrar candidatos para a Câmara dos Deputados, a Câmara Legislativa, as Assembleias Legislativas e as Câmaras Municipais no total de até 150% (cento e cinquenta por cento) do número de lugares a preencher, salvo: (Redação dada pela Lei nº 13.165, de 2015)

I - nas unidades da Federação em que o número de lugares a preencher para a Câmara dos Deputados não exceder a doze, nas quais cada partido ou coligação poderá registrar candidatos a Deputado Federal e a Deputado Estadual ou Distrital no total de até 200% (duzentos por cento) das respectivas vagas; (Incluído pela Lei nº 13.165, de 2015)

II - nos Municípios de até cem mil eleitores, nos quais cada coligação poderá registrar candidatos no total de até 200% (duzentos por cento) do número de lugares a preencher. (Incluído pela Lei nº 13.165, de 2015)

§1º (Revogado). (Redação dada pela Lei nº 13.165, de 2015)

§2º (Revogado). (Redação dada pela Lei nº 13.165, de 2015)

§3º Do número de vagas resultante das regras previstas neste artigo, cada partido ou coligação preencherá o mínimo de 30% (trinta por cento) e o máximo de 70% (setenta por cento) para candidaturas de cada sexo. (Redação dada pela Lei nº 12.034, de 2009)

§4º Em todos os cálculos, será sempre desprezada a fração, se inferior a meio, e igualada a um, se igual ou superior.

§5º No caso de as convenções para a escolha de candidatos não indicarem o número máximo de candidatos previsto no caput, os órgãos de direção dos partidos respectivos poderão preencher as vagas remanescentes até trinta dias antes do pleito. (Redação dada pela Lei nº 13.165, de 2015)

Regramento jurídico do registro de candidatos

A *escolha* de candidatos a cargos eletivos é disciplinada pelos arts. 7º ao 9º da Lei nº 9.504, de 30.9.1990 (Lei das Eleições), que confere ao órgão deliberativo partidário (convenção) essa tarefa. Já o *registro* dos candidatos escolhidos pelo partido ou coligação, em convenção, que lhes dará as *condições legais* de concorrer aos pleitos, subsume-se ao regramento estabelecido nos arts. 10 a 16-A, da mesma lei, complementado pelas disposições dos arts. 82 a 102 da Lei nº 7.347, de 15.7.1965 (Código Eleitoral), pela resolução específica para cada pleito (normas temporárias) baixadas pelo Tribunal Superior Eleitoral e, quanto à *ação de impugnação* ao pedido de registro de candidatos, pela Lei Complementar nº 64, de 18.5.1990 (Lei de Inelegibilidades).

É somente com o *deferimento* do registro da candidatura que passa a existir o candidato *oficial*, até então mero *figurante* ou *aspirante* a candidato (candidato a candidato). Por óbvio, se por ocasião da escolha dos candidatos cabe unicamente aos partidos ou coligações proceder à triagem de nomes que não incidam em eventuais proibições, é por ocasião do registro que a Justiça Eleitoral, *ex officio* ou mediante a ação de impugnação ao pedido de registro de candidato (disciplinada na Lei Complementar nº 64/1990, arts. 3º ao 17), torna a norma operante, obstando, necessariamente, a candidatura que não preencha todas as *condições de elegibilidade*, que não incida em alguma hipótese de *incompatibilidade*, que caracterize qualquer caso de *inelegibilidade* ou que não tenha respeitado, quando exigíveis, os prazos de *desincompatibilização*.

Em seu art. 10, a Lei das Eleições trata de quantos candidatos podem ser registrados por partido ou coligação, das quotas mínimas e máximas por sexo, da fórmula de cálculo dos percentuais e da indicação de candidatos para as vagas remanescentes quando as convenções partidárias não escolherem candidatos em número máximo permitido.

Número (quantidade) de candidatos

A Lei das Eleições não cuidou do número (quantidade) de candidatos para cargos eletivos pelo sistema *majoritário* (presidente e vice-presidente da República, senador, governador e vice-governador e prefeito e vice-prefeito). Mas o Código Eleitoral (art. 82) determina que, nesses casos, cada partido ou coligação só pode solicitar o registro de *um* candidato para cada cargo, ressalvado o cargo de senador quando a renovação dos mandatos alcançar 2/3 das vagas, caso em que cada partido ou coligação pode lançar até *dois* candidatos (um para cada cargo em disputa), ressaltando-se que com cada candidato a senador devem ser registrados *dois* suplentes, para dar cumprimento ao §3º do art. 46 da Constituição Federal.

Já quanto ao número de candidatos às eleições *proporcionais* (deputado federal, deputado estadual e distrital e vereadores), há de se observar a regra do art. 10 da Lei das Eleições.[1] Cada partido ou coligação pode registrar candidatos em número até 150% do total de vagas a preencher na Câmara Federal, Assembleia Legislativa ou Distrital e Câmara de Vereadores. Assim, se o número da bancada de um estado na Câmara Federal for de 20 deputados federais, cada partido ou coligação pode lançar até 30 candidatos. Esse percentual sobe para 200%, ou seja, 40 candidatos, para as eleições de deputado federal, deputado estadual ou distrital, nas unidades da Federação em que o número de lugares a preencher para a Câmara dos Deputados não exceder a doze. Também é dobrado apenas para as coligações o número de candidatos a vereador nos municípios de até 100.000 (cem mil) eleitores.

Critica-se o número de candidatos permitidos às coligações, no caso de municípios de até 100.000 (cem mil) eleitores, sob o argumento de quebra de *isonomia*. Não penso assim. Entendo que o número mais elástico de candidatos coligados é, ainda assim, inferior à soma do máximo de candidatos por partido se cada agremiação lançar postulantes individualmente.

---

[1] O *Diário de Justiça da União* publicou, em 27.5.2013, a Resolução nº 23.389/2013, do Tribunal Superior Eleitoral, estabelecendo, com base no Censo de 2010, o novo quadro de vagas para o cargo de deputado federal por unidade da Federação, bem como as cadeiras a serem disputadas nas Assembleias Legislativas e na Câmara Distrital para as eleições de 2014. A matéria foi objeto de deliberação no Congresso Nacional. Em 23.10.2013, o Senado aprovou decreto legislativo suspendendo os efeitos da resolução do TSE. Proposta a ação direta de inconstitucionalidade sobre o tema (ADI nº 5.028), que teve como relator o Min. Gilmar Mendes, o Supremo Tribunal Federal, em 1.7.2014, proferiu decisão sem modulação de efeitos declarando a inconstitucionalidade Resolução nº 23.389/2013 do TSE, por violação do postulado da reserva de lei complementar ao introduzir inovação de caráter primário na ordem jurídica, em usurpação da competência legislativa complementar. O julgamento abrangeu seis ações diretas de inconstitucionalidade (ADIs nºs 4.947, 4.963, 4.965, 5.020, 5.028 e 5.130) e uma ação declaratória de constitucionalidade (ADC nº 33). Uma vez que a modulação dos efeitos não foi definida, o TSE decidiu em 1.7.2014 que, diante do vácuo legislativo, prevaleceria o número de vagas estipulado pela Resolução nº 23.220/2010/TSE (QO na PET nº 95.457) quanto aos membros da Câmara dos Deputados, Assembleias e Câmara Legislativa para as eleições de 2014.

O que se deve criticar, a meu ver, é a própria *essência* do instituto da coligação. Num país com várias dezenas de partidos, alguns de pouca ou nenhuma expressão eleitoral e menos ainda ideológica, a formação de coligações tem se prestado para toda sorte de *negociata*, principalmente acerca do tempo de propaganda no rádio e na televisão (que, ao fim e ao cabo, é financiado pelo contribuinte em geral, não tendo nada de "gratuito" como se apregoa) e permite ainda o fenômeno que eu chamo de "carona da popularidade", quando celebridades, muitas vezes filiadas às pressas, são lançadas por pequenas legendas que, coligadas, *arrastam* consigo postulantes de outras legendas com votação inexpressiva.

Quotas de candidaturas por sexo

A atual redação do §3º da Lei das Eleições, dada pela Lei nº 12.034/2009, que alterou o texto anterior, superou a exigência de mera *reserva* de vagas para candidatas do sexo feminino, ao determinar o preenchimento *obrigatório* de, no mínimo, 30% e, no máximo, de 70% de candidaturas, *por sexo*, apresentadas por partidos ou coligações para os cargos proporcionais. Não se cuida mais de reservar vagas, mas de estabelecer a correlação mínima e máxima por sexo. Assim, partidos e coligações deverão estabelecer para cada sexo o percentual mínimo e o máximo de vagas. Trata-se de uma modificação da regra legal que exige da mesma maneira uma mudança de comportamento partidário e mentalidade política para a sua aplicação.

Cabe aos partidos ou coligações determinar, entre o percentual mínimo e o percentual máximo, por qual sexo serão preenchidas as respectivas vagas às candidaturas. Tanto se pode estabelecer a quota de 70% para candidaturas masculinas e 30% para candidaturas femininas, como o inverso, 30% para homens e 70% para mulheres. Ou, ainda, 40% para um dos sexos e 60% para outro, e vice-versa, ou mesmo 50% para cada gênero. O que não pode é serem desrespeitadas as quotas mínima e máxima estabelecidas na Lei das Eleições.

Conquanto se trate de uma regra mais avançada em relação à norma anterior, é forçoso reconhecer que o sistema atual ainda está muito aquém da realidade social e política do país e não garante o mesmo tratamento às outras categorias de gênero, como os homossexuais, que já lograram, muito justamente, obter importantes conquistas no âmbito do direito civil e dos direitos fundamentais.

Convém observar que, para todos os cálculos de que trata o art. 10 da Lei das Eleições, consoante a regra do seu §4º, "será sempre desprezada a fração, se *inferior* a meio, e igualada a um, se *igual* ou *superior*". Essa norma difere da regra do art. 106 do Código Eleitoral, que trata do cálculo do quociente eleitoral: "[...] desprezada a fração se *igual* ou *inferior* a meio, equivalente a um, se *superior*". Assim, no cálculo das quotas para determinação do número de candidatos e dos respectivos percentuais por gênero, a Lei das Eleições despreza a fração somente se "inferior a meio"; se for "igual ou superior", equivale ao inteiro.

Na verdade, o legislador ordinário cometeu um ligeiro equívoco, pois se um partido registra para determinado tipo de sexo, por exemplo, o percentual de 29,75%, de fato não está cumprindo o comando da lei, que exige, no *mínimo*, 30%. O arredondamento produzirá um falso número, mascarando o exato e rigoroso cumprimento da lei. Por isso, o Tribunal Superior Eleitoral, nas resoluções sobre registro de candidatura, tem disposto de forma diferente, como, *v.g.*, na Resolução nº 23.455, de 15.12.2015, art. 20, §3º: "No cálculo do número de lugares previsto no caput, será sempre desprezada a fração, se inferior a meio, e igualada a um, se igual ou superior (Lei nº 9.504/1997, art. 10, §4º)", e, no §4º do mesmo dispositivo: "No cálculo de vagas previsto no §2º, qualquer fração resultante será *igualada* a um no cálculo do percentual *mínimo* estabelecido para um dos sexos e *desprezada* no cálculo das vagas *restantes* para o outro sexo (Ac.-TSE nº 22.764/2004)".

Prazo para a indicação de candidatos e formação de coligações

Os partidos poderão deliberar sobre a indicação de candidatos e a formação de coligações no período de 20 de julho a 5 de agosto do ano em que se realizarem as eleições. Os estatutos dos partidos indicam os órgãos diretivos aos quais incumbem tomar as decisões partidárias. Mas, no tocante à escolha de candidatos e formação de coligações, a Lei das Eleições prevê expressamente que tais deliberações sejam tomadas pela *convenção*, que, em geral, é o órgão máximo de deliberação partidária. Por outro lado, cabe ao estatuto do partido estabelecer como é formada a convenção para a escolha de candidatos.

Ao contrário das convenções para eleição dos órgãos diretivos, que em geral movimentam toda a base de filiados no município, no estado e no país, conforme a abrangência do órgão diretivo a ser eleito, a convenção para a escolha de candidatos, de acordo com a maioria dos estatutos partidários, geralmente se restringe às cúpulas partidárias, em prejuízo, é óbvio, da democracia interna.

Isso tanto mais se destaca quando a convenção, mesmo realizada no último dia do prazo legal, decide delegar aos diretórios ou executivas as tratativas para o fechamento das indicações de candidatos ou formação de coligações, de modo que se tornou bastante comum vermos decisões efetivamente tomadas nas convenções e amplamente divulgadas pela mídia serem totalmente diversas das constantes da ata afinal grampeada ao pedido de registro de candidaturas que pode ser apresentado até 15 (quinze) de agosto do ano da eleição.

Essa prática tem sido pacificamente aceita pela Justiça Eleitoral, sem maiores questionamentos, mas, a meu ver, deveria ser coibida, posto que constitui inequívoca burla à fatalidade do prazo estipulado no art. 8º da Lei das Eleições, haja vista que em matéria eleitoral todos os prazos são *preclusivos* e *peremptórios*. Além disso, não me parece compatível com o regime democrático a deliberação partidária tomada por um número tão restrito ou mesmo insignificante de dirigentes, mormente em se tratando de tema tão importante como a indicação de postulantes a cargos eletivos.[2]

Preenchimento das vagas remanescentes

Observadas as quotas mínima e máxima de candidaturas por sexo, pode ocorrer de as vagas disponíveis não serem todas preenchidas por um ou por outro gênero.

Na doutrina, Joel J. Cândido entendia que, uma vez estabelecidas as quotas de gênero, e não logrando o partido ou coligação preencher, na convenção, todas elas, poderiam os partidos ou coligações completar as vagas remanescentes independentemente da consideração de sexo, pois, segundo o mesmo autor, violaria o princípio da autonomia partidária vedar ao partido ou coligação o direito de preencher *todas* as vagas.

---

[2] A proposta da instituição do sistema de "listas fechadas", em que o eleitor vota apenas na legenda e os eleitos da legenda serão os que constarem da ordem da lista previamente elaborada pela direção partidária, merece, a meu ver, ser vista com muita cautela, dado o enorme grau de *caciquismo* que domina todas as agremiações partidárias no Brasil. Por tal sistema, os dirigentes partidários tiram do povo o direito de escolher os candidatos, que ao final serão eleitos de acordo com os arranjos das cúpulas dos partidos. Tal sistema somente seria admissível se as regras para a sua aplicação assegurassem a contento a plena participação dos filiados na elaboração da lista fechada, de modo que esta efetivamente reflita a vontade do partido, patenteada e manifestada, inequivocamente, por eficaz mecanismo de democracia interna.

O mesmo autor depois reconsiderou em parte o seu entendimento, reconhecendo que, ressalvado o direito do partido ou coligação de *não* preencher todas as vagas para ambos os sexos, por não ser razoável exigir que não deixem de preencher sequer uma vaga, e admitindo, claramente, que, o que antes era só interpretação jurisprudencial e doutrinária, "agora é lei", e, portanto, a "vaga remanescente do sexo feminino não se poderá preencher com homens, e vice-versa".[3]

Pela impossibilidade de preencher por representantes de um sexo vagas reservadas a outro sexo, inclina-se a maioria dos outros autores,[4] e, a meu ver, tal entendimento é acertado, posto que a forma imperativa ("preencherá"), que se lê no §3º do art. 10 da Lei das Eleições, não admite desrespeito algum aos percentuais mínimo e máximo de candidaturas por gênero.

Assim, estipulados os percentuais, e não conseguindo o partido ou coligação preencher, na convenção, todas as vagas, poderá fazê-lo posteriormente, valendo-se do permissivo do §5º do mesmo dispositivo, observando-se, entretanto, que, com as novas indicações, não se burle a imposição obrigatória das quotas antes estabelecidas.

Nesse sentido, contrariando o entendimento do Tribunal Regional do Estado do Pará, então vigente, o Tribunal Superior Eleitoral reconheceu "o atual caráter imperativo do preceito quanto à observância obrigatória dos percentuais mínimo e máximo de cada sexo" e que o "cálculo dos percentuais deverá considerar o número de candidatos efetivamente lançados pelo partido ou coligação, não se levando em conta [neste caso] os limites estabelecidos no caput e no §1º do art. 10 da Lei 9.504/1997".[5] No preenchimento das vagas remanescentes, portanto, deve o partido ou coligação observar obrigatoriamente os percentuais estabelecidos para cada sexo, considerando o número de candidatos efetivamente lançados.

A regra do §5º do art. 10 da Lei das Eleições permite aos órgãos *diretivos* do partido ou dos partidos que integrem as coligações – ou seja, seus diretórios ou comissões executivas – e não mais as respectivas *convenções* partidárias – que são órgãos *deliberativos* e não diretivos – a indicação das vagas não preenchidas referidas no art. 10, incs. I e II, da

---

[3] CÂNDIDO, Joel J. *Direito eleitoral brasileiro*. 14. ed. rev., atual. e ampl. Bauru/SP: Edipro, 2010. p. 416-417.
[4] RAMAYANA, Marcos. *Direito eleitoral*. 13. ed. Niterói/RJ: Impetus, 2012. p. 403.
[5] TSE. Recurso Especial Eleitoral nº 784-32/PA. Rel. Min. Arnaldo Versiani, 12.8.2010 (Informativo nº 24/2010).

Lei das Eleições, isto é, as não preenchidas por ocasião das convenções realizadas no período de 20 de julho a 5 de agosto do ano em que se realizarem os pleitos. O pedido de registro poderá então ser feito, mesmo após a data de 15 de agosto, sem necessidade de realização de convenção partidária, desde que observado o prazo de pelo menos trinta dias antes das eleições.

O desrespeito aos percentuais mínimo e máximo de candidaturas por sexo pode levar o pedido de registro a ser baixado em diligência, para que o partido ou coligação adequem-se à normal legal, sob pena de rejeição *in totum* do pedido de registro. Essa é a opinião abalizada, com a qual comungo, de Marcos Ramayana: "Sem o cumprimento da regra, não se registra".[6]

Ressalte-se, finalmente, que o *preenchimento* das vagas remanescentes, previsto no referido §5º do art. 10 da Lei das Eleições, não se confunde com a *substituição* de candidatos, matéria regulada pelo art. 13 da Lei das Eleições, como se verá mais adiante.

> Art. 11. Os partidos e coligações solicitarão à Justiça Eleitoral o registro de seus candidatos até as dezenove horas do dia 15 de agosto do ano em que se realizarem as eleições. (Redação dada pela Lei nº 13.165, de 2015)
> §1º O pedido de registro deve ser instruído com os seguintes documentos:
> I - cópia da ata a que se refere o artigo 8º;
> II - autorização do candidato, por escrito;
> III - prova de filiação partidária;
> IV - declaração de bens, assinada pelo candidato;
> V - cópia do título eleitoral ou certidão, fornecida pelo cartório eleitoral, de que o candidato é eleitor na circunscrição ou requereu sua inscrição ou transferência de domicílio no prazo previsto no artigo 9º;
> VI - certidão de quitação eleitoral;
> VII - certidões criminais fornecidas pelos órgãos de distribuição da Justiça Eleitoral, Federal e Estadual;
> VIII - fotografia do candidato, nas dimensões estabelecidas em instrução da Justiça Eleitoral, para efeito do disposto no §1º do artigo 59.
> IX - propostas defendidas pelo candidato a Prefeito, a Governador de Estado e a Presidente da República. (Incluído pela Lei nº 12.034, de 2009)
> §2º A idade mínima constitucionalmente estabelecida como condição de elegibilidade é verificada tendo por referência a data da posse, salvo quando fixada em dezoito anos, hipótese em que será aferida na data-limite para o pedido de registro. (Redação dada pela Lei nº 13.165, de 2015)

---

[6] RAMAYANA, Marcos. *Direito eleitoral*. 13. ed. Niterói/RJ: Impetus, 2012. p. 403.

§3º Caso entenda necessário, o Juiz abrirá prazo de setenta e duas horas para diligências.

§4º Na hipótese de o partido ou coligação não requerer o registro de seus candidatos, estes poderão fazê-lo perante a Justiça Eleitoral, observado o prazo máximo de quarenta e oito horas seguintes à publicação da lista dos candidatos pela Justiça Eleitoral. (Redação dada pela Lei nº 12.034, de 2009)

§5º Até a data a que se refere este artigo, os Tribunais e Conselhos de Contas deverão tornar disponíveis à Justiça Eleitoral relação dos que tiveram suas contas relativas ao exercício de cargos ou funções públicas rejeitadas por irregularidade insanável e por decisão irrecorrível do órgão competente, ressalvados os casos em que a questão estiver sendo submetida à apreciação do Poder Judiciário, ou que haja sentença judicial favorável ao interessado.

§6º A Justiça Eleitoral possibilitará aos interessados acesso aos documentos apresentados para os fins do disposto no §1º. (Incluído pela Lei nº 12.034, de 2009)

§7º A certidão de quitação eleitoral abrangerá exclusivamente a plenitude do gozo dos direitos políticos, o regular exercício do voto, o atendimento a convocações da Justiça Eleitoral para auxiliar os trabalhos relativos ao pleito, a inexistência de multas aplicadas, em caráter definitivo, pela Justiça Eleitoral e não remitidas, e a apresentação de contas de campanha eleitoral. (Incluído pela Lei nº 12.034, de 2009)

§8º Para fins de expedição da certidão de que trata o §7º, considerar-se-ão quites aqueles que: (Incluído pela Lei nº 12.034, de 2009)

I - condenados ao pagamento de multa, tenham, até a data da formalização do seu pedido de registro de candidatura, comprovado o pagamento ou o parcelamento da dívida regularmente cumprido; (Incluído pela Lei nº 12.034, de 2009)

II - pagarem a multa que lhes couber individualmente, excluindo-se qualquer modalidade de responsabilidade solidária, mesmo quando imposta concomitantemente com outros candidatos e em razão do mesmo fato. (Incluído pela Lei nº 12.034, de 2009)

III – o parcelamento das multas eleitorais é direito do cidadão, seja ele eleitor ou candidato, e dos partidos políticos, podendo ser parceladas em até 60 (sessenta) meses, desde que não ultrapasse 10% (dez por cento) de sua renda. (Incluído pela Lei nº 12.891, de 2013)

§9º A Justiça Eleitoral enviará aos partidos políticos, na respectiva circunscrição, até o dia 5 de junho do ano da eleição, a relação de todos os devedores de multa eleitoral, a qual embasará a expedição das certidões de quitação eleitoral. (Incluído pela Lei nº 12.034, de 2009)

§10. As condições de elegibilidade e as causas de inelegibilidade devem ser aferidas no momento da formalização do pedido de registro da candidatura, ressalvadas as alterações, fáticas ou jurídicas, supervenientes ao registro que afastem a inelegibilidade.

§11. A Justiça Eleitoral observará, no parcelamento a que se refere o §8º deste artigo, as regras de parcelamento previstas na legislação tributária federal. (Incluído pela Lei nº 12.034, de 2009)

§12. (VETADO) (Incluído pela Lei nº 12.034, de 2009)

§13. Fica dispensada a apresentação pelo partido, coligação ou candidato de documentos produzidos a partir de informações detidas pela Justiça Eleitoral, entre eles os indicados nos incisos III, V e VI do §1º deste artigo. (Incluído pela Lei nº 12.891, de 2013)

Prazo para o requerimento de registro de candidatos

O art. 11 da Lei das Eleições trata do pedido de registro de candidaturas. O requerimento de cada partido ou coligação, dirigido ao Tribunal Superior Eleitoral nas eleições gerais, ao Tribunal Regional Eleitoral nos pleitos estaduais, e ao Juízo Eleitoral nas pugnas municipais, deve ser protocolado até às 19h do dia 15 de agosto do ano em que se realizarem as eleições.

Esse prazo, em princípio, é fatal. Mas admite três exceções:

a) quando o partido ou coligação *não* requerer o registro de seus candidatos ou *omitir* no pedido de registro o nome de postulante regularmente escolhido pela convenção, caso em que os próprios interessados poderão pleitear os registros de suas candidaturas no prazo máximo das 48 horas seguintes à publicação da lista dos candidatos pela Justiça Eleitoral (art. 11, §4º, da Lei das Eleições);

b) quando se tratar de *preenchimento* de vagas proporcionais *remanescentes*, isto é, de vaga não preenchida por indicação da convenção partidária, hipótese em que o pedido de registro de candidatos poderá ser formulado pelos órgãos diretivos do partido até trinta dias antes do pleito (art. 10, §5º);

c) quando se tratar de *substituição* de candidato que renunciar ou falecer após o termo final do prazo para o a formulação do pedido de registro, ou que tiver o seu registro indeferido ou cancelado (v. comentários ao art. 13 da Lei das Eleições).

Formalização do pedido de registro de candidatos

O pedido de registro formaliza-se com a apresentação, por meio magnético e gerado em programas desenvolvidos pelo Tribunal Superior Eleitoral, do Requerimento de Registro de Candidatos

(RRC) e do Demonstrativo de Regularidade de Atos Partidários (DRAP), formulários estes disponibilizados pela Justiça Eleitoral. O RRC é assinado pelo presidente do partido ou delegado legalmente credenciado para representar o partido perante a Justiça Eleitoral (Código Eleitoral, art. 94), inclusive no caso de coligação, que deverá indicar, expressamente, a pessoa que exercerá a sua *representação* perante a Justiça Eleitoral.

É curial destacar a alta importância do DRAP, pois a regularidade dos atos partidários é *pressuposto* do deferimento do registro de candidatos. Mesmo que o candidato preencha, individualmente, todas as condições de elegibilidade, não incorra em qualquer caso de inelegibilidade ou incompatibilidade e observe o eventual prazo de desincompatibilização, ainda assim a sua candidatura não prosperará diante de eventuais irregularidades insanáveis dos atos partidários. Nesse sentido têm decidido o Tribunal Regional Eleitoral do Pará:

> 1. O Demonstrativo de Regularidade dos Atos Partidários – DRAP deve ser protocolizado junto à Justiça Eleitoral até às 19hs do dia 5 de julho do ano da eleição [prazo anterior às modificações introduzidas pela Lei nº 13.165/2015], sob pena de inabilitação da coligação aos cargos pleiteados [...]. 3. Recurso improvido para julgar a coligação [...] inabilitada a participar das eleições municipais no atinente aos cargos proporcionais (vereador). (TRE/PA. Acórdão nº 24.861, de 14.8.2012. Rel. Juiz Federal Daniel Santos Rocha Sobral – v.u., publicado em sessão)

No RRC, devem ser indicados *fac-símile* e endereço eletrônico do requerente, a fim de assegurar a necessária celeridade na comunicação dos atos processuais.

Documentos obrigatórios

O RRC é obrigatoriamente acompanhado do DRAP e de todos os documentos elencados nos incs. I a IX, do §1º, do art. 11, da Lei das Eleições. Tais documentos devem ser apresentados no original, exceto os que se admite sejam juntados por cópia, como o título eleitoral do candidato e a ata da convenção que escolheu os candidatos do partido e coligação respectiva. De acordo com o §13, do art. 11, da Lei das Eleições, introduzido pela Lei nº 12.891, de 11.12.2013, os partidos, coligações e candidatos ficam dispensados da apresentação de documentos produzidos a partir de informações detidas pela Justiça Eleitoral, entre eles a prova da filiação partidária, a cópia do título eleitoral ou certidão, fornecida pelo cartório eleitoral, de que o candidato é eleitor na circunscrição eleitoral ou requereu sua inscrição ou transferência de domicílio no prazo previsto no art. 9º, bem como a certidão de quitação eleitoral. A inovação faz sentido, uma vez que seria redundante apresentar documentos com informações de que a própria Justiça Eleitoral já dispõe.

A declaração de bens do candidato deve ser atualizada, não se exigindo que seja idêntica à entregue ao imposto de renda, admitindo-se até mesmo declaração de próprio punho.

As certidões criminais são do local do domicílio eleitoral do candidato, inclusive dos Tribunais competentes no caso de foro privilegiado. O Tribunal Superior Eleitoral decidiu que "Não se exige [...] certidão de objeto e pé da Justiça Estadual do 1º grau onde o candidato não possui domicílio eleitoral".[7] Não me parece esta uma boa solução, principalmente no momento histórico atual, em que as vozes das ruas avolumam-se em favor da "ficha limpa", isto é, em favor da vida pregressa extreme de dúvidas do candidato, e se considerarmos que o domicílio eleitoral nem sempre coincide com o domicílio civil e é perfeitamente possível que o candidato não tenha qualquer registro de ilícitos em seu domicílio eleitoral, mas tenha verdadeira folha corrida de crimes em seu domicílio civil.

Especial atenção deve merecer a certidão de quitação eleitoral. A certidão de quitação eleitoral abrange desde o pleno gozo dos direitos políticos ao regular exercício do voto, passando pelo atendimento das convocações da Justiça Eleitoral para auxiliar nos trabalhos relativos aos pleitos, pelas multas aplicadas pela Justiça Eleitoral e não pagas e pela apresentação das contas de campanhas. A Justiça Eleitoral enviará aos partidos políticos, na respectiva jurisdição, até um mês antes da data final para o registro de candidaturas, ou seja, até o dia 5 de junho do ano da eleição, a relação de todos os devedores de multa eleitoral, a qual embasará a expedição da certidão de quitação eleitoral a ser apensa ao RRC, como determina o §9º do art. 11 da Lei das Eleições. A "reforma" eleitoral, consubstanciada na Lei nº 12.891/2013, acrescentou ao §8º, do art. 11 da Lei Eleitoral, o inc. III, que assegura o *parcelamento* das multas eleitorais como direito do cidadão, seja ele eleitor ou candidato, e dos partidos políticos, em até sessenta meses, desde que não ultrapasse o limite de 10% (dez por cento) de sua renda.

---

[7] TSE. AgR-REspe nº 247543. Ac. de 15.9.2010. Rel. Min. Arnaldo Vesiani.

Trata-se, sem dúvida, de uma inovação casuística e perniciosa ao sistema eleitoral brasileiro, uma vez que afrouxa consideravelmente o cumprimento das obrigações eleitorais, tornando ainda menos eficazes as multas impostas aos infratores.

Consideram-se *quites* para com as obrigações eleitorais os candidatos que, condenados ao pagamento de multas, tenham, até à data da formalização do pedido de registro, comprovado o pagamento ou o parcelamento regular da dívida (observados os mesmos requisitos exigidos para o parcelamento dos tributos federais, segundo o §11, do art. 11, da Lei das Eleições), ou os que tenham pago a multa que lhes couber individualmente, excluindo qualquer modalidade de responsabilidade solidária, mesmo quando imposta a mais de um candidato em relação ao mesmo fato.

É importante ressaltar que as *condições de elegibilidade*, as *causas de inelegibilidade*, inclusive as decorrentes de inobservância dos prazos de *desincompatibilização*, e as *incompatibilidades* devem ser aferidas no momento da *formalização* do pedido de registro de candidatos, "ressalvadas as alterações, fáticas ou jurídicas, supervenientes ao registro que afastem a inelegibilidade" (§10 do art. 11 da Lei das Eleições). Embora o texto da lei reporte-se à "inelegibilidade", a mais recente jurisprudência do Tribunal Superior Eleitoral ampliou a exceção para inserir também as condições de elegibilidade, como se vê do seguinte excerto de julgado:

> 1. Conforme a mais recente jurisprudência desta Corte, as alterações fáticas ou jurídicas supervenientes ao registro que beneficiem o candidato, nos termos da parte final do art. 11, §10, da Lei nº 9.504197, também devem ser admitidas para as condições de elegibilidade (REspe nº 809-82/AM, Rei. Mm. Henrique Neves, PSESS de 26.8.2014; REspe nº 525-52/MS, de minha relatoria, PSESS de 3.9.2014). (TSE. REspe nº 103.442. Ac. de 23.9.2014. Rel. Min. Luciana Lóssio)

Ao contrário, porém, das demais condições de elegibilidade que devem ser aferidas por ocasião da formalização do RRC, a condição da *idade mínima* constitucionalmente estabelecida para cada cargo eletivo deverá ser verificada tendo por referência a data da futura *posse* do candidato eventualmente eleito, como determina o §2º do art. 11 da Lei das Eleições, salvo quando fixada em dezoito anos, hipótese em que será aferida na data-limite para o pedido de registro, conforme redação dada pela Lei nº 13.165, de 2015. Neste ponto, a lei corrigiu grave deficiência do texto original, pois, em se tratando de candidatura para o cargo de vereador, cuja idade mínima é de 18 anos, possibilitava-se a candidatura de adolescente de 17 anos, desde que até a posse completasse a idade constitucionalmente exigida. Essa anomalia não mais subsiste no texto atual.

Os documentos relacionados nos incs. I ao IX, do art. 11, da Lei das Eleições, são essenciais e devem obrigatoriamente ser juntados ao RRC. Havendo omissão de algum documento, e desde que intimados o partido ou coligação, ou o próprio candidato, a suprir a omissão, se esta não for sanada não se admitirá a juntada do documento faltante em grau de recurso. Nesse sentido é a jurisprudência mansa e pacífica do Tribunal Regional Eleitoral do Pará:

> 2. Tendo havido intimação originária da própria coligação, queda inútil qualquer discussão acerca da necessidade ou não de implementar eventual intimação sob as balizas do art. 47, da mesma resolução. 3. É inadmissível a juntada de documentos em sede recursal se, na instância de origem, foi ofertada à parte a oportunidade para apresentação dos documentos faltantes. (TRE-PA. Acórdão nº 24.826, de 9.8.2012. Rel. Juiz Federal Daniel Santos Rocha Sobral – v. u., publicado em sessão)[8]

É imperioso observar que, embora a lei eleitoral liste apenas esses documentos (incs. I ao IX), o Tribunal Superior Eleitoral tem elencado em suas resoluções o registro de candidaturas, a prova de desincompatibilização e também o comprovante de escolaridade (v. Resolução nº 23.455/2015, art. 27). Quanto ao comprovante de escolaridade, reporta o §11 daquele art. 27 que a sua ausência poderá ser suprida por declaração de *próprio punho*, podendo a exigência de alfabetização do candidato ser aferida por outros meios, desde que individual e reservadamente, arrimando-se nesta previsão a autorização para a realização do propalado "teste de alfabetização".

O §5º, do art. 11, da Lei das Eleições, obriga os Tribunais e Conselhos de Contas (da União, dos estados e dos municípios) a tornarem disponíveis à Justiça Eleitoral, até a data de 15 de agosto do ano da eleição, a relação dos que tiveram suas contas relativas ao exercício de cargos ou funções públicas rejeitadas por irregularidade

---

[8] No mesmo sentido: Acórdão nº 24.874, de 14.8.2012. Rel. Juíza Ezilda Pastana Mutran – v. u., publicado em sessão; Acórdão nº 24.876, de 14.8.2012. Rel. Juíza Eva do Amaral Coelho – v. u., publicado em sessão; Acórdão nº 24.903, de 15.8.2012. Rel. Desemb. Leonardo Noronha Tavares – v. u., publicado em sessão; Acórdão nº 25.026, de 18.8.2012. Rel. Juiz Marco Antônio Lobo Castelo Branco – v. u., publicado em sessão.

insanável e por decisão irrecorrível do órgão competente, "ressalvados os casos em que estiverem sendo submetidas à apreciação do Poder Judiciário, ou que haja sentença judicial favorável ao interessado".

A Lei das Eleições, ao mandar que a relação dos condenados por rejeição de contas seja disponibilizada diretamente à Justiça Eleitoral, permite que o *indeferimento* do requerimento de registro de candidatura seja decretado também diretamente pela Justiça Eleitoral, de ofício, ainda que não tenha havido impugnação por parte de partido, coligação, candidato ou Ministério Público, não se dispensando, contudo, o *contraditório* e a *ampla defesa* com os recursos a ela inerentes.

O §6º do art. 11 da Lei das Eleições consagra o princípio da *publicidade* e da transparência no processo de registro de candidatos, determinando que a Justiça Eleitoral possibilite aos interessados – Ministério Público, candidatos, partidos, coligações e qualquer eleitor – o pleno acesso aos documentos apresentados com o RRC para os fins do disposto no §1º (cf. o §6º do art. 11).

O objetivo da regra é facilitar aos interessados a propositura da *ação de impugnação* de pedido de registro de candidato ou do oferecimento da comunicação ou *notícia de inelegibilidade*, bem como a *contestação*, daí porque a omissão da Justiça Eleitoral em garantir o acesso a tais documentos pode configurar cerceamento de defesa.

Por outro lado, a obtenção dos documentos obrigatórios, principalmente em se tratando de certidões negativas, nem sempre é tarefa fácil, especialmente se considerarmos os prazos exíguos consignados no calendário eleitoral. É usual, assim, em caso de documentação insuficiente, a concessão de prazo para o candidato suprir a falta ou a omissão, e só depois disso, se não atendida a determinação judicial, é que se se impõe o indeferimento do pedido de registro da candidatura. Seria de bom alvitre também que a Justiça Eleitoral garantisse aos interessados – partidos, coligações e candidatos – mais facilidades e prioridades para a obtenção desses documentos.

Muito importante é a exigência de apresentação, entre os documentos que devem obrigatoriamente instruir o RRC, das "propostas defendidas pelo candidato a Prefeito, a Governador do Estado e a Presidente da República", a chamada "Carta de Princípios". No entanto, vê-se, *prima facie*, que ficam de fora da exigência os candidatos aos cargos proporcionais e a senador. Não há razão para excluí-los dessa obrigatoriedade. Além disso, a simples exigência de apresentação das propostas de campanha, sem cominações pela não apresentação ou não cumprimento posterior destas, parece providência mais retórica do que prática, posto que, sem sanção, a norma resulta inócua.[9]

Para Joel J. Cândido, embora se trate de um compromisso *moral*, a "Carta de Princípios" não é um compromisso *legal* pelo qual o candidato e seu partido ou coligação assumam responsabilidades pelo não cumprimento das propostas. Mas, apesar de sua inocuidade atual, salienta o autor que o registro das promessas de campanha pode ser o primeiro passo para o chamado *recall* ou *revogatória*, quando, de *lege ferenda,*

> o descumprimento injustificado, no curso da administração, das propostas defendidas, registradas e veiculadas, poderá fulminar, via Direito Eleitoral e seus processos, o próprio mandato eletivo, com inelegibilidade por certo tempo para nova candidatura, previsão legal que ainda é sonho em nosso ordenamento jurídico, mas já é realidade nos países que adotam os institutos do *recall* ou da *revogatória*.[10]

Requerimento individual do registro de candidatura

Se o partido ou coligação não requererem, até às 19h do dia 15 de agosto do ano da eleição, o registro dos candidatos escolhidos em convenção, os próprios candidatos poderão fazê-lo, individualmente. A omissão dos partidos ou coligação verifica-se com a publicação da lista de candidatos pela Justiça Eleitoral. E é a partir da publicação dessa lista que corre o prazo de 48 horas para que o interessado pleiteie individualmente o registro de sua candidatura, observadas, naturalmente, as mesmas exigências já mencionadas para o registro de candidatos.

---

[9] Projeto do Senador Cristovam Buarque amplia a exigência de registro das promessas de campanha para candidatos a vereador, deputado e senador: "A carta de princípios – segundo o autor do projeto – constituirá declaração com informações sobre os fundamentos pelos quais postula a sua eleição e o programa de trabalho constituirá indicação dos objetivos que pretende realizar durante o mandato. O documento, além de resguardar o possível mandatário no caso de seu partido se afastar de seus próprios princípios, conferirá também, ao eleitor, instrumento de controle e fiscalização da conduta política do eleito. Servirá para o eleitor constatar que foi traído e, quem sabe lá na frente, permitir que os eleitores possam cassar o mandato do político" (MAGALHÃES, Vera. Registro de promessas. *Veja.com*, 14 out. 2013. Disponível em: <http://veja.abril.com.br/blog/radar-on-line/brasil/projeto-obrigado-todos-os-candidatos-a-registrarem-na-justica-eleitoral-documento-com-suas-promessas-de-campanha/>).

[10] CÂNDIDO, Joel J. *Direito eleitoral brasileiro*. 14. ed. rev., atual. e ampl. Bauru/SP: Edipro, 2010. p. 422.

Para que tenha direito de apresentar o requerimento individual de registro de candidatura, é necessário que o interessado prove ter sido devidamente indicado pela convenção partidária e não apenas pelo diretório ou comissão executiva. "1 – Para fins de registro de candidatura, o pretenso candidato deve ser escolhido em convenção e ter seu nome constado da ata. 2 – O candidato ausente na Ata da Convenção Partidária deve ter o registro de candidatura indeferido".[11]

A única hipótese de escolha de candidato por órgão diretivo do partido, como já salientado, é a do §5º, do art. 10, da Lei das Eleições, quando tais órgãos diretivos – no caso de não serem indicados candidatos para a totalidade das vagas que poderiam ser lançadas pelo partido ou coligação, na convenção realizada no período de 20 de julho a 5 de agosto do ano da eleição – podem apresentar RRC para as vagas *remanescentes*, ou em casos das *substituições* previstas no art. 13 da Lei das Eleições.

Fora dessa situação, não podem os órgãos diretivos indicar candidatos que não passaram pelo crivo da convenção partidária. Como decidiu o Tribunal Regional Eleitoral do Pará, a reunião da comissão diretiva provisória da agremiação partidária "não é a instância própria para a escolha de convencionais a cargos eletivos, mostrando-se inservível para embasar o RRC".[12]

Não pode, assim, o interessado pleitear individualmente o registro de sua candidatura se não tiver sido previamente escolhido em convenção, mesmo que não tenham sido preenchidas todas as vagas destinadas ao partido ou coligação, haja vista que o preenchimento das vagas remanescentes é uma *faculdade* do partido ou coligação e não uma *obrigatoriedade*.

> Art. 12. O candidato às eleições proporcionais indicará, no pedido de registro, além de seu nome completo, as variações nominais com que deseja ser registrado, até o máximo de três opções, que poderão ser o prenome, sobrenome, cognome, nome abreviado, apelido ou nome pelo qual é mais conhecido, desde que não se estabeleça dúvida quanto à sua identidade, não atente contra o pudor e não seja ridículo ou irreverente, mencionando em que ordem de preferência deseja registrar-se.

---

[11] TRE/PA. Acórdão nº 24.834, de 9.8.2012. Rel. Juíza Eva do Amaral Coelho – v. u., publicado em sessão.
[12] TRE/PA. Acórdão nº 24.929, de 16.8.2012. Rel. Juiz Federal Daniel Santos Rocha Sobra – v. u., publicado em sessão.

§1º Verificada a ocorrência de homonímia, a Justiça Eleitoral procederá atendendo ao seguinte:

I - havendo dúvida, poderá exigir do candidato prova de que é conhecido por dada opção de nome, indicada no pedido de registro;

II - ao candidato que, na data máxima prevista para o registro, esteja exercendo mandato eletivo ou o tenha exercido nos últimos quatro anos, ou que nesse mesmo prazo se tenha candidatado com um dos nomes que indicou, será deferido o seu uso no registro, ficando outros candidatos impedidos de fazer propaganda com esse mesmo nome;

III - ao candidato que, pela sua vida política, social ou profissional, seja identificado por um dado nome que tenha indicado, será deferido o registro com esse nome, observado o disposto na parte final do inciso anterior;

IV - tratando-se de candidatos cuja homonímia não se resolva pelas regras dos dois incisos anteriores, a Justiça Eleitoral deverá notificá-los para que, em dois dias, cheguem a acordo sobre os respectivos nomes a serem usados;

V - não havendo acordo no caso do inciso anterior, a Justiça Eleitoral registrará cada candidato com o nome e sobrenome constantes do pedido de registro, observada a ordem de preferência ali definida.

§2º A Justiça Eleitoral poderá exigir do candidato prova de que é conhecido por determinada opção de nome por ele indicado, quando seu uso puder confundir o eleitor.

§3º A Justiça Eleitoral indeferirá todo pedido de variação de nome coincidente com nome de candidato a eleição majoritária, salvo para candidato que esteja exercendo mandato eletivo ou o tenha exercido nos últimos quatro anos, ou que, nesse mesmo prazo, tenha concorrido em eleição com o nome coincidente.

§4º Ao decidir sobre os pedidos de registro, a Justiça Eleitoral publicará as variações de nome deferidas aos candidatos.

§5º A Justiça Eleitoral organizará e publicará, até trinta dias antes da eleição, as seguintes relações, para uso na votação e apuração:

I - a primeira, ordenada por partidos, com a lista dos respectivos candidatos em ordem numérica, com as três variações de nome correspondentes a cada um, na ordem escolhida pelo candidato;

II - a segunda, com o índice onomástico e organizada em ordem alfabética, nela constando o nome completo de cada candidato e cada variação de nome, também em ordem alfabética, seguidos da respectiva legenda e número.

Variações do nome do candidato registrado

Com o advento do sistema eletrônico de votação, perdeu importância, pelo menos do ponto de vista da propaganda eleitoral, a variação do nome do candidato, já que este passa a ser identificado – e votado – pelo número e fotografia constantes da urna eletrônica. Inobstante, a Lei das Eleições, atenta a todas as possibilidades, inclusive quanto à eventualidade de falha no sistema eletrônico que obrigue o uso da votação manual, não deixa de cuidar da variação de nome com que o candidato deve ser registrado.

No RRC às eleições *proporcionais*, além de nome completo do candidato, devem ser apontadas as variações nominais com que ele deseja ser registrado, até o máximo de três opções, que poderão ser o prenome, sobrenome, cognome, nome abreviado, apelido ou nome pelo qual é mais conhecido, "desde que não se estabeleça dúvida quanto à sua identidade, não atente contra o pudor e não seja ridículo ou irreverente, mencionando em que ordem de preferência deseja registrar-se", como ressalva o *caput* do art. 12 da Lei das Eleições.

Conquanto já não mais se exija a alteração do registro de nascimento do candidato para incluir nome ou apelido pelo qual é mais conhecido, a Justiça Eleitoral pode exigir que o candidato comprove cabalmente "que é conhecido por determinada opção de nome por ele indicado, quando seu uso puder confundir o eleitor", como determina o §2º, do art. 12, da Lei das Eleições.

Homonímia

Cabe à Justiça Eleitoral decidir sobre os casos de nomes idênticos – a chamada *homonímia*. O §1º do art. 12 da Lei Eleitoral oferece os elementos necessários para dirimir essa questão.

Em primeiro lugar, poderá a Justiça Eleitoral exigir do candidato prova de que é conhecido por dada opção de nome, indicada no pedido de registro.

Em segundo lugar, ao candidato que, na data máxima prevista para o registro, isto é, no dia 15 de agosto do ano da eleição, esteja exercendo mandato eletivo ou o tenha exercido nos últimos quatro anos, ou que nesse mesmo prazo tenha sido candidato com um dos nomes que indicou, será deferido o seu uso no registro, ficando outros candidatos impedidos de fazer propaganda com esse mesmo nome.

Da mesma forma, mas em terceiro lugar, ao candidato que, pela sua vida política, social ou profissional, seja identificado por dado nome que tenha indicado, será deferido o registro com esse nome, observado o disposto na parte final do inciso anterior, isto é, a preferência dada a candidato que, na data fatal para o RRC, esteja exercendo mandato eletivo ou o tenha exercido nos últimos quatro anos usando esse mesmo nome.

Se, com essas regras, não for possível resolver a questão da homonímia, a Justiça Eleitoral notificará os interessados para que, em dois dias, cheguem a um acordo sobre os respectivos nomes a serem utilizados; e, não havendo acordo, serão registrados os candidatos com o nome e sobrenome constantes do RRC, "observada a ordem de preferência ali definida".[13]

Vedação de nomes iguais em eleições diferentes

A lei eleitoral veda expressamente o deferimento de todo pedido de variação de nome de candidato às eleições *proporcionais* coincidente com nome de candidato à eleição *majoritária*, "salvo para candidato que esteja exercendo mandato eletivo ou o tenha exercido nos últimos quatro anos, ou que, nesse mesmo prazo, tenha concorrido em eleição com o nome coincidente", segundo o §3º, do art. 12, da Lei nº 9.504/97.

Publicação das listas de candidatos

Resolvidas as questões de homonímia, e ao decidir sobre os RRCs, a Justiça Eleitoral publicará, até 30 dias antes das eleições, as variações de nome deferidas aos candidatos, e organizará e publicará, para uso na votação e na apuração, as seguintes listas: uma, ordenada por partido ou coligação, com os nomes dos respectivos candidatos em ordem numérica, com as três variações de nomes correspondente a cada um, na ordem escolhida pelos candidatos e indicadas, obviamente, no RRC; outra, com o índice onomástico dos candidatos em ordem alfabética, nela constando o nome completo do candidato e cada variação de nome, também em ordem alfabética, seguida da respetiva legenda e número do candidato.

> Art. 13. É facultado ao partido ou coligação substituir candidato que for considerado inelegível, renunciar ou falecer após o termo final do prazo do registro ou, ainda, tiver seu registro indeferido ou cancelado.

---

[13] A Lei das Eleições comete, aqui, evidente imprecisão semântica, pois, na verdade, cuida da ordem de *precedência* dos protocolos dos RRCs e não da ordem de *preferência* ao uso do nome.

§1º A escolha do substituto far-se-á na forma estabelecida no estatuto do partido a que pertencer o substituído, e o registro deverá ser requerido até 10 (dez) dias contados do fato ou da notificação do partido da decisão judicial que deu origem à substituição. (Redação dada pela Lei nº 12.034, de 2009)

§2º Nas eleições majoritárias, se o candidato for de coligação, a substituição deverá fazer-se por decisão da maioria absoluta dos órgãos executivos de direção dos partidos coligados, podendo o substituto ser filiado a qualquer partido dela integrante, desde que o partido ao qual pertencia o substituído renuncie ao direito de preferência.

§3º Tanto nas eleições majoritárias como nas proporcionais, a substituição só se efetivará se o novo pedido for apresentado até 20 (vinte) dias antes do pleito, exceto em caso de falecimento, quando a substituição poderá ser efetivada após esse prazo. (Nova redação dada pela Lei nº 12.891, de 2013)

Substituição de candidatos

Cuida o art. 13 da Lei das Eleições do instituto da *substituição* de candidatos, que, como adrede já ressalvado, não se confunde com o preenchimento de vagas *remanescentes* previsto no §5º do art. 10 da mesma lei.

A *substituição* de candidatos ocorre nas hipóteses de renúncia ou morte de candidato, após a data fatal para o protocolo do RRC (15 de agosto do ano da eleição), ou de candidato que vier a ser considerado inelegível ou tiver o registro da candidatura indeferido ou cancelado.

Ao contrário do preenchimento das vagas *remanescentes*, que a lei faculta expressamente aos órgãos *diretivos* do partido ou coligação, a escolha dos substitutos é feita de acordo com o que dispuser o estatuto do partido a que pertencer o substituído, em se tratando de eleições *proporcionais*, sendo necessário, portanto, consultar o estatuto do partido para saber qual dos seus órgãos indicará os substitutos.

Em se tratando de substituição de candidatos a cargos *majoritários*, a lei atribui, desde logo, a indicação do substituto à maioria absoluta dos órgãos executivos de direção do partido, ou dos partidos coligados, em se tratando de coligação, podendo o substituto ser filiado a qualquer partido dela integrante, desde que a agremiação partidária à qual pertencia o substituído renuncie ao direito de *preferência*, consoante o disposto no §2º do art. 13 da Lei das Eleições.

O §1º do art. 13 da Lei das Eleições estabelece o prazo de dez dias para o pedido de registro da candidatura do substituto, contado esse prazo da data do fato que ensejou a substituição ou da notificação da decisão judicial, mas, em se tratando de eleições *proporcionais*, segundo a redação originária do §3º, do mesmo art. 13 da mesma lei, a substituição somente se efetivaria se o novo pedido de registro fosse protocolado pelo menos sessenta dias antes do pleito. Com a "reforma" de dezembro de 2013 (Lei nº 12.891/2013), a nova redação do mencionado §3º reduziu o prazo para o pedido de substituição de candidatos para vinte dias antes do pleito, tanto nas eleições majoritárias como nas proporcionais, exceto no caso de falecimento de candidato, quando a substituição poderá ser efetivada após esse prazo, quer se trate de candidato a cargo majoritário, quer se trate de postulante a cargo proporcional.

Isso significa dizer que, mesmo sendo o novo requerimento apresentado no prazo de dez dias a que se refere o §1º, o pedido não poderá prosperar se não for formalizado pelo menos vinte dias antes da eleição. A recente "reforma" vem em sentido contrário ao entendimento do Tribunal Superior Eleitoral, que já vinha *flexibilizando* o prazo previsto na redação originária do §3º, do art. 13, da Lei das Eleições, e admitindo, excepcionalmente, a substituição de candidatura mesmo dentro dos dois meses anteriores ao pleito:

> 2. Se, no momento da formalização das renúncias por candidatas, já tinha sido ultrapassado o prazo para substituição das candidaturas, previsto no art. 13, §3º, da Lei nº 9.504/97, não pode o partido ser penalizado, considerando, em especial, que não havia possibilidade jurídica de serem apresentadas substitutas, de modo a readequar os percentuais legais de gênero. (TSE. REsp Eleitoral nº 214-98/RS. Rel. Ministro Henrique Neves da Silva. *DJE*, 24 jun. 2013. Informativo nº 14/2013)

Quanto aos candidatos *majoritários*, a substituição podia ser aceita, se requerida, até o dia da eleição, desde que dentro do prazo de dez dias da ciência do ato ou fato ensejador da substituição. As instruções do Tribunal Superior Eleitoral destacavam que, sendo o prazo para o protocolo do pedido de substituição de dez dias *antes* do pleito, o mesmo se encerra na véspera da eleição (sábado).[14] Com a nova redação dada ao §3º, do art. 13, da Lei das Eleições, pela Lei nº 12.891/2013, as substituições de candidatos para cargos majoritários também deverão obedecer ao prazo de vinte dias anteriores às eleições.

Ocorrendo, porém, a substituição após a geração das tabelas para elaboração da lista de candidatos e preparação das urnas,

---

[14] TSE. Resolução nº 23.373/2011, art. 67, §2º.

"o substituto concorrerá com o nome, número e, na urna eletrônica, com a fotografia do substituído, computando-se àquele os votos a estes atribuídos",[15] o que não me parece uma boa solução, pois leva o eleitor a pensar, obviamente, que está votando no candidato substituído e não no substituto. Ressalte-se que, na hipótese de substituição de candidato para cargo majoritário,

> caberá ao partido político e/ou coligação do substituto dar ampla divulgação ao fato para esclarecimento do eleitorado, sem prejuízo da divulgação também por outros candidatos, partidos políticos e /ou coligações e, ainda, pela Justiça Eleitoral, inclusive nas próprias Seções Eleitorais, quando determinado ou autorizado pela autoridade eleitoral competente. (TSE. Resolução nº 23.373/2001, art. 67, §5º)

Art. 14. Estão sujeitos ao cancelamento do registro os candidatos que, até a data da eleição, forem expulsos do partido, em processo no qual seja assegurada ampla defesa e sejam observadas as normas estatutárias. Parágrafo único. O cancelamento do registro do candidato será decretado pela Justiça Eleitoral, após solicitação do partido.

Cancelamento do registro do candidato

Cuida o art. 14 da Lei das Eleições do *cancelamento* do registro de candidato que, até a data da eleição, for expulso do partido ao qual pertencia, mediante processo em que lhe tenham sido asseguradas a ampla defesa e o contraditório, observadas as normas do Estatuto partidário.

O parágrafo único do art. 14 da Lei das Eleições parece relevar o *cancelamento* do registro de candidatura a uma questão de economia *interna* do partido. Todavia, é fato que a perda da filiação partidária deixa o candidato sem uma das condições de *elegibilidade*, e, portanto, seria um contrassenso subsistir a candidatura, de modo que o cancelamento, a meu ver, poderá ser arguido não só pelo partido que expulsou o filiado, mas igualmente pelo Ministério Público, por qualquer partido ou coligação, por qualquer candidato, e mesmo poderá ser decretado o cancelamento *ex officio* pela Justiça Eleitoral.

Art. 15. A identificação numérica dos candidatos se dará mediante a observação dos seguintes critérios:

---

[15] TSE. Resolução nº 23.373/2001, art. 67, §4º.

I - os candidatos aos cargos majoritários concorrerão com o número identificador do partido ao qual estiverem filiados;

II - os candidatos à Câmara dos Deputados concorrerão com o número do partido ao qual estiverem filiados, acrescido de dois algarismos à direita;

III - os candidatos às Assembleias Legislativas e à Câmara Distrital concorrerão com o número do partido ao qual estiverem filiados acrescido de três algarismos à direita;

IV - o Tribunal Superior Eleitoral baixará resolução sobre a numeração dos candidatos concorrentes às eleições municipais.

§1º Aos partidos fica assegurado o direito de manter os números atribuídos à sua legenda na eleição anterior, e aos candidatos, nesta hipótese, o direito de manter os números que lhes foram atribuídos na eleição anterior para o mesmo cargo.

§2º Aos candidatos a que se refere o §1º do artigo 8º, é permitido requerer novo número ao órgão de direção de seu partido, independentemente do sorteio a que se refere o §2º do artigo 100 da Lei nº 4.737, de 15 de julho de 1965 – Código Eleitoral.

§3º Os candidatos de coligações, nas eleições majoritárias, serão registrados com o número de legenda do respectivo partido e, nas eleições proporcionais, com o número de legenda do respectivo partido acrescido do número que lhes couber, observado o disposto no parágrafo anterior.

Identificação numérica dos candidatos

Depois de instituído o sistema eletrônico de votação, ganhou singular importância a identificação numérica dos candidatos, posto que, via de regra, é com a digitação do número do candidato na urna eletrônica que se concretiza o voto dado ao candidato preferido do eleitor (ressalvada a hipótese de votação manual).

Os candidatos aos cargos *majoritários* concorrem com a dezena que identifica o partido ao qual é filiado. Já nas eleições *proporcionais*, os candidatos à Câmara dos Deputados concorrem com a dezena identificadora do seu partido, acrescida de dois algarismos à direita, e os candidatos às Assembleias Legislativas e à Câmara Distrital concorrem com a dezena identificadora do respectivo partido acrescida de três algarismos à direita.

Essas regras valem mesmo em caso de haver coligação partidária.

Observe-se que a Lei das Eleições remete ao Tribunal Superior Eleitoral a atribuição para disciplinar a identificação numérica dos candidatos às Câmaras Municipais, que costuma ser a dezena identificadora da legenda do partido acrescido de três algarismos à direita, como na identificação dos candidatos a deputado estadual.

Art. 16. Até vinte dias antes da data das eleições, os Tribunais Regionais Eleitorais enviarão ao Tribunal Superior Eleitoral, para fins de centralização e divulgação de dados, a relação dos candidatos às eleições majoritárias e proporcionais, da qual constará obrigatoriamente a referência ao sexo e ao cargo a que concorrem. (Redação dada pela Lei nº 13.165, de 2015)

§1º Até a data prevista no caput, todos os pedidos de registro de candidatos, inclusive os impugnados e os respectivos recursos, devem estar julgados pelas instâncias ordinárias, e publicadas as decisões a eles relativas. (Redação dada pela Lei nº 13.165, de 2015)

§2º Os processos de registro de candidaturas terão prioridade sobre quaisquer outros, devendo a Justiça Eleitoral adotar as providências necessárias para o cumprimento do prazo previsto no §1º, inclusive com a realização de sessões extraordinárias e a convocação dos juízes suplentes pelos Tribunais, sem prejuízo da eventual aplicação do disposto no artigo 97 e de representação ao Conselho Nacional de Justiça. (Incluído pela Lei nº 12.034, de 2009)

Lista de candidatos registrados

Para fins de centralização e divulgação dos resultados das eleições, os Tribunais Regionais Eleitorais enviarão ao Tribunal Superior Eleitoral a relação de todos os candidatos registrados nas eleições majoritárias e proporcionais, com menção obrigatória ao sexo dos postulantes e ao cargo a que concorrem, até vinte dias antes do pleito, diz o art. 16 da Lei das Eleições.

Prioridade para o julgamento de registro de candidatos

O §1º do art. 16 da Lei das Eleições estabelece que até vinte dias antes das eleições todos os pedidos de registro de candidaturas, inclusive os impugnados, devem estar julgados em todas as instâncias e as decisões devidamente publicadas.

Para que essa norma seja exequível, o §2º do mesmo dispositivo legal determina que os processos de registro de candidaturas terão *prioridade* sobre quaisquer outros, devendo a Justiça Eleitoral adotar as providências necessárias para o cumprimento do prazo previsto no §1º, inclusive com a realização de sessões extraordinárias e a convocação dos juízes suplentes pelos Tribunais, sem prejuízo da eventual aplicação do disposto no art. 97 e de representação ao Conselho Nacional de Justiça.

Com efeito, a não observância do prazo previsto no §1º, do art. 16, da Lei das Eleições, pode acarretar sérias consequências, a começar pela aplicação do art. 97 da mesma lei, que confere a qualquer candidato, partido ou coligação o direito de representação ao Tribunal Regional Eleitoral contra o descumprimento do prazo pelo Juiz Eleitoral, ou ao Tribunal Superior Eleitoral contra o não cumprimento do prazo pelo Tribunal Regional Eleitoral, sem prejuízo de representação ao Conselho Nacional de Justiça.

Nos termos do §1º do art. 97 da Lei das Eleições, é obrigatório, para os membros dos Tribunais Eleitorais e do Ministério Público Eleitoral, fiscalizar o cumprimento não só do prazo máximo para o julgamento de pedidos de registro de candidaturas, como, do mesmo modo, de todas as disposições da Lei das Eleições, por parte dos juízes eleitorais e promotores eleitorais das instâncias inferiores, determinando, quando for o caso, a abertura de procedimento disciplinar para a apuração de eventuais irregularidades que se verificarem.

> Art. 16-A. O candidato cujo registro esteja sub judice poderá efetuar todos os atos relativos à campanha eleitoral, inclusive utilizar o horário eleitoral gratuito no rádio e na televisão e ter seu nome mantido na urna eletrônica enquanto estiver sob essa condição, ficando a validade dos votos a ele atribuídos condicionada ao deferimento de seu registro por instância superior. (Incluído pela Lei nº 12.034, de 2009)
>
> Parágrafo único. O cômputo, para o respectivo partido ou coligação, dos votos atribuídos a candidato cujo registro esteja sub judice no dia da eleição fica condicionado ao deferimento do registro do candidato. (Incluído pela Lei nº 12.034, de 2009)
>
> Art. 16-B. O disposto no art. 16-A quanto ao direito de participar da eleitoral, inclusive utilizar o horário eleitoral gratuito, aplica-se igualmente ao candidato cujo pedido de registro tenha sido protocolado no prazo legal e ainda não tenha sido apreciado pela Justiça Eleitoral. (Incluído pela Lei nº 12.891, de 2013)

Candidaturas *sub judice*

Apesar do rigor das disposições do art. 16 da Lei das Eleições, a prática tem demonstrado, à saciedade, que nem sempre é possível observar o prazo nele previsto, tanto que, pela Lei nº 12.034/2009, foi introduzido, na Lei das Eleições, o art. 16-A, que procura disciplinar a participação, na campanha eleitoral, do candidato cujo registro ainda não tenha sido deferido, encontrando-se, pois, na condição de *sub judice*.

O recurso contra o indeferimento do pedido de registro de candidatura tem efeito *suspensivo* e ao candidato *sub judice* é permitido efetuar todos os atos de campanha eleitoral, utilizar o horário eleitoral gratuito no rádio e na televisão e ter o seu nome mantido na urna eletrônica enquanto estiver nessa condição, mas a validade dos votos a ele atribuídos fica condicionada ao deferimento de seu registro por instância superior. Em consequência, o cômputo dos votos dados ao candidato *sub judice* para o partido ou coligação fica igualmente condicionado ao deferimento de sua candidatura, consoante a dicção do parágrafo único do art. 16-A da Lei das Eleições.

A Lei nº 12.891/2013 acrescentou à Lei das Eleições o art. 16-B, que estende o direito de participar da campanha eleitoral, inclusive utilizar o horário eleitoral gratuito, ao candidato cujo pedido de registro tenha sido protocolado no prazo legal e ainda não tenha sido apreciado pela Justiça Eleitoral.

Conquanto não se deva criticar o partido, coligação ou candidato por tentarem buscar em todas as instâncias o deferimento do registro de candidatura, há que se atentar para o fato de que, em muitos casos, a disputa da eleição na condição de *sub judice* pode levar à convocação de novas eleições, se o registro da candidatura for ao final indeferido e a anulação da sua votação importar na nulidade de mais de cinquenta por cento dos votos. Já se ensaia, a meu ver acertadamente, a responsabilização do candidato que concorre *sub judice*, para que arque com as despesas das novas eleições decorrentes da nulidade a que deu causa, visto que, como é de todos sabido, o custo de novas eleições é bastante elevado.

Ação de *impugnação* ao pedido de registro de candidatura

Cabem aqui algumas pequenas considerações sobre a *ação de impugnação* ao pedido de registro de candidatura, processo de natureza *contenciosa*, que, muito embora não seja objeto de regras da Lei das Eleições, é disciplinado pelas normas dos arts. 3º ao 17 da Lei Complementar nº 64/1990 (Lei de Inelegibilidades) e relaciona-se diretamente ao registro de candidaturas previsto na Lei nº 9.504/1997.

No processo de *registro* de candidato, todas as questões referem-se basicamente ao direito de votar (*jus suffragii*) e no direito de ser votado (*jus honorum*). É nesse processo que, como assevera Marcos Ramayana:

> O pleiteante ao cargo deve sofrer um minudente exame de sua condição jurídica, decorrente de preceitos legais e constitucionais concernentes aos direitos políticos, que são considerados direitos subjetivos públicos diretamente ligados aos princípios da soberania popular para a concretização do regime democrático.

É nessa precípua fase do processo eleitoral (fase pródroma, preparatória), que antecede a votação, apuração e diplomação, que o postulante a cargo eletivo apresenta o seu standard de candidato, sujeitando-se ao exame do preenchimento de suas condições de elegibilidade, bem como eventuais hipóteses de incidência em causas de inelegibilidades gerais ou específicas, incompatibilidades, impedimentos, suspensão e perda de direitos políticos.

Dessa maneira, perscruta-se que o controle legal do pedido de registro de candidaturas envolve diretamente uma análise profunda de vários institutos disciplinados no Direito Eleitoral e Constitucional positivos.[16]

Esse crivo legal e constitucional pelo qual passa o pedido de *registro* de candidaturas pode e deve ser feito *ex officio* pela Justiça Eleitoral, com a participação do Ministério Público Eleitoral que é sempre chamado a intervir no feito, dado o caráter eminentemente *público* do procedimento.

Independentemente disso, pode ser ajuizada a *ação de impugnação* ao pedido de registro de candidato, disciplinada nos arts. 3º ao 17 da Lei Complementar nº 64/1990, que tem, também, por escopo, impedir o deferimento *definitivo* do pedido de registro de candidato. Isso porque, ainda que as eleições se realizem enquanto *pendente* recurso contra o *indeferimento* do registro, e o candidato concorra *sub judice*, os efeitos da decisão recursal alcançam-no mesmo após a realização do pleito, seja para confirmar a validade dos seus votos, seja para invalidar a sua votação, com a consequente somatória, ou não, de seus sufrágios para a legenda do partido ou coligação.

Impugnar significa pugnar, opor-se, contestar, refutar. Impugnar o pedido de registro importa em se opor a esse pedido, em pugnar, lutar contra o seu deferimento.

Estão *legitimados* à propositura da *ação de impugnação* ao pedido de registro de candidaturas o Ministério Público, os partidos políticos, as coligações partidárias e os candidatos (LC nº 64/1990, art. 3º, *caput*).

No entendimento do Tribunal Superior Eleitoral, constituem-se

> as coligações partidárias por interesse comum para finalidade determinada – disputar eleição específica. A desistência dos candidatos, sem que a coligação lhe dê substitutos, extingue a coligação. Sendo a coligação partidária pessoa jurídica *pro tempore* (Lei nº 9.504/97, art. 6º e seu §1º), não se confunde com as pessoas individuais dos partidos

---

[16] RAMAYANA, Marcos. *Direito eleitoral*. 13. ed. Niterói/RJ: Impetus, 2012. p. 415-416.

políticos que a integram, ainda que todos. Os partidos políticos integrantes de uma coligação não a sucedem para fins de substituição processual. A perda da legitimação da parte, implica a extinção do processo sem julgamento do mérito (CPC, art. 267, VI). (TSE. Ac. nº 24.531, de 25.11.2004. Rel. Ministro Luiz Carlos Madeira)

Por outro lado, na lição da mesma Corte Superior Eleitoral:

2. O partido agravante não é parte legítima para figurar na presente relação processual, pois, atuando no pleito de forma coligada, não poderia apresentar impugnação ao pedido de registro de candidato *isoladamente*, bem como recorrer, a teor dos arts. 6º da Lei nº 9.504/97 e 7º da Res.-TSE nº 23.373/2011. (TSE. AgR-REsp nº 10.827, de 17.12.2012. Rel. Min. Nancy Andrighi)

Finalmente, partido ou coligação adversária não têm legitimidade para impugnar pedido de registro de candidatura fundada em irregularidades da convenção, "porquanto a questão que suscita é matéria *interna corporis* dos partidos".[17]

Muito embora a Constituição Federal considere a advocacia *essencial* à função jurisdicional do Estado, e mesmo em se tratando a ação de impugnação ao pedido de registro de candidatura de um processo contencioso, a "impugnação a registro de candidatura perante o juiz eleitoral independe de petição subscrita por advogado",[18] sendo a presença do advogado "somente exigível na fase recursal".[19]

A impugnação formalizada pelos partidos, coligações e candidatos não impede a ação no mesmo sentido do Ministério Público (§1º do art. 2º), que intervirá também obrigatoriamente em todas as ações propostas pelos demais legitimados. Mas o representante do Ministério Público que, nos últimos quatro anos, tenha disputado cargo eletivo, integrado órgão partidário ou exercido atividade político-partidária, sofre *impedimento* para propor a *ação de impugnação* (§2º do art. 2º). Essa preocupação do legislador, ainda vez por outra emergente em casos concretos, tornar-se-á inócua com o decorrer do tempo, face à absoluta *vedação* ao exercício de atividade político-partidária imposta aos membros do Ministério Público a partir da Emenda Constitucional nº 45/2004.

---

[17] TSE. AgR-REsp nº 31.047, de 21.10.2008. Rel. Min. Joaquim Barbosa.
[18] TSE. Ac. nº 24.190, de 11.10.2004. Rel. Min. Gilmar Mendes.
[19] TSE. Ac. nº 16.694, de 19.9.2000. Rel. Min. Maurício Corrêa.

O prazo para o ajuizamento da *ação de impugnação* ao pedido de registro de candidaturas é de cinco dias, contados da publicação da lista dos requerimentos de registro de candidatos (RRCs). É nessa fase que, independente da atuação *ex officio* da Justiça Eleitoral, abre-se a oportunidade para o Ministério Público, partidos, coligações e candidatos arguirem a falta de *condições de elegibilidade* e as causas de incompatibilidade e de *inelegibilidade*, inclusive as decorrentes de inobservância dos prazos de *desincompatibilização*, existentes até a data fatal para o protocolo do RRC, ou seja, até 15 de agosto do ano da eleição.

As inelegibilidades preexistentes até essa data, não arguidas na *ação de impugnação* ao pedido de registro de candidatura, sofrem os efeitos da *preclusão*, salvo se forem de natureza *constitucional*, ou *supervenientes* à data de 15 de agosto, caso em que poderão ser arguidas por ocasião da diplomação.

A *ação de impugnação* ao pedido de registro de candidaturas não é meio hábil à imputação de abuso do poder econômico e político ou captação ilícita de votos *no curso* da campanha eleitoral, arguições que devem ser feitas pelos meios próprios, como a *investigação judicial eleitoral* ou a *ação de impugnação de mandato eletivo*.

É ônus do impugnante especificar desde logo os fatos e os meios de prova com que pretende demonstrar a veracidade do alegado, podendo arrolar até seis testemunhas. O impugnado – partido, coligação ou candidato – poderá *contestar* a *ação de impugnação*, no prazo de 7 (sete) dias, juntar documentos e apresentar rol de testemunhas (a lei não diz quantas, mas, pelo princípio da isonomia, não pode ser mais de seis) e requerer outras provas, inclusive documentais, que se encontrem em poder de terceiros ou de repartições públicas ou em procedimentos judiciais, exceto se tramitarem em segredo de justiça (LC nº 64/1990, art. 4º).

Decorrido o prazo de contestação, em se tratando de matéria unicamente de direito ou sendo desnecessária a produção de provas em audiência, a ação poderá ser julgada *antecipadamente*. Do contrário, seguirá o rito previsto nos arts. 5º e seguintes da Lei de Inelegibilidades.

Transitada em julgado ou publicada a decisão proferida por órgão colegiado que declarar a inelegibilidade do candidato, ser-lhe-á negado registro, ou cancelado se já tiver sido feito, ou declarado nulo o diploma, se já expedido (art. 15 da mesma lei), ressalvando-se que "A declaração de inelegibilidade do candidato à Presidência da República, Governador do Estado e do Distrito Federal e Prefeito Municipal não atingirá o candidato a Vice-Presidente, Vice-Governador ou Vice-Prefeito, assim como a destes não atingirá aqueles" (art. 18 da LC nº 64/1990).

Comunicação ou notícia de inelegibilidades

Por fim, convém deixar claro que, muito embora não tenha sido arrolado entre os *legitimados ativos* à propositura da *ação de impugnação* ao pedido de registro de candidaturas, o *cidadão* comum tem, indiscutivelmente, em razão dos seus direitos políticos, o direito/dever cívico de *comunicar* ou oferecer *notícia* de qualquer inelegibilidade de que tenha conhecimento ao Ministério Público e/ou à Justiça Eleitoral, para que tais órgão tomem as providências cabíveis de suas respectivas alçadas. Essa *notícia*, conforme Resolução nº 23.455/2015 do TSE, deverá atentar para o prazo de cinco dias contados da publicação do edital relativo ao pedido de registro, e ser apresentada em duas vias mediante petição fundamentada. Uma via da petição será *juntada* aos autos do pedido de registro do candidato a que se refere a notícia e a outra via será *remetida* ao Ministério Público Eleitoral. No que couber, será adotado, na instrução da notícia de inelegibilidade, o procedimento previsto para as impugnações. A notícia de inelegibilidade será *julgada juntamente* com o pedido de registro do candidato, a impugnação e as questões relativas à homonímia em uma só decisão, da qual o cidadão não poderá recorrer.

Referências

BRASIL. Tribunal Superior Eleitoral. *Código eleitoral anotado e legislação complementar.* 10. ed. Brasília: Tribunal Superior Eleitoral, Secretaria de Gestão da Informação, 2012.

CÂNDIDO, Joel J. *Direito eleitoral brasileiro.* 14. ed. rev., atual. e ampl. Bauru/SP: Edipro, 2010.

MAGALHÃES, Vera. Registro de promessas. *Veja.com*, 14 out. 2013. Disponível em: <http://veja.abril.com.br/blog/radar-on-line/brasil/projeto-obrigado-todos-os-candidatos-a-registrarem-na-justica-eleitoral-documento-com-suas-promessas-de-campanha/>.

RAMAYANA, Marcos. *Direito eleitoral.* 13. ed. Niterói/RJ: Impetus, 2012.

Informação bibliográfica deste texto, conforme a NBR 6023:2002 da Associação Brasileira de Normas Técnicas (ABNT):

VALENTE, Luiz Ismaelino; SALES, José Edvaldo Pereira. O registro de candidatos (artigos 10 ao 16-B). *In*: PINHEIRO, Célia Regina de Lima; SALES, José Edvaldo Pereira; FREITAS, Juliana Rodrigues (Coords.). *Comentários à lei das eleições*: Lei nº 9.504/1997, de acordo com a Lei nº 13.165/2015. Belo Horizonte: Fórum, 2016. p. 37-67. ISBN 978-85-450-0148-5.

A ARRECADAÇÃO, A APLICAÇÃO DE RECURSOS NAS CAMPANHAS ELEITORAIS E A PRESTAÇÃO DE CONTAS (ARTIGOS 17 AO 32)

JOSÉ EDVALDO PEREIRA SALES

Art. 17. As despesas da campanha eleitoral serão realizadas sob a responsabilidade dos partidos, ou de seus candidatos, e financiadas na forma desta Lei.

O art. 17 é introdutório à sequência daqueles que se seguem por apontar a disciplina instituída pela Lei nº 9.504/1997 à arrecadação e aplicação dos recursos para as campanhas eleitorais. Refere-se a um período estrito do processo eleitoral. O financiamento das campanhas eleitorais, a forma como isso se dá e a prestação de contas perante a Justiça Eleitoral são dos temas mais controvertidos e importantes para o direito eleitoral. Apesar da disciplina legal e das diversas regulamentações decorrentes de resoluções do Tribunal Superior Eleitoral (TSE), ainda há muito que fazer para que a fiscalização seja efetiva e, de fato, haja um combate eficaz a ilícitos praticados em razão do financiamento das campanhas eleitorais. Muitos males no desempenho do mandato eletivo nascem de ovos de basilisco do financiamento das campanhas eleitorais.

Art. 17-A. (Revogado pela Lei nº 13.165, de 29.09.2015).

O art. 17-A foi inserido pela Lei nº 11.300/2006 e dispunha que a cada eleição o Congresso Nacional deveria elaborar lei ordinária, até o dia 10 de junho do ano eleitoral, que fixasse o limite de gastos da campanha eleitoral. Esse limite deveria especificar os cargos que estivessem em disputa. Se essa lei, contudo, não fosse editada até aquela data (10 de junho), caberia a cada partido político fixar o limite de gastos e comunicar à Justiça Eleitoral. Era o que acontecia em toda eleição. Esse dispositivo foi revogado, em boa hora, e a matéria está disciplina no artigo seguinte (art. 18), na Lei nº 13.165/2015 e na Resolução nº 23.459/TSE, de 15.12.2015.

> Art. 18. Os limites de gastos de campanha, em cada eleição, são os definidos pelo Tribunal Superior Eleitoral (TSE) com base nos parâmetros definidos em lei. (Redação dada pela Lei nº 13.165, de 2015)
> §1º (Revogado pela Lei nº 13.165, de 2015)
> §2º (Revogado pela Lei nº 13.165, de 2015)

Revogado o art. 17-A pela Lei nº 13.165/2015, a redação do art. 18 foi totalmente alterada. Os dois parágrafos foram revogados e o *caput* cria um critério misto quanto às fontes normativas para definição dos limites de gastos para a campanha eleitoral. Não está mais na alçada dos partidos a fixação desses limites. Cabe ao Tribunal Superior Eleitoral (TSE) fixá-los com base em parâmetros definidos em lei.

É a própria Lei nº 13.165/2015 que define esses parâmetros nos seguintes dispositivos:

> Art. 5º O limite de gastos nas campanhas eleitorais dos candidatos às eleições para Presidente da República, Governador e Prefeito será definido com base nos gastos declarados, na respectiva circunscrição, na eleição para os mesmos cargos imediatamente anterior à promulgação desta Lei, observado o seguinte:
> I - para o primeiro turno das eleições, o limite será de:
> a) 70% (setenta por cento) do maior gasto declarado para o cargo, na circunscrição eleitoral em que houve apenas um turno;
> b) 50% (cinquenta por cento) do maior gasto declarado para o cargo, na circunscrição eleitoral em que houve dois turnos;
> II - para o segundo turno das eleições, onde houver, o limite de gastos será de 30% (trinta por cento) do valor previsto no inciso I.
> Parágrafo único. Nos Municípios de até dez mil eleitores, o limite de gastos será de R$100.000,00 (cem mil reais) para Prefeito e de R$10.000,00 (dez mil reais) para Vereador, ou o estabelecido no *caput* se for maior.
> Art. 6º O limite de gastos nas campanhas eleitorais dos candidatos às eleições para Senador, Deputado Federal, Deputado Estadual, Deputado Distrital e Vereador será de 70% (setenta por cento) do maior

gasto contratado na circunscrição para o respectivo cargo na eleição imediatamente anterior à publicação desta Lei.

Art. 7º Na definição dos limites mencionados nos arts. 5º e 6º, serão considerados os gastos realizados pelos candidatos e por partidos e comitês financeiros nas campanhas de cada um deles.

Art. 8º Caberá à Justiça Eleitoral, a partir das regras definidas nos arts. 5º e 6º:

I - dar publicidade aos limites de gastos para cada cargo eletivo até 20 de julho do ano da eleição;

II - na primeira eleição subsequente à publicação desta Lei, atualizar monetariamente, pelo Índice Nacional de Preços ao Consumidor - INPC da Fundação Instituto Brasileiro de Geografia e Estatística – IBGE ou por índice que o substituir, os valores sobre os quais incidirão os percentuais de limites de gastos previstos nos arts. 5º e 6º;

III - atualizar monetariamente, pelo INPC do IBGE ou por índice que o substituir, os limites de gastos nas eleições subsequentes.

A Lei nº 13.165/2015 é bastante específica quanto à regulamentação desses limites. O cálculo deve levar em conta os seguintes parâmetros: tipo de cargos em disputa (Executivo ou Legislativo), realização ou não de segundo turno (Executivo), maior gasto declarado na circunscrição, percentual específico sobre esse valor maior, cálculo diferenciado para segundo turno se houver, regra específica para municípios de até dez mil eleitores.

De forma mais detalhada, as regras são as seguintes:

1) Tratando-se de candidatos a cargos do Executivo (presidente, governador e prefeito), o limite será calculado a partir dos valores declarados na eleição de 2014 para os cargos de presidente e governador e na eleição de 2012 para prefeito, pois são esses os pleitos eleitorais imediatamente anteriores à Lei nº 13.165/2015.

2) No primeiro turno das eleições seguintes à Lei nº 13.165/2015, o percentual será de 70% (setenta por cento) do maior gasto declarado se houve apenas um turno (eleições de 2014 ou 2012, conforme o caso), ou de 50% (cinquenta por cento) se houve dois turnos. No segundo turno, o limite será equivalente a 30% (trinta por cento) daqueles percentuais referidos (70% ou 50%, a depender da situação envolvida, isto é, se houve nas eleições imediatamente pretéritas um ou dois turnos).

Essas são as regras gerais que devem nortear o limite de gastos para os cargos do Executivo. Uma regra especial restrita às eleições municipais (Executivo e Legislativo), contudo, está prevista (item 3, seguinte):

3) Nas eleições municipais, se o município tiver até 10.000 (dez mil) eleitores, até a data do fechamento do cadastro eleitoral, o limite máximo de gastos será de R$100.000 (cem mil reais) para prefeito e de R$10.000,00 (dez mil reais) para vereador. Contudo, se realizados os cálculos antes referidos (itens 1 e 2) e o resultado for maior, será este que prevalecerá.

4) Tratando-se, por sua vez, de candidatos ao Legislativo (senador, deputado federal, deputado estadual, deputado distrital e vereador), também são tomadas como base as eleições anteriores (2012 e 2014, conforme o caso), o maior gasto declarado e o percentual de 70% (setenta por cento) sobre esse valor.

Os valores máximos declarados nas eleições de 2012 e 2014 são os realizados pelos candidatos, partidos e comitês financeiros (não mais existentes a partir da Lei nº 13.165/2015).

A partir desses parâmetros, cabe ao Tribunal Superior Eleitoral (TSE) divulgar até o dia 20 de julho do ano da eleição os limites de gastos para cada cargo. E, também, para as eleições de 2016, realizar a atualização monetária, tomando-se como base de correção o Índice Nacional de Preços ao Consumidor (INPC), aqueles valores máximos antes declarados. Nas eleições seguintes, a atualização incidirá sobre os valores fixados para eleições de 2016.

O Tribunal Superior Eleitoral (TSE) explicitou, através da Resolução nº 23.459/2015, como será realizada essa atualização monetária para as eleições municipais de 2016:

> Art. 2º O Tribunal Superior Eleitoral (TSE) atualizará monetariamente os valores constantes do Anexo, na forma do inciso IV do art. 1º.
>
> §1º A atualização dos valores terá como termo inicial o mês de outubro de 2012 e como termo final o mês de junho do ano de 2016.
>
> §2º Os valores atualizados serão divulgados por ato editado pelo Presidente do Tribunal Superior Eleitoral (TSE), cuja publicação deverá ocorrer até o dia 20 de julho do ano da eleição (Lei nº 13.165/2015, art. 8º, inciso I).
>
> §3º O Tribunal Superior Eleitoral (TSE) manterá a divulgação dos valores atualizados relativos aos gastos de campanha eleitoral na sua página na Internet, para efeito de consulta dos interessados (Lei nº 13.165/2015, art. 8º, inciso I).

O cálculo do limite de gastos para municípios criados após as eleições de 2012 será feito a partir de dois critérios: os gastos máximos declarados para o município-mãe e o número de eleitores transferidos. As regras a serem aplicadas a partir disso são as já vistas, inclusive quanto ao número máximo de 10.000 (dez mil) eleitores para cada um dos municípios (originário e desmembrado).

O extenso anexo dessa resolução apresenta para as eleições de 2012 a lista de todos os municípios brasileiros, o número de eleitores, a quantidade de turnos realizados, o maior valor de gasto declarado em cada um para cada eleição (prefeito e vereador), o percentual aplicado e os limites máximos de gastos resultantes desses dados, cuja atualização para as eleições será realizada em 20.7.2016.

Embora tenha a vantagem de retirar do ambiente partidário a fixação desses limites com a outorga à Justiça Eleitoral a partir de critérios previamente estabelecidos e com atualizações monetárias, a visualização dos limites postos na resolução demonstra claramente que a aplicação da regra do parágrafo único, do art. 5º, da Lei nº 13.165/2015 (máximo de dez mil eleitores), resultou num aumento exagerado do valor máximo que pode ser gasto nas campanhas eleitorais nos municípios brasileiros. A sugestão é a de que esse parágrafo deve ser revogado e aplicados a esses municípios de até dez mil eleitores os mesmos critérios dos demais. Não há razão que justifique o tratamento diferenciado e encarecedor da campanha eleitoral numa época em que se pretende exatamente o contrário.

> Art. 18-A. Serão contabilizadas nos limites de gastos de cada campanha as despesas efetuadas pelos candidatos e as efetuadas pelos partidos que puderem ser individualizadas. (Incluído pela Lei nº 13.165, de 2015)

Serão computados para aferição da totalidade dos gastos realizados pelo candidato aqueles realizados pelo próprio candidato e também pela agremiação em prol da candidatura desde que as despesas efetuadas pelos partidos possam ser individualizadas, uma vez que a agremiação realiza diversos atos objetivando a campanha eleitoral de seus candidatos. Esses gastos não individualizados não integrarão aquele limite.

> Art. 18-B. O descumprimento dos limites de gastos fixados para cada campanha acarretará o pagamento de multa em valor equivalente a 100% (cem por cento) da quantia que ultrapassar o limite estabelecido, sem prejuízo da apuração da ocorrência de abuso do poder econômico. (Incluído pela Lei nº 13.165, de 2015)

Introduzido pela Lei nº 13.165/2015, o art. 18-B corresponde, com alterações, ao texto do §2º do art. 17-A, que foi revogado por essa mesma lei. A penalidade àquele que gastar recursos além do limite é de multa no valor equivalente a 100% (cem por cento), isto é, o dobro da quantia em excesso. Além da aplicação de multa, poderá decorrer desse excesso a investigação sobre prática de abuso do poder econômico.

A aplicação da multa deve ser feita no processo de prestação de contas, mas a apuração de prática abusiva não. O abuso do poder econômico não decorre pura e simplesmente da constatação do gasto em excesso, pois é necessário verificar, à luz do princípio da proporcionalidade, se o excesso é dotado de gravidade. A aferição da gravidade, que não deve ser confundida com "potencialidade" (conceito banido pela LC nº 135/2010), é feita levando-se em consideração o bem jurídico tutelado, a saber, a normalidade e a legitimidade do pleito eleitoral (art. 19, parágrafo único, da LC nº 64/1990). Além disso, tratando-se de ação de investigação judicial eleitoral, esta somente poderá ser ajuizada se ainda houver prazo, que se exaure com a diplomação dos eleitos.[1]

Art. 19. (Revogado pela Lei nº 13.165, de 2015)

O revogado art. 19 dispunha sobre os comitês financeiros que deveriam ser constituídos pelos partidos até 10 (dez) dias úteis após a escolha dos candidatos em convenção. A coligação, portanto, não constituía comitê financeiro. Os comitês financeiros tinham a finalidade de arrecadar recursos e aplicá-los nas campanhas eleitorais. Constituído o comitê, ele deveria ser registrado até 5 dias após a sua constituição. A não observância desse prazo, todavia, conforme teor do voto do Min. Cezar Peluso, proferido na Petição nº 1.956/DF, Resolução nº 22.428/TSE, de 28.9.2006, não impede o registro do comitê. Os comitês podiam ser: a) um comitê único que abrangeria todas as eleições de determinada circunscrição (municípios, estados, Distrito Federal e país); ou b) um comitê para cada eleição (eleição majoritária e proporcional) em que o partido político apresentasse candidato próprio. A decisão era do partido, assim como a indicação dos membros, sendo obrigatória a designação de, no mínimo, um presidente e um tesoureiro. Em se tratando de eleição presidencial, era obrigatória a criação de comitê

---

[1] A respeito desse prazo, *vide* TRE/PA. Acórdão nº 26.134, 18.7.2013, Recurso Eleitoral nº 56.060. Rel. Juiz João Batista Vieira dos Anjos. *DJE*, t. 133, p. 2-3, 26 jul. 2013.

nacional com a possibilidade de criação de comitês nos estados e no DF pelos partidos que disputassem a eleição presidencial.

Os comitês financeiros, agora extintos, não devem ser confundidos com os comitês de campanha eleitoral, os quais são deliberações internas das coligações, partidos e candidatos para a prática de atos de campanha (propaganda eleitoral). Esses comitês de campanha estão previstos na legislação, não estão proibidos e sujeitam-se às restrições próprias da legislação eleitoral no que se refere à propaganda.

Embora extintos, os comitês financeiros podem subsistir, a critério de cada partido, ou até mesmo coligação ou candidato, no ambiente interno, criados para gerência da campanha eleitoral. Uma espécie de setor de contabilidade da campanha. Mas, isso tudo no ambiente interno. Para a Justiça Eleitoral, todavia, os comitês não mais existem.

> Art. 20. O candidato a cargo eletivo fará, diretamente ou por intermédio de pessoa por ele designada, a administração financeira de sua campanha usando recursos repassados pelo partido, inclusive os relativos à cota do Fundo Partidário, recursos próprios ou doações de pessoas físicas, na forma estabelecida nesta Lei. (Redação dada pela Lei nº 13.165, de 2015)

O art. 20 esclarece duas questões importantes: a) a administração financeira da campanha eleitoral cabe ao candidato direta ou indiretamente por intermédio de pessoa designada pelo próprio candidato; b) os recursos destinados à campanha eleitoral somente podem ter como fonte doadora o próprio candidato, utilizando-se de recursos próprios, os recursos repassados pelo partido que abrangem os decorrentes do Fundo Partidário[2] e doações de pessoas físicas. Esses recursos estão sujeitos às regras da lei eleitoral constantes em dispositivos específicos. O art. 20 contém regra geral. As especificidades, inclusive as restrições, estão em outros dispositivos.

---

[2] Sobre o Fundo Especial de Assistência Financeira aos Partidos Políticos (Fundo Partidário), ver os arts. 38 a 44 da Lei nº 9.096/95, e também as ADIs nºs 1.351 e 1.354, julgadas pelo STF em 7.12.2006. Esse fundo, à luz do art. 38, é constituído por: I - multas e penalidades pecuniárias aplicadas nos termos do Código Eleitoral e leis conexas; II - recursos financeiros que lhe forem destinados por lei, em caráter permanente ou eventual; III - doações de pessoa física ou jurídica, efetuadas por intermédio de depósitos bancários diretamente na conta do Fundo Partidário; IV - dotações orçamentárias da União em valor nunca inferior, cada ano, ao número de eleitores inscritos em 31 de dezembro do ano anterior ao da proposta orçamentária, multiplicados por trinta e cinco centavos de real, em valores de agosto de 1995.

A Lei nº 13.165/2015 excluiu a referência aos agora extintos comitês financeiros e também à possibilidade de doação de pessoas jurídicas, cuja inconstitucionalidade foi reconhecida pelo Supremo Tribunal Federal (STF) no julgamento da ADI nº 4.650, ocorrido em 17.9.2015.[3] No caso dos partidos, a Lei nº 12.034/2009 acrescentou o §5º ao art. 39 da Lei nº 9.096/1995 para possibilitar às agremiações partidárias, em ano eleitoral, a aplicação e a distribuição pelas diversas eleições de recursos financeiros recebidos de pessoas físicas e jurídicas. A expressão "e jurídicas" do referido parágrafo foi declarada inconstitucional pelo Supremo Tribunal Federal (STF) na ADI nº 4.650. Nesse caso, devem ser observados os limites estabelecidos na Lei nº 9.504/1997, art. 23, §1º e art. 24, além dos critérios definidos pelos respectivos órgãos de direção e pelas normas estatutárias. Os dispositivos reportam-se aos limites impostos à doação de pessoa física e às diversas vedações listadas no art. 24 da lei eleitoral.

Art. 21. O candidato é solidariamente responsável com a pessoa indicada na forma do art. 20 desta Lei pela veracidade das informações financeiras e contábeis de sua campanha, devendo ambos assinar a respectiva prestação de contas. (Redação dada pela Lei nº 11.300, de 2006)

O candidato era o único responsável pela veracidade das informações financeiras e contábeis de sua campanha eleitoral. Ele deveria assinar a prestação de contas sozinho. Ou, caso tivesse designado alguém, como o prevê o art. 20, essa pessoa assinaria juntamente com ele a prestação de contas. A partir da Lei nº 11.300/2006, a lei eleitoral criou uma hipótese de solidariedade entre o candidato e a pessoa por ele designada. Caso o candidato não designe ninguém, a responsabilidade será exclusivamente sua. Se designar, incide a regra da solidariedade. Ambos devem assinar a prestação de contas.

---

[3] Na parte final do voto do relator, Min. Luiz Fux, consta: "*Ex positis*, voto pela procedência do pedido contido no item 'e.1' da peça vestibular, para declarar a inconstitucionalidade parcial sem redução de texto do art. 24 da Lei nº 9.504/97, na parte em que autoriza, *a contrario sensu*, a doação por pessoas jurídicas a campanhas eleitorais. Ademais, voto pela inconstitucionalidade do art. 24, parágrafo único, e do art. 81, caput, e §1º, da Lei nº 9.507/94. Outrossim, voto pela procedência do pedido veiculado no item 'e.2' da exordial, assentando a inconstitucionalidade parcial sem redução de texto do art. 31 da Lei nº 9.096/95, na parte em que autoriza, *a contrario sensu*, a realização de doações por pessoas jurídicas a partidos políticos. Voto também pela declaração de inconstitucionalidade das expressões " ou pessoa jurídica", constante no art. 38, inciso III, e 'e jurídicas', inserta no art. 39, caput e §5º, todos os preceitos da Lei nº 9.096/95".

E, havendo qualquer ilícito detectado na prestação de contas, é possível que ambos respondam na esfera própria a depender da situação.

A regra da solidariedade, contudo, não atrai sobre o terceiro designado pelo candidato consequências decorrentes da desaprovação das contas ou outras atribuíveis exclusivamente, se for o caso, ao candidato como na hipótese de ajuizamento de ação de investigação judicial eleitoral por prática abusiva e as respectivas sanções.

Art. 22. É obrigatório para o partido e para os candidatos abrir conta bancária específica para registrar todo o movimento financeiro da campanha.

§1º Os bancos são obrigados a: (Redação dada pela Lei nº 12.891, de 2013)
I - acatar, em até três dias, o pedido de abertura de conta de qualquer candidato escolhido em convenção, sendo-lhes vedado condicioná-la a depósito mínimo e à cobrança de taxas ou de outras despesas de manutenção; (Redação dada pela Lei nº 13.165, de 2015)
II - identificar, nos extratos bancários das contas correntes a que se refere o *caput*, o CPF ou o CNPJ do doador. (Incluído pela Lei nº 12.891, de 2013)
III - encerrar a conta bancária no final do ano da eleição, transferindo a totalidade do saldo existente para a conta bancária do órgão de direção indicado pelo partido, na forma prevista no art. 31, e informar o fato à Justiça Eleitoral. (Incluído pela Lei nº 13.165, de 2015)

§2º O disposto neste artigo não se aplica aos casos de candidatura para Prefeito e Vereador em Municípios onde não haja agência bancária ou posto de atendimento bancário. (Redação dada pela Lei nº 13.165, de 2015)

§3º O uso de recursos financeiros para pagamentos de gastos eleitorais que não provenham da conta específica de que trata o *caput* deste artigo implicará a desaprovação da prestação de contas do partido ou candidato; comprovado abuso de poder econômico, será cancelado o registro da candidatura ou cassado o diploma, se já houver sido outorgado. (Incluído pela Lei nº 11.300, de 2006)

§4º Rejeitadas as contas, a Justiça Eleitoral remeterá cópia de todo o processo ao Ministério Público Eleitoral para os fins previstos no art. 22 da Lei Complementar nº 64, de 18 de maio de 1990. (Incluído pela Lei nº 11.300, de 2006)

É obrigatória, como regra geral, a abertura de conta bancária específica para a movimentação de recursos financeiros da campanha eleitoral. O objetivo é possibilitar uma melhor fiscalização desses recursos, uma vez que, por ocasião da prestação de contas, os extratos da conta bancária deverão ser apresentados. A conta deve ser aberta, ainda que sob atraso,[4] mesmo quando não houver movimentação financeira na campanha. A obrigatoriedade também persiste nos casos de desistência/renúncia da candidatura.[5]

O Tribunal Superior Eleitoral (TSE) mitigou os efeitos dessa obrigatoriedade com a edição da Súmula nº 16, dispondo que "A falta de abertura de conta bancária específica não é fundamento suficiente para a rejeição de contas de campanha eleitoral, desde que, por outros meios, se possa demonstrar sua regularidade (art. 34 da Lei nº 9.096/1995)". A referência ao art. 34 da Lei nº 9.096/1995 justificou-se porque a Lei dos Partidos Políticos reporta-se à escrituração contábil dos partidos em que devem estar registradas as despesas e a arrecadação de recursos financeiros, inclusive para a campanha eleitoral, a fim de que a Justiça Eleitoral tenha condições de atestar a adequada e real movimentação financeira. A escrituração contábil dos partidos deve abranger os documentos que comprovem a entrada e a saída de dinheiro e de bens. A razão de ser da Súmula nº 16 é que a não abertura da conta bancária não significa, só por isso, que houve irregularidade de fundo na prestação de contas. Se há comprovação da regularidade por outros meios, não há que se falar de irregularidade sequer de natureza formal. Todavia, o Tribunal Superior Eleitoral (TSE) revogou essa súmula em 5.11.2002.

Diante da obrigatoriedade, a jurisprudência do Tribunal Regional Eleitoral do Pará, por exemplo, tem entendido que: a) a abertura tardia da conta bancária, desde que não tenha havido longo lapso temporal, caracteriza irregularidade formal;[6] b) o excessivo atraso, todavia, na abertura da conta de campanha constitui vício insanável.[7]

---

[4] "O atraso na abertura da conta bancária específica não compromete o controle da Justiça Eleitoral, no caso inexistência de movimentação financeira, gastos ou arrecadação de recursos para financiamento de campanha eleitoral, caracterizando, nesse caso específico, irregularidade meramente formal" (TRE/PA. Prestação de Contas nº 256.237. Rel. Juiz André Ramy Pereira Bassalo. Julg. 28.6.2011, unânime. DJe, 4 jul. 2011).

[5] O Tribunal Superior Eleitoral (TSE) já decidiu que "o candidato que desistir de sua candidatura deverá prestar contas correspondentes ao período em que participou do processo eleitoral, o que lhe impõe a obrigação de efetuar a abertura de conta bancária específica para registrar a movimentação financeira da campanha (AgR-MS n. 2239765-71/CE, Rel. Min. Aldir Passarinho Júnior, DJE de 23.9.2010)" (Agravo Regimental em Recurso Especial Eleitoral nº 964.796, acórdão de 15.8.2013. Rel. Min. Luciana Lóssio. DJE, t. 168, p. 83, 3 set. 2013).

[6] Recurso Eleitoral nº 40.502, Acórdão nº 26.090, de 20.6.2013. Rel. Juiz Mancipor Oliveira Lopes. DJE, t. 113, p. 2, 28 jun. 2013; Embargos de Declaração em Prestação de Contas nº 259.964, Acórdão nº 24.329, de 6.10.2011. Rel. Juiz José Rubens Barreiros de Leão. DJE, t. 188, p. 2, 17 out. 2011.

[7] Prestação de Contas nº 27.193, Acórdão nº 25.978, de 11.4.2013. Rel. Juíza Célia Regina de Lima Pinheiro. DJE, t. 66, p. 6-7, 18 abr. 2013; Embargos de Declaração em Prestação de Contas nº 273.124, Acórdão nº 24.238, de 26.7.2011. Rel. Juiz Antonio Carlos Almeida Campelo. DJE, p. 1-2, 1 ago. 2011.

O §1º foi alterado pela Lei nº 12.034/2009. Antes, os bancos eram obrigados a acatar o pedido de abertura de conta de qualquer partido ou de candidato escolhido em convenção. Era vedado condicionar a abertura dessa conta a depósito mínimo. Essas duas obrigatoriedades continuam na nova redação, que foi além e estabeleceu o prazo de 3 (três) dias para os bancos acatarem o pedido de abertura da conta. Antes, como dito, era vedada a exigência de depósito mínimo, o que não impedia os bancos de cobrarem taxas ou quaisquer outros valores. Atualmente, a regra é que os bancos devem acatar os pedidos e não podem fazer nenhum tipo de cobrança de depósito mínimo, taxas ou outras despesas de qualquer natureza. Joel J. Cândido alerta que "eventual descumprimento desta regra por parte das agências bancárias desafia, em defesa dos comitês financeiros e candidatos, sumária reclamação eleitoral para a autoridade judiciária da instância eleitoral correspondente às respectivas eleições".[8]

Esse §1º foi alterado novamente, agora pela Lei nº 12.891/2013, para acrescentar a obrigatoriedade aos bancos de identificarem nos extratos dessas contas bancárias o CPF ou o CNPJ do doador. Portanto, com essa nova redação, os bancos devem exigir a identificação do doador (depositante) independentemente do valor da doação. O objetivo da nova exigência é dar maior transparência nessas doações e possibilitar a fiscalização pela Justiça Eleitoral.

A terceira alteração[9] desse parágrafo ocorreu nos seus incs. I e III pela Lei nº 13.165/2015. Os três incisos especificam obrigações às agências bancárias: a) acatar, em até três dias, o pedido de abertura de conta de qualquer candidato escolhido em convenção, sendo-lhe vedado condicioná-la a depósito mínimo e à cobrança de taxas ou de outras despesas de manutenção; b) identificar, nos extratos bancários das contas correntes, o CPF; c) encerrar a conta bancária no final do ano da eleição, transferindo a totalidade do saldo existente para a conta bancária do órgão de direção indicado pelo partido e informar o fato à Justiça Eleitoral.

---

[8] CÂNDIDO, Joel J. *Direito eleitoral brasileiro*. 14. ed. rev., atual. e ampl. Bauru/SP: Edipro, 2010. p. 453-454.

[9] A ideia de uma "lei permanente" para as eleições é ilusória (e quiçá inviável considerando a dinâmica do processo eleitoral), pois, praticamente, a cada pleito eleitoral uma lei modificadora introduz uma "minirreforma eleitoral" e configura a legislação para o pleito seguinte. Existe uma lei permanente que é adaptada para os pleitos por outras leis, que ora introduzem modificações positivas para o aperfeiçoamento do processo eleitoral, ora fazem graves injunções à tão deficiente legislação eleitoral.

Existe uma única exceção à obrigação de abertura de conta bancária, ela ocorrerá nas eleições municipais (prefeito e vereador) nos municípios onde não houver agência bancária ou posto de atendimento bancário. A outra exceção antes existente – isto é, nos municípios com menos de 20.000 (vinte mil) eleitores, mesmo que houvesse agência bancária, na eleição para vereador – não mais subsiste a partir da Lei nº 13.165/2015. Portanto, não há exceções à necessidade de abertura de conta bancária nas eleições estaduais e nacionais.

O §3º foi introduzido pela Lei nº 11.300/2006 com o intuito de determinar a obrigatoriedade do trânsito de todos os recursos financeiros pela conta bancária aberta para essa finalidade. Se for constatada na prestação de contas a existência de recursos financeiros para pagamentos de gastos eleitorais que não transitaram por essa conta, a consequência será a desaprovação das contas, gerando as penalidades específicas para cada caso (candidato e partido). Não se trata de mera irregularidade formal a ausência de trânsito da movimentação financeira de campanha pela conta corrente específica.[10]

A última parte do §3º deve ser lida conjuntamente com o §4º. Isto quer dizer que o não trânsito de recursos financeiros pela conta bancária aberta para esse fim não gera, só por isso, a caracterização do abuso do poder econômico com o consequente cancelamento do registro de candidatura ou cassação do diploma do candidato infrator. Essas penalidades não serão aplicadas no processo de prestação de contas, mas na ação de investigação judicial eleitoral que poderá ser ajuizada pelo Ministério Público Eleitoral ou por qualquer outro legitimado. Por isso, sendo as contas rejeitadas, a Justiça Eleitoral remeterá cópia de todo o processo ao órgão ministerial para essa finalidade. O Ministério Público analisará o caso e verificará se ocorreu prática abusiva caracterizada pela gravidade da conduta, isto é, se o montante de recursos que transitou fora da conta bancária é relevante, aplicando-se aqui o princípio da proporcionalidade e da razoabilidade, e se houve agressão ao bem jurídico tutelado pelo art. 19, parágrafo único, da LC nº 64/1990, a saber, a normalidade e a legitimidade do pleito. Se caracterizadas essas circunstâncias, a conduta será tida como grave e deverá ser punida com o cancelamento do registro de candidatura ou cassação do diploma, se já expedido, além de inelegibilidade para as eleições a se realizarem nos 8 (oito) anos subsequentes à eleição em que

---

[10] Recurso Eleitoral nº 73.041, Acórdão nº 26.232, de 24.9.2013. Rel. Juiz Mancipor Oliveira Lopes. *DJE*, t. 181, p. 5, 3 out. 2013.

se verificou o ilícito (LC nº 64/1990, art. 22, XIV). A ação somente poderá ser proposta se houver prazo. O termo final para a propositura de ação de investigação judicial eleitoral é a data da diplomação. O atraso no julgamento da prestação de contas, o que amiúde ocorre, tem tornado ineficaz esse dispositivo.

> Art. 22-A. Os candidatos estão obrigados à inscrição no Cadastro Nacional da Pessoa Jurídica – CNPJ. (Redação dada pela Lei nº 13.165, de 2015)
>
> §1º Após o recebimento do pedido de registro da candidatura, a Justiça Eleitoral deverá fornecer em até 3 (três) dias úteis, o número de registro de CNPJ. (Incluído pela Lei nº 12.034, de 2009)
>
> §2º Cumprido o disposto no §1º deste artigo e no §1º do art. 22, ficam os candidatos autorizados a promover a arrecadação de recursos financeiros e a realizar as despesas necessárias à campanha eleitoral. (Redação dada pela Lei nº 13.165, de 2015)

O art. 22-A foi introduzido pela Lei nº 12.034/2009. Sofreu modificações recentes pela Lei nº 13.165/2015 apenas para excluir a menção no *caput* e no §2º aos comitês financeiros extintos por essa mesma lei. Os candidatos, mesmo sendo pessoas físicas, devem obter número de inscrição no Cadastro Nacional de Pessoa Jurídica (CNPJ). Estão excluídas as coligações partidárias. Os partidos políticos, pessoas jurídicas de direito privado (Lei nº 9.096/1995), necessariamente, devem possuir CNPJ. A regra pretende viabilizar uma fiscalização mais adequada por parte da Justiça Eleitoral em conjunto com a Receita Federal a partir do cruzamento de informações.

Cabe à Justiça Eleitoral fornecer o número do registro do CNPJ para cada candidato no prazo de 3 (três) dias úteis contados da protocolização do pedido de registro de candidatura. O prazo fatal para formalização desse pedido é o dia 15 (quinze) de agosto, às 19 horas, do ano eleitoral (art. 11 da Lei nº 9.504/1997). É possível que o pedido de registro de candidatura seja protocolizado antes, desde que depois de realizada a convenção partidária, que somente pode ocorrer no período de 20 (vinte) de julho a 5 (cinco) de agosto no ano eleitoral (art. 8º da Lei nº 9.504/1997). Também pode acontecer, nos casos de pedido individual de candidato não incluído no pedido coletivo formulado pelo partido ou pela coligação, nos casos de substituição, ou, ainda, na hipótese do §5º do art. 10 da Lei nº 9.504/1997, que esse pedido de registro seja protocolizado em data posterior ao dia 15 de agosto. O prazo da Justiça Eleitoral para fornecimento do número de registro do CNJP será contado sempre da data da protocolização do pedido de registro de candidatura, que, como visto, pode variar.

De acordo com o §1º do art. 22 da Lei nº 9.504/1997, a conta bancária para movimento dos recursos financeiros deve ser aberta pelos bancos no prazo de 3 (três) dias da data do pedido de abertura formulado pelo candidato. Aberta a conta e fornecido o número de inscrição do CNPJ pela Justiça Eleitoral, os candidatos estarão autorizados a promover a arrecadação de recursos financeiros e a realizar as despesas necessárias à campanha eleitoral.

> Art. 23. Pessoas físicas poderão fazer doações em dinheiro ou estimáveis em dinheiro para campanhas eleitorais, obedecido o disposto nesta Lei. (Redação dada pela Lei nº 12.034, de 2009)
> §1º As doações e contribuições de que trata este artigo ficam limitadas a 10% (dez por cento) dos rendimentos brutos auferidos pelo doador no ano anterior à eleição. (Redação dada pela Lei nº 13.165, de 2015)
> I - (revogado); (Redação dada pela Lei nº 13.165, de 2015)
> II - (revogado). (Redação dada pela Lei nº 13.165, de 2015)
> §1º-A O candidato poderá usar recursos próprios em sua campanha até o limite de gastos estabelecido nesta Lei para o cargo ao qual concorre. (Incluído pela Lei nº 13.165, de 2015)
> §2º As doações estimáveis em dinheiro a candidato específico, comitê ou partido deverão ser feitas mediante recibo, assinado pelo doador, exceto na hipótese prevista no §6º do art. 28. (Redação dada pela Lei nº 12.891, de 2013)
> §3º A doação de quantia acima dos limites fixados neste artigo sujeita o infrator ao pagamento de multa no valor de cinco a dez vezes a quantia em excesso.
> §4º As doações de recursos financeiros somente poderão ser efetuadas na conta mencionada no art. 22 desta Lei por meio de: (Redação dada pela Lei nº 11.300, de 2006)
> I - cheques cruzados e nominais ou transferência eletrônica de depósitos; (Incluído pela Lei nº 11.300, de 2006)
> II - depósitos em espécie devidamente identificados até o limite fixado no inciso I do §1º deste artigo. (Incluído pela Lei nº 11.300, de 2006)
> III - mecanismo disponível em sítio do candidato, partido ou coligação na internet, permitindo inclusive o uso de cartão de crédito, e que deverá atender aos seguintes requisitos: (Incluído pela Lei nº 12.034, de 2009)
> a) identificação do doador; (Incluído pela Lei nº 12.034, de 2009)
> b) emissão obrigatória de recibo eleitoral para cada doação realizada. (Incluído pela Lei nº 12.034, de 2009)
> §5º Ficam vedadas quaisquer doações em dinheiro, bem como de troféus, prêmios, ajudas de qualquer espécie feitas por candidato, entre

o registro e a eleição, a pessoas físicas ou jurídicas. (Incluído pela Lei nº 11.300, de 2006)

§6º Na hipótese de doações realizadas por meio da internet, as fraudes ou erros cometidos pelo doador sem conhecimento dos candidatos, partidos ou coligações não ensejarão a responsabilidade destes nem a rejeição de suas contas eleitorais. (Incluído pela Lei nº 12.034, de 2009)

§7º O limite previsto no §1º não se aplica a doações estimáveis em dinheiro relativas à utilização de bens móveis ou imóveis de propriedade do doador, desde que o valor estimado não ultrapasse R$80.000,00 (oitenta mil reais). (Redação dada pela Lei nº 13.165, de 2015)

O art. 23 deve ser analisado a partir de duas perspectivas: a) como regra de direito material; b) como regra de direito processual. Sob o aspecto material, o artigo disciplina a doação feita por pessoas físicas, incluindo o próprio candidato, para a campanha eleitoral. Quanto à índole processual, cabe discutir a representação eleitoral que objetiva punir aquele doador (pessoa física) que viola as regras aqui constantes com relação aos limites estabelecidos.

O *caput* foi alterado pela Lei nº 12.034/2009. Retirou-se a limitação que antes havia de que as doações somente poderiam ser efetuadas a partir do registro dos comitês financeiros. Aliás, os comitês financeiros nem mais existem desde a edição da Lei nº 13.165/2015.

O §1º estabelece limites para as doações feitas por pessoas físicas e pelos próprios candidatos. As pessoas físicas podem doar para a campanha eleitoral, mas a doação está sujeita a 10% (dez por cento) dos rendimentos brutos auferidos no ano anterior à eleição. Em se tratando de utilização de recursos próprios, o candidato está sujeito ao valor máximo de gastos para o cargo ao qual concorre (§1º-A introduzido pela Lei nº 13.165/2015). Sobre a fixação dos limites máximos de gastos, a questão foi comentada no art. 18.

O limite de 10% é aferido tendo-se como referência a declaração ou não de imposto de renda à Receita Federal no exercício anterior ao pleito. As situações que podem surgir são as seguintes: a) existe declaração de imposto de renda (IRPF) e o valor doado é superior; b) existe a declaração de imposto de renda (IRPF) e o valor doado é inferior; c) não existe declaração. Na hipótese da letra "b", não há ilícito. Na primeira ("a"), não é possível invocar a insignificância do valor para afastar o ilícito.[11] O que deve ser feito diante de valores ínfimos é

---

[11] O Tribunal Superior Eleitoral (TSE) explicitou esse entendimento por ocasião do julgamento do Agravo Regimental em Recurso Especial Eleitoral nº 24.826, Acórdão de

estipular a pena de multa considerando o seu *quantum* à luz do princípio da proporcionalidade ou da razoabilidade. Pode acontecer uma terceira situação, a de não haver declaração de imposto de renda (IRPF). Nesse caso, a jurisprudência tem tomado como valor de referência aquele alusivo à isenção de declaração de imposto de renda para pessoas física no ano anterior ao ano em que as eleições ocorrerem. Esse valor de isenção somente será utilizado se não houver declaração de rendimentos fruto da omissão ou da declaração de isento.[12]

O §2º foi alterado pela Lei nº 12.034/2009. A redação anterior estabelecia, e isso foi mantido, a obrigatoriedade de que toda doação a candidato ou a partido deve ser feita mediante recibo eleitoral. Esse recibo pode ser em formulário impresso ou em formulário eletrônico. A modificação ocorreu exatamente para referir-se à doação via internet, caso em que o recibo será eletrônico, e, nesse tipo de doação, por razões óbvias, está dispensada a assinatura do doador. O modelo constante no anexo da lei eleitoral objetiva padronizar a forma para os dados necessários que devem conter os recibos eleitorais, inclusive para doação feita pela internet.

Novamente, o §2º foi alterado, agora pela Lei nº 12.891/2013. O dispositivo passou a disciplinar a exigência de emissão de recibo, com assinatura do doador, em se tratando de doações estimáveis em dinheiro quando feitas a candidato específico. Não há, contudo, necessidade de emissão de recibo quando se tratar de cessão de bens móveis, limitada ao valor de R$4.000,00 (quatro mil reais) por pessoa cedente, e doações estimáveis em dinheiro entre candidatos ou partidos, decorrentes do uso comum tanto de sedes quanto de materiais de propaganda eleitoral,

---

15.12.2011. Rel. Min. Arnaldo Versiani. *DJE*, p. 42, 24 fev. 2012. Em seu voto, diz o ministro "Entendo que não há falar nessas hipóteses em aplicação do princípio da insignificância. Averiguada a doação de quantia cima dos limites fixados pela normal legal, a multa do §3º do art. 23 da Lei das Eleições é aplicação impositiva". Mais adiante, continua "O juízo de proporcionalidade e razoabilidade incide apenas na fixação da pena, levando-se em consideração a gravidade da conduta". O Tribunal Regional Eleitoral do Pará tem jurisprudência vacilante. Ora reconhece a incidência do princípio da insignificância (Recurso Eleitoral nº 105.082, Acórdão nº 26.229, de 24.9.2013. Rel. Juiz Raimundo Holanda Reis. *DJE*, t. 181, p. 3-4, 3 out. 2013; Recurso Eleitoral nº 10.847, Acórdão nº 26.208, de 5.9.2013. Rel. Juiz Ruy Dias de Souza Filho. *DJE*, t. 176, p. 4, 26 set. 2013); ora não reconhece (Recurso Eleitoral nº 105.167, Acórdão nº 26.256, de 3 out. 2013. Rel. Juíza Eva do Amaral Coelho. *DJE*, t. 186, p. 4, 10 out. 2013; Recurso Eleitoral nº 41.941, Acórdão nº 26.118, de 9.7.2013. Rel. Juiz Agnaldo Wellington Souza Correa. *DJE*, t. 124, p. 2-3, 15 jul. 2013).

[12] Recurso Eleitoral nº 67.229, Acórdão nº 26.215, de 10.9.2013. Rel. Juiz Mancipor Oliveira Lopes. *DJE*, t. 176, p. 5, 26 set. 2013; Recurso Eleitoral nº 23.925, Acórdão nº 26.176, de 8.8.2013. Rel. Juíza Célia Regina de Lima Pinheiro. *REPDJ* – republicado no *DJ*, t. 155, p. 1-2, 28 ago. 2013, *DJE*, t. 147, p. 4-5, 14 ago. 2013.

cujo gasto deverá ser registrado na prestação de contas do responsável pelo pagamento da despesa. É que essas doações estão dispensadas de comprovação na prestação de contas, conforme nova disposição contida no §6º do art. 28 da Lei nº 9.504/1997, a partir das modificações introduzidas pela Lei nº 12.891/2013.

Toda arrecadação de recursos, financeiros ou estimáveis em dinheiro, para a campanha eleitoral, está condicionada à emissão do recibo eleitoral. Esses recibos servem exatamente para comprovar a arrecadação feita. Sem os recibos essa comprovação fica prejudicada e não será possível realizar análise de fundo nas contas. Os recebidos eleitorais são, portanto, documentos indispensáveis. De fato, determina a Resolução nº 23.463/TSE, art. 68, IV, "b", que as contas serão consideradas não prestadas quando não forem apresentados os documentos e as informações de que trata o art. 48, ou o responsável deixar de atender às diligências determinadas para suprir a ausência que impeça a análise da movimentação dos seus recursos financeiros. O caso, assim, será de não prestação das contas, pois a análise fica inviabilizada. Somente ocorrerá desaprovação quando as contas forem analisadas e detectadas falhas de fundo que não possibilitem a aprovação.

O §4º foi alterado pela Lei nº 11.300/2006. Nesse parágrafo foi inserido novo inciso (III e respectivas alíneas) pela Lei nº 12.034/2009. O objetivo é disciplinar de forma mais específica como essas doações podem ser efetuadas. Os recursos financeiros podem ser doados diretamente na conta bancária aberta para esse fim, conforme art. 22 da lei eleitoral, por meio de: cheques cruzados e nominais, transferência eletrônica de depósitos, depósitos em espécie devidamente identificados, doação mediante uso de cartão de crédito a partir de sítio disponibilizado por candidato, partido ou coligação.

No caso de doação por cartão de crédito (e de débito), são feitas as seguintes exigências: identificação do doador e emissão de recibo eleitoral para cada operação. Além disso, é necessário que o próprio interessado na doação a viabilize por meio das operadoras de cartão e também crie o *site* na internet que possibilite a realização desse tipo de doação. A arrecadação de recursos financeiros para a campanha eleitoral por cartões de crédito está disciplinada na Resolução nº 23.216/TSE, de 2.3.2010, com as alterações das resoluções nºs 23.248, de 15.4.2010, 23.285, de 29.6.2010 e 23.309, de 5.8.2010, aplicável a todas as eleições. Entre outras disposições, consta que esse tipo de doação somente pode ser feito por pessoa física, sendo vedadas as doações mediante uso de cartões de crédito emitidos no exterior e também dos cartões corporativos ou empresariais. Candidatos e partidos podem arrecadar recursos financeiros, os quais devem ser creditados na conta bancária.

O §6º incluído pela Lei nº 12.034/2009 cria uma regra protetiva ao candidato nas situações que envolvam fraudes ou erros cometidos sem o conhecimento do candidato, partido ou coligação beneficiários daquele que faz doação pela internet. Constatadas fraudes ou erros, nessas circunstâncias, isso não afetará a prestação de contas de candidatos ou partidos (comitês financeiros), nem ensejará qualquer tipo de responsabilização para o beneficiário. Não custa lembrar que as coligações não prestam contas.

Uma ressalva está prevista no §7º, alterado pela Lei nº 13.165/2015, quanto ao limite previsto no inc. I do §1º. Em se tratando de doações estimáveis em dinheiro relativas à utilização de bens móveis ou imóveis de propriedade do doador, o limite não será de 10% (dez por cento) dos rendimentos brutos auferidos no ano anterior à eleição, mas de R$80.000,00 (oitenta mil reais). O Tribunal Regional Eleitoral do Pará ampliou, com acerto, essa exceção para aplicar esse limite também às doações estimáveis em dinheiro, como exemplo, as que envolvam doação de serviço.[13] Walber de Moura Agra e Francisco Queiroz Cavalcanti destacam que, na verdade, não se trata de doação, mas de comodato não oneroso, pois o dispositivo refere-se ao uso de propriedade móvel ou imóvel do doador, que depois lhe será devolvida.[14]

Segundo o Tribunal Superior Eleitoral (TSE) (Resolução nº 23.463/2015, art. 53), a doação estimável em dinheiro deve ser realizada mediante a comprovação dos preços habitualmente praticados pelo doador, bem como sua adequação aos valores praticados no mercado. A avaliação deve ser apresentada e a respectiva fonte indicada. Esse documento deve integrar a prestação de contas. Essa providência é salutar para evitar apresentação de estimáveis aquém e possibilitar fraudes à lei eleitoral.

Com relação ao procedimento a ser adotado pela Justiça Eleitoral, Receita Federal e Ministério Público Eleitoral para averiguar doações acima do limite permitido, a matéria está agora minuciosamente

---

[13] Recurso Eleitoral nº 54.853, Acórdão nº 26.264, de 10.10.2013. Rel. Juiz João Batista Vieira dos Anjos. *DJE*, t. 196, p. 4, 24 out. 2013; Recurso Eleitoral nº 10.932, Acórdão nº 26.177, de 8.8.2013. Rel. Juiz João Batista Vieira dos Anjos. *DJE*, t. 147, p. 5, 14 ago. 2013.

[14] AGRA, Walber de Moura; CAVALCANTI, Francisco Queiroz. *Comentários à nova Lei Eleitoral*: Lei n. 12.034, de 29 de setembro de 2009. Rio de Janeiro/RJ: Forense, 2010. p. 37.

disciplinada no art. 24-C da Lei nº 9.504/1997, introduzido pela Lei nº 13.165/2015. Lá também serão feitos os comentários relativos a penalidades, procedimento, competência, recurso etc.

> Art. 24. É vedado, a partido e candidato, receber direta ou indiretamente doação em dinheiro ou estimável em dinheiro, inclusive por meio de publicidade de qualquer espécie, procedente de:
> I - entidade ou governo estrangeiro;
> II - órgão da administração pública direta e indireta ou fundação mantida com recursos provenientes do Poder Público;
> III - concessionário ou permissionário de serviço público;
> IV - entidade de direito privado que receba, na condição de beneficiária, contribuição compulsória em virtude de disposição legal;
> V - entidade de utilidade pública;
> VI - entidade de classe ou sindical;
> VII - pessoa jurídica sem fins lucrativos que receba recursos do exterior.
> VIII - entidades beneficentes e religiosas; (Incluído pela Lei nº 11.300, de 2006)
> IX - entidades esportivas; (Redação dada pela Lei nº 12.034, de 2009)
> X - organizações não-governamentais que recebam recursos públicos; (Incluído pela Lei nº 11.300, de 2006)
> XI - organizações da sociedade civil de interesse público. (Incluído pela Lei nº 11.300, de 2006)
> XII - (VETADO). (Incluído pela Lei nº 13.165, de 2015)
> §1º Não se incluem nas vedações de que trata este artigo as cooperativas cujos cooperados não sejam concessionários ou permissionários de serviços públicos, desde que não estejam sendo beneficiadas com recursos públicos, observado o disposto no art. 81(Redação dada pela Lei nº 13.165, de 2015)
> §2º (VETADO). (Incluído pela Lei nº 13.165, de 2015)
> §3º (VETADO). (Incluído pela Lei nº 13.165, de 2015)
> §4º O partido ou candidato que receber recursos provenientes de fontes vedadas ou de origem não identificada deverá proceder à devolução dos valores recebidos ou, não sendo possível a identificação da fonte, transferi-los para a conta única do Tesouro Nacional. (Incluído pela Lei nº 13.165, de 2015)

Os incisos deste art. 24 depois da decisão do Supremo Tribunal Federal (STF) na ADI nº 4.650, de 17.9.2015, podem ser resumidos a um: está vedada a doação por pessoas jurídicas para campanhas eleitorais. Andou bem a Resolução nº 23.463/TSE ao reduzir as fontes vedadas a três: pessoas jurídicas, recursos de origem estrangeira e pessoa física que exerça atividade comercial decorrente de concessão ou permissão pública (art. 25).

O art. 24 originariamente possuía 7 (sete) incisos que elencavam fontes vedadas de recursos para a campanha eleitoral. Com a Lei nº 11.300/2006 foram acrescentados mais 4 (quatro) incisos (VIII a XI), sofrendo alterações pela Lei nº 12.034/2009 o inc. IX, que acresceu também o parágrafo único. As últimas alterações foram realizadas pela Lei nº 13.165/2015, que acrescentou o inc. XII, deu nova redação ao §1º e acrescentou também os §§2º, 3º e 4º. Desses dispositivos, foram vetados o inc. XII e os §§2º e 3º. Esse rol exaustivo alcança doações em dinheiro ou não, isto é, as estimáveis em dinheiro, inclusive por meio de publicidade de qualquer espécie.

O Tribunal Superior Eleitoral (TSE) entendia que esse rol devia ser interpretado de forma restritiva. Assim, por exemplo, a vedação constante no inc. III não alcançava doação efetuada por sócio ou acionista de outra empresa concessionária ou permissionária de serviço público.[15] Outro entendimento era o de que, mesmo que a doação ocorresse caracterizando-se a fonte vedada (origem ilícita do recurso), mas se a doação recebida fosse de pequeno valor e não houvesse má-fé do beneficiário, seria possível a aplicação dos princípios da proporcionalidade e da razoabilidade para que as contas fossem aprovadas, ainda que com essa ressalva.[16]

Os objetivos principais do rol eram diversos. Evitar que fossem injetados recursos financeiros na campanha eleitoral provenientes dos cofres públicos, por uma via transversa. O poder público não é (não pode ser) financiador de campanha eleitoral. Já existe legalmente destinação de recursos públicos específicos, que é o Fundo Especial de Assistência Financeira aos Partidos Políticos (Fundo Partidário), disciplinado pela Lei nº 9.096/1995, arts. 38 a 44. Recursos provenientes do exterior não podem ser utilizados na campanha eleitoral. O cuidado aqui é com a própria soberania nacional e a segurança do país. Certamente, interesses estrangeiros do financiador ou de

---

[15] Agravo Regimental em Agravo de Instrumento nº 25.673.814, acórdão de 23.4.2013. Rel. Min. Fátima Nancy Andrighi. *DJE*, p. 40, 20 maio 2013. Outro exemplo: "Empresa produtora independente de energia elétrica, mediante contrato de concessão de uso de bem público, não se enquadra na vedação do inciso III do art. 24 da Lei nº 9.504/97" (Agravo Regimental em Agravo de Instrumento nº 1.010.788, acórdão de 9.10.2012. Rel. Min. Arnaldo Versiani. *DJE*, p. 6, 23 out. 2012).

[16] Agravo Regimental em Agravo de Instrumento nº 1.020.743, acórdão de 9.10.2012. Rel. Min. Arnaldo Versiani. *DJE*, t. 227, p. 11, 27 nov. 2012.

outrem estarão por trás desses recursos. Partidos e candidatos devem defender projetos políticos para o país e não utilizar suas plataformas eleitorais para, de maneira escamoteada, servir de extensão de interesses alienígenas no território nacional. Existiam situações particulares que ensejavam vedações no texto legal, como era o caso do interesse público presente em certas entidades. A vedação noutros casos objetivava evitar a deturpação dos fins para os quais certas entidades foram constituídas. Algumas das entidades listadas nos incisos não foram constituídas (ou pelo menos não deveriam ser) para fins eleitorais. Seria desnaturar a própria essência e existência dessas entidades. Exemplos são as entidades religiosas e as esportivas. Pessoas físicas integrantes dessas entidades podem como cidadãos praticar atos típicos de cidadania, como lançar a própria candidatura, mas as entidades não podiam ter essa projeção a ponto de financiar campanhas eleitorais. As expressões "serviço público" e "utilidade pública" a que se referem os incs. III e V deviam ser entendidas, segundo Joel J. Cândido, como se referindo a "todas as administrações, de todas as esferas, federal, estadual, distrital ou municipal".[17] Antes, apenas as entidades esportivas que recebessem recursos públicos estavam sob a vedação. A Lei nº 12.034/2009 excluiu essa ressalva e estendeu a vedação a toda e qualquer entidade esportiva. Walber de Moura Agra e Francisco Queiroz Cavalcanti asseveram que "a intenção foi impedir que as entidades desportivas, principalmente as ligadas ao âmbito futebolista, financiassem ex-dirigentes em campanhas políticas".[18] O inc. X alcançava as doações em dinheiro ou estimável em dinheiro proveniente de organizações da sociedade civil de interesse público (OSCIP).[19] A vedação estava condicionada ao recebimento de recursos públicos.

Esse rol, assim como o entendimento que antes se tinha de que podiam doar recursos para campanha eleitorais as cooperativas desde que seus cooperados não fossem concessionários ou permissionários de serviços públicos ou não estivessem sendo beneficiados com recursos públicos, desde que observado o limite previsto no art. 81 da lei eleitoral, não mais subsiste porque o Supremo Tribunal Federal (STF) entendeu

---

[17] CÂNDIDO, Joel J. *Direito eleitoral brasileiro*. 14. ed. rev., atual. e ampl. Bauru/SP: Edipro, 2010. p. 446.
[18] AGRA, Walber de Moura; CAVALCANTI, Francisco Queiroz. *Comentários à nova Lei Eleitoral*: Lei n. 12.034, de 29 de setembro de 2009. Rio de Janeiro/RJ: Forense, 2010. p. 37.
[19] Agravo Regimental em Recurso Especial Eleitoral nº 229.555, acórdão de 24.5.2012. Rel. Min. Nancy Andrighi. *DJE*, t. 118, p. 12, 25 jun. 2012.

ser inconstitucional a doação de recursos por pessoas jurídicas para campanhas eleitorais (ADI nº 4.650, de 17.9.2015).

A Lei nº 13.165/2015 acrescentou o inc. XII a esse rol. O inciso proibia a doação por pessoas jurídicas que possuíssem vínculos com a Administração Pública na forma do §2º, também acrescentado pela nova lei. Tanto o §2º[20] quanto o §3º[21] repristinavam a permissão anterior da Lei nº 9.504/1997 quanto à possibilidade de doação de recursos para a campanha eleitoral por pessoas jurídicas. O legislador, neste aspecto, realizou uma "proeza", para não dizer uma tentativa escancarada de burla à decisão do Supremo Tribunal Federal (STF) na ADI nº 4.650, de 17.9.2015. O que fez o legislador? Revogou o art. 81 da Lei nº 9.504/1997, considerado em parte inconstitucional pelo Supremo Tribunal Federal (STF), e inseriu na lei eleitoral os seguintes dispositivos: inc. XII e §§2º e 3º do art. 24, arts. 24-A e 24-B, todos vetados acertadamente pela Presidente da República com fundamento na decisão da Corte Suprema. Os vetos foram mantidos pelo Congresso Nacional. Ora, a inconstitucionalidade não é daquele dispositivo ou daquela norma atacados; a inconstitucionalidade é da matéria neles constante ou da forma como foram elaborados. Essas alterações pretendidas pelo legislador (Lei nº 13.165/2015) cheiram à má-fé.

Os recursos originários de fontes vedadas devem ser devolvidos imediatamente ao doador. Não podem, portanto, ser utilizados na campanha, nem mesmo aplicação financeira, e depois realizada a devolução. Os que não tiverem a fonte identificada serão transferidos para conta do Tesouro Nacional.

A violação dessas regras, assim como de outras relativas à arrecadação e gastos de recursos na campanha eleitoral, atrai a incidência, a depender das circunstâncias, do art. 30-A da Lei nº 9.504/1997 e do art. 22, abuso do poder econômico, da Lei Complementar nº 64/1990. Se antes a pessoa jurídica que doasse se não incorresse em quaisquer das vedações, mas que ultrapasse o limite de doação a que se referia o art. 81, sofreria sanções próprias, agora, se a doação ocorrer, pelo menos duas

---

[20] "§2º Pessoas jurídicas que mantenham contrato de execução de obras com órgãos ou entidades da administração pública direta e indireta são proibidas de fazer doações para campanhas eleitorais na circunscrição do órgão ou entidade com a qual mantém o contrato".

[21] "§3º As pessoas jurídicas que efetuarem doações em desacordo com o disposto neste artigo estarão sujeitas ao pagamento de multa no valor de 100% (cem por cento) da quantia doada e à proibição de participar de licitações públicas e de celebrar contratos com o poder público pelo período de cinco anos, por determinação da Justiça Eleitoral, em processo no qual seja assegurada ampla defesa".

consequências saltam, os recursos devem ser devolvidos e o partido ou candidato beneficiário podem sofrer sanções previstas na legislação eleitoral. No caso de candidatos, podem ter o registro de candidatura cassado, assim como o diploma, e também tornar-se inelegíveis.

Art. 24-A. (VETADO). (Incluído pela Lei nº 13.165, de 2015)[22]
Art. 24-B. (VETADO). (Incluído pela Lei nº 13.165, de 2015)[23]

O veto a esses dois artigos introduzidos pela Lei nº 13.165/2015 foi explicitado nos comentários ao art. 24.

Art. 24-C. O limite de doação previsto no §1º do art. 23 será apurado anualmente pelo Tribunal Superior Eleitoral (TSE) e pela Secretaria da Receita Federal do Brasil. (Incluído pela Lei nº 13.165, de 2015)
§1º O Tribunal Superior Eleitoral (TSE) deverá consolidar as informações sobre as doações registradas até 31 de dezembro do exercício financeiro a ser apurado, considerando: (Incluído pela Lei nº 13.165, de 2015)
I - as prestações de contas anuais dos partidos políticos, entregues à Justiça Eleitoral até 30 de abril do ano subsequente ao da apuração, nos termos do art. 32 da Lei nº 9.096, de 19 de setembro de 1995; (Incluído pela Lei nº 13.165, de 2015)

---

[22] "Art. 24-A. É vedado ao candidato receber doação em dinheiro ou estimável em dinheiro, inclusive por meio de publicidade de qualquer espécie, procedente de pessoa jurídica.
Parágrafo único. Não se consideram doações para os fins deste artigo as transferências ou repasses de recursos de partidos ou comitês para os candidatos".
[23] "Art. 24-B. Doações e contribuições de pessoas jurídicas para campanhas eleitorais poderão ser feitas para os partidos políticos a partir do registro dos comitês financeiros dos partidos ou coligações.
§1º As doações e contribuições de que trata este artigo não poderão ultrapassar nenhum dos seguintes limites:
I - 2% (dois por cento) do faturamento bruto do ano anterior à eleição, somadas todas as doações feitas pelo mesmo doador, até o máximo de R$20.000.000,00 (vinte milhões de reais);
II - 0,5% (cinco décimos por cento) do faturamento bruto, somadas todas as doações feitas para um mesmo partido.
§2º A doação de quantia acima dos limites fixados neste artigo sujeita a pessoa jurídica ao pagamento de multa no valor de cinco vezes a quantia em excesso.
§3º Sem prejuízo do disposto no §2º, a pessoa jurídica que ultrapassar o limite fixado no §1º estará sujeita à proibição de participar de licitações públicas e de celebrar contratos com o poder público pelo período de cinco anos por determinação da Justiça Eleitoral, em processo no qual seja assegurada ampla defesa.
§4º As representações propostas objetivando a aplicação das sanções previstas nos §§2º e 3º observarão o rito previsto no art. 22 da Lei Complementar nº 64, de 18 de maio de 1990, e o prazo de recurso contra as decisões proferidas com base neste artigo será de três dias, a contar da data da publicação do julgamento no Diário Oficial".

II - as prestações de contas dos candidatos às eleições ordinárias ou suplementares que tenham ocorrido no exercício financeiro a ser apurado. (Incluído pela Lei nº 13.165, de 2015)

§2º O Tribunal Superior Eleitoral (TSE), após a consolidação das informações sobre os valores doados e apurados, encaminhá-las-á à Secretaria da Receita Federal do Brasil até 30 de maio do ano seguinte ao da apuração. (Incluído pela Lei nº 13.165, de 2015)

§3º A Secretaria da Receita Federal do Brasil fará o cruzamento dos valores doados com os rendimentos da pessoa física e, apurando indício de excesso, comunicará o fato, até 30 de julho do ano seguinte ao da apuração, ao Ministério Público Eleitoral, que poderá, até o final do exercício financeiro, apresentar representação com vistas à aplicação da penalidade prevista no art. 23 e de outras sanções que julgar cabíveis. (Incluído pela Lei nº 13.165, de 2015)

O art. 24-C foi introduzido pela Lei nº 13.165/2015 e trouxe a disciplina do procedimento que deve ser seguido pelo Tribunal Superior Eleitoral (TSE), pela Receita Federal e pelo Ministério Público Eleitoral quanto à apuração e ajuizamento da representação eleitoral em face da violação do limite de doação estipulado para pessoas físicas previsto no art. 23. As etapas são as seguintes: a) O TSE deverá consolidar as informações sobre as doações registradas até o dia 31 de dezembro do exercício financeiro a ser apurado, levando-se em consideração as prestações de contas de partidos políticos e de candidatos; b) feita a consolidação, as informações serão encaminhadas à Receita Federal até o dia 30 de maio do ano seguinte, a quem caberá fazer o cruzamento dos valores doados com os rendimentos da pessoa física doadora; c) os indícios de excessos detectados serão repassados ao Ministério Público Eleitoral até o dia 30 de julho, a quem caberá, se for o caso, ajuizar a representação eleitoral contra o doador até o dia 31 de dezembro.

O instrumento próprio para perseguir a penalidade prevista no §3º do art. 23 é a representação eleitoral. Diferentemente do que constava no §4º do art. 81 da Lei nº 9.504/1997 para os casos que envolviam doações efetuadas por pessoas jurídicas, em que a lei eleitoral estabelecia o procedimento previsto no art. 22 da LC nº 64/1990 (o procedimento aplicado à ação de investigação judicial eleitoral), não há no art. 23 previsão de rito específico. Todavia, com a inclusão da alínea "p" pela LC nº 135/2010 à LC nº 64/1990, que se reporta expressamente ao procedimento previsto no art. 22 da lei complementar, dúvida não há de que, agora, nesta representação fundada na violação ao art. 23, o rito é o da ação de investigação judicial eleitoral.

O prazo para o ajuizamento dessa representação era de 180 (cento e oitenta) dias contados da data da diplomação, a partir de uma interpretação do Tribunal Superior Eleitoral (TSE) com base no art. 32 da Lei nº 9.504/1997, que determina que em até 180 (cento e oitenta) dias após a diplomação os candidatos ou partidos conservarão a documentação concernente às suas contas.[24] O Tribunal Regional Eleitoral do Pará seguia esse entendimento.[25] Agora, contudo, a partir da Lei nº 13.165/2015, o §3º do art. 24-C estabelece que o Ministério Público Eleitoral deverá ajuizar a representação eleitoral até o final do exercício financeiro (31 de dezembro) imediatamente seguinte ao em que ocorreram as eleições. Esse prazo tem natureza decadencial e considerando que seu encerramento se dá em dia sem expediente forense, deve ser aplicada a regra do novo Código de Processo Civil (art. 224, §1º), prorrogando-se o dia final para o ajuizamento da representação para o primeiro dia útil seguinte.

Legitimado para a propositura de representação eleitoral por violação do art. 23, §1º, é o Ministério Público Eleitoral.[26] Com relação às coligações, aos partidos e aos candidatos que, em regra, possuem legitimação para as ações eleitorais em geral, em se tratando do art. 23, não há interesse jurídico da parte de nenhum deles quanto ao ajuizamento dessas ações. Cabe ao Ministério Público Eleitoral ingressar com essas representações, cuja finalidade é cumprir a lei eleitoral e aplicar penalidades ao doador infrator, não havendo qualquer reflexo no processo eleitoral como cassação de mandatos, aplicação de multa etc. que atraia outros legitimados. Além disso, trata-se de representação que, necessariamente, envolve acesso às informações relativas aos rendimentos brutos do doador, tanto que o abatimento é feito pela Receita Federal e repassado ao Ministério Público para, se for o caso, ajuizar as representações. Há, inclusive, a necessidade de quebra de sigilo fiscal para que a prova necessária seja produzida a fim de constatar ou não o ilícito.[27] Embora o §3º do art. 24-C não se reporte

---

[24] Recurso Especial Eleitoral nº 36.552, acórdão de 6.5.2010. Rel. Min. Felix Fischer. Rel. designado Min. Marcelo Henriques Ribeiro de Oliveira. DJE, p. 32-33, 28 maio 2010.

[25] "O prazo para o ajuizamento da representação por doação de recursos acima do limite legal é de 180 dias a contar da diplomação" (Recurso Eleitoral nº 41.941, Acórdão nº 26.118, de 9.7.2013. Rel. Juiz Agnaldo Wellington Souza Corrêa. DJE, t. 124, p. 2-3, 15 jul. 2013).

[26] Aqui revisamos posição adotada na 1ª edição, quando sustentamos haver legitimação de coligações, partidos e candidatos.

[27] "[...] 2. Ao *Parquet* é permitido requisitar à Receita Federal apenas a confirmação de que as doações feitas pela pessoa física ou jurídica à campanha eleitoral obedecem ou não aos limites estabelecidos na lei. 3. Em posse da informação de que houve desrespeito ao limite

à legitimidade do Ministério Público Eleitoral como exclusiva, é a ele que as informações apuradas serão remetidas.

O Tribunal Superior Eleitoral (TSE), julgando Questão de Ordem na Representação nº 98.140, que teve como relatora a Ministra Nancy Andrighi, decidiu, em 9.6.2011, que a "competência para processar e julgar a representação por doação de recursos acima do limite legal é do juízo ao qual se vincula o doador, haja vista que a procedência ou improcedência do pedido não alcança o donatário".

É possível a citação por edital nas hipóteses previstas na lei processual.[28] Como se trata de ilícito de natureza cível-eleitoral, aplicam-se supletiva e subsidiariamente as disposições do Código de Processo Civil. Uma delas é a citação por edital. Consta expressamente no Novo CPC (art. 15) a aplicação de suas regras de forma supletiva e subsidiária ao processo eleitoral. Portanto, não apenas diante de omissões, mas o viés interpretativo do novo código deve inspirar, no que couber, o processo eleitoral.

A penalidade para quem efetuar doação acima do limite está no §3º, a saber, pagamento de multa no valor de 5 (cinco) a 10 (dez) vezes a quantia em excesso. A sanção refere-se ao doador e não ao beneficiário, salvo se doador e beneficiário forem a mesma pessoa, isto ocorrerá na hipótese de utilização de recursos próprios que ultrapassem o limite fixado. A LC nº 64/1990, com redação dada pela LC nº 135/2010, estabelece que será inelegível a pessoa física responsável por doações eleitorais tidas como ilegais por decisão transitada em julgado ou proferida por órgão colegiado da Justiça Eleitoral, pelo prazo de 8 (oito) anos após a decisão, observando-se o procedimento previsto no art. 22 (art. 1º, I, "p", da LC nº 64/1990).[29] A inelegibilidade decorrente da alínea "p", do inc. I, do art. 1º, da LC nº 64/1990, é efeito secundário da sentença ou do acórdão. Não deve ser requerida na inicial, nem aplicada

---

legalmente permitido, poderá o Ministério Público, por sua vez, ajuizar a representação por descumprimento aos arts. 23 ou 81 da Lei nº 9.504/97, pedindo ao Juiz Eleitoral a quebra do sigilo fiscal do doador, o que não ocorre no caso dos autos. [...]" (Agravo Regimental em Recurso Especial Eleitoral nº 69.933, acórdão de 23.5.2013. Rel. Min. Dias Toffoli. *DJE*, p. 92, 19 jun. 2013).

[28] "Não há nulidade de citação, nem há necessidade de se tentar localizar o réu nas concessionárias do serviço público, se já foi diligenciada a base de dados de caráter restrito do CNIS, SERPRO e o INFOSEG" (TRE/AL. Representação nº 272. Rel. Juiz Sebastião Costa Filho. Julg. 16.12.2010, *DEJE*, 17 dez. 2010).

[29] A alínea também se refere aos dirigentes de pessoas jurídicas, as quais, no entanto, estão proibidas pelo Supremo Tribunal Federal (STF) de fazer doações para campanhas eleitorais (ADI nº 4.650, de 17.9.2015).

na decisão. O momento para discuti-la será no pedido de registro de candidatura que, eventualmente, seja requerido pelo doador infrator.[30]

A aplicação da multa deve atender ao princípio da proporcionalidade. Como antes visto, não é possível considerar como ínfimo o valor que ultrapassar o limite legal para fins de aplicação do princípio da insignificância. O primeiro passo para a constatação do ilícito é verificar se a doação está acima do limite previsto; em seguida, deve-se averiguar se o valor é de pequena monta ou não; e, por fim, considerando a quantia em excesso, num juízo de proporcionalidade ou razoabilidade, delimitar o valor da multa para pessoas físicas.[31]

O recurso cabível contra a decisão de 1º grau proferida pelo juiz eleitoral é o recurso eleitoral inominado que deve ser interposto no prazo de 3 (três) dias.[32]

> Art. 25. O partido que descumprir as normas referentes à arrecadação e aplicação de recursos fixadas nesta Lei perderá o direito ao recebimento da quota do Fundo Partidário do ano seguinte, sem prejuízo de responderem os candidatos beneficiados por abuso do poder econômico.
>
> Parágrafo único. A sanção de suspensão do repasse de novas quotas do Fundo Partidário, por desaprovação total ou parcial da prestação de contas do candidato, deverá ser aplicada de forma proporcional e razoável, pelo período de 1 (um) mês a 12 (doze) meses, ou por meio do desconto, do valor a ser repassado, na importância apontada como irregular, não podendo ser aplicada a sanção de suspensão, caso a prestação de contas não seja julgada, pelo juízo ou tribunal competente, após 5 (cinco) anos de sua apresentação. (Incluído pela Lei nº 12.034, de 2009)

---

[30] "A representação com base no art. 23, §1º da Lei 9.504/97 enseja aplicação de multa, não sendo possível cominar-lhe a sanção de inelegibilidade, pois incabível na espécie, porém reconhecendo que esta decisão poderá gerar inelegibilidade como efeito autônomo decorrente do art. 1º, inciso I, alínea 'j', da LC nº 64/90, caso a representada postule registro de candidatura nos oito anos seguintes às Eleições de 2010" (TRE/PA. Recurso Eleitoral nº 72.510. Rel. Juiz Luiz Gonzaga da Costa Neto. Julg. 5.6.2012, unânime. *DJe*, 14 jun. 2012).

[31] "Averiguada a doação de quantia acima dos limites fixados pela norma legal, a multa do §3º do art. 23 da Lei das Eleições é de aplicação impositiva, resguardado os princípios da proporcionalidade e razoabilidade na aplicação da multa" (TRE/PA. Recurso Eleitoral nº 72.510. Rel. Juiz Luiz Gonzaga da Costa Neto. Julg. 5.6.2012, unânime. *DJe*, 14 jun. 2012). No mesmo sentido, o seguinte julgado: "A jurisprudência das Cortes Eleitorais é pacífica no sentido de que o juízo da razoabilidade e proporcionalidade só incide sobre o valor da multa, dentro dos limites mínimo e máximo estabelecidos em lei. Averiguada a doação de quantia acima dos limites fixados pela norma legal, a multa do §3º do art. 23 da Lei das Eleições é de aplicação impositiva. Precedentes" (Recurso Eleitoral nº 93.476, Acórdão nº 26.110, de 4.7.2013. Rel. Juíza Ezilda Pastana Mutran. *DJE*, t. 132, p. 2, 25 jul. 2013).

[32] Recurso Eleitoral nº 44.976, Acórdão nº 26.151, de 23.7.2013. Rel. Juiz João Batista Vieira dos Anjos. *DJE*, t. 139, p. 3-4, 5 ago. 2013.

O art. 25 estabelece punição ao partido que descumprir as normas da lei eleitoral referentes à arrecadação e à aplicação de recursos. A sanção é o não recebimento da quota do Fundo Partidário do ano seguinte ao pleito eleitoral. Além disso, os candidatos beneficiados com a prática ilícita poderão responder por abuso do poder econômico. Já foi visto que o candidato que gastar recursos além dos valores estipulados pelo partido para cada candidatura está sujeito a multa no valor de 5 (cinco) a 10 (dez) vezes a quantia em excesso (art. 18, §2º, da Lei nº 9.504/1997), sem prejuízo de responsabilização por eventual abuso do poder econômico, conforme entendimento do Tribunal Superior Eleitoral (TSE). O art. 25 também aponta para essa possibilidade. A diferença é que aqui o autor é o partido e o beneficiário da prática abusiva é o candidato. Mas, o raciocínio é o mesmo. Havendo abuso, diante da gravidade da conduta, é cabível o manejo da ação de investigação judicial eleitoral, nos termos do art. 22 da LC nº 64/1990. A sanção aplicável ao candidato no bojo dessa ação é cassação do registro de candidatura ou do diploma e inelegibilidade.

A Lei nº 12.034/2009 inseriu o parágrafo único para estipular como a sanção será aplicada ao partido nos próprios autos da prestação de contas. Cabe ressaltar, apesar da redação da lei, que não há desaprovação total ou parcial de contas. Elas são, quando for o caso, simplesmente desaprovadas. E, diante dessa situação, a suspensão do repasse de novas quotas do Fundo Partidário deve ser aplicada atendendo aos princípios da proporcionalidade e razoabilidade, o que significa dizer que: a) deve ser fixado o período dessa suspensão, que tem o mínimo de 1 (um) mês e o máximo de 12 (doze) meses; b) pode não ser determinada a suspensão, mas o desconto do valor a ser repassado, conforme a importância tida como irregular.

Esse novo parágrafo também estabeleceu um prazo para que o órgão da Justiça Eleitoral competente aprecie e julgue as contas. Esse prazo é de 5 (cinco) anos contados de sua apresentação, isto é, de sua protocolização perante aquele órgão. Depois disso, as contas podem ser julgadas, mas essa sanção específica de suspensão na forma antes vista (suspensão ou desconto) não poderá ser aplicada ao partido transgressor.

> Art. 26. São considerados gastos eleitorais, sujeitos a registro e aos limites fixados nesta Lei: (Redação dada pela Lei nº 11.300, de 2006)
> I - confecção de material impresso de qualquer natureza e tamanho, observado o disposto no §3º do art. 38 desta Lei; (Redação dada pela Lei nº 12.891, de 2013)

II - propaganda e publicidade direta ou indireta, por qualquer meio de divulgação, destinada a conquistar votos;
III - aluguel de locais para a promoção de atos de campanha eleitoral;
IV - despesas com transporte ou deslocamento de candidato e de pessoal a serviço das candidaturas; (Redação dada pela Lei nº 11.300, de 2006)
V - correspondência e despesas postais;
VI - despesas de instalação, organização e funcionamento de Comitês e serviços necessários às eleições;
VII - remuneração ou gratificação de qualquer espécie a pessoal que preste serviços às candidaturas ou aos comitês eleitorais;
VIII - montagem e operação de carros de som, de propaganda e assemelhados;
IX - a realização de comícios ou eventos destinados à promoção de candidatura; (Redação dada pela Lei nº 11.300, de 2006)
X - produção de programas de rádio, televisão ou vídeo, inclusive os destinados à propaganda gratuita;
XII - realização de pesquisas ou testes pré-eleitorais;
XIV -(revogado); (Redação dada pela Lei nº 12.891, de 2013)
XV - custos com a criação e inclusão de sítios na Internet;
XVI - multas aplicadas aos partidos ou candidatos por infração do disposto na legislação eleitoral.
XVII - produção de jingles, vinhetas e slogans para propaganda eleitoral. (Incluído pela Lei nº 11.300, de 2006)
Parágrafo único. São estabelecidos os seguintes limites com relação ao total do gasto da campanha: (Incluído pela Lei nº 12.891, de 2013)
I - alimentação do pessoal que presta serviços às candidaturas ou aos comitês eleitorais: 10% (dez por cento); (Incluído pela Lei nº 12.891, de 2013)
II - aluguel de veículos automotores: 20% (vinte por cento). (Incluído pela Lei nº 12.891, de 2013)

O art. 26 trata dos gastos eleitorais. A redação anterior apontava de forma exemplificativa, fazendo uso da expressão "dentre outros". A Lei nº 11.300/2006 aboliu essa expressão dando a entender que o rol agora é exaustivo. Apesar disso, o rol ainda é exemplificativo, pois, como bem notado por Olivar Coneglian, expressões como "de qualquer natureza e tamanho", "direta e indireta", "serviços necessários às eleições", "de qualquer espécie", "por qualquer meio" indicam que a lista não é fechada.[33] Essa mesma lei alterou a redação do inc. IX,

---

[33] CONEGLIAN, Olivar. *Radiografia da Lei das Eleições 2010*: comentários à Lei 9.504/97, com as alterações das leis 9.840/99, 10.408/02, 10.740/03, 11.300/06 e 12.034/09. 6. ed. Curitiba/PR: Juruá, 2010. p. 187.

revogou os incs. XI e XIII, e inseriu o inc. XVII. O inc. XIV foi revogado pela Lei nº 12.891/2013, que também deu nova redação ao inc. I, para dizer que esses gastos eleitorais quanto à confecção de material impresso de qualquer natureza e tamanho devem observar o disposto no §3º do art. 38 desta lei, isto é, em se tratando de adesivos, a nova dimensão agora é de 50 (cinquenta) centímetros por 40 (quarenta) centímetros (§3º do art. 38 da Lei nº 9.504/1997, introduzido pela Lei nº 12.891/2013).

O inc. IX tinha em sua redação anterior a possibilidade de produção ou patrocínio de espetáculos ou eventos promocionais de candidatura. Teve sua redação alterada para contemplar apenas a realização de comícios ou eventos destinados à promoção de candidatura. Nessa mesma perspectiva, foram revogados os incs. XI e XIII, que, respectivamente, listavam como gastos de campanha o pagamento de cachê de artistas ou animadores de eventos relacionados à campanha eleitoral, e a confecção, aquisição e distribuição de camisetas, chaveiros e outros brindes de campanha. Isso se deu porque a Lei nº 11.300/2006 inseriu os §§6º e 7º no art. 38 da Lei nº 9.504/1997 para vedar na campanha eleitoral confecção, utilização e distribuição por comitê, candidato, ou com a sua autorização, de camisetas, chaveiros, bonés, canetas, brindes, cestas básicas ou quaisquer outros bens ou materiais que possam proporcionar vantagem ao eleitor; e, também, proibir a realização de *showmício* e de evento assemelhado para promoção de candidatos, bem como a apresentação, remunerada ou não, de artistas com a finalidade de animar comício e reunião eleitoral.

Quanto ao inc. XVI, o Tribunal Superior Eleitoral (TSE) tem precedente no seguinte sentido:

> O preceito do artigo 26, inc. XVI, da Lei nº 9.504/1997, que considera como gastos eleitorais as multas aplicadas aos partidos ou candidatos, por infração do disposto na legislação eleitoral, relaciona-se as multas pagas no prazo para a prestação de contas de campanha, e não aquelas sujeitas à execução ou que estejam sendo submetidas à apreciação do Poder Judiciário, em grau de recurso.[34]

Embora o inciso refira-se a partido e candidato, cada um deve pagar as suas próprias multas.

---

[34] Recurso contra Expedição de Diploma nº 565, Acórdão nº 565, de 6.5.1999. Rel. Min. Maurício Corrêa. *DJ*, p. 89, 11 jun. 1999; *RJTSE – Revista de Jurisprudência do TSE*, v. 11, t. 3, p. 25.

O mais importante deste artigo é que ele aponta a partidos e candidatos o que pode ser considerado gastos lícitos na campanha eleitoral. Se quaisquer deles foram efetuados, a contabilização é necessária e isso deve ficar especificado na prestação de contas. Portanto, o gasto deve ser registrado na prestação de contas, acompanhado de todas as especificações e documentação necessárias, conforme o caso. As fontes dos recursos foram ditas antes pela lei eleitoral (art. 20). Aqui está descrito em que aqueles recursos arrecadados poderão ser gastos. Tudo isso se dá em nome da transparência que rege a contabilidade na prestação das contas da campanha eleitoral.

Os gastos na campanha eleitoral podem, se não forem observadas as regras da legislação eleitoral, ensejar diversas consequências que vão desde efeitos negativos na prestação de contas até mesmo a instauração de processos eleitorais, que podem custar o mandato do candidato eleito e afastá-lo de pleitos eleitorais futuros com a incidência de inelegibilidade, por exemplo. Entre outros, abaixo é feita a análise do art. 30-A que alcança este art. 26. Os gastos na campanha eleitoral precisam ter atenção especial de todos, principalmente, a criação de mecanismos mais eficientes para fiscalização e punição dos infratores.

A Lei nº 12.891/2013 inseriu nesse art. 16 um parágrafo para estabelecer limites aos gastos na campanha eleitoral, a saber: alimentação do pessoal que presta serviços às candidaturas ou aos comitês eleitorais e aluguel de veículo automotor. Quanto à alimentação de pessoa, o limite é de 10% (dez por cento), e com aluguel de veículos, 20% (vinte por cento). Esses percentuais devem ser calculados levando-se em consideração o total do gasto da campanha.

> Art. 27. Qualquer eleitor poderá realizar gastos, em apoio a candidato de sua preferência, até a quantia equivalente a um mil UFIR, não sujeitos a contabilização, desde que não reembolsados.

Embora esse dispositivo não deva ser confundido com doação em dinheiro, pois se refere à realização de gastos, que devem ser entendidos como pagamento direto de despesas, a crítica é inevitável. Isso porque esses gastos não reembolsáveis se devidamente orquestrados em prol de uma candidatura podem escamotear relevante apoio financeiro e fazer a diferença em eleições a depender das circunstâncias que as envolvem, como é o caso das municipais. Para que o dispositivo seja invocado e não haja a contabilização, é necessário atentar para o seguinte: trata-se de pagamento de despesa (hotel, táxi, passagens, alimentação etc.) e não de doação em dinheiro, o gasto deve ser efetuado por eleitor (pessoa física e não jurídica), em prol de candidato e não em favor do partido, valor máximo de um mil UFIR e sem reembolso, isto é, o eleitor paga, mas não recebe de volta posteriormente.

Quanto à UFIR, Unidade Fiscal de Referência, um índice de correção de tributos, multas e penalidades de qualquer natureza decorrentes da legislação tributária, ela foi instituída pela Lei nº 8.383, de 30.12.1991, e extinta a partir de 28.10.2000, data de publicação no *DOU* da Medida Provisória nº 2.095-70 (art. 29, §3º), de 27.12.2000, tendo sido sua última reedição feita pela Medida Provisória nº 2.176-79, de 23.8.2001, convertida na Lei nº 10.522, de 19.7.2002. O último valor da UFIR é R$1,0641.

> Da Prestação de Contas
> Art. 28. A prestação de contas será feita:
> I - no caso dos candidatos às eleições majoritárias, na forma disciplinada pela Justiça Eleitoral;
> II - no caso dos candidatos às eleições proporcionais, de acordo com os modelos constantes do Anexo desta Lei.
> §1º As prestações de contas dos candidatos às eleições majoritárias serão feitas pelo próprio candidato, devendo ser acompanhadas dos extratos das contas bancárias referentes à movimentação dos recursos financeiros usados na campanha e da relação dos cheques recebidos, com a indicação dos respectivos números, valores e emitentes. (Redação dada pela Lei nº 13.165, de 2015)
> §2º As prestações de contas dos candidatos às eleições proporcionais serão feitas pelo próprio candidato. (Redação dada pela Lei nº 13.165, de 2015)
> §3º As contribuições, doações e as receitas de que trata esta Lei serão convertidas em UFIR, pelo valor desta no mês em que ocorrerem.
> §4º Os partidos políticos, as coligações e os candidatos são obrigados, durante as campanhas eleitorais, a divulgar em sítio criado pela Justiça Eleitoral para esse fim na rede mundial de computadores (internet): (Redação dada pela Lei nº 13.165, de 2015)
> I - os recursos em dinheiro recebidos para financiamento de sua campanha eleitoral, em até 72 (setenta e duas) horas de seu recebimento; (Incluído pela Lei nº 13.165, de 2015)
> II - no dia 15 de setembro, relatório discriminando as transferências do Fundo Partidário, os recursos em dinheiro e os estimáveis em dinheiro recebidos, bem como os gastos realizados. (Incluído pela Lei nº 13.165, de 2015)
> §5º (VETADO). (Incluído pela Lei nº 12.891, de 2013)

§6º Ficam também dispensadas de comprovação na prestação de contas: (Incluído pela Lei nº 12.891, de 2013)

I - a cessão de bens móveis, limitada ao valor de R$4.000,00 (quatro mil reais) por pessoa cedente; (Incluído pela Lei nº 12.891, de 2013)

II - doações estimáveis em dinheiro entre candidatos ou partidos, decorrentes do uso comum tanto de sedes quanto de materiais de propaganda eleitoral, cujo gasto deverá ser registrado na prestação de contas do responsável pelo pagamento da despesa. (Redação dada pela Lei nº 13.165, de 2015)

§7º As informações sobre os recursos recebidos a que se refere o §4º deverão ser divulgadas com a indicação dos nomes, do CPF ou CNPJ dos doadores e dos respectivos valores doados. (Incluído pela Lei nº 13.165, de 2015)

§8º Os gastos com passagens aéreas efetuados nas campanhas eleitorais serão comprovados mediante a apresentação de fatura ou duplicata emitida por agência de viagem, quando for o caso, desde que informados os beneficiários, as datas e os itinerários, vedada a exigência de apresentação de qualquer outro documento para esse fim. (Incluído pela Lei nº 13.165, de 2015)

§9º A Justiça Eleitoral adotará sistema simplificado de prestação de contas para candidatos que apresentarem movimentação financeira correspondente a, no máximo, R$20.000,00 (vinte mil reais), atualizados monetariamente, a cada eleição, pelo Índice Nacional de Preços ao Consumidor - INPC da Fundação Instituto Brasileiro de Geografia e Estatística - IBGE ou por índice que o substituir. (Incluído pela Lei nº 13.165, de 2015)

§10. O sistema simplificado referido no §9º deverá conter, pelo menos: (Incluído pela Lei nº 13.165, de 2015)

I - identificação das doações recebidas, com os nomes, o CPF ou CNPJ dos doadores e os respectivos valores recebidos; (Incluído pela Lei nº 13.165, de 2015)

II - identificação das despesas realizadas, com os nomes e o CPF ou CNPJ dos fornecedores de material e dos prestadores dos serviços realizados; (Incluído pela Lei nº 13.165, de 2015)

III - registro das eventuais sobras ou dívidas de campanha. (Incluído pela Lei nº 13.165, de 2015)

§11. Nas eleições para Prefeito e Vereador de Municípios com menos de cinquenta mil eleitores, a prestação de contas será feita sempre pelo sistema simplificado a que se referem os §§9º e 10. (Incluído pela Lei nº 13.165, de 2015)

§12. Os valores transferidos pelos partidos políticos oriundos de doações serão registrados na prestação de contas dos candidatos como transferência dos partidos e, na prestação de contas dos partidos, como transferência aos candidatos, sem individualização dos doadores. (Incluído pela Lei nº 13.165, de 2015)

A partir do art. 28 começa a disciplina do processo de prestação de contas das campanhas eleitorais, que deve ser feita de acordo com os artigos imediatamente posteriores. Tanto os candidatos às eleições proporcionais (deputado federal, deputado estadual, deputado distrital e vereador), como os que disputarem as eleições majoritárias (presidente e vice, governador e vice, prefeito e vice, e senador) devem prestar contas à Justiça Eleitoral. Essa prestação de contas não pode ser apresentada sob qualquer forma. A Justiça Eleitoral disponibiliza programa informatizado próprio para esse fim, além do que devem ser observados os modelos instituídos pela lei eleitoral.

Na redação anterior, cabia, obrigatoriamente, na forma do §1º, aos comitês financeiros a prestação de contas dos candidatos às eleições majoritárias. Com a Lei nº 13.165/2015, a responsabilidade é do próprio candidato. Não importa se concorre à eleição majoritária ou proporcional, em qualquer caso, a prestação de contas deverá ser feita pelo candidato.

A conversão em UFIR, segundo o §3º, das contribuições, doações e receitas pelo valor do mês em que ocorrerem perdeu o sentido com a extinção dessa unidade de referência (*vide* comentários ao art. 27). Os valores, portanto, nas prestações de contas atualmente devem constar na moeda corrente do país (real).

Diversas informações e documentos devem instruir a prestação de contas, os quais são especificados pelo Tribunal Superior Eleitoral (TSE) na instrução que disciplina a matéria para cada eleição. A Resolução nº 23.463/TSE, aplicável às eleições de 2016, lista as seguintes informações e documentos (art. 48):

> Art. 48. Ressalvado o disposto no art. 57, a prestação de contas, ainda que não haja movimentação de recursos financeiros ou estimáveis em dinheiro, deve ser composta, cumulativamente:
> I - pelas seguintes informações:
> a) qualificação do candidato, dos responsáveis pela administração de recursos e do profissional habilitado em contabilidade;
> b) recibos eleitorais emitidos;
> c) recursos arrecadados, com a identificação das doações recebidas, financeiras ou estimáveis em dinheiro, e daqueles oriundos da comercialização de bens e/ou serviços e da promoção de eventos;
> d) receitas estimáveis em dinheiro, com a descrição:
> 1. do bem recebido, da quantidade, do valor unitário e da avaliação pelos preços praticados no mercado, com a identificação da fonte de avaliação;

2. do serviço prestado, da avaliação realizada em conformidade com os preços habitualmente praticados pelo prestador, sem prejuízo da apuração dos preços praticados pelo mercado, caso o valor informado seja inferior a estes;

e) doações efetuadas a outros partidos políticos e/ou outros candidatos;

f) transferência financeira de recursos entre o partido político e seu candidato, e vice-versa;

g) receitas e despesas, especificadas;

h) eventuais sobras ou dívidas de campanha;

i) gastos individuais realizados pelo candidato e pelo partido;

j) gastos realizados pelo partido político em favor do seu candidato;

k) comercialização de bens e/ou serviços e/ou da promoção de eventos, com a discriminação do período de realização, o valor total auferido, o custo total, as especificações necessárias à identificação da operação e a identificação dos adquirentes dos bens ou serviços;

l) conciliação bancária, com os débitos e os créditos ainda não lançados pela instituição bancária, a qual deve ser apresentada quando houver diferença entre o saldo financeiro do demonstrativo de receitas e despesas e o saldo bancário registrado em extrato, de forma a justificá-la;

II - pelos seguintes documentos:

a) extratos da conta bancária aberta em nome do candidato e do partido político, inclusive da conta aberta para movimentação de recursos do Fundo Partidário, quando for o caso, nos termos exigidos pelo inciso III do art. 3º, demonstrando a movimentação financeira ou sua ausência, em sua forma definitiva, contemplando todo o período de campanha, vedada a apresentação de extratos sem validade legal, adulterados, parciais ou que omitam qualquer movimentação financeira;

b) comprovantes de recolhimento (depósitos/transferências) à respectiva direção partidária das sobras financeiras de campanha;

c) documentos fiscais que comprovem a regularidade dos gastos eleitorais realizados com recursos do Fundo Partidário, na forma do art. 55 desta resolução;

d) declaração firmada pela direção partidária comprovando o recebimento das sobras de campanha constituídas por bens e/ou materiais permanentes, quando houver;

e) autorização do órgão nacional de direção partidária, na hipótese de assunção de dívida pelo partido político, acompanhada dos documentos previstos no §3º do art. 27;

f) instrumento de mandato para constituição de advogado para a prestação de contas;

g) comprovantes bancários de devolução dos recursos recebidos de fonte vedada ou guia de recolhimento ao Tesouro Nacional dos recursos provenientes de origem não identificada;

h) notas explicativas, com as justificações pertinentes.

O §4º foi incluído pela Lei nº 11.300/2006 no intuito de obrigar partidos, coligações e candidatos a divulgarem pela internet, durante a campanha eleitoral, nos dias 6 de agosto e 6 de setembro, o que ficou conhecido como contas parciais, isto é, um relatório discriminando os recursos em dinheiro ou estimáveis em dinheiro que tenham recebido para o financiamento da campanha eleitoral, e os gastos que realizarem. Essa divulgação deve ser feita em *site* criado pela Justiça Eleitoral com essa finalidade. Essa é uma divulgação parcial, porque a prestação de contas final ou definitiva somente ocorre no trigésimo dia posterior ao pleito eleitoral, inclusive em caso de segundo turno, se houver (art. 29, III e IV, da Lei nº 9.504/1997). A apresentação extemporânea dessas contas parciais tem sido considerada irregularidade formal pelo Tribunal Regional Eleitoral do Pará.[35] Esse parágrafo teve sua redação alterada pela Lei nº 12.891/2013 tão somente para modificar as datas dessas contas parciais, passando para os dias 8 de agosto e 8 de setembro.

Com a Lei nº 13.165/2015, o §4º sofreu nova alteração que não satisfaz completamente a publicidade e a transparência das contas eleitorais, mas melhora bastante a regulamentação. As alterações atualmente em vigor e aplicáveis às próximas eleições, incluindo a de 2016, são as de que as coligações, os partidos e os candidatos estão obrigados a fazer a divulgação na internet em *site* criado pela Justiça Eleitoral de todos os recursos em dinheiro recebidos para financiamento de sua campanha eleitoral, em até 72 (setenta e duas) horas de seu recebimento; e, também, no dia 15 de setembro, de relatório discriminando as transferências do Fundo Partidário, os recursos em dinheiro e os estimáveis em dinheiro recebidos, bem como os gastos realizados. As doações em dinheiro poderão, portanto, ser acompanhadas quase que em tempo real (72 horas do recebimento) e no dia 15 de setembro todos poderão ter um relatório parcial e discriminado a respeito das doações para a campanha eleitoral.

Com a inclusão do §7º pela Lei nº 13.165/2015, foi superada a limitação que constava no §4º em sua redação anterior à referida lei. Essa redação anterior não alcançava o grande interesse que era, exatamente, saber quem estava financiando a campanha eleitoral dos candidatos. Somente por ocasião da prestação de contas final é que os nomes dos doadores e os respectivos valores doados eram divulgados.

---

[35] Prestação de Contas nº 27.885, Acórdão nº 26.063, de 4.6.2013. Rel. Juiz Raimundo Holanda Reis. *DJE*, t. 100, p. 4, 10 jun. 2013.

Ora, como dito, essa prestação de contas final somente ocorre no trigésimo dia posterior à data da eleição, quando não havia mais um interesse específico voltado para fatores que determinem a escolha deste e não daquele candidato a partir os seus financiadores.

No entanto, no pleito eleitoral de 2012, por determinação da Presidente do Tribunal Superior Eleitoral (TSE), Ministra Cármen Lúcia Antunes Rocha, a Justiça Eleitoral disponibilizou em seu *site* a lista com a identificação dos doadores e fornecedores contratados durante o curso da campanha eleitoral. O fundamento legal foi a Lei de Acesso à Informação (Lei nº 12.527/2011).[36] O novo §7º determina expressamente que as informações sobre os recursos recebidos devem ser divulgadas com a indicação dos nomes, CPF ou CNPJ dos doadores e os respectivos valores.

A Lei nº 12.891/2013 acrescentou o §6º a esse art. 26 para dispensar de comprovação na prestação de contas a cessão de bens móveis, limitada ao valor de R$4.000,00 (quatro mil reais) por pessoa cedente, e doações estimáveis em dinheiro entre candidatos ou partidos, decorrentes do uso comum tanto de sedes quanto de materiais de propaganda eleitoral, cujo gasto deverá ser registrado na prestação de contas do responsável pelo pagamento da despesa. Na verdade, dispensada mesmo está apenas a primeira hipótese (cessão de bens móveis até o valor de quatro mil reais), pois a segunda deverá constar na prestação de contas do responsável pelo pagamento da despesa. Apenas o beneficiário, portanto, não está obrigado a indicar a doação em sua própria prestação de contas.

Havendo gastos com passagens aéreas durante a campanha eleitoral, a comprovação dar-se-á com a apresentação da fatura ou duplicata emitida por agência de viagem, se for o caso, devendo constar

---

[36] PELA primeira vez, eleitores podem consultar lista de doadores antes das eleições. *Tribunal Superior Eleitoral*. Disponível em: <http://www.tse.jus.br/noticias-tse/2012/Agosto/pela-primeira-vez-eleitores-podem-consultar-lista-de-doadores-antes-das-eleicoes>. Acesso em: 31 out. 2013. Cabe consignar que "A primeira determinação judicial no sentido da divulgação dos doadores de campanha foi adotada em 9 de maio deste ano pelo juiz eleitoral Márlon Reis, da 58ª ZE do Maranhão. Ele tomou por base a Constituição da República, a Declaração Universal dos Direitos Humanos e a Lei de Acesso à Informação. A medida também foi adotada pelos juízes Milton Lamenha, do Tocantins; Ramon Fagundes Botelho, Geraldo Fidelis, Anderson Candiotto e Vagner Dupim Dias, do Mato Grosso; Álvaro Rodrigues Junior, do Paraná e por Rosália Guimarães Sarmento e George Hamilton Lins Barroso, ambos do Amazonas" (REIS, Marlon. Eleições e acesso à informação: a revelação dos nomes dos doadores. *Congresso em foco*, 28 ago. 2012. Disponível em: <http://congressoemfoco.uol.com.br/opiniao/colunistas/eleicoes-e-acesso-a-informacao-a-revelacao-dos-nomes-dos-doadores/>. Acesso em: 4 maio 2015).

beneficiários, datas e itinerários. Outro documento não servirá para comprovação da despesa (§8º).

Uma das grandes inovações para as próximas eleições, incluindo as de 2016, é o sistema simplificado de prestação de contas. Assim, a partir das eleições de 2016, haverá dois tipos de prestações de contas: uma completa e outra simplificada. A completa é aquela que sempre foi disciplinada na lei eleitoral. A simplificada é aquela a que se referem os §§9º, 10 e 11. A prestação de contas simplificada deverá conter a identificação das doações recebidas, com os nomes, o CPF ou o CNPJ dos doadores e os respectivos valores recebidos, a identificação das despesas realizadas, com os nomes e o CPF ou o CNPJ dos fornecedores de material e dos prestadores dos serviços realizados, e o registro das eventuais sobras ou dívidas de campanha.

Não está, contudo, na livre escolha do prestador das contas fazer a apresentação de forma simplificada ou não. Somente aqueles que apresentarem movimentação financeira até R$20.000,00 (vinte mil reais). Esse valor deverá ser atualizado pelo INPC para as próximas eleições. Essa regra vale para qualquer eleição, majoritária ou proporcional, de âmbito nacional, estadual, distrital e municipal. Em se tratando de eleições municipais, se a circunscrição possuir menos de 50.000 (cinquenta mil) eleitores, a prestação de contas será do tipo simplificada. Essa regra que estende o sistema simplificado a todos os municípios (§11) não faz sentido, pois há candidaturas em pequenos municípios – e são muitos os municípios brasileiros que se enquadram nesse contingente populacional – que gastam muito mais que R$20.000,00 (vinte mil reais), que é o valor estipulado como regra geral para uso do sistema simplificado. Aliás, com os parâmetros criados pela Lei nº 13.165/2015 quanto ao limite de gastos para municípios com até 10.000 (dez mil) eleitores, muitas campanhas para prefeito estarão autorizadas legalmente a gastar até R$100.000,00 (cem mil reais) e utilizar o sistema simplificado. Tanto o parágrafo único do art. 5º da Lei nº 13.165/2015 quanto o §11 do art. 28 da Lei nº 9.504/1997 devem ser revogados para dar maior coerência à legislação eleitoral.

A Lei nº 12.034/09 acrescentou o §5º ao art. 39 da Lei nº 9.096/95 para possibilitar às agremiações partidárias, em ano eleitoral, a aplicação e a distribuição pelas diversas eleições de recursos financeiros recebidos de pessoas físicas.[37] Esse parágrafo da lei dos partidos poderia

---

[37] A parte final do §5º do art. 39 da Lei nº 9.096/95 ("e jurídicas") foi declarada inconstitucional pelo STF na ADI nº 4.650, de 17.9.2015.

dificultar a visualização dos reais financiadores da campanha eleitoral dos candidatos, pois nos relatórios constantes na prestação de contas final, acessíveis ao público em geral, constaria como doador apenas o partido, que, por sua vez, recebeu recursos de terceiros (pessoas físicas), os quais não apareceriam. O Tribunal Superior Eleitoral (TSE), no intuito de minimizar os efeitos desse parágrafo, desde a eleição de 2012, estabeleceu diversas regras específicas para que a Justiça Eleitoral tenha condições de fiscalizar e rastrear essas doações.

Apesar disso, a Lei nº 13.165/2015 fez constar expressamente que nas transferências de partidos a candidatos não haveria individualização dos doadores. Entretanto, o Supremo Tribunal Federal (STF), na ADI nº 5.394, deferiu liminar no dia 12.11.2015 para suspender a expressão "sem individualização dos doadores" constante do §12 do art. 28 da Lei Eleitoral. Foi mantido o entendimento que vinha sendo adotado desde as eleições de 2012 pelo Tribunal Superior Eleitoral (TSE). Os recursos recebidos pelos partidos provenientes de doações de pessoas jurídicas antes da vedação imposta pelo Supremo Tribunal Federal (STF) não poderão ser utilizados para campanhas eleitorais.

> Art. 29. Ao receber as prestações de contas e demais informações dos candidatos às eleições majoritárias e dos candidatos às eleições proporcionais que optarem por prestar contas por seu intermédio, os comitês deverão:
> I - (revogado); (Redação dada pela Lei nº 13.165, de 2015)
> II - resumir as informações contidas na prestação de contas, de forma a apresentar demonstrativo consolidado das campanhas; (Redação dada pela Lei nº 13.165, de 2015)
> III - encaminhar à Justiça Eleitoral, até o trigésimo dia posterior à realização das eleições, o conjunto das prestações de contas dos candidatos e do próprio comitê, na forma do artigo anterior, ressalvada a hipótese do inciso seguinte;
> IV - havendo segundo turno, encaminhar a prestação de contas, referente aos 2 (dois) turnos, até o vigésimo dia posterior à sua realização. (Redação dada pela Lei nº 13.165, de 2015)
> §1º (Revogado). (Redação dada pela Lei nº 13.165, de 2015)
> §2º A inobservância do prazo para encaminhamento das prestações de contas impede a diplomação dos eleitos, enquanto perdurar.
> §3º Eventuais débitos de campanha não quitados até a data de apresentação da prestação de contas poderão ser assumidos pelo partido político, por decisão do seu órgão nacional de direção partidária. (Incluído pela Lei nº 12.034, de 2009)

§4º No caso do disposto no §3º, o órgão partidário da respectiva circunscrição eleitoral passará a responder por todas as dívidas solidariamente com o candidato, hipótese em que a existência do débito não poderá ser considerada como causa para a rejeição das contas. (Incluído pela Lei nº 12.034, de 2009)

O art. 29 estabelece o prazo e o procedimento que devem ser adotados quanto às prestações de contas. Embora o *caput* ainda faça referência aos comitês financeiros, eles foram extintos, conforme comentários ao art. 19, que foi revogado pela Lei nº 13.165/2015 e dispunha sobre a constituição e o registro desses comitês. Cabe, então, aos respectivos candidatos verificarem todas as informações necessárias sobre sua prestação de contas e condensar as informações para que seja apresentado demonstrativo consolidado da campanha eleitoral. Os incs. III e IV fixam o prazo para a apresentação das contas perante o órgão da Justiça Eleitoral competente para processá-las e julgá-las. Para o primeiro turno, o prazo é até trigésimo dia posterior à data da eleição. Se houver segundo turno, o prazo será até o trigésimo dia depois de sua realização, cuja prestação de contas deverá abranger os dois turnos. O segundo turno somente poderá ocorrer nas eleições para presidente da República, governador de estado, governador do Distrito Federal e prefeito nos municípios com mais de 200.000 (duzentos mil) eleitores (art. 2º da Lei nº 9.504/1997), desde que nenhum dos candidatos tenha obtido no primeiro turno maioria absoluta dos votos válidos, isto é, excluídos brancos e nulos.

Se o prazo para a prestação de contas não for observado, há apenas uma sanção específica. Em se tratando de candidatos eleitos, conforme §2º, eles, se inadimplentes, não serão diplomados. Embora a diplomação não tenha data predefinida, ocorre em regra no final de novembro ou na primeira quinzena de dezembro, em data designada pelo órgão da Justiça Eleitoral encarregado de realizar a diplomação conforme a eleição. A não observância desse prazo gera no julgamento das contas apresentadas extemporaneamente o registro dessa ressalva caso sejam aprovadas.[38]

Contudo, as contas devem ser prestadas. O Tribunal Superior Eleitoral (TSE) construiu um entendimento que culminou na Resolução

---

[38] Por exemplo, posição do Tribunal Regional Eleitoral do Pará no julgamento da Prestação de Contas nº 283.868, Acórdão nº 24.258, de 2.8.2011. Rel. Juiz André Ramy Pereira Bassalo. *DJE*, p. 2, 8 ago. 2011.

nº 22.715/06, que exigia a aprovação das contas de campanha para que o candidato obtivesse a certidão de quitação eleitoral. Em resposta do Parlamento, veio a Lei nº 12.034/2009, que acrescentou o §7º ao art. 11 da Lei nº 9.504/1997, para exigir apenas a prestação das contas. Depois de alguma controvérsia, o Tribunal Superior Eleitoral (TSE) fixou o entendimento de que as contas devem ser prestadas ainda que não sejam aprovadas.[39]

Os §§3º e 4º foram incluídos pela Lei nº 12.034/2009. Antes, todas as despesas da campanha eleitoral deveriam estar quitadas até a data da entrega da prestação de contas perante a Justiça Eleitoral. Era permitida, inclusive, pelo Tribunal Superior Eleitoral (TSE) a arrecadação de recursos depois do dia da eleição com finalidade exclusiva de quitação dessas despesas. Agora, se esses débitos não forem quitados até a data da apresentação das contas perante a Justiça Eleitoral, o partido político, por decisão do seu órgão nacional, poderá assumi-los. Duas consequências decorrem dessa decisão partidária: a) em desfavor do partido, passa a agremiação da respectiva circunscrição eleitoral a ser solidariamente responsável, juntamente com o candidato, por todas as dívidas assumidas; b) em favor das contas, estas não poderão ser rejeitadas (desaprovadas) em face da existência de dívidas não quitadas e assumidas pelo partido. Se o partido assume a dívida isso deverá vir especificado na prestação de contas anual da agremiação.

> Art. 30. A Justiça Eleitoral verificará a regularidade das contas de campanha, decidindo: (Redação dada pela Lei nº 12.034, de 2009)
> I - pela aprovação, quando estiverem regulares; (Incluído pela Lei nº 12.034, de 2009)
> II - pela aprovação com ressalvas, quando verificadas falhas que não lhes comprometam a regularidade; (Incluído pela Lei nº 12.034, de 2009)
> III - pela desaprovação, quando verificadas falhas que lhes comprometam a regularidade; (Incluído pela Lei nº 12.034, de 2009)
> IV - pela não prestação, quando não apresentadas as contas após a notificação emitida pela Justiça Eleitoral, na qual constará a obrigação expressa de prestar as suas contas, no prazo de setenta e duas horas. (Incluído pela Lei nº 12.034, de 2009)
> §1º A decisão que julgar as contas dos candidatos eleitos será publicada em sessão até três dias antes da diplomação. (Redação dada pela Lei nº 13.165, de 2015)

---

[39] Agravo Regimental em Recurso Especial Eleitoral nº 27.053, acórdão de 29.11.2012. Rel. Min. Dias Toffoli. Sessão de 29.11.2012.

§2º Erros formais e materiais corrigidos não autorizam a rejeição das contas e a cominação de sanção a candidato ou partido.

§2º-A. Erros formais ou materiais irrelevantes no conjunto da prestação de contas, que não comprometam o seu resultado, não acarretarão a rejeição das contas. (Incluído pela Lei nº 12.034, de 2009)

§3º Para efetuar os exames de que trata este artigo, a Justiça Eleitoral poderá requisitar técnicos do Tribunal de Contas da União, dos Estados, do Distrito Federal ou dos Municípios, pelo tempo que for necessário.

§4º Havendo indício de irregularidade na prestação de contas, a Justiça Eleitoral poderá requisitar do candidato as informações adicionais necessárias, bem como determinar diligências para a complementação dos dados ou o saneamento das falhas. (Redação dada pela Lei nº 13.165, de 2015)

§5º Da decisão que julgar as contas prestadas pelos candidatos caberá recurso ao órgão superior da Justiça Eleitoral, no prazo de 3 (três) dias, a contar da publicação no Diário Oficial. (Redação dada pela Lei nº 13.165, de 2015)

§6º No mesmo prazo previsto no §5º, caberá recurso especial para o Tribunal Superior Eleitoral, nas hipóteses previstas nos incisos I e II do §4º do art. 121 da Constituição Federal. (Incluído pela Lei nº 12.034, de 2009)

§7º O disposto neste artigo aplica-se aos processos judiciais pendentes. (Incluído pela Lei nº 12.034, de 2009)

O *caput* e incisos do art. 30 trazem uma melhor disciplina sobre como deve ser o julgamento das prestações de contas pela Justiça Eleitoral. Logo de início, é possível perceber que a Justiça Eleitoral não deve se prender a uma análise de conhecimento formal ou mera análise de regularidade das contas sem adentrar em questões de fundo. As contas devem ser analisadas, sob os aspectos formal e material, e julgadas pela Justiça Eleitoral. Esse julgamento pode resultar em 4 (quatro) situações possíveis: a) se as contas estiverem regulares, devem ser aprovadas; b) se houver falhas que não comprometam a regularidade das contas, devem ser aprovadas com ressalvas; c) se as falhas detectadas comprometerem a regularidade das contas, devem ser desaprovadas; d) se expirado o prazo (trigésimo dia depois do pleito, inclusive na hipótese de segundo turno) e expedida notificação pela Justiça Eleitoral no prazo de 72 (setenta e duas) horas para que as contas sejam prestadas, e continuar a omissão, as contas serão tidas como não prestadas, e ainda na hipótese de não apresentação de documento essencial como adiante será visto. Não há julgamento de rejeição de contas. Na parte dispositiva da decisão deverá constar uma dessas quatro possibilidades: contas aprovadas, contas aprovadas com ressalva, contas desaprovadas ou contas não prestadas.

Na hipótese de não prestação de contas no prazo, a Justiça Eleitoral expedirá notificação para que as contas sejam prestadas. Essa notificação deve ser expedida observando o seguinte: a) logo depois de expirado o prazo legal, deve ser expedida a notificação; b) essa notificação deve ser pessoal[40] na pessoa do responsável pelo partido ou para o próprio candidato, conforme o caso; c) nessa notificação deve constar a obrigatoriedade da prestação de contas; d) nela também deve constar que o prazo para a prestação de contas é de 72 (setenta e duas) horas a contar da notificação. Por isso, é importante que, por ocasião do cumprimento da diligência, o notificado aponha a data e a hora em que está recebendo a notificação.

As ressalvas, que podem constar na hipótese de julgamento que resulte em aprovação das contas, mas que tenham falhas que não comprometam sua regularidade, têm sido muito questionadas porque não trazem nenhuma consequência. Antes mesmo da alteração decorrente da Lei nº 12.034/2009, a jurisprudência já realizava esse tipo de julgamento. Agora, está prevista em lei essa modalidade. Diante da inocuidade, seria melhor a adoção na esfera eleitoral do que consta na Lei Orgânica do Tribunal de Contas da União (TCU). Quando as contas são consideradas regulares com ressalva, o TCU dará quitação ao responsável e lhe determinará, ou a quem lhe haja sucedido, a adoção de medidas necessárias à correção das impropriedades ou faltas identificadas, de modo a prevenir a ocorrência de outras semelhantes (art. 18 da Lei nº 8.443/92). A Justiça Eleitoral pode, portanto, por analogia, diante de ressalvas, aprovar as contas com essa observação, mas determinar ao partido ou ao candidato que adote medidas que devem ser especificadas na decisão para que as falhas sejam evitadas no futuro. É medida de natureza pedagógica e preventiva. Embora sob essa forma ainda não exista sanção, o objetivo não é sancionar, já que as falhas não são graves, mas instruir para o aperfeiçoamento do processo de prestação de contas.

As contas serão consideradas não prestadas nas seguintes situações: a) quando não prestadas até o trigésimo dia posterior ao

---

[40] "[...] 1. Fora do período eleitoral a notificação da parte deve ser feita através da notificação pessoal ao interessado, sobretudo onde não for disponibilizado pela Justiça Eleitoral o serviço de Diário da Justiça Eletrônico" (Recurso Eleitoral nº 81.864, Acórdão nº 26.180, de 20.8.2013. Rel. Juiz Mancipor Oliveira Lopes. *DJE*, t. 157, p. 2, 30 ago. 2013).

pleito, permanecendo a omissão mesmo com a notificação pessoal para que o interessado preste as contas em 72 (setenta e duas) horas; b) quando prestadas as contas depois de expirado o prazo da notificação; c) quando desacompanhada de documentação essencial de modo a impossibilitar a análise da arrecadação e dos gastos dos recursos, permanecendo a deficiência depois de notificação para suprimento das falhas detectadas.

Consideradas as contas como não prestadas, a consequência para o candidato será a falta de quitação eleitoral. Nesse caso, o candidato estará impedido de obter a certidão de quitação eleitoral até o final da legislatura, persistindo os efeitos da restrição após esse período até a efetiva apresentação das contas. A posterior prestação das contas serve apenas para regularização da situação do candidato perante a Justiça Eleitoral quanto à obtenção da quitação eleitoral ao término da legislatura. O julgamento que concluir pela não prestação das contas do titular atinge o vice para fins de quitação eleitoral em razão da sistemática adotada pela legislação eleitoral de que a prestação de contas de ambos (titular e vice) é feita nos mesmos autos.[41] Em razão dessa penalidade grave (ausência de quitação eleitoral) é o caso de alterar essa sistemática para evitar injustiças.

Pelo §1º, com a nova redação, a Justiça Eleitoral deve publicar em sessão a decisão que julgar as contas dos candidatos eleitos. O prazo para o julgamento e publicação da decisão é de até 3 (três) dias antes da diplomação. O §2º do art. 29 da lei eleitoral determina que a não prestação de contas pelos eleitos impede a diplomação deles enquanto perdurar a omissão. Antes, havia a obrigatoriedade do julgamento e publicação naquele prazo de todas as prestações de contas de eleitos ou não. Atualmente, basta que essa providência seja adotada quanto aos eleitos.

Os §§2º e 2º-A tratam de erros formais e materiais sob duas perspectivas: a) os que forem corrigidos no bojo da prestação de contas e antes do julgamento; b) os que não forem corrigidos, mas que não comprometam o resultado da avaliação e da regularidade das contas pela Justiça Eleitoral. Havendo irregularidade, aplica-se o §4º desse artigo. É necessária apenas uma ressalva diante da irregularidade – a

---

[41] "[...] De acordo com a Resolução nº 22.715/2008/TSE, a decisão que julgar as contas do Prefeito atinge o candidato a vice que com ele concorreu, razão pela qual fica igualmente impossibilitado de obter a certidão de quitação eleitoral" (Recurso Eleitoral nº 4.021, Acórdão nº 19.162, de 31.7.2010. Rel. Juiz Jorge Luiz Tadeu Rodrigues. *DEJE*, t. 703, p. 3, 3 ago. 2010).

Justiça Eleitoral "deverá", e não "poderá" como se fosse uma faculdade, baixar os autos em diligência para manifestação do interessado. O Tribunal Superior Eleitoral (TSE) tem disciplinado, em suas resoluções, a necessidade de intimação do interessado, no prazo de 72 (setenta e duas) horas, para que seja feita a regularização. Somente depois dessa providência e permanecendo a irregularidade que afete de forma relevante as contas é que elas deverão ser desaprovadas.

O §3º faculta à Justiça Eleitoral a requisição de técnicos dos Tribunais de Contas, a saber: Tribunal de Contas da União, Tribunais de Contas dos Estados e do Distrito Federal ou Tribunais e Conselhos de Contas dos Municípios, onde houver, como é o caso do estado do Pará.[42]

Os §§5º, 6º e 7º disciplinam o cabimento de recurso das decisões proferidas em autos de prestação de contas. Essa foi uma resposta do legislador à mudança de entendimento do Tribunal Superior Eleitoral (TSE) a respeito do cabimento ou não de recurso contra decisão em processo de prestação de contas. Antes o Tribunal Superior Eleitoral (TSE) admitia o recurso. Em meados de 2006 passou a entender que não cabia por se tratar de feito administrativo.[43] Em razão disso, passou-se a admitir o cabimento de pedido de reconsideração dirigido ao próprio órgão julgador das contas ou mandado de segurança. A Lei nº 12.034/2009 passou a admitir recurso aos tribunais eleitorais. Essa mesma lei alterou a Lei nº 9.096/1995 e fez constar expressamente que a prestação de contas tem "caráter jurisdicional" (art. 37, §6º).

> Art. 30-A. Qualquer partido político ou coligação poderá representar à Justiça Eleitoral, no prazo de 15 (quinze) dias da diplomação, relatando fatos e indicando provas, e pedir a abertura de investigação judicial para apurar condutas em desacordo com as normas desta Lei, relativas à arrecadação e gastos de recursos. (Redação dada pela Lei nº 12.034, de 2009)
>
> §1º Na apuração de que trata este artigo, aplicar-se-á o procedimento previsto no art. 22 da Lei Complementar nº 64, de 18 de maio de 1990, no que couber. (Incluído pela Lei nº 11.300, de 2006)

---

[42] A Constituição de 1988 vedou a criação de tribunais, conselhos ou órgãos de contas municipais (art. 30, §4º).

[43] "[...] Em recentes julgados o Tribunal Superior Eleitoral (TSE) decidiu pelo não-cabimento de recurso especial contra acórdão de Tribunal Regional Eleitoral que examina prestação de contas de candidato, por não constituir matéria eminentemente administrativa (EDcl no REspe nº 26.115/SP, de minha relatoria, DJ de 08.11.2006; AgRg no REspe nº 25.762/PB, Relator Ministro Caputo Bastos, julgado em 28.11.2006). [...]" (Recurso Especial Eleitoral nº 27.903, acórdão de 22.3.2007. Rel. Min. José Augusto Delgado. *DJ*, p. 200, 11 abr. 2007).

§2º Comprovados captação ou gastos ilícitos de recursos, para fins eleitorais, será negado diploma ao candidato, ou cassado, se já houver sido outorgado. (Incluído pela Lei nº 11.300, de 2006)

§3º O prazo de recurso contra decisões proferidas em representações propostas com base neste artigo será de 3 (três) dias, a contar da data da publicação do julgamento no Diário Oficial. (Incluído pela Lei nº 12.034, de 2009)

Foi inserida no ordenamento jurídico brasileiro, a partir da Lei nº 11.300/2006, a tipificação, sob o ponto de vista cível-eleitoral, da captação e dos gastos ilícitos de recursos financeiros para campanha eleitoral. A nova lei introduziu o art. 30-A ao texto da Lei nº 9.504/1997 e seus §§1º e 2º. Todavia, diversas controvérsias jurídicas passaram a existir em torno desse novo dispositivo. Em 2009, então, veio a Lei nº 12.034 e incluiu modificações. Foi dada nova redação ao *caput* e acrescentado o §3º.

A parte final do *caput* do art. 30-A da Lei nº 9.504/1997 aponta que a ação judicial a ser proposta terá como objetivo a apuração de condutas em desacordo com as normas da lei eleitoral relativas à arrecadação e gastos de recursos. Essa finalidade é complementada pelo seu §1º ao estabelecer que a captação e/ou os gastos ilícitos de recursos somente serão sancionados se presente estiver o fim eleitoral. Dessa leitura, é possível definir a captação ou os gastos ilícitos de recursos financeiros para fins eleitorais, como toda conduta praticada por candidato a cargo eletivo que implique violação da lei eleitoral quanto à arrecadação e gastos de recursos financeiros destinados à campanha eleitoral. Adriano Soares da Costa define o ilícito da seguinte forma:

> A captação ilícita de recursos para fins eleitorais é toda aquela que esteja em desacordo com a Lei nº 9.504/1997, advinda de qualquer daquelas entidades previstas no art. 24 ou, ainda que de origem em si mesma não vedada, sejam recursos que não transitem pela conta obrigatória do candidato (caixa dois) e, ao mesmo tempo, sejam aplicados indevidamente na campanha eleitoral, guardada a distinção com a hipótese de abuso de poder econômico, prevista no §3º, do art. 22. Outrossim, reputam-se gastos ilícitos de recursos para fins eleitorais aqueles realizados sem a observância das normas da Lei nº 9.504/1997, como gastos para a confecção de brindes, bótons, bonés, outorga de prêmios, doações para eleitores ou pessoas jurídicas (associações, por exemplo), pagamento de artistas para a realização de eventos em prol de candidatura, etc.[44]

---

[44] COSTA, Adriano Soares da. *Instituição de direito eleitoral*. 7. ed. rev., ampl. e atual. Rio de Janeiro/RJ: Lumen Juris, 2008. p. 509.

A Lei nº 11.300/2006 inseriu o §6º ao art. 39 da lei eleitoral para considerar como vedadas na campanha eleitoral confecção, utilização e distribuição por comitê, candidato, ou com a sua autorização, de camisetas, chaveiros, bonés, canetas, brindes, cestas básicas ou quaisquer outros bens ou materiais que possam proporcionar vantagem ao eleitor. Aparentemente o dispositivo não contém sanção alguma. Os gastos que impliquem atentado ao §6º do art. 39 da Lei nº 9.504/1997 caracterizam, contudo, violação do art. 30-A. Olivar Coneglian diz que "[n]ão há uma sanção específica para a distribuição de brindes. Mas se houver gastos com brindes, que são proibidos, esses gastos se tornam ilícitos".[45]

Talvez a primeira discussão relevante que se travou envolvendo o art. 30-A foi a de saber se a ação judicial a ser proposta seria representação eleitoral ou investigação judicial eleitoral. O texto da lei é truncado. O *caput* do art. 30-A menciona "abertura de investigação judicial". Já o seu §1º estabelece que será observado "o procedimento" previsto no art. 22 da LC nº 64/1990, no que couber. A primeira leitura, e foi isso que ocorreu em alguns julgados,[46] remeteu a uma investigação judicial eleitoral com espeque no art. 22 da LC nº 64/1990. Ocorre que as condutas serão ilícitas se estiverem "em desacordo com as normas" da lei eleitoral relativas à arrecadação e gastos de recursos.

As condutas que violem a lei das eleições desafiam representação eleitoral, em regra. Isso é dito no art. 96 da Lei nº 9.504/1997. Se determinadas condutas que, em tese, tenham previsão na lei das eleições caracterizarem alguma espécie de abuso, nos termos dos arts. 19 e 22 da LC nº 64/1990, será caso de investigação judicial eleitoral. Do contrário, deverá ser manejada a representação eleitoral. A expressão "abertura de investigação judicial" deve ser lida apenas como "dar início" a um processo judicial cuja instrução investigará, colhendo elementos probatórios, se o ilícito ocorreu ou não. Isso fica mais nítido quando o legislador remete ao procedimento do art. 22 da LC nº 64/1990, no que couber. Se fosse pura e simples investigação judicial não haveria necessidade de remetê-la ao procedimento que lhe é intrínseco.

---

[45] CONEGLIAN, Olivar. *Lei das Eleições comentada*. 4. ed. rev. e atual. Curitiba/PR: Juruá, 2006. p. 183.

[46] "A presente representação [...] foi ajuizada, 'com fundamento no art. 30-A, caput, da Lei n. 9.504/97' e, portanto, a competência para o seu processo e julgamento é do Desembargador Corregedor" (trecho do voto do relator Juiz Paulo Henrique Lucon, proferido no julgamento do Agravo Regimental na Investigação Judicial nº 26, TRE/SP, de 26.6.2007).

Trata-se de representação eleitoral e não de investigação judicial eleitoral, pois a prática pura e simples de conduta que viole o art. 30-A, independentemente de repercussões na órbita do abuso, já caracteriza o ilícito. O próprio Tribunal Superior Eleitoral (TSE) já firmou posição, *v.g.*, no julgamento do REspe nº 28.357/TSE, que teve como relator o Ministro Marcelo Ribeiro (julg. 19.3.2009), no qual ficou consignado que "A adoção do rito do art. 22 da LC nº 64/1990 para as representações relativas à arrecadação e gastos de recursos, instituídas pela Lei nº 11.300/2006, não implica o deslocamento da competência para o Corregedor".

Regra geral, no direito eleitoral brasileiro, legitimados para ações de cunho civil são os partidos, coligações, candidatos e o Ministério Público Eleitoral. Porém, o art. 30-A é expresso em limitar essa legitimidade apenas aos partidos e coligações, não mencionando os candidatos nem o Ministério Público Eleitoral. Não parece ter sido de boa política legislativa a exclusão dos candidatos do rol de legitimados. No processo eleitoral os candidatos fiscalizam-se mutuamente, ainda mais nos casos em que disputam o mesmo cargo eletivo quando o interesse jurídico de um candidato estaria presente para impedir a diplomação ou cassar o diploma de seu concorrente. O legislador, porém, não estabeleceu assim.[47]

Semelhante ao art. 96 da Lei nº 9.504/1997, o art. 30-A não incluiu o Ministério Público Eleitoral como legitimado a propor a representação. Diversamente do que ocorre quanto aos candidatos, a legitimidade do *Parquet* flui do texto constitucional. A Constituição confere ao Ministério Público (art. 127) a defesa do regime democrático. Também, a LC nº 75/93 prescreve que cabe ao Ministério Público Eleitoral atuar em todas as fases e instâncias do processo eleitoral. Por isso, o silêncio do legislador não afasta o Ministério Público Eleitoral como legitimado para propositura da representação com fulcro no art. 30-A.[48]

---

[47] A esse respeito o Tribunal Superior Eleitoral (TSE) manifestou-se da seguinte forma: "2. O art. 30-A da Lei n. 9.504/97 estabelece legitimidade para a propositura de representação prevista nessa disposição legal apenas a partido político e coligação, não se referindo, portanto, a candidato. 3. O §1º do art. 30-A da Lei das Eleições – ao dispor que, para a apuração das condutas, será observado o procedimento do art. 22 da Lei Complementar n. 64/90 – refere-se, tão-somente, ao rito, não afastando, portanto, a regra de legitimidade específica, expressamente estabelecida no caput do mencionado artigo" (TSE. Recurso Ordinário nº 1.498. Julg. 19.3.2009. Rel. Min. Arnaldo Versiani).

[48] Palavras do Ministro Carlos Ayres Britto: "Ora, como recusar ao Ministério Público competência para propor representação, investigação, ação em defesa da higidez do processo eleitoral, que se reflete na higidez, na pureza, na limpeza da eleição de todo e qualquer

Deve figurar no polo passivo da ação o candidato. Somente o candidato que concorreu ao pleito pode ser diplomado pela Justiça Eleitoral e o objetivo do art. 30-A é exatamente impedir a diplomação ou cassar o diploma expedido. O dispositivo legal ao procurar atingir o diploma dá a impressão de que apenas o candidato eleito poderia ser alvo dessa representação. Entretanto, a ação pode atingir qualquer candidato.[49] A razão é simples: numa eventual cassação do eleito, em tese, pode ser chamado a assumir aquele candidato não eleito e não diplomado por ocasião do ato de diplomação. Se houve a representação e foi aplicada a sanção, que no caso seria impeditiva quanto à concessão do diploma, esse candidato não poderá assumir. Isso se aplica à eleição majoritária, pois na proporcional dúvida não há de que eleitos e suplentes são diplomados.[50]

Questão sobre a qual sempre houve debate entre parte da doutrina e da jurisprudência era a necessidade ou não de citação do vice para integrar a lide na condição de litisconsorte passivo necessário quando o titular estivesse sendo demandado (ou vice-versa). O entendimento do Tribunal Superior Eleitoral (TSE) quanto à desnecessidade de chamamento do vice nessa condição foi modificado quando do julgamento do RCED nº 703/TSE (julg. 21.2.2008). Contrária à sua pacífica jurisprudência, a Corte Eleitoral tem agora o vice (ou o titular se o vice for o demandado) como litisconsorte passivo necessário e, por isso, deve ser citado para participar da relação processual. Embora a decisão da Corte Superior tenha ocorrido num recurso contra a diplomação, é natural que esse entendimento alcance outras ações eleitorais que impliquem cassação de registro de candidatura ou de diploma, inclusive nos casos envolvendo o art. 30-A.[51] Pode ocorrer de o vice não se interessar faticamente[52] pela demanda posta em juízo

---

candidato?" (manifestação por ocasião dos debates ocorridos no julgamento do Recurso Ordinário nº 1.596/TSE, de relatoria do Ministro Joaquim Barbosa). Pergunta retórica cuja resposta é óbvia.

[49] No julgado do RO nº 1.540/TSE, julg. 28.4.2009, o Rel. Min. Felix Fischer fez consignar: "[...] Ademais, essa ação pode ser proposta em desfavor do candidato não eleito, uma vez que o bem jurídico tutelado pela norma é a moralidade das eleições, não se podendo arguir a capacidade de influenciar no resultado do pleito".

[50] Código Eleitoral: "Art. 215. Os candidatos eleitos, assim como os suplentes, receberão diploma assinado pelo Presidente do Tribunal Regional ou da Junta Eleitoral, conforme o caso".

[51] Tribunal Regional Eleitoral do Ceará (Recurso Eleitoral nº 957.816.002, Acórdão nº 957.816.002, de 5.10.2010. Rel. Juiz Jorge Luís Girão Barreto. *DJE*, t. 187, p. 6, 14 out. 2010).

[52] Se não possuir envolvimento fático na questão, o vice não será atingido, por exemplo, por inelegibilidade aplicada ao titular (LC nº 64/90).

em razão de não ter praticado qualquer ilícito, mas é induvidoso o seu interesse jurídico, já que a chapa é única e indivisível (CE, art. 91). A decisão contra o titular atingirá inexoravelmente o vice. Daí nasce sua condição de litisconsorte necessário

Sendo representação eleitoral, nas eleições gerais, a competência passa a ser dos juízes auxiliares, conforme art. 96, §3º, da Lei nº 9.504/1997. Nas eleições municipais, por sua vez, a competência é dos juízes eleitorais. No entanto, quando a conduta do infrator caracterizar o ilícito do art. 30-A e a prática de abuso do poder econômico, por conexão, a competência passa a ser do Corregedor.[53]

A violação do art. 30-A da lei eleitoral desafia representação. O rito, porém, não será aquele sumaríssimo do seu art. 96. Deverá ser observado o rito previsto para a investigação judicial eleitoral (art. 22 da LC nº 64/1990), no que couber.

Sobre o prazo para o ajuizamento dessa representação eleitoral, o *caput* indica 15 (dias) da data da diplomação. A penalidade decorrente da procedência das alegações quanto à prática do ilícito é a cassação do diploma ou a negativa de outorga do diploma. O Tribunal Regional Eleitoral do Pará entendeu que o prazo de 15 (quinze) dias deve ser aferido individualmente, isto é, para cada candidato na medida em que tenha sido ou venha a ser diplomado. Somente a partir da diplomação é que flui o prazo. Por isso, em se tratando de candidato não diplomado, o prazo para a propositura de representação eleitoral fundada no art. 30-A da lei eleitoral fica em aberto.[54] Por essa linha de raciocínio, que parece razoável, também deveria ser feita a contagem de igual forma para a propositura do recurso contra a expedição de diploma (art. 262, CE) e da ação de impugnação de mandato eletivo (§10, art. 14, CF). O prazo de 3 (três) dias (RCED) ou de 15 (quinze) dias (AIME) somente começaria a fluir a partir da diplomação aferida individualmente. Questão da maior relevância para os casos de eleições majoritárias em que a diplomação ocorre em data posterior em razão de cassação do candidato vencedor, por exemplo. Embora, como dito antes, para os casos do art. 30-A é possível o manejo da representação contra qualquer

---

[53] "De acordo com a jurisprudência da Corte, a representação proposta para apurar, concomitantemente, abuso de poder e violação à Lei 9.504/97 deve ser julgada sob a relatoria do Exmo. Sr. Corregedor, até para se evitar decisões conflitantes, considerando que se trata dos mesmos fatos (RO n. 2339/SP, de minha relatoria, DJe de 27.3.2009)" (TSE. Recurso Especial Eleitoral nº 27.991. Decisão monocrática do Ministro Marcelo Ribeiro, de 6.4.2002).
[54] Recurso Eleitoral nº 9-17.2013. Acórdão nº 26.155. Rel. Juiz João Batista Vieira dos Anjos. Julg. 23.7.2013.

candidato, pois, diferente do RCED e da AIME, aqui existe uma sanção impeditiva de obtenção do diploma.

A sanção prevista para os casos de violação do art. 30-A da Lei nº 9.504/1997 é negação ou cassação do diploma. A sanção de negação de outorga do diploma permite uma interpretação que permita o ajuizamento dessa representação antes da diplomação. É que não faz sentido ter todos os elementos para a propositura da ação durante a campanha eleitoral e ficar aguardando a data da diplomação para manejá-la se é possível obter uma sanção impeditiva da obtenção do diploma. Se a ação for julgada procedente antes da diplomação, o condenado estará impedido de ser diplomado se eleito for. Apesar disso, não é o que consta literalmente, à primeira vista, no *caput*, que fala em 15 (quinze) dias da diplomação. Marcos Ramayana sustenta que "se a captação ilícita for identificada como de recursos financeiros ou econômicos para fins eleitorais, o candidato infrator estará sujeito a uma espécie de tutela antecipada impeditiva do exercício do mandato eletivo obtida na própria ação de investigação judicial eleitoral".[55]

A leitura do art. 30-A sob as lentes do art. 41-A afasta, por exemplo, a possibilidade de querer-se cogitar de potencialidade da conduta quanto ao resultado do pleito, que é sempre questão muito controvertida e que tem sido, tradicionalmente, aplicada à prática de abuso. José Jairo Gomes é da opinião de que "[n]a verdade, tendo em vista que o bem jurídico protegido é a higidez ou a regularidade da campanha, a caracterização da hipótese legal em apreço não requer que o fato tenha potencialidade para desequilibrar as eleições".[56] No julgamento do RO nº 1.540/TSE (julg. 28.4.2009), o Rel. Min. Felix Fischer asseverou que "para a incidência do art. 30-A da Lei n. 9.504/1997, necessária a prova da proporcionalidade (relevância jurídica) do ilícito praticado pelo candidato e não da potencialidade do dano em relação ao pleito eleitoral". Diante da gravidade da sanção prevista no art. 30-A, aplica-se o mesmo raciocínio utilizado no julgamento de prestação de contas, isto é, se a irregularidade é de pequena monta, portanto, insignificante, não é razoável que, por conta disso, seja cassado um diploma outorgado pelo povo.[57]

---

[55] RAMAYANA, Marcos. *Direito eleitoral*. 6. ed. Niterói/RJ: Impetus, 2006. p. 324.
[56] GOMES, José Jairo. *Direito eleitoral*. 2. ed. Belo Horizonte/MG: Del Rey, 2008. p. 389.
[57] Em casos de prestação de contas, o entendimento do Tribunal Superior Eleitoral (TSE) é o de que "Tendo em vista que as irregularidades apontadas não atingiram montante expressivo do total dos recursos movimentados na campanha eleitoral, não há falar em reprovação das contas, incidindo, na espécie, os princípios da razoabilidade e proporcionalidade"

A decisão proferida em sede de representação eleitoral por violação do art. 30-A da lei eleitoral está sujeita a recurso eleitoral inominado no prazo de 3 (três) dias, conforme o §3º. Esse recurso passou a ter efeito suspensivo (art. 257, §2º do CE) a partir da Lei nº 13.165/2015. Nas eleições municipais, o recurso ordinário para o Tribunal Regional será recebido com efeito suspensivo. Nas eleições estaduais, o Tribunal Superior Eleitoral dará efeito suspensivo ao recurso ordinário contra decisão do Tribunal Regional. Nesses casos, a decisão não mais será cumprida imediatamente, como antes da alteração ocorria.

> Art. 31. Se, ao final da campanha, ocorrer sobra de recursos financeiros, esta deve ser declarada na prestação de contas e, após julgados todos os recursos, transferida ao partido, obedecendo aos seguintes critérios: (Redação dada pela Lei nº 12.891, de 2013)
>
> I - no caso de candidato a Prefeito, Vice-Prefeito e Vereador, esses recursos deverão ser transferidos para o órgão diretivo municipal do partido na cidade onde ocorreu a eleição, o qual será responsável exclusivo pela identificação desses recursos, sua utilização, contabilização e respectiva prestação de contas perante o juízo eleitoral correspondente; (Incluído pela Lei nº 12.891, de 2013)
>
> II - no caso de candidato a Governador, Vice-Governador, Senador, Deputado Federal e Deputado Estadual ou Distrital, esses recursos deverão ser transferidos para o órgão diretivo regional do partido no Estado onde ocorreu a eleição ou no Distrito Federal, se for o caso, o qual será responsável exclusivo pela identificação desses recursos, sua utilização, contabilização e respectiva prestação de contas perante o Tribunal Regional Eleitoral correspondente; (Incluído pela Lei nº 12.891, de 2013)
>
> III - no caso de candidato a Presidente e Vice-Presidente da República, esses recursos deverão ser transferidos para o órgão diretivo nacional do partido, o qual será responsável exclusivo pela identificação desses recursos, sua utilização, contabilização e respectiva prestação de contas perante o Tribunal Superior Eleitoral; (Incluído pela Lei nº 12.891, de 2013)
>
> IV - o órgão diretivo nacional do partido não poderá ser responsabilizado nem penalizado pelo descumprimento do disposto neste artigo por parte dos órgãos diretivos municipais e regionais. (Incluído pela Lei nº 12.891, de 2013)

(TSE. Ag. Reg. Rec. MS nº 704. Rel. Marcelo Henriques Ribeiro de Oliveira. Julg. 8.4.2010). O Tribunal Regional Eleitoral do Amazonas aplicou especificamente o princípio da insignificância diante de um caso que tratava de violação do art. 30-A (Recurso Eleitoral nº 172.009. Acórdão nº 832.009, de 16.3.2009. Rel. Juíza Joana dos Santos Meirelles. *DJEAM*, 20 mar. 2009).

Parágrafo único. As sobras de recursos financeiros de campanha serão utilizadas pelos partidos políticos, devendo tais valores ser declarados em suas prestações de contas perante a Justiça Eleitoral, com a identificação dos candidatos. (Redação dada pela Lei nº 12.034, de 2009)

É aqui disciplinada a sobra de recursos financeiros da campanha eleitoral. Essa sobra deve ser declarada na prestação de contas e, com o trânsito em julgado da decisão, será transferida ao partido ou à coligação, conforme o caso. Se a situação envolver coligação, a sobra deve ser distribuída entre todos os partidos que a integraram. A alteração determinou de forma específica que a sobra de recursos será destinada ao órgão do partido na circunscrição do pleito. Nesse ponto, a modificação foi salutar. Todavia, quanto ao parágrafo único, a redação anterior determinava que os recursos seriam utilizados pelos partidos, de forma integral e exclusiva, na criação e manutenção de instituto ou fundação de pesquisa e de doutrinação e educação política. Agora, essa finalidade específica não existe mais. A única cautela que o órgão destinatário da sobra deve ter é a de declarar em sua prestação de contas, realizada na forma dos arts. 30 e seguintes da Lei nº 9.096/1995, os valores recebidos como sobra de campanha e identificar os respectivos candidatos.

A Lei nº 12.891/2013 alterou esse art. 31 modificando o *caput* e acrescendo quatro incisos. O objetivo dos novos incisos é discriminar de forma mais precisa a distribuição desses recursos entre os órgãos partidários, a saber: nacional, estadual ou regional e municipal, conforme a abrangência da eleição e dos cargos em disputa. Caberá ao órgão partidário respectivo a identificação desses recursos, sua utilização, contabilização e respectiva prestação de contas perante o órgão da Justiça Eleitoral competente conforme o caso (juiz eleitoral, TRE ou TSE). Eventuais penalidades devem ser aplicadas exclusivamente sobre cada órgão partidário, não podendo um ser penalizado por falhas do outro. Continua, contudo, a crítica quanto à falta de disciplina sobre a utilização desses recursos como constava antes da Lei nº 12.034/2009, pois permanece o parágrafo único, cuja prescrição está agora contida em cada um dos quatro incisos.

Não há mais a previsão, depois da Lei nº 12.891/2013, quando houver coligação. Antes, a sobra deveria ser distribuída entre todos os partidos que a integraram. A nova redação poder dar margem à interpretação de que a sobra deve ser distribuída apenas ao órgão partidário ao qual estiver vinculado o candidato. Não parece, contudo, ser a mais adequada, mesmo porque não há proibição nesse sentido.

Art. 32. Até cento e oitenta dias após a diplomação, os candidatos ou partidos conservarão a documentação concernente a suas contas.
Parágrafo único. Estando pendente de julgamento qualquer processo judicial relativo às contas, a documentação a elas concernente deverá ser conservada até a decisão final.

O art. 32 estabelece dois prazos para que os partidos guardem os documentos relativos às suas contas. Se não houver processo judicial pendente a respeito das contas, o prazo para conservação desses documentos é de 180 (cento e oitenta) dias. Caso contrário, havendo pendência judicial, os documentos devem ser conservados até a decisão final, entendendo-se como tal a transitada em julgado.

Referências

AGRA, Walber de Moura; CAVALCANTI, Francisco Queiroz. *Comentários à nova Lei Eleitoral*: Lei n. 12.034, de 29 de setembro de 2009. Rio de Janeiro/RJ: Forense, 2010.

CÂNDIDO, Joel J. *Direito eleitoral brasileiro*. 14. ed. rev., atual. e ampl. Bauru/SP: Edipro, 2010.

CONEGLIAN, Olivar. *Lei das Eleições comentada*. 4. ed. rev. e atual. Curitiba/PR: Juruá, 2006.

CONEGLIAN, Olivar. *Radiografia da Lei das Eleições 2010*: comentários à Lei 9.504/97, com as alterações das leis 9.840/99, 10.408/02, 10.740/03, 11.300/06 e 12.034/09. 6. ed. Curitiba/PR: Juruá, 2010.

COSTA, Adriano Soares da. *Instituição de direito eleitoral*. 7. ed. rev., ampl. e atual. Rio de Janeiro/RJ: Lumen Juris, 2008.

GOMES, José Jairo. *Direito eleitoral*. 2. ed. Belo Horizonte/MG: Del Rey, 2008.

PELA primeira vez, eleitores podem consultar lista de doadores antes das eleições. *Tribunal Superior Eleitoral*. Disponível em: <http://www.tse.jus.br/noticias-tse/2012/Agosto/pela-primeira-vez-eleitores-podem-consultar-lista-de-doadores-antes-das-eleicoes>. Acesso em: 31 out. 2013.

RAMAYANA, Marcos. *Direito eleitoral*. 6. ed. Niterói/RJ: Impetus, 2006.

REIS, Marlon. Eleições e acesso à informação: a revelação dos nomes dos doadores. *Congresso em foco*, 28 ago. 2012. Disponível em: <http://congressoemfoco.uol.com.br/opiniao/colunistas/eleicoes-e-acesso-a-informacao-a-revelacao-dos-nomes-dos-doadores/>. Acesso em: 4 maio 2015.

Informação bibliográfica deste texto, conforme a NBR 6023:2002 da Associação Brasileira de Normas Técnicas (ABNT):

SALES, José Edvaldo Pereira. A arrecadação, a aplicação de recursos nas campanhas eleitorais e a prestação de contas (artigos 17 ao 32). *In*: PINHEIRO, Célia Regina de Lima; SALES, José Edvaldo Pereira; FREITAS, Juliana Rodrigues (Coords.). *Comentários à lei das eleições*: Lei nº 9.504/1997, de acordo com a Lei nº 13.165/2015. Belo Horizonte: Fórum, 2016. p. 69-123. ISBN 978-85-450-0148-5.

AS PESQUISAS, OS TESTES PRÉ-ELEITORAIS E A PROPAGANDA ELEITORAL EM GERAL (ARTIGOS 33 AO 41)

JULIANA RODRIGUES FREITAS

Art. 33. As entidades e empresas que realizarem pesquisas de opinião pública relativas às eleições ou aos candidatos, para conhecimento público, são obrigadas, para cada pesquisa, a registrar, junto à Justiça Eleitoral, até cinco dias antes da divulgação, as seguintes informações:

I - quem contratou a pesquisa;

II - valor e origem dos recursos despendidos no trabalho;

III - metodologia e período de realização da pesquisa;

IV - plano amostral e ponderação quanto a sexo, idade, grau de instrução, nível econômico e área física de realização do trabalho a ser executado, intervalo de confiança e margem de erro; (Redação dada pela Lei nº 12.891, de 2013)

V - sistema interno de controle e verificação, conferência e fiscalização da coleta de dados e do trabalho de campo;

VI - questionário completo aplicado ou a ser aplicado;

VII - nome de quem pagou pela realização do trabalho e cópia da respectiva nota fiscal. (Redação dada pela Lei nº 12.891, de 2013)

§1º As informações relativas às pesquisas serão registradas nos órgãos da Justiça Eleitoral aos quais compete fazer o registro dos candidatos.

§2º A Justiça Eleitoral afixará no prazo de vinte e quatro horas, no local de costume, bem como divulgará em seu sítio na internet, aviso comunicando o registro das informações a que se refere este artigo, colocando-as à disposição dos partidos ou coligações com candidatos ao pleito, os quais a elas terão livre acesso pelo prazo de 30 (trinta) dias. (Redação dada pela Lei nº 12.034, de 2009)

§3º A divulgação de pesquisa sem o prévio registro das informações de que trata este artigo sujeita os responsáveis a multa no valor de cinqüenta mil a cem mil UFIR.

§4º A divulgação de pesquisa fraudulenta constitui crime, punível com detenção de seis meses a um ano e multa no valor de cinqüenta mil a cem mil UFIR.

§5º É vedada, no período de campanha eleitoral, a realização de enquetes relacionadas ao processo eleitoral. (Incluído pela Lei nº 12.891, de 2013)

Artigo 34. (VETADO)

A redação deste artigo trazia a seguinte previsão:

imediatamente após o registro da pesquisa, as empresas e entidades mencionadas no artigo anterior colocarão à disposição dos partidos políticos ou coligações, em meio magnético ou impresso, todas as informações referentes a cada um dos trabalhos efetuados.

O veto a esse artigo teve fundamento político, no sentido de considerar que tal norma determinava o fornecimento aos partidos políticos ou coligações concorrentes de todas as informações referentes à pesquisa eleitoral, após ter sido efetuado o seu registro. Ocorre que o alcance da expressão "todas as informações" incluiria os próprios resultados da pesquisa, além do especificado no art. 33, que impõe um prazo mínimo de 5 (cinco) dias entre a data do registro da pesquisa e a publicação dos resultados, e, assim sendo, os partidos ou coligações concorrentes teriam acesso aos resultados da pesquisa antes do público em geral. Diante de tal contexto, as tentativas de impugnação judicial da divulgação desta ou daquela pesquisa pelos partidos políticos que se julgassem eventualmente desfavorecidos pelos resultados multiplicar-se-iam, tornando-se essa exigência incompatível com o interesse público.

§1º Mediante requerimento à Justiça Eleitoral, os partidos poderão ter acesso ao sistema interno de controle, verificação e fiscalização da coleta de dados das entidades que divulgaram pesquisas de opinião relativas às eleições, incluídos os referentes à identificação dos entrevistadores e, por meio de escolha livre e aleatória de planilhas individuais, mapas ou equivalentes, confrontar e conferir os dados publicados, preservada a identidade dos respondentes.

§2º O não cumprimento do disposto neste artigo ou qualquer ato que vise a retardar, impedir ou dificultar a ação fiscalizadora dos partidos constitui crime, punível com detenção, de seis meses a um ano, com a alternativa de prestação de serviços à comunidade pelo mesmo prazo, e multa no valor de dez mil a vinte mil UFIR.

§3º A comprovação de irregularidade nos dados publicados sujeita os responsáveis às penas mencionadas no parágrafo anterior, sem prejuízo da obrigatoriedade da veiculação dos dados corretos no mesmo espaço, local, horário, página, caracteres e outros elementos de destaque, de acordo com o veículo usado.

Artigo 35. Pelos crimes definidos nos arts. 33, §4º e 34, §§2º e 3º, podem ser responsabilizados penalmente os representantes legais da empresa ou entidade de pesquisa e do órgão veiculador.

Sob a relatoria do Ministro Gilmar Mendes, o Tribunal Superior Eleitoral, no uso das atribuições que lhe conferem o art. 23, inc. IX, do Código Eleitoral e o art. 105 da Lei nº 9.504, de 30.9.1997, expediu a Resolução nº 23.453, dispondo sobre pesquisas eleitorais para o pleito de 2016, que determina que a partir de 1º.1.2016 as entidades e as empresas que realizarem pesquisas de opinião pública relativas às eleições ou aos candidatos, para conhecimento público, são obrigadas, para cada pesquisa, a registrar no Juízo Eleitoral ao qual compete fazer o registro dos candidatos, com no mínimo 5 (cinco) dias de antecedência da divulgação, as seguintes informações:

- contratante da pesquisa e seu número de inscrição no Cadastro de Pessoas Físicas (CPF) ou no Cadastro Nacional de Pessoas Jurídicas (CNPJ);
- valor e origem dos recursos despendidos no trabalho;
- metodologia e período de realização da pesquisa;
- plano amostral e ponderação quanto a sexo, idade, grau de instrução, nível econômico do entrevistado e área física de realização do trabalho a ser executado, nível de confiança e margem de erro, com a indicação da fonte pública dos dados utilizados;
- sistema interno de controle e verificação, conferência e fiscalização da coleta de dados e do trabalho de campo;
- questionário completo aplicado ou a ser aplicado;
- quem pagou pela realização do trabalho e seu número de inscrição no CPF ou no CNPJ;
- cópia da respectiva nota fiscal e, na hipótese de a nota fiscal contemplar o pagamento de mais de uma pesquisa eleitoral, o valor individual de cada pesquisa deverá ser devidamente discriminado no corpo da nota fiscal. Nessa hipótese, se o pagamento for faturado ou parcelado, as entidades e as empresas

deverão informar a condição de pagamento no momento do registro da pesquisa e apresentar a(s) respectiva(s) nota(s) fiscal(is), tão logo ocorra a quitação integral do pagamento faturado ou da parcela vencida;
– nome do estatístico responsável pela pesquisa e o número de seu registro no Conselho Regional de Estatística competente;
– indicação do município abrangido pela pesquisa, bem como dos cargos aos quais se refere, sendo que na hipótese de a pesquisa envolver mais de um município, a entidade ou a empresa deverá realizar um registro para cada município abrangido.

Na contagem do prazo de 5 (cinco) dias acima mencionado, deve ser excluído o dia do início e incluído o do vencimento, devendo o sistema de registro de pesquisa eleitoral informar o dia a partir do qual a pesquisa poderá ser divulgada.

O registro de pesquisa será realizado via internet, e todas as suas informações deverão ser inseridas no Sistema de Registro de Pesquisas Eleitorais, em arquivos no formato PDF (*Portable Document Format*), não cabendo à Justiça Eleitoral qualquer responsabilidade por erros de digitação, de geração, de conteúdo ou de leitura dos arquivos anexados ao Sistema de Registro de Pesquisas Eleitorais.

O registro de pesquisa poderá ser realizado a qualquer tempo, independentemente do horário de funcionamento do Cartório Eleitoral, e, até o sétimo dia seguinte ao registro da pesquisa, será complementado com os dados relativos aos bairros abrangidos; na ausência de delimitação do bairro, será identificada a área em que foi realizada.

As empresas ou entidades poderão utilizar dispositivos eletrônicos portáteis, tais como *tablets* e similares, para a realização da pesquisa, os quais poderão ser auditados, a qualquer tempo, pela Justiça Eleitoral.

A partir do dia 18.8.2016, o nome de todos aqueles que tenham solicitado registro de candidatura deverá constar das pesquisas realizadas, mediante a apresentação da relação de candidatos ao entrevistado.

O registro de pesquisa será obrigatoriamente realizado por meio do Sistema de Registro de Pesquisas Eleitorais, disponível nas páginas dos Tribunais Eleitorais, na internet. Para a utilização do Sistema de Registro de Pesquisas Eleitorais, as entidades e as empresas deverão obrigatoriamente cadastrar-se eletronicamente na Justiça Eleitoral, mediante o fornecimento das seguintes informações e documento eletrônico: nome de pelo menos um e no máximo três dos responsáveis legais; razão social ou denominação; número de inscrição no CNPJ; número do registro da empresa responsável pela pesquisa no Conselho Regional de Estatística, caso o tenha; número de fac-símile e endereço em que poderão receber notificações; endereço eletrônico no qual, se houver autorização expressa, poderão receber notificações; arquivo, no formato PDF, com a íntegra do contrato social, estatuto social ou inscrição como empresário, que comprove o regular registro.

Não será permitido mais de um cadastro por número de inscrição no CNPJ, sendo de inteira responsabilidade da empresa ou da entidade o cadastro para a utilização do sistema e a manutenção de dados atualizados na Justiça Eleitoral.

O Sistema de Registro de Pesquisas Eleitorais permitirá que as empresas ou as entidades responsáveis pela pesquisa façam alterações nos dados do registro previamente à sua efetivação, e efetivado ou alterado o registro, será emitido recibo eletrônico, contendo o resumo das informações e o número de identificação da pesquisa, que deverá constar da divulgação e da publicação dos resultados da pesquisa. O registro da pesquisa poderá ser alterado desde que não expirado o prazo de 5 (cinco) dias para a divulgação de seu resultado, e tal alteração implicará atribuição de novo número de identificação à pesquisa e o reinício da contagem do prazo, a partir do recebimento das alterações com a indicação, pelo sistema, da nova data a partir da qual será permitida a divulgação da pesquisa. Serão mantidos no sistema a data do registro e os históricos das alterações realizadas e do cancelamento, se for o caso. Não será permitida a alteração no campo correspondente ao município de abrangência, devendo, em caso de erro em relação a esse campo, a pesquisa ser cancelada pelo próprio usuário, sem prejuízo da apresentação de um novo registro.

O Sistema de Registro de Pesquisas Eleitorais veiculará aviso com as informações constantes do registro na página dos Tribunais Eleitorais, na internet, pelo período de 30 (trinta) dias.

Será livre o acesso, para consulta, à pesquisa registrada nas páginas dos Tribunais Eleitorais, na internet, a qual, quando divulgada, deverá obrigatoriamente informar: o período de realização da coleta de dados; a margem de erro; o nível de confiança; o número de entrevistas; o nome da entidade ou da empresa que a realizou e, se for o caso, de quem a contratou; o número de registro da pesquisa.

As pesquisas realizadas em data anterior ao dia das eleições poderão ser divulgadas a qualquer momento, inclusive no dia das eleições, desde que respeitado o prazo e as informações anteriormente mencionados. A divulgação de levantamento de intenção de voto, porém, efetivada no dia das eleições, somente poderá ocorrer após encerrado o escrutínio na respectiva unidade da Federação.

Mediante requerimento ao juiz eleitoral, autuados na classe petição (Pet), o Ministério Público Eleitoral, os candidatos, os partidos políticos e as coligações poderão ter acesso ao sistema interno de controle, à verificação e à fiscalização de coleta de dados das entidades e das empresas que divulgarem pesquisas de opinião relativas aos candidatos e às eleições, incluídos os referentes à identificação dos entrevistadores e, por meio de escolha livre e aleatória de planilhas individuais, mapas ou equivalentes, confrontar e conferir os dados publicados, preservada a identidade dos entrevistados, tal como preceitua a Lei nº 9.504/1997, art. 34, §1º. Além disso, poderá o interessado ter acesso ao relatório entregue ao solicitante da pesquisa e ao modelo do questionário aplicado, para facilitar a conferência das informações divulgadas.

Na divulgação de pesquisas no horário eleitoral gratuito, devem ser informados com clareza os dados exigidos e anteriormente descritos, não sendo obrigatória a menção aos concorrentes, desde que o modo de apresentação dos resultados não induza eleitor a erro quanto ao desempenho do candidato em relação aos demais.

O Ministério Público Eleitoral, os candidatos, os partidos políticos e as coligações são partes legítimas para impugnar o registro e/ou a divulgação de pesquisas eleitorais no Juízo Eleitoral competente, sob a autuação na classe representação (Rp) e o Cartório Eleitoral providenciará a notificação imediata do representado, por fac-símile, no endereço informado pela empresa ou entidade no seu cadastro ou no endereço eletrônico que expressamente tenha indicado a essa finalidade, para, querendo, apresentar defesa em 48 (quarenta e oito) horas.

A petição inicial deverá ser instruída, sob pena de indeferimento, com cópia integral do registro da pesquisa, disponível na página do respectivo Tribunal Eleitoral, na internet, e, considerando a relevância do direito invocado e a possibilidade de prejuízo de difícil reparação, o Juiz Eleitoral poderá determinar a suspensão da divulgação dos resultados da pesquisa impugnada ou a inclusão de esclarecimento na divulgação de seus resultados. A suspensão da divulgação da pesquisa será comunicada ao responsável por seu registro e ao respectivo contratante. Nos Tribunais Eleitorais, os advogados dos candidatos ou dos partidos e das coligações que atuarem nas impugnações de que trata esta seção, bem como nos feitos que lhes forem acessórios, serão intimados por meio da publicação de edital eletrônico na página do respectivo Tribunal, na internet, iniciando-se a contagem do prazo no dia seguinte ao da divulgação.

A divulgação de pesquisa sem o prévio registro das informações constantes do art. 2º sujeita os responsáveis à multa no valor de R$53.205,00 (cinquenta e três mil, duzentos e cinco reais) a R$106.410,00 (cento e seis mil, quatrocentos e dez reais). Enquanto que a divulgação de pesquisa fraudulenta constitui crime, punível com detenção de seis meses a um ano e multa no valor de R$53.205,00 (cinquenta e três mil, duzentos e cinco reais) a R$106.410,00 (cento e seis mil, quatrocentos e dez reais).

A prática de qualquer ato que vise retardar, impedir ou dificultar a ação fiscalizadora dos partidos políticos constitui crime, punível com detenção de seis meses a um ano, com a alternativa de prestação de serviços à comunidade pelo mesmo prazo, e multa no valor de R$10.641,00 (dez mil, seiscentos e quarenta e um reais) a R$21.282,00 (vinte e um mil, duzentos e oitenta e dois reais). A comprovação de irregularidade nos dados publicados sujeita os responsáveis às penas mencionadas no *caput*, sem prejuízo da obrigatoriedade de veiculação dos dados corretos no mesmo espaço, local, horário, página e com caracteres e outros elementos de destaque, de acordo com o veículo usado.

De todo modo, as penalidades previstas nesta resolução não obstam eventual propositura de ações eleitorais ou de outras ações cabíveis nos foros competentes.

O veículo de comunicação social arcará com as consequências da publicação de pesquisa não registrada, mesmo que esteja reproduzindo matéria veiculada em outro órgão de imprensa.

É vedada, no período de campanha eleitoral, a realização de enquetes relacionadas ao processo eleitoral, isto é, pesquisa de opinião pública que não obedeça às disposições legais e às determinações previstas nesta resolução.

Art. 35-A. É vedada a divulgação de pesquisas eleitorais por qualquer meio de comunicação, a partir do décimo quinto dia anterior até as 18 (dezoito) horas do dia do pleito. (Incluído pela Lei nº 11.300, de 2006)

A Ação Direta de Inconstitucionalidade Genérica nº 3.741-2, julgada em 6.8.2006 pelo Supremo Tribunal Federal, sob a relatoria do Ministro Ricardo Lewandowski, considerou inconstitucional o art. 35-A incluído pela Lei nº 11.300 de 2006 – que dispõe sobre propaganda, financiamento e prestação de contas das despesas com campanhas eleitorais, alterando a Lei nº 9.504, de 30.9.1997, a Lei das Eleições – por considerar que a proibição de divulgação de pesquisas eleitorais 15 (quinze) dias antes do pleito eleitoral ofende a garantia da liberdade de expressão e do direito à informação livre e plural no Estado Democrático de Direito, por ser um valor indissociável da ideia de democracia.

Antes disso, porém, no exercício do controle difuso de constitucionalidade de normas, o Tribunal Superior Eleitoral considerou inaplicável tal norma por ser contrária à Constituição Federal na parte em que proibia a divulgação de resultados de pesquisas eleitorais, conforme decisão administrativa publicada em 23.5.2006.

Da Propaganda Eleitoral em Geral

Art. 36. A propaganda eleitoral somente é permitida após o dia 15 de agosto do ano da eleição. (Redação dada pela Lei nº 13.165, de 2015)

§1º Ao postulante a candidatura a cargo eletivo é permitida a realização, na quinzena anterior à escolha pelo partido, de propaganda intrapartidária com vista à indicação de seu nome, vedado o uso de rádio, televisão e *outdoor*.

§2º No segundo semestre do ano da eleição, não será veiculada a propaganda partidária gratuita prevista em lei nem permitido qualquer tipo de propaganda política paga no rádio e na televisão.

§3º A violação do disposto neste artigo sujeitará o responsável pela divulgação da propaganda e, quando comprovado o seu prévio conhecimento, o beneficiário à multa no valor de R$5.000,00 (cinco mil reais) a R$25.000,00 (vinte e cinco mil reais), ou ao equivalente ao custo da propaganda, se este for maior. (Redação dada pela Lei nº 12.034, de 2009)

§4º Na propaganda dos candidatos a cargo majoritário deverão constar, também, os nomes dos candidatos a vice ou a suplentes de senador, de modo claro e legível, em tamanho não inferior a 30% (trinta por cento) do nome do titular. (Redação dada pela Lei nº 13.165, de 2015)

§5º A comprovação do cumprimento das determinações da Justiça Eleitoral relacionadas a propaganda realizada em desconformidade com o disposto nesta Lei poderá ser apresentada no Tribunal Superior Eleitoral, no caso de candidatos a Presidente e Vice-Presidente da República, nas sedes dos respectivos Tribunais Regionais Eleitorais, no caso de candidatos a Governador, Vice-Governador, Deputado Federal, Senador da República, Deputados Estadual e Distrital, e, no Juízo Eleitoral, na hipótese de candidato a Prefeito, Vice-Prefeito e Vereador. (Incluído pela Lei nº 12.034, de 2009)

Art. 36-A. Não configuram propaganda eleitoral antecipada, desde que não envolvam pedido explícito de voto, a menção à pretensa candidatura, a exaltação das qualidades pessoais dos pré-candidatos e os seguintes atos, que poderão ter cobertura dos meios de comunicação social, inclusive via internet: (Redação dada pela Lei nº 13.165, de 2015)

I - a participação de filiados a partidos políticos ou de pré-candidatos em entrevistas, programas, encontros ou debates no rádio, na televisão e na internet, inclusive com a exposição de plataformas e projetos políticos, observado pelas emissoras de rádio e de televisão o dever de conferir tratamento isonômico; (Redação dada pela Lei nº 12.891, de 2013)

II - a realização de encontros, seminários ou congressos, em ambiente fechado e a expensas dos partidos políticos, para tratar da organização dos processos eleitorais, discussão de políticas públicas, planos de governo ou alianças partidárias visando às eleições, podendo tais atividades ser divulgadas pelos instrumentos de comunicação intrapartidária; (Redação dada pela Lei nº 12.891, de 2013)

III - a realização de prévias partidárias e a respectiva distribuição de material informativo, a divulgação dos nomes dos filiados que participarão da disputa e a realização de debates entre os pré-candidatos; (Redação dada pela Lei nº 13.165, de 2015)

IV - a divulgação de atos de parlamentares e debates legislativos, desde que não se faça pedido de votos; (Redação dada pela Lei nº 12.891, de 2013)

V - a divulgação de posicionamento pessoal sobre questões políticas, inclusive nas redes sociais; (Redação dada pela Lei nº 13.165, de 2015)

VI - a realização, a expensas de partido político, de reuniões de iniciativa da sociedade civil, de veículo ou meio de comunicação ou do próprio partido, em qualquer localidade, para divulgar ideias, objetivos e propostas partidárias. (Incluído pela Lei nº 13.165, de 2015)

§1º É vedada a transmissão ao vivo por emissoras de rádio e de televisão das prévias partidárias, sem prejuízo da cobertura dos meios de comunicação social. (Incluído pela Lei nº 13.165, de 2015)

§2º Nas hipóteses dos incisos I a VI do *caput*, são permitidos o pedido de apoio político e a divulgação da pré-candidatura, das ações políticas desenvolvidas e das que se pretende desenvolver. (Incluído pela Lei nº 13.165, de 2015)

§3º O disposto no §2º não se aplica aos profissionais de comunicação social no exercício da profissão. (Incluído pela Lei nº 13.165, de 2015)

Art. 36-B. Será considerada propaganda eleitoral antecipada a convocação, por parte do Presidente da República, dos Presidentes da Câmara dos Deputados, do Senado Federal e do Supremo Tribunal Federal, de redes de radiodifusão para divulgação de atos que denotem propaganda política ou ataques a partidos políticos e seus filiados ou instituições. (Incluído pela Lei nº 12.891, de 2013)

Parágrafo único. Nos casos permitidos de convocação das redes de radiodifusão, é vedada a utilização de símbolos ou imagens, exceto aqueles previstos no §1º do art. 13 da Constituição Federal. (Incluído pela Lei nº 12.891, de 2013)

Talvez as principais modificações incluídas pela Lei nº 13.165/15 tenham afetado direta e imediatamente a parte geral da propaganda eleitoral, no que tange ao tempo e à antecipação de campanha, a partir da permissão da pré-candidatura.

Como expõe Fernando Neisser:

> A Lei nº 13.165/15, última minirreforma eleitoral, aprovada no ano passado, trouxe mudanças substanciais para a propaganda eleitoral. Sob o argumento da necessidade de redução dos custos das campanhas, diminuiu-se à metade o tempo para divulgação das candidaturas. Retirou-se dez dias de horário eleitoral gratuito em rádio e TV e proibiu-se, quase absolutamente, a propaganda de rua.[1]

Assim, com a redução considerável do tempo da propaganda eleitoral, é difícil imaginar a efetiva renovação política, um dos pilares do Estado Democrático de Direito, considerando o pluralismo político como um dos seus princípios. Isso porque, para que o eleitor sinta confiança no candidato no qual depositará o seu voto, por óbvio, precisa com ele se identificar e para tanto é preciso que a imagem do político lhe seja comum, conhecida. Com menor tempo de propaganda eleitoral, os candidatos mais comuns aos eleitores serão aqueles já titulares de mandatos políticos ou, ao menos, que já haviam sido lançados candidatos em eleições pretéritas, dificultando o acesso nesse eleitorado daqueles que se propõem, por exemplo, ao concurso eleitoral, pela primeira vez.

Isso se torna nefasto para o processo democrático, mais, em especial, em razão da dificuldade de renovação política, agindo como força oposta ao pluralismo necessário à fomentação dessa diversidade política e legitimidade de um debate consciente e plúrimo.

Ao lado do tempo de a propaganda eleitoral ter sofrido drástica redução, a nova lei permitiu de modo amplo a pré-candidatura, desde

---

[1] NEISSER, Fernando. Tempo reduzido das campanhas atuará contra a renovação da política. *Jota*, 10 fev. 2016. Disponível em: <http://jota.uol.com.br/e-leitor-a-reducao-do-tempo-das-campanhas-uma-regulacao-a-favor-dos-incumbentes-e-contra-a-renovacao-politica>. Acesso em: 29 abr. 2016.

que não configure pedido expresso de voto. Nesse sentido, explica o Ministro Henrique Neves:[2]

> Com acerto, a nova lei estabelece, entre outras hipóteses, que as manifestações dos pré-candidatos sobre temas políticos, inclusive as veiculadas pela internet, não devem ser consideradas como propaganda antecipada. Realmente, não há lógica em se permitir que os jornais noticiem que determinada pessoa pretende concorrer a um cargo eletivo e exigir que os institutos de pesquisa registrem perante a Justiça Eleitoral, desde o início do ano de eleição, o nome dos pré-candidatos que constam dos levantamentos de opinião quando a própria pessoa, se fizer alguma menção à eleição, corre o risco de ser multada. A propaganda eleitoral antecipada que deve ser coibida é aquela que revela ato ostensivo e inequívoco de propaganda, tal como a confecção de material impresso ou a realização de comícios. O livre debate de ideias, essencial à democracia, não pode ser tolhido.

Portanto, não se fala mais em propaganda irregular extemporânea quando, o pré-candidato manifesta para a sociedade eleitora o seu interesse de participar do processo eleitoral, desde que não peça explicitamente votos, nem pratique atos de campanha, como comícios, uso de bandeiras e afins, esses permitidos após a previsão legal.

> Art. 37. Nos bens cujo uso dependa de cessão ou permissão do poder público, ou que a ele pertençam, e nos bens de uso comum, inclusive postes de iluminação pública, sinalização de tráfego, viadutos, passarelas, pontes, paradas de ônibus e outros equipamentos urbanos, é vedada a veiculação de propaganda de qualquer natureza, inclusive pichação, inscrição a tinta e exposição de placas, estandartes, faixas, cavaletes, bonecos e assemelhados. (Redação dada pela Lei nº 13.165, de 2015)
> §1º A veiculação de propaganda em desacordo com o disposto no *caput* deste artigo sujeita o responsável, após a notificação e comprovação, à restauração do bem e, caso não cumprida no prazo, a multa no valor de R$2.000,00 (dois mil reais) a R$8.000,00 (oito mil reais). (Redação dada pela Lei nº 11.300, de 2006)
> §2º Em bens particulares, independe de obtenção de licença municipal e de autorização da Justiça Eleitoral a veiculação de propaganda eleitoral, desde que seja feita em adesivo ou papel, não exceda a 0,5 m² (meio metro quadrado) e não contrarie a legislação eleitoral, sujeitando-se o infrator às penalidades previstas no §1º. (Redação dada pela Lei nº 13.165, de 2015)

---

[2] NEVES, Henrique. Eleição, propaganda e dinheiro. *Jota*, 2 fev. 2016. Disponível em: <http://jota.uol.com.br/e-leitor-eleicao-propaganda-e-dinheiro >. Acesso em: 29 abr. 2016.

§3º Nas dependências do Poder Legislativo, a veiculação de propaganda eleitoral fica a critério da Mesa Diretora.

§4º Bens de uso comum, para fins eleitorais, são os assim definidos pela Lei nº 10.406, de 10 de janeiro de 2002 – Código Civil e também aqueles a que a população em geral tem acesso, tais como cinemas, clubes, lojas, centros comerciais, templos, ginásios, estádios, ainda que de propriedade privada. (Incluído pela Lei nº 12.034, de 2009)

§5º Nas árvores e nos jardins localizados em áreas públicas, bem como em muros, cercas e tapumes divisórios, não é permitida a colocação de propaganda eleitoral de qualquer natureza, mesmo que não lhes cause dano. (Incluído pela Lei nº 12.034, de 2009)

§6º É permitida a colocação de mesas para distribuição de material de campanha e a utilização de bandeiras ao longo das vias públicas, desde que móveis e que não dificultem o bom andamento do trânsito de pessoas e veículos. (Redação dada pela Lei nº 12.891, de 2013)

§7º A mobilidade referida no §6º estará caracterizada com a colocação e a retirada dos meios de propaganda entre as seis horas e as vinte e duas horas. (Incluído pela Lei nº 12.034, de 2009)

§8º A veiculação de propaganda eleitoral em bens particulares deve ser espontânea e gratuita, sendo vedado qualquer tipo de pagamento em troca de espaço para esta finalidade. (Incluído pela Lei nº 12.034, de 2009)

O Tribunal Regional Eleitoral do Estado do Pará considera como irregular, corroborando posicionamento já consolidado, toda e qualquer propaganda que transmita o efeito de *outdoor* – propaganda essa proibida desde a revogação do art. 42, da Lei das Eleições que previa essa modalidade de publicidade eleitoral; assim, não há propaganda individual de vários candidatos quando o efeito visual é único e de características próprias de *outdoor*.

Importante notar que antes da Lei nº 13.165/15 o tamanho permitido era de até 4m², sendo que a inovação legal trouxe como previsão exatos 0,5m² de permissão para propaganda. Para além do tamanho, com drástica modificação, o efeito *outdoor* se mantém intacto, daí porque o entendimento anterior do Regional paraense se mantém aplicável.

Além disso, desde que configurada a ilicitude da propaganda eleitoral em bens particulares, a imediata retirada da propaganda e a aplicação da multa são medidas que devem ser adotadas obrigatoriamente e cumulativamente, sendo descabida a alegação de desconhecimento do beneficiário da propaganda, e, portanto, desnecessária a sua prévia notificação para fins de imposição de multa pela prática de propaganda eleitoral irregular em bem particular: a retirada da propaganda irregular em bem particular não afasta a aplicação da multa prevista na lei

(Recurso Eleitoral nº 4.559, acórdão proferido em 22.3.2012; Recurso Eleitoral nº 29.888, Acórdão nº 26.029, de 14.5.2013).

Interessante a discussão que fora submetida à apreciação do Egrégio Regional Eleitoral paraense, no que tange à aplicação do art. 37, §4º, acerca da (im)possibilidade de realização de propaganda eleitoral em veículo de aluguel, por se configurar como propaganda eleitoral irregular. Nesse sentido, segue abaixo a ementa do Acórdão nº 26.021, de 9.5.2013, proferido no Recurso Eleitoral nº 32.198:

RECURSO ELEITORAL. REPRESENTAÇÃO POR PROPAGANDA ELEITORAL IRREGULAR. POSSIBILIDADE DE EMENDA DA INICIAL. IRREGULARIDADE SANADA. PROPAGANDA EM VEÍCULO DE ALUGUEL. PROIBIÇÃO LEGAL.

1. No que pese a obrigatoriedade da petição inicial ser instruída com os documentos indispensáveis à propositura da ação, nos termos do art. 283 do CPC, a inobservância desta regra enseja a aplicação do art. 284 do CPC, e não o indeferimento imediato da exordial.

2. Para os fins dos arts. 37, caput e §4º, da Lei nº 9.504/97, e 10, caput e §2º, da Resolução TSE nº 23.370/2011, deve-se comprovar que o veículo utilizado na propaganda eleitoral: I) depende de cessão ou permissão do poder público; II) pertence ao poder público; ou III) é de uso comum.

3. O simples fato de ser de aluguel, possuindo placa vermelha, não implica em o veículo ser utilizado em atividade que dependa de cessão ou permissão do Poder Público, fato este que deve ser devidamente comprovado.

4. A placa vermelha não serve para comprovar que o veículo é de propriedade do poder público, cujas placas possuem: I) texto preto e fundo branco: identificando-se o veículo oficial de propriedade estatal; II) texto dourado e fundo preto: identificando-se carros oficiais de prefeitos, presidentes de câmaras, presidente da assembleia, presidente de tribunais, etc.; ou III) texto branco e fundo azul: identificando-se veículos de uso diplomático ou consular, de organismo internacional ou decorrente de acordo de cooperação internacional.

5. A placa vermelha indica veículo de aluguel, situação a qual, indiscutivelmente, torna o bem de acesso à população em geral, devendo incidir a vedação de que trata o art. 37, caput e §4º, da Lei nº 9.504/97, bem como do art. 10, caput e §2º, da Resolução TSE nº 23.370/2011.

6. A realização de propaganda eleitoral em veículo de aluguel configura propaganda eleitoral irregular.

Art. 38. Independe da obtenção de licença municipal e de autorização da Justiça Eleitoral a veiculação de propaganda eleitoral pela distribuição de folhetos, adesivos, volantes e outros impressos, os quais devem ser editados sob a responsabilidade do partido, coligação ou candidato. (Redação dada pela Lei nº 12.891, de 2013)

§1º Todo material impresso de campanha eleitoral deverá conter o número de inscrição no Cadastro Nacional da Pessoa Jurídica - CNPJ ou o número de inscrição no Cadastro de Pessoas Físicas – CPF do responsável pela confecção, bem como de quem a contratou, e a respectiva tiragem. (Incluído pela Lei nº 12.034, de 2009)

§2º Quando o material impresso veicular propaganda conjunta de diversos candidatos, os gastos relativos a cada um deles deverão constar na respectiva prestação de contas, ou apenas naquela relativa ao que houver arcado com os custos. (Incluído pela Lei nº 12.034, de 2009)

§3º Os adesivos de que trata o *caput* deste artigo poderão ter a dimensão máxima de 50 (cinquenta) centímetros por 40 (quarenta) centímetros. (Incluído pela Lei nº 12.891, de 2013)

§4º É proibido colar propaganda eleitoral em veículos, exceto adesivos microperfurados até a extensão total do para-brisa traseiro e, em outras posições, adesivos até a dimensão máxima fixada no §3º. (Incluído pela Lei nº 12.891, de 2013)

Art. 39. A realização de qualquer ato de propaganda partidária ou eleitoral, em recinto aberto ou fechado, não depende de licença da polícia.

§1º O candidato, partido ou coligação promotora do ato fará a devida comunicação à autoridade policial em, no mínimo, vinte e quatro horas antes de sua realização, a fim de que esta lhe garanta, segundo a prioridade do aviso, o direito contra quem tencione usar o local no mesmo dia e horário.

§2º A autoridade policial tomará as providências necessárias à garantia da realização do ato e ao funcionamento do tráfego e dos serviços públicos que o evento possa afetar.

§3º O funcionamento de alto-falantes ou amplificadores de som, ressalvada a hipótese contemplada no parágrafo seguinte, somente é permitido entre as oito e as vinte e duas horas, sendo vedados a instalação e o uso daqueles equipamentos em distância inferior a duzentos metros:

I - das sedes dos Poderes Executivo e Legislativo da União, dos Estados, do Distrito Federal e dos Municípios, das sedes dos Tribunais Judiciais, e dos quartéis e outros estabelecimentos militares;

II - dos hospitais e casas de saúde;

III - das escolas, bibliotecas públicas, igrejas e teatros, quando em funcionamento.

§4º A realização de comícios e a utilização de aparelhagens de sonorização fixas são permitidas no horário compreendido entre as 8 (oito) e as 24 (vinte e quatro) horas, com exceção do comício de encerramento da campanha, que poderá ser prorrogado por mais 2 (duas) horas. (Redação dada pela Lei nº 12.891, de 2013)

§5º Constituem crimes, no dia da eleição, puníveis com detenção, de seis meses a um ano, com a alternativa de prestação de serviços à comunidade pelo mesmo período, e multa no valor de cinco mil a quinze mil UFIR:

I - o uso de alto-falantes e amplificadores de som ou a promoção de comício ou carreata;

II - a arregimentação de eleitor ou a propaganda de boca de urna; (Redação dada pela Lei nº 11.300, de 2006)

III - a divulgação de qualquer espécie de propaganda de partidos políticos ou de seus candidatos. (Redação dada pela Lei nº 12.034, de 2009)

§6º É vedada na campanha eleitoral a confecção, utilização, distribuição por comitê, candidato, ou com a sua autorização, de camisetas, chaveiros, bonés, canetas, brindes, cestas básicas ou quaisquer outros bens ou materiais que possam proporcionar vantagem ao eleitor. (Incluído pela Lei nº 11.300, de 2006)

§7º É proibida a realização de *showmício* e de evento assemelhado para promoção de candidatos, bem como a apresentação, remunerada ou não, de artistas com a finalidade de animar comício e reunião eleitoral. (Incluído pela Lei nº 11.300, de 2006)

§8º É vedada a propaganda eleitoral mediante *outdoors*, inclusive eletrônicos, sujeitando-se a empresa responsável, os partidos, as coligações e os candidatos à imediata retirada da propaganda irregular e ao pagamento de multa no valor de R$5.000,00 (cinco mil reais) a R$15.000,00 (quinze mil reais). Redação dada pela Lei nº 12.891, de 2013)

§9º Até as vinte e duas horas do dia que antecede a eleição, serão permitidos distribuição de material gráfico, caminhada, carreata, passeata ou carro de som que transite pela cidade divulgando jingles ou mensagens de candidatos. (Incluído pela Lei nº 12.034, de 2009)

§9º-A. Considera-se carro de som, além do previsto no §12, qualquer veículo, motorizado ou não, ou ainda tracionado por animais, que transite divulgando *jingles* ou mensagens de candidatos. (Incluído pela Lei nº 13.165, de 2015)

§10. Fica vedada a utilização de trios elétricos em campanhas eleitorais, exceto para a sonorização de comícios. (Incluído pela Lei nº 12.034, de 2009)

§11. É permitida a circulação de carros de som e minitrios como meio de propaganda eleitoral, desde que observado o limite de 80 (oitenta) decibéis de nível de pressão sonora, medido a 7 (sete) metros de distância do veículo, e respeitadas as vedações previstas no §3º deste artigo. (Incluído pela Lei nº 12.891, de 2013)

§12. Para efeitos desta Lei, considera-se: (Incluído pela Lei nº 12.891, de 2013)

I - carro de som: veículo automotor que usa equipamento de som com potência nominal de amplificação de, no máximo, 10.000 (dez mil) watts; (Incluído pela Lei nº 12.891, de 2013)

II - minitrio: veículo automotor que usa equipamento de som com potência nominal de amplificação maior que 10.000 (dez mil) watts e até 20.000 (vinte mil) watts; (Incluído pela Lei nº 12.891, de 2013)
III - trio elétrico: veículo automotor que usa equipamento de som com potência nominal de amplificação maior que 20.000 (vinte mil) watts. (Incluído pela Lei nº 12.891, de 2013)

O Tribunal Superior Eleitoral já firmou o entendimento segundo o qual não é permitida, em eventos fechados em propriedade privada, a presença de artistas ou animadores, nem a utilização de camisas e outros materiais que possam proporcionar alguma vantagem ao eleitor (Resolução TSE nº 22.274/2006). Se, porém, o candidato exerce a profissão de cantor, pode continuar se apresentando durante a propaganda eleitoral, devendo separar, no entanto, a figura do candidato do profissional, visto que não poderá fazer propaganda durante as suas apresentações (Resolução TSE nº 23.251/2010).

É permitido, ainda, o uso do telão e de palco fixo nos comícios, sendo proibida a retransmissão de shows artísticos e de utilização de trio elétrico (Resolução TSE nº 22.267/2006).

A confecção, distribuição ou utilização de *displays*, bandeirolas e flâmulas em veículos automotores particulares são permitidas, pois não representam vantagem ao eleitorado, mantendo-se, entretanto, a vedação aos veículos automotores prestadores de serviços públicos (Resolução TSE nº 22.247/2006).

O oferecimento de pequenos lanches em reunião de cidadãos visando a sensibilizá-los e motivá-los em prol de uma campanha não incide na vedação trazida por essa norma, tal como nos mostra o Acórdão do Tribunal Superior Eleitoral, de 23.10.2010, proferido no Recurso Ordinário nº 1.859.

> Art. 39-A. É permitida, no dia das eleições, a manifestação individual e silenciosa da preferência do eleitor por partido político, coligação ou candidato, revelada exclusivamente pelo uso de bandeiras, broches, dísticos e adesivos. (Incluído pela Lei nº 12.034, de 2009)
> §1º É vedada, no dia do pleito, até o término do horário de votação, a aglomeração de pessoas portando vestuário padronizado, bem como os instrumentos de propaganda referidos no caput, de modo a caracterizar manifestação coletiva, com ou sem utilização de veículos. (Incluído pela Lei nº 12.034, de 2009)
> §2º No recinto das seções eleitorais e juntas apuradoras, é proibido aos servidores da Justiça Eleitoral, aos mesários e aos escrutinadores o uso de vestuário ou objeto que contenha qualquer propaganda de partido

político, de coligação ou de candidato. (Incluído pela Lei nº 12.034, de 2009)

§3º Aos fiscais partidários, nos trabalhos de votação, só é permitido que, em seus crachás, constem o nome e a sigla do partido político ou coligação a que sirvam, vedada a padronização do vestuário. (Incluído pela Lei nº 12.034, de 2009)

§4º No dia do pleito, serão afixadas cópias deste artigo em lugares visíveis nas partes interna e externa das seções eleitorais. (Incluído pela Lei nº 12.034, de 2009)

Durante a propaganda eleitoral, não existe qualquer vedação para o uso de determinada cor, visto não se inserir no conceito de símbolo vedado por este artigo; assim como não se inserem nesta proibição os símbolos nacionais, estaduais, distritais ou municipais, tais como bandeira, hino, cores; sendo punível, entretanto, a utilização dos símbolos que identificam um governo ou gestão.

> Art. 40. O uso, na propaganda eleitoral, de símbolos, frases ou imagens, associadas ou semelhantes às empregadas por órgão de governo, empresa pública ou sociedade de economia mista constitui crime, punível com detenção, de seis meses a um ano, com a alternativa de prestação de serviços à comunidade pelo mesmo período, e multa no valor de dez mil a vinte mil UFIR.
>
> Art. 40-A. (VETADO) (Redação dada pela Lei nº 11.300, de 2006)

O art. 40-A da Lei nº 9.504, de 30.9.1997, acrescentado pelo art. 1º do Projeto de Lei nº 275 de 2005 – aprovado como Lei sob o nº 11.300 de 2006, que dispõe sobre propaganda, financiamento e prestação de contas das despesas com campanhas eleitorais – trazia a seguinte previsão:

> Art. 40-A. Incorre em crime quem imputar falsamente a outrem conduta vedada nessa Lei.
>
> Parágrafo Único. O infrator sujeitar-se-á às mesmas sanções previstas para as condutas falsamente imputadas.

O Ministério da Justiça manifestou-se favorável ao veto jurídico da norma contida no art. 40-A, sob o fundamento de que a sistemática adotada não se coaduna com a exigência do art. 5º, inc. XXXIX, da Constituição que define que "não há crime sem lei anterior que o defina, nem pena sem prévia cominação legal", pois não especifica a pena aplicável à conduta. Além disto, restou especificado nas mensagens do veto ao projeto que além de criar a possibilidade de se punir alguém com as penas de um crime eleitoral sem que o autor tenha qualquer atividade eleitoral direta, a proposta é evidentemente desproporcional, posto que a pena aplicável não se relaciona ao fato objetivamente cometido – imputar falsamente a outrem conduta vedada naquela lei. Tal situação não pode se sustentar frente ao atual sistema jurídico-penal brasileiro, que se configura como um direito penal do fato. Com efeito, a adequação de uma conduta à figura típica descrita no preceito legal é a causa de aplicabilidade da pena, sucedendo-se, pois, a sanção cabível. A sanção deve ser estabelecida pela própria norma criminalizadora, como forma de individualizá-la, e nunca variar de acordo com elementos alheios à própria conduta descrita pelo tipo.

Art. 40-B. A representação relativa à propaganda irregular deve ser instruída com prova da autoria ou do prévio conhecimento do beneficiário, caso este não seja por ela responsável. (Incluído pela Lei nº 12.034, de 2009)

Parágrafo único. A responsabilidade do candidato estará demonstrada se este, intimado da existência da propaganda irregular, não providenciar, no prazo de quarenta e oito horas, sua retirada ou regularização e, ainda, se as circunstâncias e as peculiaridades do caso específico revelarem a impossibilidade de o beneficiário não ter tido conhecimento da propaganda. (Incluído pela Lei nº 12.034, de 2009)

Art. 41. A propaganda exercida nos termos da legislação eleitoral não poderá ser objeto de multa nem cerceada sob alegação do exercício do poder de polícia ou de violação de postura municipal, casos em que se deve proceder na forma prevista no art. 40. (Redação dada pela Lei nº 12.034, de 2009)

§1º O poder de polícia sobre a propaganda eleitoral será exercido pelos juízes eleitorais e pelos juízes designados pelos Tribunais Regionais Eleitorais. (Incluído pela Lei nº 12.034, de 2009)

§2º O poder de polícia se restringe às providências necessárias para inibir práticas ilegais, vedada a censura prévia sobre o teor dos programas a serem exibidos na televisão, no rádio ou na internet. (Incluído pela Lei nº 12.034, de 2009)

Art. 41-A. Ressalvado o disposto no art. 26 e seus incisos, constitui captação de sufrágio, vedada por esta Lei, o candidato doar, oferecer, prometer, ou entregar, ao eleitor, com o fim de obter-lhe o voto, bem ou vantagem pessoal de qualquer natureza, inclusive emprego ou função pública, desde o registro da candidatura até o dia da eleição, inclusive, sob pena de multa de mil a cinqüenta mil Ufir, e cassação do registro ou do diploma, observado o procedimento previsto no art. 22 da Lei Complementar nº 64, de 18 de maio de 1990. (Incluído pela Lei nº 9.840, de 1999)

§1º Para a caracterização da conduta ilícita, é desnecessário o pedido explícito de votos, bastando a evidência do dolo, consistente no especial fim de agir. (Incluído pela Lei nº 12.034, de 2009)

§2º As sanções previstas no caput aplicam-se contra quem praticar atos de violência ou grave ameaça a pessoa, com o fim de obter-lhe o voto. (Incluído pela Lei nº 12.034, de 2009)
§3º A representação contra as condutas vedadas no caput poderá ser ajuizada até a data da diplomação. (Incluído pela Lei nº 12.034, de 2009)
§4º O prazo de recurso contra decisões proferidas com base neste artigo será de 3 (três) dias, a contar da data da publicação do julgamento no Diário Oficial. (Incluído pela Lei nº 12.034, de 2009)

O Tribunal Superior Eleitoral já pacificou o entendimento no sentido de inexigir que o ato tenha sido praticado diretamente pelo candidato, sendo suficiente que dele haja participado ou com ele tenha consentido, inclusive quando a doação de dinheiro visa à abstenção do eleitor no processo eleitoral (Acórdão do Tribunal Superior Eleitoral nº 787/2005 e Recurso Eleitoral nº 26.118).

O Ministério Público Eleitoral tem legitimidade para assumir a titularidade da representação com base neste artigo, no caso de abandono da causa pelo autor.

As penas de multa e cassação do registro ou do diploma são necessariamente cumulativas, alcançando os candidatos que compõem a chapa, e as decisões proferidas no sentido de aplicação de tais sanções, em sede de representação, devem ser executadas imediatamente. Para tanto, exige-se prova robusta de pelo menos uma das condutas previstas neste artigo, da intenção de obter o voto do eleitor e da participação ou anuência do candidato beneficiado para que reste caracterizada a captação ilícita do sufrágio.

No acórdão proferido em sede do Recurso Ordinário nº 2.373, de 2009, o Tribunal Superior Eleitoral admitiu que para a incidência deste dispositivo não se exige a aferição da potencialidade do fato para desequilibrar o pleito, sendo tão somente necessária tal aferição, no caso de apuração de captação ilícita de sufrágio em sede de Ação de Impugnação de Mandato Eletivo – AIME.

O Tribunal Regional Eleitoral do Estado do Pará, no Acórdão nº 26.287, de 5.11.2013, teceu as seguintes observações sobre a captação ilícita de sufrágio, tal como nos apresenta a ementa a seguir:

REPRESENTAÇÃO. PRELIMINAR. VIOLAÇÃO DO CONTRADI-TÓRIO E DA AMPLA DEFESA. REJEIÇÃO. CAPTAÇÃO ILÍCITA DE SUFRÁGIO. CONFIGURAÇÃO. DESNECESSIDADE DE CON-TRAPARTIDA EXPLÍCITA. MULTA. INELEGIBILIDADE. SANÇÃO PERSONALÍSSIMA. CASSAÇÃO DE DIPLOMA. EFEITO IMEDIATO.

1. Não há falar em violação do contraditório e da ampla defesa quando houver prova nos autos de que a parte e/ou seu patrono são cientificados acerca dos atos processuais por intermédio dos meios de comunicação disponíveis, especialmente através do Diário da Justiça Eletrônico.

2. Inexistindo comprovação da participação de um agente na empreitada ilícita, não tendo ele conhecimento comprovado de que a ação se destinava à captação ilícita de sufrágio, impõe-se a absolvição do mesmo.

3. A captação ilícita de sufrágio, prevista no art. 41-A da Lei nº 9.504/97, se configura toda vez que um candidato doa, oferece, promete ou entrega, ao eleitor, com o fim de obter-lhe o voto, bem ou vantagem pessoal de qualquer natureza, inclusive emprego ou função pública, desde o registro da candidatura até o dia da eleição, inclusive.

4. Resta superado o entendimento de que a captação ilícita de sufrágio deve ser explícita, bastando, para sua configuração, a evidência de que a vantagem oferecida/doada vise obter, como contrapartida, apoio político dos beneficiários, entendimento este atualmente previsto no §1º do art. 41-A da Lei nº 9.504/97.

5. Extraindo-se dos elementos constantes dos autos que restam preenchidos todos os requisitos do art. 41-A da Lei nº 9.504/97, impõe-se a aplicação da multa prevista em tal norma, que deve ser fixada no grau máximo quando o esquema de captação ilícita de sufrágio decorrer de sistema complexo, bem como for objeto de ação reiterada.

6. O *quantum* da multa deve, ainda, levar em consideração a condição econômica dos representados, nos termos do art. 367, III, do Código Eleitoral.

7. A multa, inicialmente estipulada em UFIR, por força da Lei nº. 9.504/97, deve ser convertida em reais, tendo em mira que a UFIR não mais subsiste no ordenamento legal, pois sua lei instituidora, Lei nº 8.383/91, foi revogada pela MP nº 1.973-67/2000, convertida na Lei nº 10.522/2002, tendo assumido como último valor de conversão R$1,0641.

8. Não havendo o pagamento das multas no prazo de 30 (trinta) dias, a partir do trânsito em julgado, nos termos do art. 367, III, do Código Eleitoral, deve ser promovida execução fiscal para a cobrança da dívida, quando então deverá incidir, nos termos dos arts. 29 e 30 da Lei nº 10.522/02, inscrição em Dívida Ativa da União, passando a incidir juros de mora equivalentes à taxa referencial do Sistema Especial de Liquidação e de Custódia – SELIC para títulos federais, acumulada mensalmente, até o último dia do mês anterior ao do pagamento, e de 1% (um por cento) no mês de pagamento.

9. A condenação enseja ainda a inelegibilidade, para qualquer cargo, pelo prazo de 08 (oito) anos, nos termos do art. 1º, I, "j", da Lei Complementar nº 64/90, bem como a nulidade do diploma expedido, por força do disposto no art. 15, caput, da Lei Complementar nº 64/90.

10. Em se tratando a inelegibilidade de sanção personalíssima, não alcança candidato eleito ao cargo de vice-prefeito, que deve assumir a Prefeitura do Município.

11. A nulidade do mandato de Prefeito possui efeito imediato, na esteira do entendimento do e. Tribunal Superior Eleitoral e desta Corte. Por fim, no Recurso Eleitoral nº 18639, o Tribunal Regional Eleitoral do Estado do Pará acordou que segundo o sólido magistério jurisprudencial do Colendo Tribunal Superior Eleitoral, quando os autos demonstrarem o caso de chamamento *a posteriori* do Vice-Prefeito para compor a lide na condição de litisconsórcio passivo necessário, não há nulidade no procedimento, nem decadência do direito de ação a ser declarada, contanto que o ato citatório tenha sido requerido pelo autor dentro do prazo decadencial para propositura da ação eleitoral.

É sabido que a captação ilícita de um único voto – ainda que baseada numa única testemunha – é circunstância suficiente para ensejar as penalidades legais extremas, desde que esta prova mostre de modo consistente o cometimento do ilícito eleitoral. Porém, se o Poder Judiciário se deparar com um processo impregnado de provas destituídas de substância da alegada captação ilícita de sufrágio ou de conduta vedada a agente público, a única solução juridicamente possível e jurisprudencialmente aceitável é a improcedência dos pedidos formulados na petição inicial.

Referências

ALMEIDA, Roberto Moreira. *Curso de direito eleitoral*. 6. ed. Salvador: Juspodivm, 2012.

BARROS, Francisco Dirceu. *Direito eleitoral*. 8. ed. Rio de Janeiro: Elsevier, 2010.

BRASIL. *Código Penal brasileiro*. Disponível em: <http://www.planalto.gov.br/ccivil_03/decreto-lei/del2848.htm>.

BRASIL. *Constituição Federal (1988)*. Disponível em: <http://www.planalto.gov.br/ccivil_03/constituicao/constitui%C3%A7ao.htm>.

BRASIL. *Lei 4.737/1965*. Disponível em: <http://www.planalto.gov.br/ccivil_03/leis/l4737.htm>.

BRASIL. *Lei 9.504/1997*. Disponível em: <http://www.planalto.gov.br/ccivil_03/leis/l9504.htm>.

BRASIL. *Lei 9.605/1998*. Disponível em: <http://www.planalto.gov.br/ccivil_03/leis/l9605.htm>.

BRASIL. Tribunal Regional Eleitoral. *Pesquisa de jurisprudência*. Disponível em: <http://www.tre-pa.jus.br/jurisprudencia/pesquisa-de-jurisprudencia>.

BRASIL. Tribunal Superior Eleitoral. *Código Eleitoral anotado e legislação complementar*. 10. ed. Brasília: Tribunal Superior Eleitoral, Secretaria de Gestão da Informação, 2012.

BRASIL. Tribunal Superior Eleitoral. *Pesquisa de jurisprudência*. Disponível em: <http://www.tse.jus.br/jurisprudencia/pesquisa-de-jurisprudencia>.

CÂNDIDO, Joel J. *Direito eleitoral brasileiro*. 14. ed. Bauru: Edipro, 2010.

CASTRO, Edson de Resende. *Curso de direito eleitoral*. 6. ed. Belo Horizonte: Del Rey, 2012.

COÊLHO, Marcus Vinícius Furtado. *Direito eleitoral e processo eleitoral* – Direito penal eleitoral e direito político. 3. ed. Rio de Janeiro: Renovar, 2012.

DECOMAIN, Pedro Roberto. Resenha eleitoral. *Nova Série*, v. 9, n. 1, jan./jun. 2002. Disponível em: <http://www.tre-sc.jus.br/site/resenha-eleitoral/edicoes-impressas/integra/arquivo/2012/junho/artigos/abuso-do-poder-economico-ou-de-autoridade/indexdc53.html?no_cache=1&cHash=267c396efcd4b4f205f074601a004c96>.

ESMERALDO, Elmana. *Manual dos candidatos e partidos políticos*. Leme: J. H. Mizuno, 2013.

FARIA, Fernando de Castro. Resenha eleitoral. *Nova Série*, v. 18, 2010. Disponível em: <http://www.tre-sc.jus.br/site/resenha-eleitoral/edicoes-impressas/integra/arquivo/2012/junho/artigos/o-estado-democratico-de-direito-e-a-decisao-judicial-eleitoral-que-impoe-a-perda-do-mandato-eletivo/index5a89.html?no_cache=1&cHash=0535ae63592248389d11320358ecaa27>.

GARCIA, Emerson. *Abuso de poder nas eleições* – Meios de coibição. 3. ed. Rio de Janeiro: Lumen Juris, 2006.

GOMES, José Jairo. *Direito eleitoral*. 8. ed. São Paulo: Atlas, 2012.

JOSÉ, Antonio; ROSA, Miguel Feu. *Direito constitucional*. São Paulo: Saraiva, 1998.

KIMURA, Alexandre Issa. *Manual de direito eleitoral*. 2. ed. Rio de Janeiro: Forense, 2012.

NEISSER, Fernando. Tempo reduzido das campanhas atuará contra a renovação da política. *Jota*, 10 fev. 2016. Disponível em: <http://jota.uol.com.br/e-leitor-a-reducao-do-tempo-das-campanhas-uma-regulacao-a-favor-dos-incumbentes-e-contra-a-renovacao-politica>. Acesso em: 29 abr. 2016.

NEVES, Henrique. Eleição, propaganda e dinheiro. *Jota*, 2 fev. 2016. Disponível em: <http://jota.uol.com.br/e-leitor-eleicao-propaganda-e-dinheiro>. Acesso em: 29 abr. 2016.

PINTO, Djalma. *Direito eleitoral*: anotações e temas polêmicos. Rio de Janeiro: Forense, 2005.

RAMAYANA, Marcos. *Direito eleitoral*. 13. ed. Rio de Janeiro: Impetus, 2012.

SALGADO, Eneida. *Princípios constitucionais estruturantes do direito eleitoral*. Belo Horizonte: Fórum, 2010.

VELLOSO, Carlos Mario da Silva; AGRA, Walber de Moura. *Elementos de direito eleitoral*. 3. ed. São Paulo: Saraiva, 2012.

ZÍLIO, Rodrigo López. *Direito eleitoral*: noções preliminares, elegibilidade e inelegibilidade, processo eleitoral (da convenção à prestação de contas), ações eleitorais. 3. ed. Porto Alegre: Verbo Jurídico, 2012.

Informação bibliográfica deste texto, conforme a NBR 6023:2002 da Associação Brasileira de Normas Técnicas (ABNT):

FREITAS, Juliana Rodrigues. As pesquisas, os testes pré-eleitorais e a propaganda eleitoral em geral (artigos 33 ao 41). *In*: PINHEIRO, Célia Regina de Lima; SALES, José Edvaldo Pereira; FREITAS, Juliana Rodrigues (Coords.). *Comentários à lei das eleições*: Lei nº 9.504/1997, de acordo com a Lei nº 13.165/2015. Belo Horizonte: Fórum, 2016. p. 125-146. ISBN 978-85-450-0148-5.

A PROPAGANDA ELEITORAL MEDIANTE *OUTDOORS*, A PROPAGANDA ELEITORAL NA IMPRENSA, A PROPAGANDA ELEITORAL NO RÁDIO E NA TELEVISÃO (ARTIGOS 42 AO 57-I)

MAÍRA DE BARROS DOMINGUES

~~Art. 42. A propaganda por meio de outdoors somente é permitida após a realização de sorteio pela Justiça Eleitoral.~~ (Revogado pela Lei nº 11.300, de 2006)

Da Propaganda Eleitoral na Imprensa

Art. 43. São permitidas, até a antevéspera das eleições, a divulgação paga, na imprensa escrita, e a reprodução na internet do jornal impresso, de até 10 (dez) anúncios de propaganda eleitoral, por veículo, em datas diversas, para cada candidato, no espaço máximo, por edição, de 1/8 (um oitavo) de página de jornal padrão e de 1/4 (um quarto) de página de revista ou tabloide. (Redação dada pela Lei nº 12.034, de 2009)

§1º Deverá constar do anúncio, de forma visível, o valor pago pela inserção. (Incluído pela Lei nº 12.034, de 2009)

§2º A inobservância do disposto neste artigo sujeita os responsáveis pelos veículos de divulgação e os partidos, coligações ou candidatos beneficiados a multa no valor de R$1.000,00 (mil reais) a R$10.000,00 (dez mil reais) ou equivalente ao da divulgação da propaganda paga, se este for maior. (Renumerado do parágrafo único pela Lei nº 12.034, de 2009)

A Lei nº 9.504/97, a qual regula as normas aplicáveis às eleições, sofreu diversas alterações a partir da promulgação da Lei nº 13.165/2015. Assim, na tentativa de se adequar aos anseios sociais que pugnavam por reforma eleitoral, tais modificações alteraram regramentos básicos no que concerne à propaganda eleitoral na imprensa e no rádio e na televisão, modificações estas, aliás, que serão objeto de análise. Ressalte-se, contudo, que por se tratar de regras novas, muitas delas ainda não foram objeto de deliberação e análise pelas cortes eleitorais brasileiras.

Com efeito, cabe salientar, desde logo, que propaganda eleitoral é espécie do gênero propaganda política. Essa fase essencial do processo eleitoral é o principal instrumento pelo qual partidos políticos e candidatos informam aos cidadãos suas propostas de governo visando agregar apoio à sua candidatura.

Tendo em vista a importância da propaganda política para o desenrolar do processo eleitoral, exige-se que ela ocorra nos estreitos limites legais, haja vista a constante persecução do equilíbrio e transparência do pleito eleitoral.

A propaganda eleitoral, por sua vez, tem como objetivo divulgar as propostas dos candidatos a cargos eletivos, reafirmando assim os ideais democráticos. Nesse sentido, conceitua José Jairo Gomes:

> Denomina-se propaganda eleitoral a elaborada por partidos políticos e candidatos com a finalidade de captar votos do eleitorado para investidura em cargo público-eletivo. Caracteriza-se por levar ao conhecimento público, ainda que de maneira disfarçada ou dissimulada, candidatura ou os motivos que induzam à conclusão de que o beneficiário é o mais apto para o cargo em disputa. Nessa linha, constitui propaganda eleitoral aquela adrede preparada para influir na vontade do eleitor, em que a mensagem é orientada à conquista de votos. (GOMES, 2011, p. 320)

No mesmo sentido, segundo Djalma Pinto (2000, p. 242), a propaganda eleitoral: "É aquela feita por candidatos e partidos políticos que objetiva a captação de voto para a investidura na representação popular. Está intimamente relacionada com o processo eletivo, visando obter a simpatia do eleitor por ocasião da escolha de seus governantes".

Vários são os meios pelos quais a propaganda eleitoral é realizada, entre eles, os de maior amplitude são a imprensa e o rádio e a televisão. No que concerne à imprensa, a vedação se dá no que tange à imprensa escrita e à reprodução na internet do jornal impresso.

Ressalte-se ainda que a legislação veda a propaganda eleitoral extemporânea. Antes, a propaganda eleitoral podia começar a partir do dia 5 de julho. Agora, com a promulgação da Lei nº 13.165/2015, somente a partir de 16 de agosto é que os partidos e os candidatos poderão iniciar suas campanhas eleitorais. Tal vedação legal, assim como todas as demais, corrobora a busca pela igualdade de condições e oportunidades a ser característica essencial do processo eleitoral.

Outro conceito de suma importância para o presente estudo e facilmente encontrada na jurisprudência ora analisada é o de propaganda proibida. Esta é caracterizada pela propaganda eleitoral que não cumpre com o estabelecido na legislação, devendo, portanto, ser rechaçada.

Nesse viés, passamos a analisar a legislação em voga a partir dos precedentes do Tribunal Superior Eleitoral – TSE e Tribunal Regional Eleitoral do Pará – TRE/PA. Com efeito, o art. 43 da Lei nº 9.504/97 limita a divulgação paga na imprensa escrita e a reprodução na internet do jornal impresso até a antevéspera das eleições e até o limite de 10 anúncios de propaganda eleitoral, por veículo e em datas diversas para cada candidato, nas dimensões legais, exigindo, ainda, que conste no anúncio o valor pago pela inserção, sob pena de multa aos responsáveis pelos veículos de divulgação e aos partidos, coligações ou candidatos beneficiados.

Em julgado do dia 17.10.2013, sob a lavra do Ministro Henrique Neves da Silva, o TSE, seguindo precedente do AgR-AI nº 272-05 (rel. Min. Arnaldo Versiani, *DJE* de 18.2.2013), pacificou o entendimento de que para a imposição da multa acima mencionada não se exige que os candidatos beneficiados tenham sido responsáveis pela veiculação da propaganda irregular, senão vejamos:

> Representação. Propaganda Política.
> 1. O agravante não impugnou o fundamento da decisão agravada de aplicação na espécie das Súmulas 282, 356 e 291 do STF e 13 e 211 do STJ. Incidem, portanto, as razões pelas quais foram editadas as Súmulas 182 do STJ e 283 do STF.
> 2. *A norma do art. 43, §2º, da Lei nº 9.504/97 não exige, para imposição da multa, que os candidatos beneficiados tenham sido responsáveis pela veiculação, na imprensa escrita, da propaganda irregular.* Precedente: AgR-AI nº 272-05, rel. Min. Arnaldo Versiani, DJE de 18.2.2013.
> 3. Para modificar a conclusão da Corte de origem de que o candidato possuía contrato de serviço com o veículo de divulgação e de que não há prova de que a contração se deu nos moldes permitidos, seria necessário o reexame do acervo fático-probatório, o que não é possível de ser realizado em sede de recurso de natureza extraordinária, consoante o que já foi reiteradamente decidido com apoio nas Súmulas 7 do STJ e 279 do STF. (AgR-AI. Rel. Min. Henrique Neves da Silva. *DJE*, 22 nov. 2013) (Grifos nossos)

O principal objetivo das limitações legais da propaganda eleitoral é garantir a liberdade de expressão de forma equânime entre os candidatos, ou seja, permitir que todos aqueles que almejam um cargo eletivo possam participar do pleito em igualdade de condições. Assim, a jurisprudência do TSE e TRE/PA é pacífica quanto à necessidade de comprovação do uso indevido dos meios de comunicação para a configuração da infração eleitoral, como se observa no julgado abaixo:

> ELEIÇÕES 2010. RECURSO ORDINÁRIO. AÇÃO DE INVESTIGAÇÃO JUDICIAL ELEITORAL. CANDIDATOS A GOVERNADOR DE ESTADO, A VICE-GOVERNADOR, A SENADOR DA REPÚBLICA E A SUPLENTES DE SENADORES. ABUSO DO PODER POLÍTICO, ECONÔMICO E USO INDEVIDO DOS MEIOS DE COMUNICAÇÃO. UTILIZAÇÃO DE SERVIDORES PÚBLICOS EM CAMPANHA. COAÇÃO SOBRE EMPRESÁRIOS DO ESTADO PARA FAZEREM DOAÇÃO À CAMPANHA DOS RECORRIDOS. ARREGIMENTAÇÃO E TRANSPORTE DE FUNCIONÁRIOS DE EMPRESAS PRIVADAS E DE COOPERATIVAS PARA PARTICIPAREM DE ATO DE CAMPANHA. USO INDEVIDO DOS MEIOS DE COMUNICAÇÃO. DEPENDÊNCIA ECONÔMICA DA IMPRENSA ESCRITA EM RELAÇÃO AO ESTADO DO ACRE. ALINHAMENTO POLÍTICO DE JORNAIS PARA BENEFICIAR DETERMINADA CAMPANHA. [...]
> 6. Uso indevido dos meios de comunicação: utilização de emissora pública de TV em benefício dos recorridos e enaltecimento das obras do governo do Estado pela referida emissora: o Supremo Tribunal Federal suspendeu a eficácia da expressão "ou difundir opinião favorável ou contrária a candidato, partido, coligação, a seus órgãos ou representantes" constante do art. 45, inciso III, da Lei nº 9.504/1997, afirmando que "apenas se estará diante de uma conduta vedada quando a crítica ou matéria jornalísticas venham a descambar para a propaganda política, passando nitidamente a favorecer uma das partes na disputa eleitoral. Hipótese a ser avaliada em cada caso concreto" (ADI nº 4451 MC-REF/DF, rel. Min. Carlos Ayres Britto, julgado em 2.9.2010). Não há vedação legal a que as emissoras de rádio e de televisão, mesmo no período eleitoral, noticiem e comentem fatos e atos de governo que ocorram no curso das disputas eleitorais, mas coíbe-se o abuso, inexistente no caso concreto. Não configura abuso no uso dos meios de comunicação o chefe do Executivo não candidato à reeleição conceder a jornalista entrevista sem conotação eleitoral. Precedentes. Não configura abuso no uso dos meios de comunicação social reportagem que se encontra nos limites da informação jornalística, demonstrando a trajetória e os desafios de uma grande obra, o que não autoriza concluir que os eleitores associaram aquela reportagem à necessária continuidade dos candidatos apoiados pelo então governador, mormente quando se sabe que se trata de obra do governo federal iniciada em governos anteriores, sem vinculação a

pleito ou candidatos, ainda que de forma subliminar. Não configuram abuso no uso dos meios de comunicação social, entendido como grave quebra da igualdade de chances, as notícias de telejornais que, apesar de se excederem em alguns momentos, não significam, no caso concreto, automática transferência eleitoral aos candidatos, sobretudo quando se verifica que, nem de forma dissimulada, há sugestão de disputa eleitoral, ou referência, ainda que indireta, a candidatura, ou slogan de campanha, nem mesmo o Ministério Público Eleitoral noticiou alguma circunstância que revelasse isso. 7. Recurso ordinário desprovido. (TSE. Recurso Ordinário nº 1.919-42/AC. Rel. Min. Gilmar Mendes, *DJE*, 8 out. 2014)

Note que, para que haja a configuração da utilização indevida dos meios de comunicação, faz-se imperioso que a matéria veiculada favoreça nitidamente uma das partes envolvidas na disputa eleitoral, não bastando, portanto, a mera difusão da opinião pessoal do seu emissor. No mesmo sentido é o seguinte julgado da Corte estadual:

RECURSO ELEITORAL. REPRESENTAÇÃO. PROPAGANDA ELEITORAL IRREGULAR. MATÉRIA JORNALÍSTICA. EXIBIÇÃO DE ENTREVISTA EM TV. FATO RELEVANTE, DE OCORRÊNCIA COMPROVADA E DE INTERESSE DOS MUNÍCIPES. DESNIVELAMENTO ENTRE CANDIDATURAS POR USO INDEVIDO DE MEIOS DE COMUNICAÇÃO. NÃO COMPROVAÇÃO. ABERTURA DE ESPAÇO PARA AMBAS AS PARTES. LIBERDADE DE EXPRESSÃO E LIVRE MANIFESTAÇÃO DE PENSAMENTO. LIBERDADE DE IMPRENSA E OPINIÃO JORNALÍSTICA. IMPROVIMENTO.
1 - Não há violação da Lei das Eleições, quando na gravação de programa de televisão local, prova única dos autos, se noticia fato relevante ocorrido no Município e de interesse de seus moradores, sem que haja a demonstração de qualquer apelo a esta ou aquela candidatura.
2 - O programa exibido trouxe apenas matéria jornalística de interesse dos munícipes, sendo que os esclarecimentos dados no programa foram relevantes, inclusive para esclarecer o público em geral e, especialmente, os eleitores da situação de cada candidato na disputa.
3 - Matéria jornalística equilibrada, que buscou informações de pessoas que embora não fossem candidatos antagônicos, eram lideranças dos dois blocos envolvidos na disputa.
4 - Relevância da liberdade de expressão e livre manifestação de pensamento e da liberdade de imprensa e opinião jornalística.
5 - Improvimento do recurso. (TRE/PA. RE nº 57.007. Rel. Mancipor Oliveira Lopes. *DJE*, 14 mar. 2013)

Ressalte-se, ainda, a possibilidade que os colunistas e o próprio corpo editorial do meio de comunicação impresso possuem de, desde que não se trate de matéria paga, manifestar suas opiniões acerca dos candidatos, desde que estas não sirvam para alavancar ou denegrir a imagem de nenhum candidato às eleições, hipótese esta última denominada propaganda negativa, a qual, segundo Walber Agra e Carlos Velloso (2010, p. 7), "visa macular a imagem política de outro pretenso candidato à reeleição, divulgando atos pejorativos quanto a sua imagem".

Nesse sentido se posicionou o C. TSE:

> Eleições 2006. Recurso ordinário. Candidatura. Jornal. Opinião. Divulgação. Possibilidade. Excesso. Apuração. Necessidade.
> A jurisprudência desta Corte admite que os jornais e demais meios impressos de comunicação possam assumir posição em relação à determinada candidatura, devendo ser apurados e punidos os excessos praticados. Nesse entendimento, o Tribunal negou provimento ao recurso. Unânime. (RO nº 2.356. Rel. Min. Marcelo Ribeiro. *DJE*, 20 ago. 2009)
> Da Propaganda Eleitoral no Rádio e na Televisão
> Art. 44. A propaganda eleitoral no rádio e na televisão restringe-se ao horário gratuito definido nesta Lei, vedada a veiculação de propaganda paga.
> §1º A propaganda eleitoral gratuita na televisão deverá utilizar a Linguagem Brasileira de Sinais – LIBRAS ou o recurso de legenda, que deverão constar obrigatoriamente do material entregue às emissoras. (Incluído pela Lei nº 12.034, de 2009)
> §2º No horário reservado para a propaganda eleitoral, não se permitirá utilização comercial ou propaganda realizada com a intenção, ainda que disfarçada ou subliminar, de promover marca ou produto. (Incluído pela Lei nº 12.034, de 2009)
> §3º Será punida, nos termos do §1º do art. 37, a emissora que, não autorizada a funcionar pelo poder competente, veicular propaganda eleitoral. (Incluído pela Lei nº 12.034, de 2009)

No que tange à propaganda eleitoral no rádio e na televisão, é de se destacar, inicialmente, que esta não pode ser paga, como preceitua o art. 44 da Lei das Eleições: "A propaganda eleitoral no rádio e na televisão restringe-se ao horário gratuito definido nesta Lei, vedada a veiculação de propaganda paga".

> Art. 45. Encerrado o prazo para a realização das convenções no ano das eleições, é vedado às emissoras de rádio e televisão, em sua programação normal e em seu noticiário: (Redação dada pela Lei nº 13.165, de 2015)

I - transmitir, ainda que sob a forma de entrevista jornalística, imagens de realização de pesquisa ou qualquer outro tipo de consulta popular de natureza eleitoral em que seja possível identificar o entrevistado ou em que haja manipulação de dados;

II - usar trucagem, montagem ou outro recurso de áudio ou vídeo que, de qualquer forma, degradem ou ridicularizem candidato, partido ou coligação, ou produzir ou veicular programa com esse efeito;

III - veicular propaganda política ou difundir opinião favorável ou contrária a candidato, partido, coligação, a seus órgãos ou representantes;

IV - dar tratamento privilegiado a candidato, partido ou coligação;

V - veicular ou divulgar filmes, novelas, minisséries ou qualquer outro programa com alusão ou crítica a candidato ou partido político, mesmo que dissimuladamente, exceto programas jornalísticos ou debates políticos;

VI - divulgar nome de programa que se refira a candidato escolhido em convenção, ainda quando preexistente, inclusive se coincidente com o nome do candidato ou com a variação nominal por ele adotada. Sendo o nome do programa o mesmo que o do candidato, fica proibida a sua divulgação, sob pena de cancelamento do respectivo registro.

§1º A partir de 30 de junho do ano da eleição, é vedado, ainda, às emissoras transmitir programa apresentado ou comentado por pré-candidato, sob pena, no caso de sua escolha na convenção partidária, de imposição da multa prevista no §2º e de cancelamento do registro da candidatura do beneficiário. (Redação dada pela Lei nº 13.165, de 2015)

§2º Sem prejuízo do disposto no parágrafo único do art. 55, a inobservância do disposto neste artigo sujeita a emissora ao pagamento de multa no valor de vinte mil a cem mil UFIR, duplicada em caso de reincidência.

§3º. (Revogado pela Lei nº 12.034, de 2009)

§4º Entende-se por trucagem todo e qualquer efeito realizado em áudio ou vídeo que degradar ou ridicularizar candidato, partido político ou coligação, ou que desvirtuar a realidade e beneficiar ou prejudicar qualquer candidato, partido político ou coligação. (Incluído pela Lei nº 12.034, de 2009)

§5º Entende-se por montagem toda e qualquer junção de registros de áudio ou vídeo que degradar ou ridicularizar candidato, partido político ou coligação, ou que desvirtuar a realidade e beneficiar ou prejudicar qualquer candidato, partido político ou coligação. (Incluído pela Lei nº 12.034, de 2009)

§6º É permitido ao partido político utilizar na propaganda eleitoral de seus candidatos em âmbito regional, inclusive no horário eleitoral gratuito, a imagem e a voz de candidato ou militante de partido político que integre a sua coligação em âmbito nacional. (Incluído pela Lei nº 12.034, de 2009)

O art. 45 da Lei nº 9.504/99 sofreu alterações com a Lei nº 13.165/2015. A nova redação do dispositivo estabelece algumas vedações em que as emissoras de rádio e TV estão inseridas, a contar do encerramento do prazo para a realização das convenções no ano das eleições, a exemplo do preceituado no seu inc. III, *in verbis*:

> III - veicular propaganda política ou difundir opinião favorável ou contrária a candidato, partido, coligação, a seus órgãos ou representantes;

Em que pese a vedação insculpida na norma, não se pode generalizar e coibir toda e qualquer manifestação pessoal acerca do candidato, haja vista que vivemos em uma democracia caracterizada pela liberdade de pensamento e expressão, sendo vedado apenas quando se trata de violação aos limites impostos por esses direitos, conforme decisão do C. TSE e E. TRE/PA, respectivamente:

> Agravo regimental. Recurso especial. Representação. Propaganda eleitoral irregular. Rádio.
> 1. As emissoras de rádio e televisão são partes legítimas para responder por representação que aponta a infração do art. 45 da Lei nº 9.504/97.
> 2. Conforme já decidiu este Tribunal, o STF, no julgamento da ADI 4.451/DF, manteve a parcial eficácia do art. 45, III, da Lei 9.504/97 e concluiu que o direcionamento de críticas ou matérias jornalísticas que impliquem propaganda eleitoral favorável a determinada candidatura, com a consequente quebra da isonomia no pleito, permanece sujeito ao controle a posteriori do Poder Judiciário (AgR-AI nº 8005-33, relª. Minª. Nancy Andrighi, DJE de 20.5.2013).
> 3. A modificação da conclusão da Corte de origem de que ficou configurada a propaganda eleitoral irregular porquanto o veículo de comunicação ultrapassou os limites da notícia jornalística ao tecer diversos comentários elogiosos a determinado candidato em detrimento do candidato adversário encontraria óbice nas Súmulas 7 do STJ e 279 do STF.
> 4. A difusão de opinião favorável a candidato, extrapolando o limite de informação jornalística, configura violação ao art. 45, III, da Lei nº 9.504/97.
> Agravo regimental a que se nega provimento. (AgR-Respe. Rel. Min. Henrique Neves da Silva. *DJE*, 21 fev. 2014)

> RECURSO ELEITORAL. REPRESENTAÇÃO. ELEIÇÕES 2012. PROPAGANDA TRANSMITIDA EM TELEVISÃO. ALEGAÇÃO DE DIFAMAÇÃO, RIDICULARIZAÇÃO E CALÚNIA. NÃO CONFIGURAÇÃO.

OPINIÃO NEGATIVA. LIMITE DO DEBATE POLÍTICO. DESAVENÇA ENTRE HOMENS PÚBLICOS DEVEM SER INFORMADAS. PROVAS SUFICIENTES NOS AUTOS. CRÍTICAS A HOMEM PÚBLICO. NÃO CONFIGURAÇÃO DE OFENSA PESSOAL. PRECEDENTE. LIBERDADE DO ELEITOR DE RECEBER INFORMAÇÕES ATRAVÉS DA PROPAGANDA ELEITORAL. PROVIMENTO DO RECURSO.

1 - Faz parte do debate democrático a opinião negativa acerca de gestão administrativa passada e a crítica ácida ao homem público e, com efeito, não há que se falar nesses casos de ofensa pessoal. Precedente do TSE.

2 - O ato de fazer críticas é inerente à liberdade de pensamento e manifestação, além de que a questão reporta-se, igualmente, à liberdade do eleitor em receber informações para que ele próprio proceda ao julgamento de administrações públicas pretéritas que lhe aprouver.

3 - A Justiça Eleitoral não pode se colocar na posição que é própria do eleitor e fazer às vezes de censora. O debate de ideias é essencial e o tempo regular dado a cada candidato é suficiente para que ele refute opiniões de que discorda.

4 - Recurso conhecimento e provido. (R-RP nº 8.923. Rel. Eva do Amaral Coelho. Sessão de 5.10.2012)

Como se percebe, a norma constante no inc. III do art. 45 da Lei das Eleições, bem como a do seu inc. IV "dar tratamento privilegiado a candidato, partido ou coligação", pressupõe o elemento subjetivo do agente de atuar favorecendo ou prejudicando aquele participante do pleito eleitoral. Assim, com base nesse entendimento, o Plenário do TSE consolidou o seguinte entendimento:

RÁDIO E TELEVISÃO – PROGRAMAÇÃO NORMAL E NOTICIÁRIO – CULTO RELIGIOSO – TRANSMISSÃO DIRETA – ARTIGO 45, INCISOS III E IV, DA LEI Nº 9.504/1997.
Descabe enquadrar, nos incisos III e IV do artigo 45 da Lei nº 9.504/1997, transmissão ao vivo de missa na qual, em homilia, o sacerdote haja veiculado ideias contrárias a certo Partido, tendo em vista que a norma pressupõe o elemento subjetivo, ou seja, a vontade livre e consciente de atuar de modo a favorecer ou prejudicar candidato, partido, coligação ou respectivos órgãos ou representantes. (Representação nº 412.556. Rel. Min. Marco Aurélio Mendes de Farias Mello. DJE, 26 abr. 2013)

Quanto ao tema, Thales Tácito e Camila Cerqueira atentam que:

Somente os veículos sob concessão/permissão do Poder Público (rádio e TV) deverão dar tratamento isonômico aos candidatos, nos demais (jornais, revistas, internet) não haverá isonomia, cabendo aos próprios meios de comunicação elaborar a imagem e a entrevista dos mesmos candidatos ou daqueles a quem queira conceder entrevista, desde que esta não seja paga pelo pré-candidato, pois, se houver prova disso, fica caracterizada abuso do poder econômico e, portanto, desequilíbrio eleitoral. (CERQUEIRA; CERQUEIRA, 2011, p. 525)

O art. 45, no seu §1º, alterado pela Lei nº 13.165/2015, estabelece ainda que

> a partir de 30 de junho do ano da eleição, é vedado, ainda, às emissoras transmitir programa apresentado ou comentado por pré-candidato, sob pena, no caso de sua escolha na convenção partidária, de imposição da multa prevista no §2º e de cancelamento do registro da candidatura do beneficiário.

Antes, a Lei nº 9.504/97, no dispositivo em comento, vedava às emissoras transmitir programas apresentados ou comentados por candidato previamente escolhido em convenção partidária.

Assim, cabe notar que a mudança implementada diz respeito ao termo inicial de tal vedação, de forma que antes da mudança legislativa este se dava a partir do resultado da convenção partidária. Agora, o termo inicial é a partir de 30 de junho do ano da eleição, momento este, portanto, anterior ao disposto no antigo texto legislativo.

Outra mudança operada na lei em comento se deu no art. 46. O texto original da norma estabelecia a possibilidade de transmissão, por emissora de rádio ou televisão, de debates sobre as eleições majoritária ou proporcional, assegurando a participação de candidatos dos partidos com representação na Câmara dos Deputados e a facultando aos demais partidos, observando o regramento descrito nos incisos seguintes ao *caput* do artigo em análise.

A nova redação do dispositivo legal continua assegurando a participação de candidatos dos partidos em tais debates, porém exige-se, agora, que estes tenham representação superior a nove deputados. Vejamos o texto vigente da norma:

> Art. 46. Independentemente da veiculação de propaganda eleitoral gratuita no horário definido nesta Lei, é facultada a transmissão por emissora de rádio ou televisão de debates sobre as eleições majoritária ou proporcional, sendo assegurada a participação de candidatos dos partidos com representação superior a nove Deputados, e facultada a dos demais, observado o seguinte: (Redação dada pela Lei nº 13.165, de 2015)

I - nas eleições majoritárias, a apresentação dos debates poderá ser feita:
a) em conjunto, estando presentes todos os candidatos a um mesmo cargo eletivo;
b) em grupos, estando presentes, no mínimo, três candidatos;
II - nas eleições proporcionais, os debates deverão ser organizados de modo que assegurem a presença de número equivalente de candidatos de todos os partidos e coligações a um mesmo cargo eletivo, podendo desdobrar-se em mais de um dia;
III - os debates deverão ser parte de programação previamente estabelecida e divulgada pela emissora, fazendo-se mediante sorteio a escolha do dia e da ordem de fala de cada candidato, salvo se celebrado acordo em outro sentido entre os partidos e coligações interessados.
§1º Será admitida a realização de debate sem a presença de candidato de algum partido, desde que o veículo de comunicação responsável comprove havê-lo convidado com a antecedência mínima de setenta e duas horas da realização do debate.
§2º É vedada a presença de um mesmo candidato a eleição proporcional em mais de um debate da mesma emissora.
§3º O descumprimento do disposto neste artigo sujeita a empresa infratora às penalidades previstas no art. 56.
§4º O debate será realizado segundo as regras estabelecidas em acordo celebrado entre os partidos políticos e a pessoa jurídica interessada na realização do evento, dando-se ciência à Justiça Eleitoral. (Incluído pela Lei nº 12.034, de 2009)
§5º Para os debates que se realizarem no primeiro turno das eleições, serão consideradas aprovadas as regras, inclusive as que definam o número de participantes, que obtiverem a concordância de pelo menos 2/3 (dois terços) dos candidatos aptos, no caso de eleição majoritária, e de pelo menos 2/3 (dois terços) dos partidos ou coligações com candidatos aptos, no caso de eleição proporcional. (Redação dada pela Lei nº 13.165, de 2015)

Ainda nesse dispositivo legal, cabe destacar a inclusão da expressão "inclusive as que definam o número de participantes" no seu §5º. Com efeito, o texto anterior da norma dispunha que, para os debates realizados no primeiro turno das eleições, as regras deveriam ser aprovadas pela concordância de, no mínimo, 2/3 (dois terços) dos candidatos aptos nos casos de eleição majoritária, bem como de, no mínimo, 2/3 (dois terços) dos partidos ou coligações com candidatos aptos, no caso de eleição proporcional.

Como se percebe, o novo texto legal veio dispor acerca da necessidade de se cumprir tal quórum também no que concerne à aprovação das regras que definem o número de participantes nos debates a serem realizados no primeiro turno das eleições, sanando assim eventual dúvida com relação ao tema.

A Lei nº 13.165/2015 alterou ainda o termo inicial da propaganda eleitoral gratuita exibida pelas emissoras de rádio e de televisão e pelos canais de televisão por assinatura sob a responsabilidade do Senado Federal, da Câmara dos Deputados, das Assembleias Legislativas, da Câmara Legislativa do Distrito Federal ou das Câmaras Municipais.

Segundo o texto original da Lei nº 9.504/97, o início da propaganda eleitoral gratuita ocorria nos quarenta e cinco dias anteriores à antevéspera das eleições. Com a alteração da norma, esse termo inicial passou a ser nos trinta e cinco dias anteriores à antevéspera das eleições. Temos, portanto, um período menor de exibição de tal propaganda, qual seja de dez dias.

> Art. 47. As emissoras de rádio e de televisão e os canais de televisão por assinatura mencionados no art. 57 reservarão, nos trinta e cinco dias anteriores à antevéspera das eleições, horário destinado à divulgação, em rede, da propaganda eleitoral gratuita, na forma estabelecida neste artigo. (Redação dada pela Lei nº 13.165, de 2015)
>
> §1º A propaganda será feita:
>
> I - na eleição para Presidente da República, às terças e quintas-feiras e aos sábados:
>
> a) das sete horas às sete horas e doze minutos e trinta segundos e das doze horas às doze horas e doze minutos e trinta segundos, no rádio; (Redação dada pela Lei nº 13.165, de 2015)
>
> b) das treze horas às treze horas e doze minutos e trinta segundos e das vinte horas e trinta minutos às vinte horas e quarenta e dois minutos e trinta segundos, na televisão; (Redação dada pela Lei nº 13.165, de 2015)
>
> II - nas eleições para Deputado Federal, às terças e quintas-feiras e aos sábados:
>
> a) das sete horas e doze minutos e trinta segundos às sete horas e vinte e cinco minutos e das doze horas e doze minutos e trinta segundos às doze horas e vinte e cinco minutos, no rádio; (Redação dada pela Lei nº 13.165, de 2015)
>
> b) das treze horas e doze minutos e trinta segundos às treze horas e vinte e cinco minutos e das vinte horas e quarenta e dois minutos e trinta segundos às vinte horas e cinquenta e cinco minutos, na televisão; (Redação dada pela Lei nº 13.165, de 2015)
>
> III - nas eleições para Senador, às segundas, quartas e sextas-feiras: (Redação dada pela Lei nº 13.165, de 2015)
>
> a) das sete horas às sete horas e cinco minutos e das doze horas às doze horas e cinco minutos, no rádio, nos anos em que a renovação do Senado Federal se der por um terço; (Redação dada pela Lei nº 13.165, de 2015)

b) das treze horas às treze horas e cinco minutos e das vinte horas e trinta minutos às vinte horas e trinta e cinco minutos, na televisão, nos anos em que a renovação do Senado Federal se der por um terço; (Redação dada pela Lei nº 13.165, de 2015)

c) das sete horas às sete horas e sete minutos e das doze horas às doze horas e sete minutos, no rádio, nos anos em que a renovação do Senado Federal se der por dois terços; (Redação dada pela Lei nº 13.165, de 2015)

d) das treze horas às treze horas e sete minutos e das vinte horas e trinta minutos às vinte horas e trinta e sete minutos, na televisão, nos anos em que a renovação do Senado Federal se der por dois terços; (Redação dada pela Lei nº 13.165, de 2015)

IV - nas eleições para Deputado Estadual e Deputado Distrital, às segundas, quartas e sextas-feiras:

a) das sete horas e cinco minutos às sete horas e quinze minutos e das doze horas e cinco minutos às doze horas e quinze minutos, no rádio, nos anos em que a renovação do Senado Federal se der por um terço; (Redação dada pela Lei nº 13.165, de 2015)

b) das treze horas e cinco minutos às treze horas e quinze minutos e das vinte horas e trinta e cinco minutos às vinte horas e quarenta e cinco minutos, na televisão, nos anos em que a renovação do Senado Federal se der por um terço;(Redação dada pela Lei nº 13.165, de 2015)

c) das sete horas e sete minutos às sete horas e dezesseis minutos e das doze horas e sete minutos às doze horas e dezesseis minutos, no rádio, nos anos em que a renovação do Senado Federal se der por dois terços; (Redação dada pela Lei nº 13.165, de 2015)

d) das treze horas e sete minutos às treze horas e dezesseis minutos e das vinte horas e trinta e sete minutos às vinte horas e quarenta e seis minutos, na televisão, nos anos em que a renovação do Senado Federal se der por dois terços; (Redação dada pela Lei nº 13.165, de 2015)

V - na eleição para Governador de Estado e do Distrito Federal, às segundas, quartas e sextas-feiras: (Redação dada pela Lei nº 13.165, de 2015)

a) das sete horas e quinze minutos às sete horas e vinte e cinco minutos e das doze horas e quinze minutos às doze horas e vinte e cinco minutos, no rádio, nos anos em que a renovação do Senado Federal se der por um terço; (Redação dada pela Lei nº 13.165, de 2015)

b) das treze horas e quinze minutos às treze horas e vinte e cinco minutos e das vinte horas e quarenta e cinco minutos às vinte horas e cinquenta e cinco minutos, na televisão, nos anos em que a renovação do Senado Federal se der por um terço; (Redação dada pela Lei nº 13.165, de 2015)

c) das sete horas e dezesseis minutos às sete horas e vinte e cinco minutos e das doze horas e dezesseis minutos às doze horas e vinte e cinco minutos, no rádio, nos anos em que a renovação do Senado Federal se der por dois terços; (Redação dada pela Lei nº 13.165, de 2015)

d) das treze horas e dezesseis minutos às treze horas e vinte e cinco minutos e das vinte horas e quarenta e seis minutos às vinte horas e cinquenta e cinco minutos, na televisão, nos anos em que a renovação do Senado Federal se der por dois terços; (Redação dada pela Lei nº 13.165, de 2015)

VI - nas eleições para Prefeito, de segunda a sábado: (Redação dada pela Lei nº 13.165, de 2015)

a) das sete horas às sete horas e dez minutos e das doze horas às doze horas e dez minutos, no rádio; (Redação dada pela Lei nº 13.165, de 2015)

b) das treze horas às treze horas e dez minutos e das vinte horas e trinta minutos às vinte horas e quarenta minutos, na televisão; (Redação dada pela Lei nº 13.165, de 2015)

VII - ainda nas eleições para Prefeito, e também nas de Vereador, mediante inserções de trinta e sessenta segundos, no rádio e na televisão, totalizando setenta minutos diários, de segunda-feira a domingo, distribuídas ao longo da programação veiculada entre as cinco e as vinte e quatro horas, na proporção de 60% (sessenta por cento) para Prefeito e 40% (quarenta por cento) para Vereador. (Redação dada pela Lei nº 13.165, de 2015)

§1º-A Somente serão exibidas as inserções de televisão a que se refere o inciso VII do §1º nos Municípios em que houver estação geradora de serviços de radiodifusão de sons e imagens. (Incluído pela Lei nº 13.165, de 2015)

§2º Os horários reservados à propaganda de cada eleição, nos termos do §1º, serão distribuídos entre todos os partidos e coligações que tenham candidato, observados os seguintes critérios: (Redação dada pela Lei nº 12.875, de 2013) (Vide ADI-5105)

I - 90% (noventa por cento) distribuídos proporcionalmente ao número de representantes na Câmara dos Deputados, considerados, no caso de coligação para eleições majoritárias, o resultado da soma do número de representantes dos seis maiores partidos que a integrem e, nos casos de coligações para eleições proporcionais, o resultado da soma do número de representantes de todos os partidos que a integrem; (Redação dada pela Lei nº 13.165, de 2015)

II - 10% (dez por cento) distribuídos igualitariamente. (Redação dada pela Lei nº 13.165, de 2015)

§3º Para efeito do disposto neste artigo, a representação de cada partido na Câmara dos Deputados é a resultante da eleição. (Redação dada pela Lei nº 11.300, de 2006)

§4º O número de representantes de partido que tenha resultado de fusão ou a que se tenha incorporado outro corresponderá à soma dos representantes que os partidos de origem possuíam na data mencionada no parágrafo anterior.

§5º Se o candidato a Presidente ou a Governador deixar de concorrer, em qualquer etapa do pleito, e não havendo a substituição prevista no art. 13 desta Lei, far-se-á nova distribuição do tempo entre os candidatos remanescentes.

§6º Aos partidos e coligações que, após a aplicação dos critérios de distribuição referidos no *caput*, obtiverem direito a parcela do horário eleitoral inferior a trinta segundos, será assegurado o direito de acumulá-lo para uso em tempo equivalente.

§7º Para efeito do disposto no §2º, serão desconsideradas as mudanças de filiação partidária em quaisquer hipóteses. (Redação dada pela Lei nº 13.107, de 2015)

§8º As mídias com as gravações da propaganda eleitoral no rádio e na televisão serão entregues às emissoras, inclusive nos sábados, domingos e feriados, com a antecedência mínima: (Incluído pela Lei nº 12.891, de 2013)

I - de 6 (seis) horas do horário previsto para o início da transmissão, no caso dos programas em rede; (Incluído pela Lei nº 12.891, de 2013)

II - de 12 (doze) horas do horário previsto para o início da transmissão, no caso das inserções. (Incluído pela Lei nº 12.891, de 2013)

§9º As emissoras de rádio sob responsabilidade do Senado Federal e da Câmara dos Deputados instaladas em localidades fora do Distrito Federal são dispensadas da veiculação da propaganda eleitoral gratuita dos pleitos referidos nos incisos II a VI do §1º. (Incluído pela Lei nº 13.165, de 2015)

Cabe ressaltar, ainda, que a alteração legislativa implementada no art. 47 do referido diploma normativo também modificou os dias e diminuiu o tempo de exibição da propaganda eleitoral gratuita exibida nos meios de comunicação acima mencionados.

O TSE, em resolução do dia 22.6.2004, esclareceu, nos autos de uma consulta, o termo inicial para a formação da representação partidária descrita no §3º do art. 47 da Lei nº 9.504/97, *in verbis*:

> Art. 47 [...]
> §3º Para efeito do disposto neste artigo, a representação de cada partido na Câmara dos Deputados é a resultante da eleição.

Em resposta à consulta, foi lavrado o seguinte acórdão, o qual concluiu que para fins de propaganda eleitoral a representação partidária é aquela existente no dia 1º de fevereiro, ou seja, data do início da legislatura em curso, como destacamos:

> A representação partidária (§3º do art. 47 da Lei nº 9.504/97), para fins de propaganda eleitoral, é aquela existente no dia 1º de fevereiro de 2003 (início da legislatura em curso), considerando-se o número de

deputados que tomaram posse nessa data e a legenda à qual estavam filiados no momento da votação (Lei nº 9.504/97, art. 47, §3º; Res.-TSE nº 20.627, de 18.5.2000, e Res.-TSE nº 21.805, de 8.6.2004). (Consulta nº 1.055. Rel. Min. Luiz Carlos Lopes Madeira. *DJ*, 16 jun. 2004)

Em acórdão lavrado no dia 12.8.2010 nos autos da Consulta nº 64.740, o Ministro Marco Aurélio, do TSE, ratificou que a norma insculpida no art. 45, §6º, da Lei nº 9.504/97 assegura entendimento paritário com aquela constante no art. 17, §1º, da CF/88, no que tange à proibição da verticalização, senão vejamos:

> CONSULTA. CONHECIMENTO PARCIAL. ART. 45, §6º, DA LEI DAS ELEIÇÕES. VERTICALIZAÇÃO DA PROPAGANDA ELEITORAL. IMPOSSIBILIDADE.
> I - A interpretação do art. 45, §6º, da Lei das Eleições que prestigia a autonomia partidária prevista no art. 17, §1º, da Constituição Federal é aquela que assegura, na propaganda eleitoral, idêntica liberdade na formação das coligações, sob pena de se verticalizar a propaganda eleitoral.
> II - Consulta conhecida e respondida positivamente apenas em relação ao oitavo questionamento, quanto aos demais, não conhecida. (Consulta nº 64.740. Rel. Min. Marco Aurélio Mendes de Farias Mello. *DJE*, 21 fev. 2013)
>
> Art. 48. Nas eleições para Prefeitos e Vereadores, nos Municípios em que não haja emissora de rádio e televisão, a Justiça Eleitoral garantirá aos Partidos Políticos participantes do pleito a veiculação de propaganda eleitoral gratuita nas localidades aptas à realização de segundo turno de eleições e nas quais seja operacionalmente viável realizar a retransmissão. (Redação dada pela Lei nº 12.034, de 2009)
> §1º (Revogado pela Lei nº 13.165, de 2015)
> §2º (Revogado pela Lei nº 13.165, de 2015)

A Lei nº 13.165/2015 revogou os §§1º e 2º do art. 48 da Lei nº 9.504/97, os quais possuíam a seguinte redação:

> §1º A Justiça Eleitoral regulamentará o disposto neste artigo, de forma que o número máximo de municípios a serem atendidos seja igual ao de emissoras geradoras disponíveis.
> §2º O disposto neste artigo aplica-se às emissoras de rádio, nas mesmas condições.

Cabe mencionar que o *caput* do referido art. 48 continua vigente com a seguinte redação:

Art. 48. Nas eleições para Prefeitos e Vereadores, nos Municípios em que não haja emissora de rádio e televisão, a Justiça Eleitoral garantirá aos Partidos Políticos participantes do pleito a veiculação de propaganda eleitoral gratuita nas localidades aptas à realização de segundo turno de eleições e nas quais seja operacionalmente viável realizar a retransmissão.

O alcance da citada norma, aliás, já foi objeto de debate pelo TSE. Este reiterou, na Representação nº 85.298, de relatoria do então Ministro Marco Aurélio Mello que "a propaganda eleitoral gratuita em televisão pressupõe localidade apta à realização de segundo turno de eleições e viabilidade técnica".

Entende-se por localidade apta à realização do segundo turno de eleições aqueles municípios com mais de 200 mil habitantes, desde que nenhum candidato majoritário tenha alcançado a maioria absoluta dos votos em primeiro turno de votação. Já a viabilidade técnica deve ser atestada por estudos técnicos no assunto.

Quanto ao assunto, já decidiu o C. TSE:

EMBARGOS DE DECLARAÇÃO. MANDADO DE SEGURANÇA. ELEIÇÕES 2012. HORÁRIO ELEITORAL GRATUITO. ART. 48 DA LEI 9.504/97. EMISSORA DE TELEVISÃO RESPONSÁVEL PELA TRANSMISSÃO. CRITÉRIOS ESTABELECIDOS DESDE AS ELEIÇÕES MUNICIPAIS DE 1996. EXISTÊNCIA DE ERRO MATERIAL QUANTO À EMISSORA DE SEGUNDA MAIOR AUDIÊNCIA EM BELO HORIZONTE/MG. EMBARGOS ACOLHIDOS COM EFEITOS MODIFICATIVOS.
1. O Plenário do TSE, no julgamento do MS 721-26/MG, concedeu a ordem para anular a Res.-TRE/MG 892/2012 e determinar que outra fosse expedida, designando-se a TV Record - supostamente a emissora de televisão de segunda maior audiência em Belo Horizonte/MG – para transmitir o horário eleitoral gratuito para o Município de Contagem/MG nas Eleições 2012, em observância às regras adotadas desde 1996.
2. Entretanto, verifica-se que a emissora de segunda maior audiência na capital do Estado é a TV Alterosa (afiliada do SBT) – e não a TV Record, tal como informado na inicial do writ.
3. Embargos de declaração acolhidos, com efeitos modificativos, para determinar ao TRE/MG a edição de nova resolução, designando-se a TV Alterosa (SBT) – emissora de televisão com a segunda maior audiência em Belo Horizonte/MG – para transmitir o sinal da propaganda eleitoral gratuita para o Município de Contagem/MG nas Eleições 2012. (ED-MS nº 72.126. Rel. Min. Fátima Nancy Andrighi. *DJE*, 4 out. 2012)

A controvérsia acima teve como supedâneo regras estabelecidas antes mesmo da Lei nº 9.504/97, ou seja, nas eleições municipais de 1996, em que se determinou que a audiência seria critério para a definição das emissoras de rádio e televisão aptas a gerar a propaganda eleitoral gratuita.

No âmbito do TRE/PA, ratificou-se, mais uma vez, a cumulação dos critérios "localidade apta à realização de segundo turno de eleições e viabilidade técnica" para a realização de propaganda eleitoral gratuita, senão vejamos:

AGRAVO REGIMENTAL. MANDADO DE SEGURANÇA. DECISÃO QUE INDEFERIU LIMINAR. PROPAGANDA ELEITORAL NA TELEVISÃO. NECESSIDADE DA EXISTÊNCIA DE DOIS REQUISITOS INSEPARÁVEIS. MUNICÍPIO APTO A REALIZAÇÃO DE SEGUNDO TURNO E VIABILIDADE OPERACIONAL. ARTIGO 48 DA LEI N.º 9.504/97 E ARTIGO 33 DA RESOLUÇÃO DO TSE N.º 23.370/2011. QUANTIDADE DE ELEITORES MENOR DO QUE O EXIGIDO. AUSÊNCIA DOS REQUISITOS PARA A CONCESSÃO DE LIMINAR. IMPROVIMENTO.

1 - Tanto o artigo 48 da Lei das Eleições, quanto o artigo 33 da Resolução do TSE n.º 23.370/2011, exigem para que haja veiculação de propaganda eleitoral televisiva, que o município esteja apto a realização de segundo turno e (conjunção aditiva) que seja operacionalmente viável a retransmissão.

2 - Se o município não possui mais de 200.000 (duzentos mil) eleitores não preenche um dos requisitos e não pode transmitir a propaganda eleitoral na televisão;

3 - Inexistência dos requisitos da liminar, mormente o fumus boni iuris.

4 - Agravo a que se nega provimento. (AgR-MS nº 18.610. Rel. Eva do Amaral Coelho. *DJE*, 24 set. 2012)

Dessa forma, tendo em vista a vigência da norma e o conteúdo normativo do dispositivo acima analisado, é que a Instrução nº 538-50.2015.6.00.0000, de relatoria do Ministro Gilmar Mendes, publicada no dia 15.12.2015, dispôs acerca da propaganda eleitoral, utilização e geração do horário gratuito e condutas ilícitas em campanha eleitoral nas eleições de 2016, fazendo, inclusive, expressa menção ao disposto no art. 48 da Lei nº 9.504/97. Vejamos:

Art. 36 [...]
§3º A transmissão da propaganda no horário eleitoral gratuito será assegurada nos municípios em que haja emissora de rádio e de televisão e naqueles de que trata o art. 40 (Lei nº 9.504/1997, art. 48). [...]

Art. 40. Nos municípios em que não haja emissora de rádio e de televisão, a Justiça Eleitoral garantirá aos partidos políticos participantes do pleito a veiculação de propaganda eleitoral gratuita nas localidades aptas à realização de segundo turno de eleições e nas quais seja operacionalmente viável realizar a retransmissão (Lei nº 9.504/1997, art. 48).

Nos artigos seguintes da legislação, constam, ainda, outras limitações a que a propaganda eleitoral no rádio e na televisão estão insertas. Nesse ínterim, importante mencionar a alteração legislativa introduzida pela Lei nº 12.875/2013, a qual alterou o §2º do art. 47 e a Lei nº 13.165/2015, a qual alterou os critérios de distribuição dos horários reservados à propaganda de cada eleição constantes nos incs. I e II do citado parágrafo, bem como alterou a redação do §7º do artigo em comento.

Importante ressaltar que antes da alteração legislativa implementada pela Lei nº 12.875/2013, a lei exigia que para o partido ou coligação obter direito ao horário no rádio e na televisão para propaganda, era necessário que tivesse pelo menos um representante na Câmara dos Deputados, condição esta que já havia sido declarada inconstitucional pelo STF.

Outro ponto já debatido da Lei das Eleições pelo plenário do TSE foi a amplitude do termo "antevéspera das eleições", contido no *caput* do art. 49, *in verbis*:

Art. 49. Se houver segundo turno, as emissoras de rádio e televisão reservarão, a partir de quarenta e oito horas da proclamação dos resultados do primeiro turno e até a antevéspera da eleição, horário destinado à divulgação da propaganda eleitoral gratuita, dividido em dois períodos diários de vinte minutos para cada eleição, iniciando-se às sete e às doze horas, no rádio, e às treze e às vinte horas e trinta minutos, na televisão.
§1º Em circunscrição onde houver segundo turno para Presidente e Governador, o horário reservado à propaganda deste iniciar-se-á imediatamente após o término do horário reservado ao primeiro.
§2º O tempo de cada período diário será dividido igualitariamente entre os candidatos.

Assim, mediante a incerteza quanto ao prazo em horas que o referido termo compreende, o TSE entendeu que este não poderá ser posterior à meia-noite, senão vejamos:

Pedido. Emissora de televisão. Realização. Debate. Antevéspera do pleito. Término. Posterioridade. Horário. Meia-noite. Impossibilidade.
1. Considerando que o artigo 49 da Lei Eleitoral e o §único do artigo 240 do Código Eleitoral não estabelecem prazo em horas – consignou-se antevéspera das eleições – é razoável entender que o debate possa ocorrer na referida antevéspera do pleito, como previsto, limitando-se, porém, em sentido definitivo, de que não poderá ser ultrapassado o horário de meia-noite.
Pedido indeferido. (Petição nº 2.466. Rel. Min. Carlos Eduardo Caputo Bastos. *DJ*, 8 nov. 2006)

Na esteira da análise ora realizada, cabe, por oportuno, a transcrição de acórdão do TSE nos autos da Representação nº 243.589, *in verbis*:

[...] LEI Nº 9.504/97, ARTIGOS 47 E 51, III. PROPAGANDA. VEICULAÇÃO. HORÁRIOS. DISCIPLINA. DIREITO DO ELEITOR DE SE INFORMAR. DIREITO DE CRÍTICA. COMPARAÇÃO ENTRE GOVERNOS. POSSIBILIDADE.
No propósito de assegurar em sua mais absoluta plenitude o direito do eleitor de se informar sobre as respectivas Campanhas, a legislação disciplinou o horário da propaganda em relação a cada um dos cargos em disputa. Disciplina que não tolhe o direito de crítica, nem impede a comparação entre administrações de agremiações antagônicas.

PROPAGANDA ELEITORAL NEGATIVA. INVASÃO DE HORÁRIO. CONFIGURAÇÃO.
Configura invasão de horário tipificada no artigo 53-A da Lei nº 9.504/97 a veiculação de propaganda eleitoral negativa a adversário político em eleições majoritárias, devidamente identificado, no espaço destinado a candidatos a eleições proporcionais.
PERDA DO TEMPO. CRITÉRIOS. HORÁRIO. CANDIDATO. BENEFICIADO. NÚMERO DE INSERÇÕES. BLOCO DE AUDIÊNCIA. PRINCÍPIO DA PROPORCIONALIDADE. APLICAÇÃO. RESTRIÇÃO AO ÂMBITO ESTADUAL. EXCLUSÕES OU SUBSTITUIÇÕES. TEMPO MÍNIMO DE 15 SEGUNDOS E RESPECTIVOS MÚLTIPLOS. RESOLUÇÃO-TSE Nº 23.193/2009, ARTIGO 39. RESSALVA DE ENTENDIMENTO.
A incursão na vedação contida no artigo 53-A da Lei nº 9.504/97 sujeita o partido político ou coligação à perda de tempo equivalente no horário reservado à propaganda da eleição disputada pelo candidato beneficiado.
Em se tratando de inserções, o que deve ser levado em conta na perda do tempo não é a duração da exibição em cada uma das emissoras, mas

sim o número de inserções a que o partido ou coligação teria direito de veicular em determinado bloco de audiência. Precedentes.

Aplicação do princípio da proporcionalidade que justifica a perda do tempo restrita à propaganda do candidato beneficiado veiculada no Estado em que ocorrida a invasão de horário.

Nos termos do artigo 39 da Resolução-TSE nº 23.193/2009, as exclusões ou substituições nas inserções observarão o tempo mínimo de 15 segundos e os respectivos múltiplos. Ressalva de entendimento. (Representação nº 243.589. Rel. Min. Joelson Costa Dias. Sessão de 2.9.2010)

O acórdão transcrito ratifica diferentes pontos da Lei das Eleições no que tange à propaganda no rádio e na televisão. Com efeito, o art. 47, como já analisado, elenca os horários destinados à divulgação de propaganda eleitoral gratuita nos trinta e cinco dias anteriores à antevéspera das eleições, cabendo ao inc. III do art. 51 complementá-lo ao dispor que a distribuição do tempo levará em conta os blocos de audiência entre as cinco e as onze horas, as onze e as dezoito horas, e as dezoito e as vinte e quatro horas.

Consoante se depreende do acórdão ora analisado, a disciplina dos horários de inserções de propaganda eleitoral gratuita pela lei tem como escopo garantir ao eleitor as informações necessárias para a formação de sua opinião, permitindo a comparação entre candidatos opostos com o fito de corroborar para a decisão daquele.

> Art. 50. A Justiça Eleitoral efetuará sorteio para a escolha da ordem de veiculação da propaganda de cada partido ou coligação no primeiro dia do horário eleitoral gratuito; a cada dia que se seguir, a propaganda veiculada por último, na véspera, será a primeira, apresentando-se as demais na ordem do sorteio.
>
> Art. 51. Durante os períodos previstos nos arts. 47 e 49, as emissoras de rádio e televisão e os canais por assinatura mencionados no art. 57 reservarão, ainda, setenta minutos diários para a propaganda eleitoral gratuita, a serem usados em inserções de trinta e sessenta segundos, a critério do respectivo partido ou coligação, assinadas obrigatoriamente pelo partido ou coligação, e distribuídas, ao longo da programação veiculada entre as cinco e as vinte quatro horas, nos termos do §2º do art. 47, obedecido o seguinte: (Redação dada pela Lei nº 13.165, de 2015)
>
> I - o tempo será dividido em partes iguais para a utilização nas campanhas dos candidatos às eleições majoritárias e proporcionais, bem como de suas legendas partidárias ou das que componham a coligação, quando for o caso;
>
> II - (revogado); (Redação dada pela Lei nº 13.165, de 2015)

III - a distribuição levará em conta os blocos de audiência entre as cinco e as onze horas, as onze e as dezoito horas, e as dezoito e as vinte e quatro horas; (Redação dada pela Lei nº 13.165, de 2015)

IV - na veiculação das inserções, é vedada a divulgação de mensagens que possam degradar ou ridicularizar candidato, partido ou coligação, aplicando-se-lhes, ainda, todas as demais regras aplicadas ao horário de propaganda eleitoral, previstas no art. 47. (Redação dada pela Lei nº 12.891, de 2013)

Parágrafo único. É vedada a veiculação de inserções idênticas no mesmo intervalo de programação, exceto se o número de inserções de que dispuser o partido exceder os intervalos disponíveis, sendo vedada a transmissão em sequência para o mesmo partido político. (Incluído pela Lei nº 12.891, de 2013)

Art. 52. A partir do dia 15 de agosto do ano da eleição, a Justiça Eleitoral convocará os partidos e a representação das emissoras de televisão para elaborarem plano de mídia, nos termos do art. 51, para o uso da parcela do horário eleitoral gratuito a que tenham direito, garantida a todos participação nos horários de maior e menor audiência. (Redação dada pela Lei nº 13.165, de 2015)

Art. 53. Não serão admitidos cortes instantâneos ou qualquer tipo de censura prévia nos programas eleitorais gratuitos.

§1º É vedada a veiculação de propaganda que possa degradar ou ridicularizar candidatos, sujeitando-se o partido ou coligação infratores à perda do direito à veiculação de propaganda no horário eleitoral gratuito do dia seguinte.

§2º Sem prejuízo do disposto no parágrafo anterior, a requerimento de partido, coligação ou candidato, a Justiça Eleitoral impedirá a reapresentação de propaganda ofensiva à honra de candidato, à moral e aos bons costumes.

Art. 53-A. É vedado aos partidos políticos e às coligações incluir no horário destinado aos candidatos às eleições proporcionais propaganda das candidaturas a eleições majoritárias ou vice-versa, ressalvada a utilização, durante a exibição do programa, de legendas com referência aos candidatos majoritários ou, ao fundo, de cartazes ou fotografias desses candidatos, ficando autorizada a menção ao nome e ao número de qualquer candidato do partido ou da coligação. (Redação dada pela Lei nº 12.891, de 2013)

§1º É facultada a inserção de depoimento de candidatos a eleições proporcionais no horário da propaganda das candidaturas majoritárias e vice-versa, registrados sob o mesmo partido ou coligação, desde que o depoimento consista exclusivamente em pedido de voto ao candidato que cedeu o tempo. (Incluído pela Lei nº 12.034, de 2009)

§2º Fica vedada a utilização da propaganda de candidaturas proporcionais como propaganda de candidaturas majoritárias e vice-versa. (Incluído pela Lei nº 12.034, de 2009)

§3º O partido político ou a coligação que não observar a regra contida neste artigo perderá, em seu horário de propaganda gratuita, tempo equivalente no horário reservado à propaganda da eleição disputada pelo candidato beneficiado. (Incluído pela Lei nº 12.034, de 2009)

Visando resguardar a isonomia do pleito eleitoral, o art. 53-A vetou aos partidos políticos e coligações a inclusão no horário destinado aos candidatos às eleições proporcionais de propaganda das candidaturas a eleições majoritárias e vice-versa, sob pena de perder, em seu horário de propaganda gratuita, tempo equivalente no horário reservado à propaganda da eleição disputada pelo candidato beneficiado.

Nesse sentido, os ministros do TSE entenderam pela configuração da supracitada invasão de horário no caso ensejador do acórdão em análise, entendendo que no caso de inserções, o que deve ser levado em conta na perda do tempo é o número de inserções que o partido teria direito de veicular e não a duração da exibição em cada emissora.

Ainda no que diz respeito à dicção do art. 53-A da Lei das Eleições, a jurisprudência do TSE é pacífica de que a invasão de horário contemplada no *caput* e incisos do citado artigo não contempla a invasão de candidatos majoritários em espaço de propaganda majoritária, mas tão somente a invasão pelos candidatos majoritários em tempo destinado aos candidatos proporcionais e vice-versa. Nesse sentido é a jurisprudência abaixo:

> PROPAGANDA ELEITORAL. INSERÇÃO ESTADUAL. ALEGAÇÃO DE INVASÃO DE PROPAGANDA PRESIDENCIAL. ART. 53-A DA LEI 9.504/97. IMPOSSIBILIDADE JURÍDICA.
> A regra do art. 53-A não contempla a "invasão" de candidatos majoritários em espaço de propaganda majoritária. Protege apenas a ocupação pelos majoritários dos espaços destinados aos proporcionais e vice-versa.
> Tratando-se de suposta "invasão" entre candidaturas majoritárias em relação à qual se pede a aplicação da regra do art. 53-A, o pedido se mostra juridicamente impossível. (Representação nº 254.673. Rel. Min. Henrique Neves da Silva. Sessão de 31.8.2010)

Ressalte-se que o §1º do art. 53-A facultou a inserção de depoimentos de candidatos a eleições proporcionais no horário da propaganda das candidaturas majoritárias e vice-versa, desde que pertençam ao mesmo partido ou coligação e que o depoimento tenha por única finalidade o pedido de voto ao candidato cedente do tempo.

Visando coibir a prática de atos atentatórios à imagem e dignidade dos candidatos, o Plenário do TSE entendeu que a veiculação de propaganda que tenha por função ridicularizar o candidato adversário constitui ato ilícito, carecendo, portanto, de punição, senão vejamos:

> Representação. Veiculação. Inserções. Ridicularização. Candidato a Presidente. Infração. Art. 53, §1º, da Lei nº 9.504/97. Procedência parcial.
> 1. Hipótese em que a inserção ridiculariza o candidato a Presidente, incorrendo na proibição contida no art. 53, §1º, da Lei nº 9.504/97, ensejando a perda do direito à veiculação da propaganda no mesmo tempo utilizado no ilícito.
> 2. A propaganda impugnada não utiliza montagem, trucagem ou recurso de áudio e vídeo, não incidindo o disposto nos arts. 45, II, e 55 da Lei nº 9.504/97.
> Representação julgada parcialmente procedente. (Representação nº 1.109. Rel. Min. Marcelo Henriques Ribeiro de Oliveira. Sessão de 12.9.2006)

Art. 54. Nos programas e inserções de rádio e televisão destinados à propaganda eleitoral gratuita de cada partido ou coligação só poderão aparecer, em gravações internas e externas, observado o disposto no §2º, candidatos, caracteres com propostas, fotos, *jingles*, clipes com música ou vinhetas, inclusive de passagem, com indicação do número do candidato ou do partido, bem como seus apoiadores, inclusive os candidatos de que trata o §1º do art. 53-A, que poderão dispor de até 25% (vinte e cinco por cento) do tempo de cada programa ou inserção, sendo vedadas montagens, trucagens, computação gráfica, desenhos animados e efeitos especiais. (Redação dada pela Lei nº 13.165, de 2015)

§1º No segundo turno das eleições não será permitida, nos programas de que trata este artigo, a participação de filiados a partidos que tenham formalizado o apoio a outros candidatos. (Redação dada pela Lei nº 13.165, de 2015)

§2º Será permitida a veiculação de entrevistas com o candidato e de cenas externas nas quais ele, pessoalmente, exponha: (Incluído pela Lei nº 13.165, de 2015)

I - realizações de governo ou da administração pública; (Incluído pela Lei nº 13.165, de 2015)

II - falhas administrativas e deficiências verificadas em obras e serviços públicos em geral; (Incluído pela Lei nº 13.165, de 2015)

III - atos parlamentares e debates legislativos. (Incluído pela Lei nº 13.165, de 2015)

O art. 54 da Lei nº 9.504/97 também sofreu alteração com a Lei nº 13.165/2015. A nova dicção legal veio descrever e limitar as pessoas e instrumentos que poderão ser utilizados nos programas e inserções de rádio e televisão destinados à propaganda eleitoral gratuita de cada partido ou coligação.

A legislação coíbe, ainda, no segundo turno das eleições, a participação nos programas descritos acima, de filiados a partidos que tenham formalizado o apoio a outros candidatos. Por outro lado, permite a veiculação de entrevistas com o candidato e de cenas externas as quais ele, pessoalmente, exponha.

> Art. 55. Na propaganda eleitoral no horário gratuito, são aplicáveis ao partido, coligação ou candidato as vedações indicadas nos incisos I e II do art. 45.
>
> Parágrafo único. A inobservância do disposto neste artigo sujeita o partido ou coligação à perda de tempo equivalente ao dobro do usado na prática do ilícito, no período do horário gratuito subsequente, dobrada a cada reincidência, devendo o tempo correspondente ser veiculado após o programa dos demais candidatos com a informação de que a não veiculação do programa resulta de infração da lei eleitoral. (Redação dada pela Lei nº 12.891, de 2013)
>
> Art. 56. A requerimento de partido, coligação ou candidato, a Justiça Eleitoral poderá determinar a suspensão, por vinte e quatro horas, da programação normal de emissora que deixar de cumprir as disposições desta Lei sobre propaganda.
>
> §1º No período de suspensão a que se refere este artigo, a Justiça Eleitoral veiculará mensagem de orientação ao eleitor, intercalada, a cada 15 (quinze) minutos. (Redação dada pela Lei nº 12.891, de 2013)
>
> §2º Em cada reiteração de conduta, o período de suspensão será duplicado.

O art. 56 da Lei nº 9.504/97 permite, por sua vez, que partidos políticos, coligação ou candidatos requeiram à Justiça Eleitoral que determine a suspensão por 24 horas da programação normal da emissora que não cumprir com as normas dispostas na Lei das Eleições sobre propaganda.

Nesse sentido, destacamos jurisprudência do TSE aplicando a penalidade de suspensão descrita na norma, ressaltando, porém, que a aplicação dela deve considerar a proporcionalidade, ou seja, o sopesamento entre a gravidade da conduta e o tempo consumido em seu cometimento, como destacamos abaixo:

> Agravo de instrumento. Provimento. Recurso especial. Representação. Emissora de televisão. Programação normal. Violação do art. 45 da Lei nº 9.504/97. Aplicação de multa. Suspensão da programação normal.

Recurso especial não conhecido pela alínea a do inciso I do art. 276 do CE. Divergência jurisprudencial. Caracterizada.

Na aplicação da penalidade de suspensão de programação normal da emissora, há de se considerar a gravidade da falta e o tempo consumido em seu cometimento, em observância ao princípio da proporcionalidade (Precedentes).

Recurso que se conhece pela divergência. Pena fixa desde logo.

Medida Cautelar nº 1.074-PA. Apensamento. Prejudicada. (Agravo de Instrumento nº 3.816. Rel. Min. Luiz Carlos Lopes Madeira. *DJ*, 21 fev. 2003)

Analisada as propagandas eleitorais no rádio e na televisão, é de suma importância o estudo da propaganda eleitoral na internet. Com efeito, a Lei nº 9.504/97 não dispôs inicialmente sobre esse tema. Contudo, com o notório crescimento da importância da internet e acesso a ela por pessoas das mais diferentes idades e condições sociais, fez-se imperativo que as leis eleitorais acompanhassem essa evolução e inserissem dispositivos que retratassem o assunto.

Dessa forma, em que pese o surgimento, aos poucos, de normas que regulamentassem a matéria, foi somente com a edição da Lei nº 12.034 de 2009, a qual inseriu novos dispositivos na Lei das Eleições, que o assunto ganhou a disciplina legal específica e condizente com a importância do tema e com os anseios sociais.

Isso porque não se pode olvidar que vivemos a era da informação, na qual cada vez mais a internet é utilizada por diferentes indivíduos para as mais diversas finalidades. Com isso, redes sociais, *blogs*, *e-mails*, entre outros acabam por representar uma potencial e eficaz ferramenta para a ampla difusão de informações, sendo essas dos mais variados assuntos.

Dessa forma, acompanhando a evolução da sociedade, a inclusão de tais dispositivos na Lei das Eleições tem como escopo garantir a isonomia de condições entre os candidatos, impedindo que práticas arbitrárias e ilegais possam ser praticadas a partir da veiculação de propaganda eleitoral pela rede mundial de computadores.

A legislação estabelece os requisitos e formas pelas quais a propaganda eleitoral poderá ser veiculada na internet, as vedações a que está limitada e as sanções a serem aplicadas para eventual desrespeito com a norma.

Nesse sentido, continuamos a análise proposta neste artigo partindo dos julgados do TSE e TRE/PA naquilo que concerne à propaganda eleitoral via internet.

Com efeito, é pacífico na jurisprudência eleitoral que direitos e liberdades individuais, como a de expressão e informação, não podem ser suprimidas dos indivíduos. Contudo, o exercício desses direitos não é absoluto, pois caso evidenciadas eventuais condutas que extrapolem seus limites, vindo a ofender os direitos de personalidade, é oportuno que haja a aplicação de sanções ao infrator.

Vários são os meios para se expressar críticas e impressões pessoais acerca de outrem, sendo a internet, dada a rapidez e facilidade de acesso ao sistema por grande parcela da população, um meio bastante eficaz para tanto. Por meio dela se difundem ideias e opiniões que têm o condão de influenciar o ideário do seu leitor/ouvinte. Daí porque a legislação eleitoral impôs limites ao exercício da liberdade de expressão difundida pela internet.

Nesse sentido, destacamos o seguinte julgado do TSE:

> AGRAVO REGIMENTAL. AGRAVO DE INSTRUMENTO. ELEIÇÕES 2012. PROPAGANDA ELEITORAL NEGATIVA. INTERNET. MULTA. ASTREINTES. DESPROVIMENTO.
>
> 1. Na espécie, a irregularidade consistiu na divulgação, em sitio da internet, de material calunioso e ofensivo à honra e à dignidade do agravado, conteúdo que extrapolou o exercício da liberdade de expressão e de informação.
>
> 2. O acórdão recorrido está em consonância com a jurisprudência do TSE, de que a livre manifestação do pensamento, a liberdade de imprensa e o direito de crítica não encerram direitos ou garantias de caráter absoluto, atraindo a sanção da lei eleitoral, a posteriori, no caso de ofensa aos direitos de personalidade. Precedentes: Rp 1975-05/DF, Rel. Min. Henrique Neves, PSESS de 2.8.2010 e AgRg-AI 800533, Rel. Min. Nancy Andrighi, DJe de 20.5.2013.
>
> 3. O pedido de redução do valor da multa não merece provimento, pois a agravante não indicou qualquer elemento que comprove sua desproporcionalidade ou irrazoabilidade. Precedente: AgR-AI 4224, Rel. Min. Castro Meira, julgado na sessão de 17.9.2013.
>
> 4. Agravo regimental não provido. (Agravo Regimental em Agravo de Instrumento nº 27.776. Rel. Min. João Otávio de Noronha. *DJE*, 25 mar. 2014)

No mesmo sentido, o AgR-AI nº 739.565 do TSE ressalta que os limites impostos à veiculação de propaganda eleitoral não afrontam os direitos constitucionais supramencionados, senão vejamos:

Representação. Propaganda Eleitoral irregular. Internet.

1. Segundo a jurisprudência do TSE, as limitações impostas à veiculação de propaganda eleitoral não afetam os direitos constitucionais de livre manifestação do pensamento e de liberdade de informação. Precedentes: AgR-REspe nº 35.719, rel. Min. Aldir Passarinho Júnior, DJE de 26.4.2011; AgR-AI nº 4.806, rel. Min. Carlos Velloso, DJE de 11.3.2005.

2. É irrelevante a discussão acerca da suspensão pelo STF, na ADI nº 4.451, da eficácia dos incisos II e III do art. 45 da Lei nº 9.504/97, porquanto não houve, no caso concreto, aplicação de multa fundada na invocada disposição legal.

3. É cabível a imposição da sanção pecuniária como consequência de eventual descumprimento de decisão liminar proferida no âmbito da representação eleitoral.

Agravo regimental a que se nega provimento. (Agravo Regimental em Agravo de Instrumento nº 739.565. Rel. Min. Henrique Neves da Silva. *DJE*, 2 dez. 2013)

Outro assunto já consolidado nos julgados do TSE diz respeito à realização de propaganda eleitoral extemporânea. Com efeito, a lei eleitoral já coibia essa prática quando divulgada por rádio e televisão, ampliando seu lócus de proibição também para a internet, como se verifica abaixo:

AGRAVO REGIMENTAL EM AGRAVO DE INSTRUMENTO. PROPAGANDA EXTEMPORÂNEA EM SÍTIOS ELETRÔNICOS. INOVAÇÃO DE TESE RECURSAL. IMPOSSIBILIDADE. REEXAME DE PROVAS. INVIABILIDADE. DISSÍDIO JURISPRUDENCIAL PREJUDICADO. FUNDAMENTOS NÃO INFIRMADOS. DESPROVIDO.

1. Ante as circunstâncias e peculiaridades do caso concreto, a Corte Regional concluiu que houve o conhecimento prévio do beneficiário a respeito da veiculação da propaganda. Entendimento contrário ensejaria, necessariamente, o reexame de matéria fático-probatória, o que é inviável nesta instância especial (Súmulas 7/STJ e 279/STF).

2. Constitui inovação recursal as alegações de que o TRE reconheceu expressamente que as propagandas deixaram de ser veiculadas após notificação no prazo legal e de que houve violação ao princípio da razoabilidade, do que resulta ser incabível discussão a esse respeito.

3. Prejudicada a análise do suposto dissídio jurisprudencial.

4. É *entendimento desta Corte que não se admite a utilização de sites para a divulgação de propaganda eleitoral extemporânea, sob pena de desequilíbrio no processo eleitoral.* Precedentes.

5. Diante da ausência de argumentação relevante, apta a afastar a decisão impugnada, esta se mantém por seus próprios fundamentos.

6. Agravo regimental desprovido. (Agravo Regimental em Agravo de Instrumento nº 299.968. Rel. Min. Laurita Hilário Vaz. *DJE*, 16 out. 2013) (Grifos nossos)

Em julgado do dia 17.3.2011, o Plenário do TSE reconheceu a realização de propaganda eleitoral antecipada por meio da internet, em que foi divulgada a candidatura e os motivos pelos quais a candidata seria a mais apta para o exercício do cargo público. Referido julgado ressaltou ainda que não há que se falar que a leitura da mensagem contida no *site* depende tão somente de ato de vontade do leitor. Vejamos:

> REPRESENTAÇÃO. PROPAGANDA ANTECIPADA. DIVULGAÇÃO. TEXTO. INTERNET. BLOG CONOTAÇÃO ELEITORAL. PRESENTE. RECURSO. DESPROVIMENTO.
> 1. Nos termos da jurisprudência da Corte, deve ser entendida como propaganda eleitoral antecipada qualquer manifestação que, antes dos três meses anteriores ao pleito, leve ao conhecimento geral, ainda que de forma dissimulada, a candidatura, mesmo que somente postulada, a ação política que se pretende desenvolver ou as razões que levem a inferir que o beneficiário seja o mais apto para a função pública.
> 2. O fato de o acesso a eventual mensagem contida em sítio da internet depender de ato de vontade do internauta não elide a possibilidade de caracterização da propaganda eleitoral extemporânea, caso nela conste "pedido de votos, menção ao número do candidato ou ao de seu partido ou qualquer outra referência à eleição" (Precedente).
> 3. A garantia constitucional da livre manifestação do pensamento não pode servir para albergar a prática de ilícitos eleitorais, mormente quando está em jogo outro valor igualmente caro à própria Constituição, como o equilíbrio do pleito.
> 4. Divulgada, por meio de página na internet, a candidatura e os motivos pelos quais a candidata seria a mais apta para o exercício do cargo público, é de se reconhecer a prática de propaganda antecipada;
> 5. A propaganda intrapartidária é permitida ao postulante à candidatura com vistas à indicação de seu nome em convenção, e deve ser dirigida somente aos respectivos convencionais.
> 6. Recurso desprovido. (Recurso em Representação nº 203.745. Rel. Min. Marcelo Henriques Ribeiro de Oliveira. *DJE*, 12 abr. 2011)

Caso semelhante ficou configurado em julgado do TRE/PA, de relatoria da Juíza Ezilda Pastana Mutran, a qual reconheceu a propaganda eleitoral extemporânea realizada por alusão à futura candidatura, tendo sido divulgada em *blog*, carecendo, portanto, da aplicação de sanção. Vejamos:

> RECURSO EM REPRESENTAÇÃO ELEITORAL. PROPAGANDA EXTEMPORÂNEA. DISCURSO APELATIVO. ALUSÃO A CANDIDATURA VINDOURA. DIVULGAÇÃO EM BLOG. PROPAGANDA ANTECIPADA NA INTERNET. CONFIGURAÇÃO. RECURSO CONHECIDO. REFORMA DA DECISÃO. APLICAÇÃO DE MULTA INDIVIDUAL. (Recurso em Representação nº 32.615. Rel. Ezilda Pastana Mutran. *DJE*, 28 jun. 2010)

No mesmo sentido, consubstancia-se o julgado abaixo transcrito, também do TRE/PA, o qual reconheceu a divulgação de propaganda irregular por meio do extinto *site* de relacionamentos Orkut:

> RECURSO ELEITORAL. REPRESENTAÇÃO ELEITORAL. PARCIALMENTE ACOLHIDA. MULTA PELO RECONHECIMENTO DA PRODUÇÃO E DIVULGAÇÃO DE PROPAGANDA IRREGULAR ATRAVÉS DO SITE DE RELACIONAMENTO ORKUT. VIOLAÇÃO DO PRINCÍPIO DA ISONOMIA. IMPROVIMENTO DO RECURSO.
> Viola o princípio da igualdade, comprometendo o equilíbrio e a isonomia no pleito eleitoral, a veiculação de propaganda na internet fora do site específico criado pela Resolução 22.718/2008.
> Recurso improvido. (Recurso Eleitoral nº 4.424. Rel. André Ramy Pereira Bassalo. *DOE*, 27 mar. 2009)

Ao analisar um processo que tenha por finalidade a verificação da configuração ou não de propaganda irregular, o magistrado deve atentar para os mínimos detalhes do caso. Isso porque, muitas vezes, a propaganda irregular vem disfarçada de propaganda lícita, camuflando a intenção eleitoreira que muitas vezes compõe a real intenção da propaganda. Nesse sentido, apontamos a leitura da seguinte jurisprudência do TSE:

> AGRAVO REGIMENTAL. RECURSO ESPECIAL ELEITORAL. PROPAGANDA ELEITORAL ANTECIPADA. NÃO CARACTERIZAÇÃO.
> 1. No recurso especial é possível verificar se os fatos incontroversos, tais como apresentados no acórdão regional, configuram ou não propaganda eleitoral antecipada, sem que para tanto seja necessário reexaminar a prova.

2. "Suposições e inferências que decorrem do universo cognitivo do destinatário do discurso não podem ser consideradas como elementos suficientes a atrair a sanção prevista em norma legal" (R-RP nº 989-51, rel. da minha relatoria, DJE de 23.8.2010).

3. "A propaganda eleitoral antecipada por meio de manifestações dos partidos políticos ou de possíveis futuros candidatos na internet somente resta caracterizada quando há propaganda ostensiva, com pedido de voto e referência expressa à futura candidatura, ao contrário do que ocorre em relação aos outros meios de comunicação social nos quais o contexto é considerado" (REspe nº 29-49, da minha relatoria, DJE de 25.8.2014).

Agravo regimental ao qual se nega provimento. (Agravo Regimental em Recurso Especial Eleitoral nº 21.179. Rel. Min. Henrique Neves da Silva. *DJE*, 6 nov. 2015)

Ocorre que nem toda informação e/ou opinião divulgada na internet sobre determinado candidato constitui propaganda eleitoral antecipada ou irregular, pois, como já salientado, a CF/88 garantiu a todos os indivíduos o direito à liberdade de expressão e de informação. Assim, ao se deparar com um caso concreto, o julgador deve observar atentamente os detalhes, para a partir do seu livre entendimento apontar se houve ou não a propaganda eleitoral vedada.

Esse é o entendimento, aliás, do C. TSE, configurado na jurisprudência supramencionada. Como se percebe pela leitura do julgado, para que reste caracterizada a propaganda eleitoral antecipada na internet, faz-se necessário que esta seja "ostensiva, com pedido de voto e referência expressa à futura candidatura, ao contrário do que ocorre em relação aos outros meios de comunicação social nos quais o contexto é considerado".

Nessa linha de pensamento colaciona-se o seguinte julgado do TRE/PA:

> RECURSO ELEITORAL. REPRESENTAÇÃO POR PROPAGANDA ANTECIPADA. MENSAGEM DIVULGADA NA INTERNET POR VIA DE BLOG NÃO CARACTERIZADA COMO PROPAGANDA ELEITORAL. MENSAGEM FORTEMENTE CRÍTICA QUE SÓ EXTERNA OPINIÃO PESSOAL DO AUTOR.
> Recurso conhecido e improvido. (Recurso Ordinário nº 2.432. Rel. Paulo Gomes Jussara Júnior. Sessão de 18.9.2008)

Como se percebe, ao julgar o caso concreto, deve o magistrado sempre verificar o que de fato caracteriza propaganda irregular e o que representa a mera opinião do autor, ainda que esta seja crítica, pois somente a partir disso poderá decidir o caso.

No mesmo sentido, colacionamos o próximo julgado no qual restou verificado a inocorrência de propaganda eleitoral irregular e suposta promoção pessoal da candidata ora recorrida:

> RECURSO ELEITORAL. AÇÃO DE INVESTIGAÇÃO JUDICIAL ELEITORAL. ABUSO DE PODER ECONÔMICO E DE AUTORIDADE. UTILIZAÇÃO INDEVIDA DE VEÍCULOS OU MEIOS DE COMUNICAÇÃO SOCIAL. JULGAMENTO ANTECIPADO DA LIDE. SENTENÇA DE 1º GRAU PELA IMPROCEDÊNCIA. PRELIMINAR DE INTEMPESTIVIDADE. FERIADO. PRAZOS SUSPENSOS POR PORTARIA E PRORROGADOS PARA O PRÓXIMO DIA ÚTIL. REJEIÇÃO. MÉRITO. NOTÍCIAS EM REVISTA, "SITE E BLOG." CARÁTER MERAMENTE INFORMATIVO. PRINCÍPIO DA PUBLICIDADE. "BLOG" UTILIZADO COMO LIVRE MANIFESTAÇÃO DO PENSAMENTO. INOCORRÊNCIA DE PROMOÇÃO PESSOAL PARA A CANDIDATA. RECURSO IMPROVIDO.
>
> 1 - Não há que se falar em intempestividade do recurso quando este é interposto em dia dentro do prazo prorrogado por Portaria em decorrência de feriado. Preliminar rejeitada.
>
> 2 - A revista, o "blog" e o "site" mencionados como prova possuem caráter meramente informativo, o que denota a inexistência de qualquer conduta ilícita.
>
> 3 - O princípio da publicidade disposto no caput e no §1º do artigo 37 da Constituição Federal, autoriza a Administração a divulgar seus atos em geral. No caso do "site", as notícias, além de possuírem mero caráter informativo, não foram veiculadas em período vedado, segundo as provas dos autos. O site, ademais, não obstante pertencer à Prefeitura, sequer faz menção à candidata recorrida.
>
> 4 - A despeito de a revista ter sido distribuída em período vedado, não faz qualquer menção à candidata recorrida, logo inexiste promoção pessoal e propaganda eleitoral.
>
> 5 - O "blog" de autoria reconhecida é expressão do livre pensamento e, desse modo, não se consubstancia em conduta ilícita.
>
> 6 - Recurso improvido. (Recurso Eleitoral nº 71.945. Rel. Eva do Amaral Coelho. *DJE*, 6 nov. 2013)

Através da leitura do supracitado acórdão podemos perceber que se tratava de *site* pertencente à Prefeitura, cujo conteúdo divulgado não passava de mera informação, uma vez que, segundo entendimento dos magistrados daquela Corte Eleitoral, não fora divulgado em período vedado, nem mesmo fazia menção à candidata recorrida. Da mesma forma, o julgado ressalta o princípio da publicidade previsto no art. 37 da CF/88, o qual permite que a Administração Pública divulgue seus atos.

> Art. 57. As disposições desta Lei aplicam-se às emissoras de televisão que operam em VHF e UHF e os canais de televisão por assinatura sob a responsabilidade do Senado Federal, da Câmara dos Deputados, das Assembléias Legislativas, da Câmara Legislativa do Distrito Federal ou das Câmaras Municipais.
> Art. 57-A. É permitida a propaganda eleitoral na internet, nos termos desta Lei, após o dia 15 de agosto do ano da eleição. (Redação dada pela Lei nº 13.165, de 2015)

O art. 57-A da Lei nº 9.504/97 estabelece o prazo no qual é permitida a propaganda eleitoral: após o dia 15 de agosto do ano da eleição. Antes dessa data, portanto, é considerada propaganda eleitoral antecipada ou extemporânea. Ressalte que esse prazo é resultado da alteração legislativa implementada pela Lei nº 13.165/2015. Antes de tal alteração, a Lei das Eleições estipulava o prazo após o dia 5 de julho do ano das eleições.

> Art. 57-B. A propaganda eleitoral na internet poderá ser realizada nas seguintes formas: (Incluído pela Lei nº 12.034, de 2009) (Vide Lei nº 12.034, de 2009)
> I - em sítio do candidato, com endereço eletrônico comunicado à Justiça Eleitoral e hospedado, direta ou indiretamente, em provedor de serviço de internet estabelecido no País; (Incluído pela Lei nº 12.034, de 2009)
> II - em sítio do partido ou da coligação, com endereço eletrônico comunicado à Justiça Eleitoral e hospedado, direta ou indiretamente, em provedor de serviço de internet estabelecido no País; (Incluído pela Lei nº 12.034, de 2009)
> III - por meio de mensagem eletrônica para endereços cadastrados gratuitamente pelo candidato, partido ou coligação; (Incluído pela Lei nº 12.034, de 2009)
> IV - por meio de blogs, redes sociais, sítios de mensagens instantâneas e assemelhados, cujo conteúdo seja gerado ou editado por candidatos, partidos ou coligações ou de iniciativa de qualquer pessoa natural. (Incluído pela Lei nº 12.034, de 2009)

O art. 57-B da Lei das Eleições, por sua vez, enumera as formas pelas quais a propaganda eleitoral poderá ser divulgada na internet. Nesse ínterim, é importante destacar a amplitude do termo "mensagens eletrônicas" para efeitos da citada lei. Com efeito, Silva, assim, conceitua:

são aquelas remetidas e recebidas por e-mails e somente por meio desses. Tanto é assim, que é necessário que o candidato, partido ou coligação, segundo o artigo 57-G, disponha de mecanismo de descadastramento para que o eleitor possa deixar de receber a propaganda não querida. Esse expediente não é próprio de SMS. O envio de SMS pelo eleitor para solicitar descadastramento imporia custo econômico a esse. Não se pode afirmar, ademais, que a expressão "sítio de mensagens instantâneas e assemelhados" poderia sustentar a tese. É que as mensagens instantâneas são enviadas por meio de programas de informática que demandam autorização e/ou bloqueio dos participantes, a exemplo do programa denominado MSN Messenger. Para o estabelecimento de conversa eletrônica se faz necessária a vontade dos utilizadores do programa. Não é o caso do SMS, em que o usuário do telefone não pode bloquear o recebimento de forma genérica de mensagens sem ter a função de seu telefone prejudicada.

Com relação ao tema, o TRE/PA assim entendeu:

RECURSO ELEITORAL. DIREITO DE RESPOSTA. OFENSA PESSOAL. PROPAGANDA DIVULGADA NA INTERNET. CABIMENTO. CRÍTICAS QUE ULTRAPASSARAM O LIMITE DO DEBATE POLÍTICO. ASSUNÇÃO IMAGINÁRIA DO NARRADOR À PREFEITURA DE BELÉM. FATO SABIDAMENTE INVERÍDICO. PROVIMENTO DO RECURSO.
1. *O Twitter e Facebook se inserem no conceito de "sítios de mensagens instantâneas e assemelhados", previsto no art. 57-B da Lei 9.504/97, e é alcançado pela referência a "qualquer veículo de comunicação social" contida no art. 58 da Lei das Eleições.*
1. As balizas impostas à propaganda eleitoral objetivam preservar a verdade dos fatos e assegurar a igualdade entre os contendores, sem prejuízo do exercício da liberdade de expressão.
2. As críticas veiculadas na propaganda inquinada ultrapassaram o limite do debate político, excedendo os limites do exercício de crítica aos homens públicos, adquirindo feição personalista propositada e injustificada, na medida em que seu objetivo maior foi alardear conceitos, imagens e sentimentos negativos de seu adversário político, tachando-o como uma pessoa negligente, sem compromisso com o município, que não inspira confiança, que faz promessa e não cumpre.
3. Propaganda eleitoral que transborda os limites do questionamento político ou administrativo, falseando a realidade no sentido de ocupação imaginária pelo narrador de cargo de Prefeito Municipal por 08 meses, oportunidade em que teria, pessoalmente, concluído as obras então abandonadas, resvala incontroversamente em fato sabidamente inverídico.

4. Recurso conhecido e provido. (Recurso em Representação nº 7.161. Rel. Daniel Santos Rocha Sobral. Sessão de 28.9.2012) (Grifos nossos)

Art. 57-C. Na internet, é vedada a veiculação de qualquer tipo de propaganda eleitoral paga. (Incluído pela Lei nº 12.034, de 2009)

§1º É vedada, ainda que gratuitamente, a veiculação de propaganda eleitoral na internet, em sítios: (Incluído pela Lei nº 12.034, de 2009)

I - de pessoas jurídicas, com ou sem fins lucrativos; (Incluído pela Lei nº 12.034, de 2009)

II - oficiais ou hospedados por órgãos ou entidades da administração pública direta ou indireta da União, dos Estados, do Distrito Federal e dos Municípios. (Incluído pela Lei nº 12.034, de 2009)

§2º A violação do disposto neste artigo sujeita o responsável pela divulgação da propaganda e, quando comprovado seu prévio conhecimento, o beneficiário à multa no valor de R$5.000,00 (cinco mil reais) a R$30.000,00 (trinta mil reais). (Incluído pela Lei nº 12.034, de 2009)

Art. 57-D. É livre a manifestação do pensamento, vedado o anonimato durante a campanha eleitoral, por meio da rede mundial de computadores - internet, assegurado o direito de resposta, nos termos das alíneas a, b e c do inciso IV do §3º do art. 58 e do 58-A, e por outros meios de comunicação interpessoal mediante mensagem eletrônica. (Incluído pela Lei nº 12.034, de 2009)

§1º (VETADO) (Incluído pela Lei nº 12.034, de 2009)

§2º A violação do disposto neste artigo sujeitará o responsável pela divulgação da propaganda e, quando comprovado seu prévio conhecimento, o beneficiário à multa no valor de R$5.000,00 (cinco mil reais) a R$30.000,00 (trinta mil reais). (Incluído pela Lei nº 12.034, de 2009)

§3º Sem prejuízo das sanções civis e criminais aplicáveis ao responsável, a Justiça Eleitoral poderá determinar, por solicitação do ofendido, a retirada de publicações que contenham agressões ou ataques a candidatos em sítios da internet, inclusive redes sociais. (Incluído pela Lei nº 12.891, de 2013)

Outro entendimento consolidado na jurisprudência do TSE e TRE/PA diz respeito à vedação contida no art. 57-C da Lei das Eleições. O *caput* do artigo é enfático ao proibir a propaganda eleitoral paga na internet. O §1º, incs. I e II, por sua vez, veda a propaganda eleitoral, ainda que gratuita, veiculada em *sites* de pessoas jurídicas, com ou sem fins lucrativos e *sites* oficiais ou hospedados por órgãos ou entidades da Administração Pública direta ou indireta da União, dos estados, do Distrito Federal e dos municípios, sob pena da aplicação de multa aos responsáveis e beneficiários, caso estes tenham comprovado seu prévio conhecimento.

Ocorre que referida vedação é constantemente violada, como se depreende dos julgados abaixo colacionados:

> REPRESENTAÇÃO. PROPAGANDA ELEITORAL IRREGULAR. INTERNET. ART. 57-C DA LEI 9.504/97. PARCIAL PROCEDÊNCIA.
> 1. Nos termos do art. 57-C da Lei 9.504/97, é vedada a veiculação de propaganda eleitoral na internet, ainda que gratuitamente, em sítios de pessoas jurídicas, com ou sem fins lucrativos.
> 2. Na espécie, a Central Única dos Trabalhadores (CUT) divulgou em seu sítio eletrônico textos que faziam menção direta às eleições presidenciais, induzindo os eleitores à ideia de que a candidata representada seria a mais apta ao exercício do cargo em disputa, além de fazer propaganda negativa contra o seu principal adversário nas eleições de 2010.
> 3. A aplicação da sanção prevista no §2º do art. 57-C da Lei 9.504/97 ao beneficiário da propaganda eleitoral irregular pressupõe o seu prévio conhecimento, o que não ocorreu na espécie.
> 4. Quanto à alegada utilização indevida do cadastro de endereços eletrônicos do sindicato (art. 57-E da Lei 9.504/97), esse fato não foi comprovado.
> 5. Nos termos do art. 57-B, IV, da Lei 9.504/97, a propaganda eleitoral na internet poderá ser realizada por meio de blogs de pessoa natural, tal como ocorreu na hipótese dos autos, não estando caracterizado ilícito algum.
> 6. Representação julgada parcialmente procedente para aplicar multa de R$15.000,00 (quinze mil reais) à Central Única dos Trabalhadores – CUT e à Editora e Gráfica Atitude Ltda. (Representação nº 355.133. Rel. Min. Fátima Nancy Andrighi. *DJE*, 16 maio 2012)

No caso em exame, a Central Única dos Trabalhadores (CUT), pessoa jurídica sem fins lucrativos, divulgou em seu *site* eletrônico textos que mencionavam diretamente as eleições presidenciais, exaltando certa candidata em detrimento ao seu adversário. Dessa forma, restou configurada a violação ao §1º, inc. I do art. 57-C da Lei das Eleições, motivo pelo qual o Tribunal decidiu pela aplicação de multa aos infratores.

No mesmo sentido do julgado anterior, no AgR-REspe nº 838.119, de relatoria do então Ministro Arnaldo Versiani do TSE, restou configurada a propaganda eleitoral irregular veiculada em página da internet mantida por órgão da Administração Pública municipal, a qual continha *link* que remetia o leitor a *site* que promovia candidato, violando assim a norma insculpida no inc. II, do §1º, do art. 57-C, senão vejamos a decisão:

Propaganda irregular. Internet. Sítio oficial.
1. A utilização de página mantida por órgão da administração pública do município, como meio de acesso, por intermédio de link, a sítio que promove candidato, configura violação ao art. 57-C, §1º, II, da Lei nº 9.504/97.
2. O fato de constar da página oficial somente o link do sítio pessoal do candidato, e não a propaganda em si, não afasta o caráter ilícito de sua conduta, uma vez que a página oficial foi utilizada como meio facilitador de divulgação de propaganda eleitoral em favor do representado.
Agravo regimental não provido. (Agravo Regimental em Recurso Especial Eleitoral nº 838.119. Rel. Min. Arnaldo Versiani Leite Soares. *DJE*, 23 ago. 2011)

Em igual sentido colacionamos o próximo julgado, *in verbis*:

RECURSO ESPECIAL. PROPAGANDA ELEITORAL IRREGULAR. ART. 57-C, §1º, II, DA LEI Nº 9.504/97. INTERNET. SITE OFICIAL DA ASSEMBLEIA LEGISLATIVA. LINK. PÁGINA PESSOAL. PROVIMENTO.
1. A utilização de página na internet mantida por órgão público para veicular link de sítio pessoal de candidato, do qual consta propaganda eleitoral, enquadra-se na vedação contida no art. 57-C, §1º, II, da Lei nº 9.504/97. Precedentes.
2. Recurso especial provido para restabelecer a sentença. (Recurso Especial Eleitoral nº 802.961. Rel. Min. Henrique Neves da Silva. *DJE*, 19 fev. 2014)

No âmbito do TRE/PA, também restou caracterizada a propaganda irregular no julgado abaixo transcrito, o qual violou o disposto no art. 57-C da Lei nº 9.504/97, no qual se verificou que o vídeo divulgado no YouTube possuía cunho eleitoral e seu autor não fora identificado, violando o dispositivo constitucional que veda o anonimato e o art. 57-D da Lei das Eleições. Vejamos:

RECURSO ELEITORAL E RECURSO ADESIVO. REPRESENTAÇÃO. ELEIÇÕES 2012. PROPAGANDA IRREGULAR. MATÉRIA PRELIMINAR SUSCITADA DE OFÍCIO. CABIMENTO DE RECURSO ADESIVO. POSSIBILIDADE. PRECEDENTES. EXISTÊNCIA DE SUCUMBÊNCIA RECÍPROCA. EXISTÊNCIA DE RECURSO PRINCIPAL. CONHECIMENTO DO RECURSO ADESIVO. PRELIMINAR ACOLHIDA. PRELIMINAR DE INEXISTÊNCIA DOS REQUISITOS LEGAIS PARA A CONCESSÃO DA TUTELA ANTECIPADA. PRECLUSÃO LÓGICA. REJEIÇÃO. MÉRITO. VÍDEO DO YOUTUBE.

LINK INFORMADO ERRONEAMENTE. IMPOSSIBILIDADE DE APLICAÇÃO DAS ASTREINTES A PARTIR DA DECISÃO LIMINAR. CARÁTER OFENSIVO E COM INTUITO DE RIDICULARIZAR. ESTUDO SISTEMÁTICO DA LEI DAS ELEIÇÕES. INAPLICABILIDADE DO ARTIGO 57-F DA LEI N.º 9.504/97. INCISOS II E III E §§2º, 4º E 5º DO ARTIGO 45 SUSPENSOS TOTAL OU PARCIALMENTE PELO STF. *APLICABILIDADE DO ARTIGO 57-C DA LEI N.º 9.504/97. VÍDEO COM CUNHO CLARAMENTE ELEITORAL. PROPAGANDA ELABORADA POR PESSOA NÃO IDENTIFICADA.* PRIMAZIA DOS PRINCÍPIOS DA LIBERDADE DE EXPRESSÃO E LIVRE MANIFESTAÇÃO DO PENSAMENTO COMO REGRA. DEVER DE OBSERVÂNCIA DE DETERMINADAS REGRAS. NÃO IDENTIFICAÇÃO DO RESPONSÁVEL PELO VÍDEO. VÍCIO QUE CARACTERIZA A PROPAGANDA COMO IRREGULAR. RECURSO PRINCIPAL PARCIALMENTE PROVIDO. ESTABELECIMENTO DE MULTA (ASTREINTES) POR DIA DE DESCUMPRIMENTO A PARTIR DA PUBLICAÇÃO DO DECISÓRIO DE 1º GRAU. RECURSO ADESIVO IMPROVIDO.

1 - É cabível recurso adesivo na esfera eleitoral (artigo 500 do CPC). Precedentes. Matéria preliminar acolhida para conhecer do apelo interposto na modalidade adesiva.

2 - Não há que se falar em exame dos requisitos da tutela antecipada quando já prolatada até mesmo decisão definitiva, pois, neste caso, incide a preclusão lógica. Preliminar rejeitada.

3 - Mesmo que o vídeo tenha cunho eleitoral e seja ofensivo, no caso de ser postado por particular, segundo entendimento do TSE, deve prevalecer a livre manifestação do pensamento, vedado o anonimato (inciso IV do artigo 5º da Constituição Federal e artigo 57-D da Lei n.º 9.504/97).

4 - A inexistência de identificação do responsável pelo vídeo o torna irregular e, por esse motivo, a veiculação deve ser retirada com a aplicação de multa por dia de descumprimento a partir da publicação do decisório desta Corte.

5 - Recurso principal parcialmente provido. Recurso adesivo improvido. (Recurso Eleitoral nº 18.195. Rel. Eva do Amaral Coelho. *DJE,* 23 out. 2012)

A multa a que se refere o final do acórdão é aquela prescrita pelo §2º do art. 57-D da Lei das Eleições, sendo esta cominada àquele que divulgou a propaganda eleitoral pela internet sem identificação de autoria.

Art. 57-E. São vedadas às pessoas relacionadas no art. 24 a utilização, doação ou cessão de cadastro eletrônico de seus clientes, em favor de candidatos, partidos ou coligações. (Incluído pela Lei nº 12.034, de 2009)

§1º É proibida a venda de cadastro de endereços eletrônicos. (Incluído pela Lei nº 12.034, de 2009)

§2º A violação do disposto neste artigo sujeita o responsável pela divulgação da propaganda e, quando comprovado seu prévio conhecimento, o beneficiário à multa no valor de R$5.000,00 (cinco mil reais) a R$30.000,00 (trinta mil reais). (Incluído pela Lei nº 12.034, de 2009)

Art. 57-F. Aplicam-se ao provedor de conteúdo e de serviços multimídia que hospeda a divulgação da propaganda eleitoral de candidato, de partido ou de coligação as penalidades previstas nesta Lei, se, no prazo determinado pela Justiça Eleitoral, contado a partir da notificação de decisão sobre a existência de propaganda irregular, não tomar providências para a cessação dessa divulgação. (Incluído pela Lei nº 12.034, de 2009)

Parágrafo único. O provedor de conteúdo ou de serviços multimídia só será considerado responsável pela divulgação da propaganda se a publicação do material for comprovadamente de seu prévio conhecimento. (Incluído pela Lei nº 12.034, de 2009)

A Lei das Eleições veda, ainda, a venda de cadastro de endereços eletrônicos, bem como a doação ou cessão de tais cadastros de clientes para candidatos, partidos ou coligações, sob pena da aplicação de multa.

O art. 57-F da lei em comento optou por também punir o provedor de conteúdo e de serviços multimídia que hospeda a divulgação de propaganda eleitoral irregular quando notificado para retirá-la e não o faz. Vejamos a dicção da norma:

Art. 57-F. Aplicam-se ao provedor de conteúdo e de serviços multimídia que hospeda a divulgação da propaganda eleitoral de candidato, de partido ou de coligação as penalidades previstas nesta Lei, se, no prazo determinado pela Justiça Eleitoral, contado a partir da notificação de decisão sobre a existência de propaganda irregular, não tomar providências para a cessação dessa divulgação.

Parágrafo único. O provedor de conteúdo ou de serviços multimídia só será considerado responsável pela divulgação da propaganda se a publicação do material for comprovadamente de seu prévio conhecimento.

Nesse sentido, colacionamos o seguinte julgado do TSE:

AGRAVO REGIMENTAL. AGRAVO DE INSTRUMENTO. RECURSO ESPECIAL. ELEIÇÃO 2012. REPRESENTAÇÃO. PROPAGANDA ELEITORAL. IRREGULAR. INTERNET. PROVEDOR. APLICAÇÃO DA SÚMULA 182/STJ. REEXAME DE PROVAS. IMPOSSIBILIDADE. DESPROVIMENTO.

1. Nos termos da sólida orientação jurisprudencial desta Corte, não se admite agravo que não ataque especificamente os fundamentos da decisão agravada ou que se limite a reproduzir argumentos anteriormente expendidos (Súmula nº 182/STJ).

2. Rever o entendimento da Corte Regional acerca da caracterização de propaganda eleitoral de conteúdo ofensivo demandaria, de fato, o reexame do conjunto probatório dos autos, o que é inviável em sede de recurso especial, a teor das Súmulas nos 7/STJ e 279/ STF.

3. In casu, a multa foi imposta por descumprimento da determinação judicial para retirada do material objeto da representação, o que afasta a apontada ofensa ao art. 57-F, parágrafo único, da Lei nº 9.504/97. Precedente.

4. Agravo regimental desprovido. (Agravo Regimental em Agravo de Instrumento nº 10.814. Rel. Min. José Antônio Dias Toffoli. *DJE*, 4 dez. 2013)

Art. 57-G. As mensagens eletrônicas enviadas por candidato, partido ou coligação, por qualquer meio, deverão dispor de mecanismo que permita seu descadastramento pelo destinatário, obrigado o remetente a providenciá-lo no prazo de quarenta e oito horas. (Incluído pela Lei nº 12.034, de 2009)

Parágrafo único. Mensagens eletrônicas enviadas após o término do prazo previsto no caput sujeitam os responsáveis ao pagamento de multa no valor de R$100,00 (cem reais), por mensagem. (Incluído pela Lei nº 12.034, de 2009)

Art. 57-H. Sem prejuízo das demais sanções legais cabíveis, será punido, com multa de R$5.000,00 (cinco mil reais) a R$30.000,00 (trinta mil reais), quem realizar propaganda eleitoral na internet, atribuindo indevidamente sua autoria a terceiro, inclusive a candidato, partido ou coligação. (Incluído pela Lei nº 12.034, de 2009)

§1º Constitui crime a contratação direta ou indireta de grupo de pessoas com a finalidade específica de emitir mensagens ou comentários na internet para ofender a honra ou denegrir a imagem de candidato, partido ou coligação, punível com detenção de 2 (dois) a 4 (quatro) anos e multa de R$15.000,00 (quinze mil reais) a R$50.000,00 (cinquenta mil reais). (Incluído pela Lei nº 12.891, de 2013)

§2º Igualmente incorrem em crime, punível com detenção de 6 (seis) meses a 1 (um) ano, com alternativa de prestação de serviços à comunidade pelo mesmo período, e multa de R$5.000,00 (cinco mil reais) a R$30.000,00 (trinta mil reais), as pessoas contratadas na forma do §1º. (Incluído pela Lei nº 12.891, de 2013)

Ademais, a legislação eleitoral em estudo também dispõe que as mensagens eletrônicas enviadas por candidato, partido ou coligação devem dispor de mecanismo que permita ao destinatário descadastrá-las, assim como prevê que aquele que realizar propaganda eleitoral na internet, atribuindo indevidamente sua autoria a terceiro, responderá pelas sanções legais cabíveis acrescidas da multa prevista no art. 57-H da Lei das Eleições.

> Art. 57-I. A requerimento de candidato, partido ou coligação, observado o rito previsto no art. 96, a Justiça Eleitoral poderá determinar a suspensão, por vinte e quatro horas, do acesso a todo conteúdo informativo dos sítios da internet que deixarem de cumprir as disposições desta Lei. (Incluído pela Lei nº 12.034, de 2009)
> §1º A cada reiteração de conduta, será duplicado o período de suspensão. (Incluído pela Lei nº 12.034, de 2009)
> §2º No período de suspensão a que se refere este artigo, a empresa informará, a todos os usuários que tentarem acessar seus serviços, que se encontra temporariamente inoperante por desobediência à legislação eleitoral. (Incluído pela Lei nº 12.034, de 2009)

Por fim, cabe mencionar que a Lei nº 9.504/97 também previu a hipótese de a Justiça Eleitoral determinar a suspensão, por vinte e quatro horas, desde que a requerimento de candidato, partido ou coligação, de todo conteúdo informativo dos sítios da internet que descumprirem as disposições da referida lei, duplicando, ainda, o período de suspensão, caso haja reiteração de conduta, devendo a empresa informar seus usuários que se encontra temporariamente inoperante por desobediência à legislação eleitoral.

Referências

AGRA, Walber de Moura; VELLOSO, Carlos Mario da Silva. Propaganda eleitoral e sua incidência. *Revista Estudos Eleitorais – Tribunal Superior Eleitoral*, Brasília, v. 5, n. 1, jan./abr. 2010.

CERQUEIRA, Thales Tácito; CERQUEIRA, Camila Albuquerque. *Direito eleitoral esquematizado*. São Paulo: Saraiva, 2011.

GOMES, José Jairo. *Direito eleitoral*. 6. ed. rev. atual. e ampl. São Paulo: Atlas, 2011.

PINTO, Djalma. *Direito eleitoral*: anotações e tema polêmicos. 3. ed. Rio de Janeiro: Forense, 2000.

SILVA, Felipe Carvalho Gonçalves da. *A propaganda eleitoral pela internet*. Disponível em: <http://www.tre-rj.gov.br/eje/gecoi_arquivos/arq_071877.pdf>. Acesso em: 28 mar. 2014.

Informação bibliográfica deste texto, conforme a NBR 6023:2002 da Associação Brasileira de Normas Técnicas (ABNT):

DOMINGUES, Maíra de Barros. A propaganda eleitoral mediante *outdoors*, a propaganda eleitoral na imprensa, a propaganda eleitoral no rádio e na televisão (artigos 42 ao 57-I). *In*: PINHEIRO, Célia Regina de Lima; SALES, José Edvaldo Pereira; FREITAS, Juliana Rodrigues (Coords.). *Comentários à lei das eleições*: Lei nº 9.504/1997, de acordo com a Lei nº 13.165/2015. Belo Horizonte: Fórum, 2016. p. 147-188. ISBN 978-85-450-0148-5.

O DIREITO DE RESPOSTA (ARTIGO 58)

JULIANA RODRIGUES FREITAS

Art. 58. A partir da escolha de candidatos em convenção, é assegurado o direito de resposta a candidato, partido ou coligação atingidos, ainda que de forma indireta, por conceito, imagem ou afirmação caluniosa, difamatória, injuriosa ou sabidamente inverídica, difundidos por qualquer veículo de comunicação social.

§1º O ofendido, ou seu representante legal, poderá pedir o exercício do direito de resposta à Justiça Eleitoral nos seguintes prazos, contados a partir da veiculação da ofensa:

I - vinte e quatro horas, quando se tratar do horário eleitoral gratuito;

II - quarenta e oito horas, quando se tratar da programação normal das emissoras de rádio e televisão;

III - setenta e duas horas, quando se tratar de órgão da imprensa escrita.

IV - a qualquer tempo, quando se tratar de conteúdo que esteja sendo divulgado na internet, ou em 72 (setenta e duas) horas, após a sua retirada. (Incluído pela Lei nº 13.165, de 2015)

§2º Recebido o pedido, a Justiça Eleitoral notificará imediatamente o ofensor para que se defenda em vinte e quatro horas, devendo a decisão ser prolatada no prazo máximo de setenta e duas horas da data da formulação do pedido.

§3º Observar-se-ão, ainda, as seguintes regras no caso de pedido de resposta relativo a ofensa veiculada:

I - em órgão da imprensa escrita:

a) o pedido deverá ser instruído com um exemplar da publicação e o texto para resposta;

b) deferido o pedido, a divulgação da resposta dar-se-á no mesmo veículo, espaço, local, página, tamanho, caracteres e outros elementos de realce usados na ofensa, em até quarenta e oito horas após a decisão ou, tratando-se de veículo com periodicidade de circulação maior que quarenta e oito horas, na primeira vez em que circular;

c) por solicitação do ofendido, a divulgação da resposta será feita no mesmo dia da semana em que a ofensa foi divulgada, ainda que fora do prazo de quarenta e oito horas;

d) se a ofensa for produzida em dia e hora que inviabilizem sua reparação dentro dos prazos estabelecidos nas alíneas anteriores, a Justiça Eleitoral determinará a imediata divulgação da resposta;

e) o ofensor deverá comprovar nos autos o cumprimento da decisão, mediante dados sobre a regular distribuição dos exemplares, a quantidade impressa e o raio de abrangência na distribuição;

II - em programação normal das emissoras de rádio e de televisão:

a) a Justiça Eleitoral, à vista do pedido, deverá notificar imediatamente o responsável pela emissora que realizou o programa para que entregue em vinte e quatro horas, sob as penas do art. 347 da Lei nº 4.737, de 15 de julho de 1965 - Código Eleitoral, cópia da fita da transmissão, que será devolvida após a decisão;

b) o responsável pela emissora, ao ser notificado pela Justiça Eleitoral ou informado pelo reclamante ou representante, por cópia protocolada do pedido de resposta, preservará a gravação até a decisão final do processo;

c) deferido o pedido, a resposta será dada em até quarenta e oito horas após a decisão, em tempo igual ao da ofensa, porém nunca inferior a um minuto;

III - no horário eleitoral gratuito:

a) o ofendido usará, para a resposta, tempo igual ao da ofensa, nunca inferior, porém, a um minuto;

b) a resposta será veiculada no horário destinado ao partido ou coligação responsável pela ofensa, devendo necessariamente dirigir-se aos fatos nela veiculados;

c) se o tempo reservado ao partido ou coligação responsável pela ofensa for inferior a um minuto, a resposta será levada ao ar tantas vezes quantas sejam necessárias para a sua complementação;

d) deferido o pedido para resposta, a emissora geradora e o partido ou coligação atingidos deverão ser notificados imediatamente da decisão, na qual deverão estar indicados quais os períodos, diurno ou noturno, para a veiculação da resposta, que deverá ter lugar no início do programa do partido ou coligação;

e) o meio magnético com a resposta deverá ser entregue à emissora geradora, até trinta e seis horas após a ciência da decisão, para veiculação no programa subsequente do partido ou coligação em cujo horário se praticou a ofensa;

f) se o ofendido for candidato, partido ou coligação que tenha usado o tempo concedido sem responder aos fatos veiculados na ofensa, terá subtraído tempo idêntico do respectivo programa eleitoral; tratando-se de terceiros, ficarão sujeitos à suspensão de igual tempo em eventuais novos pedidos de resposta e à multa no valor de duas mil a cinco mil UFIR.

IV - em propaganda eleitoral na internet: (Incluído pela Lei nº 12.034, de 2009)

a) deferido o pedido, a divulgação da resposta dar-se-á no mesmo veículo, espaço, local, horário, página eletrônica, tamanho, caracteres e outros elementos de realce usados na ofensa, em até quarenta e oito horas após a entrega da mídia física com a resposta do ofendido; (Incluído pela Lei nº 12.034, de 2009)

b) a resposta ficará disponível para acesso pelos usuários do serviço de internet por tempo não inferior ao dobro em que esteve disponível a mensagem considerada ofensiva; (Incluído pela Lei nº 12.034, de 2009)

c) os custos de veiculação da resposta correrão por conta do responsável pela propaganda original. (Incluído pela Lei nº 12.034, de 2009)

§4º Se a ofensa ocorrer em dia e hora que inviabilizem sua reparação dentro dos prazos estabelecidos nos parágrafos anteriores, a resposta será divulgada nos horários que a Justiça Eleitoral determinar, ainda que nas quarenta e oito horas anteriores ao pleito, em termos e forma previamente aprovados, de modo a não ensejar tréplica.

§5º Da decisão sobre o exercício do direito de resposta cabe recurso às instâncias superiores, em vinte e quatro horas da data de sua publicação em cartório ou sessão, assegurado ao recorrido oferecer contrarrazões em igual prazo, a contar da sua notificação.

§6º A Justiça Eleitoral deve proferir suas decisões no prazo máximo de vinte e quatro horas, observando-se o disposto nas alíneas *d* e *e* do inciso III do §3º para a restituição do tempo em caso de provimento de recurso.

§7º A inobservância do prazo previsto no parágrafo anterior sujeita a autoridade judiciária às penas previstas no art. 345 da Lei nº 4.737, de 15 de julho de 1965 - Código Eleitoral.

§8º O não-cumprimento integral ou em parte da decisão que conceder a resposta sujeitará o infrator ao pagamento de multa no valor de cinco mil a quinze mil UFIR, duplicada em caso de reiteração de conduta, sem prejuízo do disposto no art. 347 da Lei nº 4.737, de 15 de julho de 1965 – Código Eleitoral.

§9º Caso a decisão de que trata o §2º não seja prolatada em 72 (setenta e duas) horas da data da formulação do pedido, a Justiça Eleitoral, de ofício, providenciará a alocação de Juiz auxiliar. (Incluído pela Lei nº 12.891, de 2013)

Art. 58-A. Os pedidos de direito de resposta e as representações por propaganda eleitoral irregular em rádio, televisão e internet tramitarão preferencialmente em relação aos demais processos em curso na Justiça Eleitoral. (Incluído pela Lei nº 12.034, de 2009)

O princípio da liberdade não se reveste de caráter absoluto, assim como os demais direitos previstos e garantidos no ordenamento jurídico brasileiro, a partir de uma previsão constitucional, tanto que, no que toca à expressão, o próprio texto constitucional federal de 1988 estabelece alguns limites para o seu exercício, ao dispor, por exemplo, nas normas contidas nos incs. IV e V do art. 5º, que é livre a manifestação do pensamento, sendo vedado o anonimato, bem como mantém-se assegurado o direito de resposta, proporcional ao agravo, além da indenização por dano material, moral ou à imagem.

Inegável, portanto, o caráter de paridade que o Constituinte quis estabelecer entre o ofendido e o ofensor, ao proteger o direito de resposta, que, de acordo com os ensinamentos de Daniel Sarmento:[1]

> [...] é regido pelo princípio da equivalência, igualdade de armas ou proporcionalidade da resposta, que impõe seja dada à resposta o mesmo destaque conferido à imputação ofensiva, o que envolve aspectos como tamanho e localização da resposta, na imprensa escrita, ou duração e horário, na radiodifusão. Outro princípio basilar do direito de resposta é o da imediatidade, que exige que a divulgação da resposta seja realizada com a maior brevidade possível, viando a preservar a sua utilidade para fins a que se destina.

Assim, para além da impossibilidade de o sujeito que se expressa se esconder sob o manto do anonimato, justamente para que, em caso de agravo, o ofendido saiba quem agiu de modo a violar os seus direitos, e, com isso, provoque a atuação jurisdicional em nome de uma tutela protetiva e de reparação aos danos que lhe foram causados em razão da manifestação irrestrita do ofensor; o Constituinte pátrio fundamento o cabimento de indenização, independente de a lesão ter cunho material, moral ou se está relacionada à imagem.

Rui Stoco e Leandro Stoco traduzem o direito de resposta como "uma garantia ao desagravo, assim que determinada pessoa seja ofendida por outrem, e tutela, em última análise, os chamados direitos da personalidade do indivíduo".[2]

Em nível infraconstitucional, o direito de resposta está definido em dois documentos normativos, quais sejam: o Código Eleitoral, no

---

[1] SARMENTO, Daniel. *Comentários à Constituição do Brasil*. 1. ed. 3. tir. São Paulo: Saraiva, 2014. p. 261.
[2] STOCO, Rui; STOCO, Leandro de Oliveira. *Legislação eleitoral interpretada*. 2. ed. São Paulo: Revista dos Tribunais, 2006. p. 206.

qual o legislador previu no seu art. 243, §3º, a vedação e consequente reprimenda de injúria, calúnia ou difamação, indistintamente se por meio da imprensa, rádio, televisão ou alto-falante; e a Lei das Eleições, Lei nº 9.504/97, que no seu art. 58 dispõe:

> A partir da escolha de candidatos em convenção, é assegurado o direito de resposta a candidato, partido ou coligação atingidos, ainda que de forma indireta, por conceito, imagem ou afirmação caluniosa, difamatória, injuriosa ou sabidamente inverídica, difundidos por qualquer veículo de comunicação social.

Sobre fato sabidamente inverídico, o Tribunal Regional Eleitoral do Estado do Pará admitiu, no Acórdão nº 24.401, de 8.12.2011, que afirmação "sabidamente inverídica" consiste naquela afirmação inverídica que salta aos olhos, flagrante, incontroversa, que se divorcia inapelavelmente da realidade e inadmite tergiversações ou investigações; estando controversa a matéria sob exame, com meras pitadas de "inverdades", de matiz subjetivo, não há que se falar em aplicabilidade do instituto do direito de resposta.

O Código Eleitoral traz a definição nos seus arts. 324, 325 e 326 sobre calúnia, difamação e injúria, pontuando que caluniar alguém na propaganda eleitoral, ou visando a fins de propaganda, imputando-lhe falsamente fato definido como crime, incide em detenção de 6 (seis) meses a 2 (dois) anos, e pagamento de 10 (dez) a 40 (quarenta) dias-multa.

Difamar alguém, na propaganda eleitoral, ou visando a fins de propaganda, imputando-lhe fato ofensivo à sua reputação, incide em detenção de 3 (três) meses a 1 (um) ano, e pagamento de 5 (cinco) a 30 (trinta) dias-multa.

Finalmente, injuriar alguém, na propaganda eleitoral, ou visando a fins de propaganda, ofendendo a sua dignidade ou o decoro, implica pena de detenção até 6 (seis) meses, ou pagamento de 30 (trinta) a 60 (sessenta) dias-multa, podendo o juiz deixar de aplicar a pena se o ofendido, de forma reprovável, provocou diretamente a injúria ou no caso de retorsão imediata, que consista em outra injúria. Caso a injúria consista em violência ou vias de fato, que, por sua natureza ou meio empregado, se considerem aviltantes, aplicar-se-á pena de detenção de 3 (três) meses a 1 (um) ano e pagamento de 5 (cinco) a 20 (vinte) dias-multa, além das penas correspondentes à violência prevista no Código Penal.

As penas cominadas nos arts. 324, 325 e 326 supramencionados, todos do Código Eleitoral, aumentam-se de um terço, se qualquer dos crimes for cometido contra o Presidente da República ou chefe de governo estrangeiro, contra funcionário público, em razão de suas funções, ou na presença de várias pessoas ou por meio que facilite a divulgação da ofensa.

Importante destacar que, ainda que não se façam presentes os elementos tipificadores dos crimes de calúnia, injúria ou difamação, desde que haja um agravo o direito de resposta estará garantido, como prelecionam Rui e Leandro Stoco:[3]

> Por oportuno, vale registrar quanto à calúnia, difamação e injúria a desnecessidade que essas figuras sejam caracterizadas como crime para ensejar o direito de resposta, conforme já pacificado por nossas cortes especializadas. Aliás, o homem público está sujeito a ver colocadas sob lente de aumento suas características e imperfeições, e com esse ônus deve se conformar.

Ainda na esteira desse raciocínio, Olivar Coneglian aduz que:[4]

> Não constitui ofensa a simples crítica eleitoral, a crítica a programa de partido, à realização de ato, à atitude administrativa do ofendido. [...] O homem público, principalmente o que está no exercício do poder de administração, ou aquele que se submete ao crivo de uma eleição, fica sujeito a críticas mais acerbas e mais generalizadas. Muitas vezes, essa crítica é injusta, mas não chega a caracterizar injúria ou difamação.

No exercício do seu poder normativo, a Justiça Eleitoral, através do seu tribunal de cúpula, o Tribunal Superior Eleitoral – TSE, publicou a Resolução nº 23.462, para vigorar nas eleições municipais de 2016, sob a relatoria do Ministro Gilmar Mendes, dispondo sobre representações, reclamações e pedidos de direito de resposta previstos na Lei nº 9.504/97.

A partir da escolha de candidatos em convenção, é assegurado o exercício do direito de resposta ao candidato, ao partido político ou à coligação atingidos, ainda que de forma indireta, por conceito, imagem ou afirmação caluniosa, difamatória, injuriosa ou sabidamente inverídica, difundidos por qualquer veículo de comunicação social.

---

[3] STOCO, Rui; STOCO, Leandro de Oliveira. *Legislação eleitoral interpretada*. 2. ed. São Paulo: Revista dos Tribunais, 2006. p. 211.

[4] CONEGLIAN, Olivar. *Propaganda eleitoral* – de acordo com o Código Eleitoral e com a Lei n. 9.504/97. 6. ed. Curitiba: Juruá, 2004. p. 219.

Os pedidos de direito de resposta, dirigidos ao juiz eleitoral competente pela propaganda eleitoral, tramitarão preferencialmente em relação aos demais processos em curso na Justiça Eleitoral e os prazos são contínuos e peremptórios, não se suspendendo aos sábados, domingos e feriados entre 15.8.2016 e 16.12.2016, excepcionados os feitos de competência do Tribunal Superior Eleitoral, que observarão o disposto no calendário eleitoral.

Importante enfatizar que o ofendido não precisa ser candidato no processo eleitoral em curso, e, ainda assim, a via competente para processar e julgar regularmente o pedido de resposta é a Justiça Eleitoral. Nesse sentido, Pedro Decomain:[5]

> [...] a legitimidade para o exercício do direito de resposta deve efetivamente ser ampla, sob pena de deixar-se sem possibilidade de defesa imediata aqueles que, não sendo candidato, partido ou coligação, foram, mesmo assim, ofendidos em sua dignidade em peça de propaganda.

O ofendido, ou seu representante legal, poderá pedir o exercício do direito de resposta à Justiça Eleitoral nos seguintes prazos, contados a partir da veiculação da ofensa: 24 (vinte e quatro) horas, quando se tratar do horário eleitoral gratuito; 48 (quarenta e oito) horas, quando se tratar da programação normal das emissoras de rádio e televisão; 72 (setenta e duas) horas, quando se tratar de órgão da imprensa escrita, ou, ainda, de acordo com a nova redação dada pela Lei nº 13.165/15, a qualquer tempo, quando se tratar de conteúdo que esteja sendo divulgado na internet, ou em 72 (setenta e duas) horas, após a sua retirada.

Recebido o pedido, a Justiça Eleitoral notificará imediatamente o ofensor para que se defenda em 24 (vinte e quatro) horas, devendo a decisão ser prolatada no prazo máximo de 72 (setenta e duas) horas da data da formulação do pedido.

Se o direito de resposta for relativo à ofensa veiculada em órgão de imprensa escrita, o pedido deverá ser instruído com um exemplar da publicação e o texto para resposta. Deferido o pedido, a divulgação da resposta dar-se-á no mesmo veículo, espaço, local, página, tamanho, caracteres e outros elementos de realce usados na ofensa, em até 48 (quarenta e oito) horas após a decisão ou, tratando-se de veículo com periodicidade de circulação maior que 48 (quarenta e oito) horas, na primeira vez em que circular.

---

[5] DECOMAIN, Pedro Roberto. *Eleições*: comentários à Lei n. 9.504/97. 2. ed. São Paulo: Dialética, 2004. p. 308.

Por solicitação do ofendido, a divulgação da resposta será feita no mesmo dia da semana em que a ofensa foi divulgada, ainda que fora do prazo de 48 (quarenta e oito) horas. Se a ofensa for produzida em dia e hora que inviabilizem sua reparação dentro dos prazos estabelecidos anteriormente, a Justiça Eleitoral determinará a imediata divulgação da resposta. O ofensor deverá comprovar nos autos o cumprimento da decisão, mediante dados sobre a regular distribuição dos exemplares, a quantidade impressa e o raio de abrangência na distribuição.

Se o direito de resposta decorrer de agravo em programação normal das emissoras de rádio e de televisão, a Justiça Eleitoral, à vista do pedido, deverá notificar imediatamente o responsável pela emissora que realizou o programa para que entregue, em 24 (vinte e quatro) horas, cópia da fita da transmissão, que será devolvida após a decisão. O responsável pela emissora, ao ser notificado pela Justiça Eleitoral ou informado pelo reclamante ou representante, por cópia protocolada do pedido de resposta, preservará a gravação até a decisão final do processo. Deferido o pedido, a resposta será dada em até 48 (quarenta e oito) horas após a decisão, em tempo igual ao da ofensa, porém nunca inferior a um minuto.

Caso o agravo ocorra no horário eleitoral gratuito, o ofendido usará, para a resposta, tempo igual ao da ofensa, nunca inferior, porém, a um minuto. A resposta será veiculada no horário destinado ao partido ou coligação responsável pela ofensa, devendo necessariamente dirigir-se aos fatos nela veiculados. Se o tempo reservado ao partido ou coligação responsável pela ofensa for inferior a um minuto, a resposta será levada ao ar tantas vezes quantas sejam necessárias para a sua complementação.

Deferido o pedido para resposta, a emissora geradora e o partido ou coligação atingidos deverão ser notificados imediatamente da decisão, na qual deverão estar indicados quais os períodos, diurno ou noturno, para a veiculação da resposta, que deverá ter lugar no início do programa do partido ou coligação. O meio magnético com a resposta deverá ser entregue à emissora geradora, até 36 (trinta e seis) horas após a ciência da decisão, para veiculação no programa subsequente do partido ou coligação em cujo horário se praticou a ofensa.

Se o ofendido for candidato, partido ou coligação que tenha usado o tempo concedido sem responder aos fatos veiculados na ofensa, terá subtraído tempo idêntico do respectivo programa eleitoral; tratando-se de terceiros, ficarão sujeitos à suspensão de igual tempo em eventuais novos pedidos de resposta e à multa no valor de duas mil a cinco mil UFIR.

Se o agravo for em propaganda eleitoral na internet, deferido o pedido, a divulgação da resposta dar-se-á no mesmo veículo, espaço, local, horário, página eletrônica, tamanho, caracteres e outros elementos de realce usados na ofensa, em até quarenta e oito horas após a entrega da mídia física com a resposta do ofendido. A resposta ficará disponível para acesso pelos usuários do serviço de internet por tempo não inferior ao dobro em que esteve disponível a mensagem considerada ofensiva. Por fim, os custos de veiculação da resposta correrão por conta do responsável pela propaganda original.

Se a ofensa ocorrer em dia e hora que inviabilizem sua reparação dentro dos prazos estabelecidos anteriormente, a resposta será divulgada nos horários que a Justiça Eleitoral determinar, ainda que nas 48 (quarenta e oito) horas anteriores ao pleito, em termos e forma previamente aprovados, de modo a não ensejar tréplica.

Da decisão sobre o exercício do direito de resposta, proferida no prazo máximo de 24 (vinte e quatro) horas, cabe recurso às instâncias superiores, também em 24 (vinte e quatro) horas da data de sua publicação em cartório ou sessão, assegurado ao recorrido oferecer contrarrazões em igual prazo, a contar da sua notificação.

O descumprimento, ainda que parcial, da decisão que reconhecer o direito de resposta sujeitará o infrator ao pagamento de multa no valor de R$5.320,50 (cinco mil, trezentos e vinte reais e cinquenta centavos) a R$15.961,50 (quinze mil, novecentos e sessenta e um reais e cinquenta centavos), duplicada em caso de reiteração de conduta.

Referências

CONEGLIAN, Olivar. *Propaganda eleitoral* – de acordo com o Código Eleitoral e com a Lei n. 9.504/97. 6. ed. Curitiba: Juruá, 2004.

DECOMAIN, Pedro Roberto. *Eleições*: comentários à Lei n. 9.504/97. 2. ed. São Paulo: Dialética, 2004.

SARMENTO, Daniel. *Comentários à Constituição do Brasil*. 1. ed. 3. tir. São Paulo: Saraiva, 2014.

STOCO, Rui; STOCO, Leandro de Oliveira. *Legislação eleitoral interpretada*. 2. ed. São Paulo: Revista dos Tribunais, 2006.

Informação bibliográfica deste texto, conforme a NBR 6023:2002 da Associação Brasileira de Normas Técnicas (ABNT):

FREITAS, Juliana Rodrigues. O direito de resposta (artigo 58). *In*: PINHEIRO, Célia Regina de Lima; SALES, José Edvaldo Pereira; FREITAS, Juliana Rodrigues (Coords.). *Comentários à lei das eleições*: Lei nº 9.504/1997, de acordo com a Lei nº 13.165/2015. Belo Horizonte: Fórum, 2016. p. 189-198. ISBN 978-85-450-0148-5.

O SISTEMA ELETRÔNICO DE VOTAÇÃO, A TOTALIZAÇÃO DE VOTOS, AS MESAS RECEPTORAS E A FISCALIZAÇÃO DAS ELEIÇÕES (ARTIGOS 59 AO 72)

ELMANA VIANA LUCENA ESMERALDO

Art. 59. A votação e a totalização dos votos serão feitas por sistema eletrônico, podendo o Tribunal Superior Eleitoral autorizar, em caráter excepcional, a aplicação das regras fixadas nos arts. 83 a 89.

§1º A votação eletrônica será feita no número do candidato ou da legenda partidária, devendo o nome e fotografia do candidato e o nome do partido ou a legenda partidária aparecer no painel da urna eletrônica, com a expressão designadora do cargo disputado no masculino ou feminino, conforme o caso.

§2º Na votação para as eleições proporcionais, serão computados para a legenda partidária os votos em que não seja possível a identificação do candidato, desde que o número identificador do partido seja digitado de forma correta.

§3º A urna eletrônica exibirá para o eleitor, primeiramente, os painéis referentes às eleições proporcionais e, em seguida, os referentes às eleições majoritárias.

§4º A urna eletrônica disporá de recursos que, mediante assinatura digital, permitam o registro digital de cada voto e a identificação da urna em que foi registrado, resguardado o anonimato do eleitor. (Redação dada pela Lei nº 10.740, de 1º.10.2003)

§5º Caberá à Justiça Eleitoral definir a chave de segurança e a identificação da urna eletrônica de que trata o §4º. (Redação dada pela Lei nº 10.740, de 1º.10.2003)

§6º Ao final da eleição, a urna eletrônica procederá à assinatura digital do arquivo de votos, com aplicação do registro de horário e do arquivo do boletim de urna, de maneira a impedir a substituição de votos e a alteração dos registros dos termos de início e término da votação. (Redação dada pela Lei nº 10.740, de 1º.10.2003)

§7º O Tribunal Superior Eleitoral colocará à disposição dos eleitores urnas eletrônicas destinadas a treinamento. (Redação dada pela Lei nº 10.740, de 1º.10.2003)

§8º O Tribunal Superior Eleitoral colocará à disposição dos eleitores urnas eletrônicas destinadas a treinamento. (Parágrafo incluído pela Lei nº 10.408, de 10.1.2002)

A Lei nº 9.504/97 introduziu, no ordenamento jurídico, o Sistema Eletrônico de Votação e Totalização dos votos.

Por esse sistema, adotado em todas as unidades da Federação do Brasil, os votos são digitados em uma urna eletrônica, sendo-lhes assegurados o sigilo e a inviolabilidade, por ela apurados e totalizados por sistemas de informática modernos disponibilizados pela Justiça Eleitoral.

Como exceção, mantém-se o sistema manual de votação, regulamentado nos arts. 83 a 89 da Lei nº 9.504/97, apenas como meio alternativo a ser adotado nos casos em que a urna eletrônica apresentar problemas não sanados pelos procedimentos de contingência, incluindo a sua substituição, o que, nas últimas eleições, tem ocorrido em percentual irrelevante.

Tem-se que, não só a votação, mas também a apuração e a totalização dos votos são feitas de forma eletrônica. Concluída a votação, o presidente de mesa da seção eleitoral irá encerrar a urna e os dados serão gravados em mídia digital, nela, previamente inserida, que, em seguida, será encaminhada à Junta Eleitoral.

A apuração e contagem dos votos são feitas, em regra, pela própria urna eletrônica. Excepcionalmente, havendo votação total ou parcial por cédulas, a Junta Eleitoral fará a contagem, valendo-se do sistema de apuração.

Recebidas as mídias contendo os arquivos com os votos apurados em cada seção eleitoral, estes serão lidos e transmitidos para o banco das eleições pelos sistemas informatizados instalados nos computadores da Junta Eleitoral a partir das 17h do dia do pleito. Concluído o recebimento de todos os boletins de urna e se não houver qualquer pendência, poderá ser efetuada a totalização dos resultados.

O §1º do dispositivo legal em análise dita algumas regras a serem observadas no processo de votação. A urna será liberada para que o eleitor, ao comparecer à seção eleitoral onde está inscrito e identificar-se perante a mesa receptora de votos, digite os seus votos para os cargos majoritários (presidente e vice-presidente da República, governador e vice-governador do estado ou distrital e senador, nas eleições gerais, e para prefeito e vice-prefeito, nas eleições municipais) e proporcionais (deputado federal e deputado estadual nas eleições gerais e vereador nas eleições municipais).

Tratando-se de eleição proporcional, o eleitor poderá destinar seu voto a um candidato específico, digitando o número a ele correspondente, ou a um partido, digitando apenas o número da legenda, formado por 2 (dois) dígitos.

Registrado o voto nominal (atribuído a um candidato específico), após a digitação, devem aparecer na tela da urna o nome e a fotografia do candidato, o nome do partido ou a legenda partidária a que pertence, bem como a expressão designadora do cargo em disputa no masculino ou no feminino, conforme o caso. Tratando-se de eleição majoritária, deve constar na urna eletrônica também o nome e a foto do candidato a vice registrado com o titular da chapa (prefeito, governador ou presidente da República) e os dos suplentes registrados com o candidato a senador.

Após conferir os dados, o eleitor deve prosseguir, apertando a tecla "confirma", finalizando o processo e dando início à votação seguinte.

O §2º refere-se ao voto de legenda. A legislação eleitoral diferencia o voto nominal do voto de legenda, nas eleições proporcionais, embora considere ambos válidos para fins de totalização.

O voto nominal é aquele que corresponde integralmente ao número de candidato apto.

Já o voto de legenda é atribuído, pelo eleitor, tão somente ao partido, e não a um candidato específico. É restrito à eleição proporcional e ocorre em dois casos:
  a) quando o eleitor digita apenas 2 (dois) números correspondentes à numeração de partido válido que apresentou candidatos proporcionais na circunscrição;
  b) quando o eleitor digita mais de 2 (dois) números que, embora não correspondam ao de nenhum candidato apto, tem os dois primeiros dígitos coincidentes com a numeração de partido válido concorrente no pleito.

Assim, ainda que o número digitado não corresponda ao de nenhum candidato concorrente às eleições proporcionais na circunscrição, será computado para a legenda partidária, desde que o número identificador do partido seja digitado de forma correta.

Nessa hipótese, antes da confirmação do voto, a urna apresentará a informação do respectivo partido e mensagem alertando o eleitor que, se confirmado o voto, ele será computado para a legenda.

O §3º estabelece a ordem de votação: inicialmente o eleitor votará para os cargos proporcionais e em seguida para os cargos majoritários.

Vale lembrar que nas eleições gerais ocorrem as seguintes votações, na ordem:

Cargos proporcionais
1) Deputado estadual;
2) Deputado federal;
Cargos majoritários
3) 1º senador e respectivos suplentes;
4) 2º senador e respectivos suplentes – só haverá votação para um segundo senador quando a renovação do Senado for de 2/3;[1]
5) Governador e vice-governador.

Já em eleições municipais, são apenas 2 (dois) votos, na seguinte ordem:

Cargo proporcional
1) Vereador;
Cargo majoritário
2) Prefeito e vice-prefeito.

O §4º foi introduzido pela Lei nº 10.740/03. À medida que os votos são recebidos pela urna eletrônica, são registrados individualmente e assinados digitalmente, resguardado o anonimato do eleitor. Toda urna eletrônica é dotada de um arquivo denominado registro digital do voto, no qual ficará gravado cada voto separado por cargo, em arquivo único.

O registro digital do voto (RDV) foi criado em 2003 e consiste na inserção, de forma aleatória, do voto de cada eleitor com o objetivo de desassociar a ordem em que os votos foram inseridos na urna eletrônica da ordem em que foram armazenados e permite a recontagem eletrônica a qualquer tempo, sem que se possa identificar o eleitor. Trata-se de

---

[1] Art. 46, da Constituição Federal: "O Senado Federal compõe-se de representantes dos Estados e do Distrito Federal, eleitos segundo o princípio majoritário. [...] §2º A representação de cada Estado e do Distrito Federal será renovada de quatro em quatro anos, alternadamente, por um e dois terços".

documento público disponibilizado pela Justiça Eleitoral após as eleições e que se destina a acrescentar segurança e transparência ao processo eleitoral.

Por sua vez, a assinatura digital é uma técnica criptográfica utilizada para garantir que um conteúdo, no caso um arquivo digital, possa ser verificado principalmente no que se refere à sua integridade, isto é, busca garantir que o programa de computador não foi modificado de forma intencional ou não perdeu suas características originais por falha na gravação ou leitura,[2] além de assegurar a autenticidade do programa, ou seja, confirmar que tem origem oficial e foi gerado pelo Tribunal Superior Eleitoral.

O §5º também foi criado pela Lei nº 10.740/03 e estabelece a obrigatoriedade de criação da chave de segurança e da identificação da urna eletrônica pela Justiça Eleitoral, órgão responsável por todo o comando do processo eleitoral.

O §6º, introduzido pela Lei nº 10.740/03, normatiza os procedimentos finais da votação na urna eletrônica.

Concluída a votação e encerrada a urna eletrônica pelo presidente de mesa da seção eleitoral, o arquivo de votos e o boletim de urna serão assinados digitalmente, com aplicação do registro de horário, de forma a impossibilitar a substituição de votos e a alteração dos registros dos termos de início e término de votação, tornando ainda mais seguro o resultado. Em seguida, os dados serão gravados em mídia digital inserida na urna e esta será encaminhada à Junta Eleitoral para fins de transmissão e totalização dos resultados.

O §7º determina que o Tribunal Superior Eleitoral coloque à disposição dos eleitores urnas eletrônicas destinadas a treinamento. Para tanto, além das urnas, são disponibilizados programas para preparar a simulação de uma votação com candidatos e números fictos que permitem aos eleitores conhecer, na prática, o procedimento de votação a fim de se tornarem aptos a exercer o ato de cidadania no dia do pleito.

Não obstante as urnas já tenham sido implantadas em todo o Brasil desde o ano de 2000, e grande parte dos eleitores já tenham domínio do processo de votação, essa norma é de assaz importância, na medida em que se verifica que outra parte dos eleitores ainda têm dificuldade para exercer o voto, mormente em eleições gerais quando o

---

[2] Conceito extraído do *site* do Tribunal Superior Eleitoral (SEGURANÇA. *Tribunal Superior Eleitoral*. Disponível em: <http://www.tse.jus.br/eleicoes/biometria-e-urna-eletronica/seguranca>. Acesso em: 1 out. 2013).

número de eleições e candidatos é maior, a exigir que a Justiça Eleitoral promova ações de treinamento, priorizando regiões mais afastadas dos grandes centros, onde o acesso à informação ainda é precário.

> Art. 59-A. No processo de votação eletrônica, a urna imprimirá o registro de cada voto, que será depositado, de forma automática e sem contato manual do eleitor, em local previamente lacrado.
> Parágrafo único. O processo de votação não será concluído até que o eleitor confirme a correspondência entre o teor de seu voto e o registro impresso e exibido pela urna eletrônica. (Incluído pela Lei nº 13.165/15)

Historicamente, vale recordar que o voto impresso já ocorreu no Brasil durante as Eleições de 2002 em todas as seções eleitorais de Sergipe e do Distrito Federal e em mais 73 municípios de todas as unidades da Federação. Cerca de 7 milhões de eleitores votaram em urnas com impressão do voto. Para esse fim, a Lei nº 10.408, de 10.01.2002, acrescentou mais 4 (quatro) parágrafos ao art. 59 da Lei nº 9.504/97, visando regulamentar o voto impresso. A experiência, entretanto, não foi positiva e pouco tempo depois essa lei foi revogada nesse ponto, dando lugar à Lei nº 10.740/03 que criou outros mecanismos de segurança em substituição à impressão do voto.

Em 2009, a Lei nº 12.034 tentou trazer de volta para o processo eleitoral o voto impresso. De acordo com o texto nela contido, a urna eletrônica deveria exibir as telas referentes aos votos digitados e, após a confirmação do eleitor, imprimir um número único de identificação do voto associado à sua própria assinatura digital. Estabelecia, ainda, que esse documento impresso seria depositado de forma automática, sem contato manual do eleitor, em local previamente lacrado e, posteriormente, passaria por auditoria independente em audiência pública a ser realizada pela Justiça Eleitoral após o fim da votação.

Não obstante, em 19.10.2011, o STF suspendeu a aplicação do novo dispositivo nas eleições de 2014 ao conceder uma medida cautelar na Ação Direta de Inconstitucionalidade (ADI nº 4543), ajuizada pela Procuradoria Geral da República, sob o fundamento de que o voto impresso fere o art. 14 da Constituição Federal, que garante o voto secreto.

No julgamento, os ministros consideraram que o voto impresso seria um retrocesso, do ponto de vista tecnológico; apontaram os altos custos da sua implantação e afirmaram que a garantia da inviolabilidade do eleitor pressupõe a impossibilidade de existir, no exercício do voto, qualquer forma de identificação pessoal, sob pena de restar prejudicada sua liberdade de manifestação e a intangibilidade do seu livre direito por qualquer forma de pressão. Considerou-se, ainda, a possibilidade de comprometimento da eficácia do processo eleitoral, ante a ocorrência de falhas na impressora acoplada à urna, com o consequente atraso na votação e divulgação dos resultados.

Recentemente, o novo art. 59-A, incluído na lei das eleições pela Reforma Eleitoral de 2015, trouxe de volta para o processo eleitoral brasileiro o sistema de impressão de voto pela urna eletrônica, que deverá ser depositado, de forma automática e sem contato manual do eleitor, em local previamente lacrado, ficando a conclusão do voto condicionada a confirmação pelo eleitor da correspondência entre o teor de seu voto e o registro impresso e exibido pela urna eletrônica.

Vale mencionar que, embora o dispositivo legal em análise constante no PL nº 75/2015 que deu origem à Lei nº 13.165/15 tenha sido vetado pela Presidente da República, o referido veto foi derrubado pelo Congresso Nacional em dezembro de 2015 com os votos de 368 deputados e de 56 senadores.

Como esse sistema somente deverá ser implementado até a 1ª eleição geral subsequente à aprovação da lei, a ser realizada em 2018, não será aplicado nas eleições municipais de 2016 (art. 12 da Lei nº 13.165/15).

Além de já previsto na legislação infraconstitucional, o voto impresso faz parte da proposta de Emenda Constitucional nº 113/2015 que também determina a impressão do registro de cada votação e o depósito de forma automática e sem contato manual do eleitor, em local previamente lacrado.

Essa medida visa a afastar suspeitas e desconfianças hoje existentes, permitindo uma auditoria externa do resultado do pleito e ampliar, de forma expressiva, a legitimidade do voto eletrônico, reforçando nossa democracia e nossas instituições. Lado outro, tem-se como negativo os altos custos demandados para a compra, manutenção e transporte das impressoras, dentre outros gastos necessários à implementação, bem como a maior demora no processo de votação e, consequentemente, na apuração dos resultados e, ainda, a possibilidade de comprometimento do sigilo de votação caso ocorra problemas na impressora, a exigir intervenção humana para conserto.

Art. 60. No sistema eletrônico de votação considerar-se-á voto de legenda quando o eleitor assinalar o número do partido no momento de votar para determinado cargo e somente para este será computado.

Esse artigo é um complemento ao art. 59, §2º, e também se refere ao voto de legenda já comentado ao fazermos apontamentos àquele dispositivo legal. Nos seus termos, se o eleitor, ao votar para um cargo proporcional, digita apenas o número correspondente ao de um partido válido que apresentou candidato para aquela eleição na circunscrição, ter-se-á o voto de legenda destinado à agremiação.

> *Art. 61.* A urna eletrônica contabilizará cada voto, assegurando-lhe o sigilo e inviolabilidade, garantida aos partidos políticos, coligações e candidatos ampla fiscalização.

À medida que os votos são recebidos pela urna eletrônica, são registrados individualmente e assinados digitalmente. O registro digital do voto garante o seu sigilo, uma vez que embaralha a ordem em que ele é inserido na urna, impedindo a identificação do eleitor.

Tem-se que a segurança do processo eletrônico de votação é feita não apenas por meio de dispositivos de segurança que impedem o ataque ao sistema como um todo, resguardando a sua inviolabilidade, como também por meio da fiscalização a ser exercida por todos os envolvidos e pela sociedade em geral.

Nesse sentido, a cada eleição, o TSE, por meio de Resolução, dispõe sobre os procedimentos de segurança dos dados dos sistemas eleitorais, estabelecendo regras que criam um aparato a permitir que cada uma das etapas sejam acompanhadas e fiscalizadas, garantindo aos Partidos Políticos, às Coligações, à Ordem dos Advogados do Brasil, Ministério Público, ao Congresso Nacional, ao Supremo Tribunal Federal, à Controladoria-Geral da União, ao Departamento de Polícia Federal, à Sociedade Brasileira de Computação, ao Conselho Federal de Engenharia e Agronomia e aos departamentos de Tecnologia da Informação de universidades:

1. acompanhamento, no TSE, das fases de especificação e desenvolvimento dos sistemas, por meio de representantes formalmente indicados e qualificados perante a Secretaria de Tecnologia da Informação do TSE;
2. acesso antecipado aos programas de computador desenvolvidos pelo TSE ou sob sua encomenda a serem utilizados nas eleições, para fins de fiscalização e auditoria, em ambiente específico e sob supervisão do TSE;
3. participação da cerimônia de assinatura digital e lacração dos sistemas (ocasião em que os programas a serem utilizados

nas eleições são compilados, assinados digitalmente, testados e lacrados), podendo assinar digitalmente os programas e apresentar o certificado digital para conferência de sua validade e, ainda, apresentar impugnação em petição fundamentada, nos termos do art. 66 da Lei nº 9.504/97;
4. participação das solenidades de geração de mídias, preparação de urnas, verificando o sistema gerenciador de dados, aplicativos e interface (GEDAI) e o subsistema de instalação e segurança instalados nos equipamentos da Justiça Eleitoral, bem como os sistemas instalados nas urnas eletrônicas;
5. verificação, no prazo estabelecido pelo TSE, do sistema transportador e o subsistema de instalação e segurança e a solução JE-Connect, bem como os sistemas de preparação, gerenciamento e receptor de arquivos de urna instalados nos equipamentos da Justiça Eleitoral;
6. participação das cerimônias de verificação dos sistemas de preparação e gerenciamento da totalização, assim como a do receptor de arquivos de urna realizada no TSE;
7. acompanhamento da votação paralela a ser realizada em cada unidade da Federação, em local designado por cada Tribunal Regional Eleitoral, no mesmo dia e horário da votação oficial;
8. acesso ao RDV – registro digital do voto – após as eleições.

No dia do pleito, com maior razão, é garantida a transparência do processo eleitoral, permitindo-se aos candidatos registrados, aos delegados e fiscais de partidos políticos ou coligações adentrar nas seções eleitorais a fim de fiscalizar a votação, formular protestos e fazer impugnações, inclusive sobre a identidade do eleitor, nos termos do art. 132 do Código Eleitoral.

> *Art. 62.* Nas Seções em que for adotada a urna eletrônica, somente poderão votar eleitores cujos nomes estiverem nas respectivas folhas de votação, não se aplicando a ressalva a que se refere o art. 148, §1º, da Lei nº 4.737, de 15 de julho de 1965 - Código Eleitoral.
> Parágrafo único. O Tribunal Superior Eleitoral disciplinará a hipótese de falha na urna eletrônica que prejudique o regular processo de votação.

Nos termos do art. 148, *caput*, do Código Eleitoral, o eleitor só pode votar na seção eleitoral em que está inscrito, constante no seu título de eleitor.

Em cada seção eleitoral existe um caderno de votação com o nome de todos os eleitores que lá votam. Em regra, o nome do eleitor deve constar no caderno de votação e no cadastro da urna da zona e seção em que está inscrito.

Preliminarmente, calha registrar que o ao mencionar no art. 62 que só poderão votar os eleitores cujos nomes estiverem nas respectivas "folhas de votação", o legislador quis restringir o exercício do voto em dada seção àqueles que estiverem cadastrados na urna eletrônica como eleitores aptos.

É essa a interpretação acolhida no art. 46, §§1º e 5º da Resolução do TSE nº 23.456/2015 que regulamentou, entre outros temas, o exercício do voto nas eleições de 2016:

> Art. 46. Só serão admitidos a votar os eleitores cujos nomes estiverem cadastrados na seção.
> §1º Poderá votar o eleitor cujo nome não figure no caderno de votação, desde que os seus dados constem do cadastro de eleitores da urna. [...]
> §5º Não poderá votar o eleitor cujos dados não figurem no cadastro de eleitores da seção, constante da urna, ainda que apresente título de eleitor correspondente à seção e documento que comprove sua identidade, devendo, nessa hipótese, a Mesa Receptora de Votos registrar a ocorrência em ata e orientar o eleitor a comparecer ao Cartório Eleitoral a fim de regularizar sua situação.

Constatado que o nome do eleitor não consta no caderno de votação, o presidente da mesa é orientado a digitar, no terminal do mesário, o número do título para averiguar se o eleitor pertence àquela seção. Se constar, ele pode votar.

Caso contrário, se o número do título corresponder àquela zona e seção e não constar no cadastro da urna, ele não votará e o mesário deverá registrar a ocorrência em ata e orientá-lo a procurar o cartório eleitoral a fim de regularizar sua inscrição.

Em suma:
a) se o nome do eleitor consta no caderno de votação e na urna – pode votar;
b) se consta apenas no caderno de votação, mas não consta na urna – não pode votar;
c) se não consta no caderno de votação, mas consta no cadastro da urna – pode votar.

A ausência do nome do eleitor no cadastro da urna, ainda que o seu título indique que ele é eleitor daquela zona e seção, decorre, em regra, da ocorrência da suspensão dos direitos políticos em virtude de condenação transitada em julgado, nos termos do art. 15, III, da Constituição Federal, ou de cancelamento da inscrição, consectário da ausência do voto ou de justificativa em três eleições consecutivas, de pluralidade de inscrições ou, ainda, do não comparecimento à revisão do eleitorado[3] realizada no município onde estiver inscrito.

Fulcrado nesses motivos, muitos eleitores são excluídos do cadastro de eleitores da urna, e não têm acesso a essa informação antes do pleito.

Na prática, o artigo em análise derrogou os dispositivos do Código Eleitoral que regulamentavam o voto em separado e o voto fora da seção eleitoral, alijando essas figuras do processo eleitoral por votação em urnas eletrônicas e também no caso excepcional de votação manual.

Nesse sentido, o TSE, na Consulta nº 459, emitiu a Resolução nº 20.255, de 26.6.1998, com a seguinte ementa:

"CONSULTA – ELEITOR QUE TEM O TÍTULO MAS NÃO CONSTA DA FOLHA DE VOTAÇÃO – IMPOSSIBILIDADE DE VOTO EM SEPARADO – PEDIDO INDEFERIDO". Respondendo à consulta, diz não ser possível o voto em separado nas eleições processadas pela urna eletrônica, em razão da proibição contida no art. 62 da Lei n. 9.504/97; quanto à eleição por meio de cédulas, a proibição adviria do fato de que "se o eleitor não consta da folha de votação é porque foi excluído do cadastro eleitoral, não sendo possível à Junta Eleitoral reverter esta situação, de modo a tornar o eleitor apto a votar.

Excepcionalmente, nos termos do art. 233-A do Código Eleitoral, com a redação dada pela Lei nº 13.165/15, admite-se o voto fora da seção eleitoral nas eleições para os cargos de presidente da república, governador, senador, deputado federal, estadual e distrital para eleitor que requerer a habilitação à Justiça Eleitoral até 45 dias antes do pleito, indicando o local em que pretende votar, em uma das seções especialmente instaladas para esse fim nas capitais e nos municípios com mais de cem mil eleitores, observadas as seguintes regras:

---

[3] Art. 58 da Resolução TSE nº 21.538/03: "Quando houver denúncia fundamentada de fraude no alistamento de uma zona ou município, o Tribunal Regional Eleitoral poderá determinar a realização de correição e, provada a fraude em proporção comprometedora, ordenará, comunicando a decisão ao Tribunal Superior Eleitoral, a revisão do eleitorado, obedecidas as instruções contidas nesta resolução e as recomendações que subsidiariamente baixar, com o cancelamento de ofício das inscrições correspondentes aos títulos que não forem apresentados à revisão (Código Eleitoral, art. 71, §4º)".

a) eleitor que no dia da eleição estará em trânsito dentro da unidade da federação do seu domicílio eleitoral – poderá se habilitar para votar em trânsito para os cargos de Presidente da República, Governador, Senador, Deputado Federal e Deputado Estadual ou Distrital;
b) eleitor que no dia da eleição estará em trânsito fora da unidade da federação do seu domicílio eleitoral – somente poderá se habilitar para votar em trânsito para o cargo de Presidente da República.

Note, portanto, que o eleitor somente poderá exercer o voto em trânsito para todos os cargos nas eleições gerais se estiver em trânsito nos municípios com mais de cem mil eleitores dentro da mesma unidade federativa do seu domicílio eleitoral. Se estiver fora, somente poderá votar para presidente e vice-presidente. Ademais, não existe a possibilidade de votar em trânsito nas eleições municipais.

O voto em trânsito poderá, ainda, ser exercido em todo o território nacional nas eleições para qualquer dos cargos mencionados, pelos servidores, abaixo listados, que estiverem em serviço por ocasião das eleições:

a) membros das forças armadas (exército, marinha e aeronáutica);
b) integrantes dos órgãos de segurança pública a que se refere o art. 144 da CF/88 (polícia federal, polícia rodoviária federal, polícia ferroviária federal, polícias civis, polícias militares e corpos de bombeiros militares);
c) integrantes das guardas municipais referidos no §8º do art. 144 da CF/88.

Nesses casos, não é exigido o prévio requerimento dos eleitores, cabendo às chefias ou comandos dos órgãos a que estiverem subordinados enviar, obrigatoriamente, à Justiça Eleitoral, em até 45 dias da data das eleições, a listagem dos que estarão em serviço no dia do pleito, com indicação das seções eleitorais de origem e destino a quem caberá providenciar a habilitação. Feita essa habilitação, esses eleitores votarão nas seções eleitorais indicadas independentemente do número de eleitores do município.

Por fim, permite-se o exercício do voto no exterior por aquele que se encontra fora do país no dia do pleito. Para esse fim, as seções eleitorais são organizadas nas sedes das embaixadas e nos consulados gerais, desde que na circunscrição haja, no mínimo, 30 (trinta) eleitores inscritos, podendo votar quem se encontrar devidamente alistado e lá residir (art. 225, do Código Eleitoral).

O parágrafo único determina que cabe ao TSE regulamentar o procedimento a ser adotado quando a urna eletrônica apresentar falhas que comprometam a votação. Nesse sentido, o órgão máximo da Justiça Eleitoral, por resolução, elenca procedimentos de contingência a serem realizados pelo presidente da mesa receptora de votos ou de justificativa e por técnicos contratados pela justiça especializada na hipótese de defeitos apresentados pela urna. Para as Eleições de 2016, o art. 54 da Res.-TSE nº 23.456/2016 assim dispôs:

> *Art. 54.* Na hipótese de falha na urna, em qualquer momento da votação, o presidente da Mesa Receptora de Votos, à vista dos fiscais presentes, deverá desligar e religar a urna, digitando o código de reinício da votação.
> §1º Persistindo a falha, o presidente da Mesa Receptora de Votos solicitará a presença de equipe designada pelo Juiz Eleitoral, à qual incumbirá analisar a situação e adotar, em qualquer ordem, um ou mais dos seguintes procedimentos para a solução do problema:
> I - reposicionar o cartão de memória de votação;
> II - utilizar uma urna de contingência, remetendo a urna com defeito ao local designado pela Justiça Eleitoral;
> III - utilizar o cartão de memória de contingência na urna de votação, acondicionando o cartão de memória de votação danificado em envelope específico e remetendo-o ao local designado pela Justiça Eleitoral.

Em todos esses casos, os votos já colhidos na urna defeituosa são resguardados. Se houver substituição de urna, ao transferir o cartão de votação da urna defeituosa para a nova urna, os dados já registrados naquela são automaticamente transferidos para a substituta, de forma a preservar todos os votos já inseridos na urna substituída.

> *Art. 63.* Qualquer partido pode reclamar ao Juiz Eleitoral, no prazo de cinco dias, da nomeação da Mesa Receptora, devendo a decisão ser proferida em 48 horas.
> §1º Da decisão do Juiz Eleitoral caberá recurso para o Tribunal Regional, interposto dentro de três dias, devendo ser resolvido em igual prazo.
> §2º Não podem ser nomeados presidentes e mesários os menores de dezoito anos.

Em cada seção eleitoral funciona uma mesa receptora de votos (MRV), salvo na hipótese de agregação.

Nos termos do art. 120, *caput*, do Código Eleitoral, constituirão as mesas receptoras de votos e de justificativas 1 (um) presidente,

1 (um) primeiro e 1 (um) segundo mesários, 2 (dois) secretários e 1 (um) suplente. Entretanto, são facultadas aos Tribunais Regionais Eleitorais as dispensas do segundo secretário e do suplente, e a redução do número de membros das mesas receptoras de justificativas para, no mínimo, 2 (dois).

Em regra, os Tribunais Eleitorais se valem dessa faculdade, sendo as MRVs compostas de 4 (quatro) membros: a) presidente de mesa; b) 1º mesário; c) 2º mesário e d) secretário.

Cabe ao juiz eleitoral publicar em até 60 (sessenta) dias antes das eleições a relação dos mesários nomeados. Estes poderão recusar a nomeação, apresentando motivo justo, por escrito, no prazo de 5 (cinco) dias a contar da intimação, cabendo ao juiz eleitoral apreciar livremente os motivos apresentados, ressalvada a hipótese de fato superveniente que venha a impedir o trabalho do eleitor. Cabe também ao nomeado, no mesmo prazo, declarar a existência de qualquer dos impedimentos à sua nomeação como mesário, elencados no art. 120, §1º, do Código Eleitoral, sob pena de incorrer na pena estabelecida no art. 310, do mesmo diploma legal.

A par dessa recusa, podem, os partidos políticos ou coligações, apresentar reclamações contra a composição das mesas receptoras de votos ou de justificativas, mormente quando qualquer dos mesários convocados não puder exercer essa função por proibição legal, no prazo de 5 (cinco) dias, a contar da publicação do edital com as nomeações (no *Diário Oficial*, nas capitais, e mediante afixação no átrio do cartório eleitoral, nas demais localidades).

Não obstante o artigo não relacione o Ministério Público entre os legitimados a apresentar a reclamação, entende-se que pode propô-la, em face da previsão constitucional do art. 127 que atribui, a essa instituição, a defesa da ordem jurídica e do Estado Democrático de Direito.

Entendemos também que, embora o texto do artigo em comento refira-se apenas aos partidos políticos, as coligações têm legitimidade, dado que, uma vez formada, esta substitui os partidos que a integram em direitos e obrigações, passando a funcionar como se fosse um partido único no relacionamento com a Justiça Eleitoral.

Já os candidatos não têm legitimidade para apresentar a reclamação, ante a ausência de previsão na norma regulamentadora.

Calha consignar que o *caput* do art. 63 modificou a norma inserta no art. 121 do Código Eleitoral que estabelecia o prazo de 2 (dois) dias para apresentar a referida reclamação, contados da audiência em que se declarava a nomeação, e o prazo para decisão era de 2 (dois) dias, agora transformado em 48 horas.

Observe-se que o termo inicial da contagem do prazo de 5 (cinco) dias para propor a reclamação sofre algumas exceções:
- Exceção 1: se o vício da constituição da mesa receptora resultar da incompatibilidade decorrente do parentesco do mesário com candidatos, ainda que por afinidade, até o segundo grau ou com seu cônjuge, sendo o registro do candidato posterior à nomeação do mesário, o prazo para reclamação será contado da publicação dos nomes dos candidatos registrados (Código Eleitoral, art. 121, §2º).
- Exceção 2: se o vício resultar de fato superveniente, em virtude do exercício do cargo ou função, pelo nomeado, incompatível com a função de mesário, o prazo para reclamação será contado a partir do ato da nomeação ou eleição que deu origem ao impedimento. Exemplo: pessoa que após a nomeação como mesária passa a exercer função executiva em diretório de partido político.

Deve-se atentar, ainda, para os casos de substituição de mesários. Após a nomeação, ante o acolhimento, pelo juiz eleitoral, das justificativas apresentadas pelos nomeados ou, ainda, das reclamações apresentadas, pode surgir a necessidade de se convocar e nomear novos mesários, o que implicará a publicação de um ou mais editais de nomeação dos substitutos. Com isso, reabre-se o prazo para reclamações contra as novas nomeações.

A reclamação deverá ser feita por escrito ao juiz eleitoral da zona, sem necessidade de ser subscrita por advogado, e deverá ser decidida no prazo de 48 horas. Dessa decisão cabe recurso para o Tribunal Regional Eleitoral, a ser interposto no prazo de 3 (três) dias, devendo, em igual prazo, ser resolvido. Em regra, da decisão do TRE não cabe recurso ao TSE, salvo se provada violação à lei federal, caso em que o recurso deverá ser interposto no prazo de 3 (três) dias.

Vale mencionar que, nos termos do art. 121, §3º, do Código Eleitoral, o partido político ou coligação que não reclamar da composição da mesa receptora não poderá arguir, sob esse fundamento, a nulidade da seção respectiva.

O §2º acrescentou mais uma vedação ao rol do art. 120, §1º, do Código Eleitoral, que relaciona as proibições para a nomeação como mesário, ao vedar o exercício dessa função ao menor de 18 anos.

Conjugando os dois dispositivos legais, estão impedidos de funcionar nas mesas receptoras de votos e de justificativas:
   a) os candidatos e seus parentes, ainda que por afinidade, até o segundo grau (pais, filhos, irmãos, avós, netos, sogro, sogra, enteados, genros, noras, cunhados, avós e netos do esposa(a) ou companheiro(a)), inclusive, e bem assim o cônjuge (inclui os companheiros);
   b) os membros de diretórios de partido político, desde que exerçam função executiva;
   c) as autoridades e agentes policiais, bem como os funcionários no desempenho de cargos de confiança do Executivo;
   d) os que pertencerem ao serviço eleitoral (observação: estes podem compor as mesas de justificativa);
   e) os eleitores menores de 18 anos.

Não obstante a redação do §2º refira-se a "presidente e mesários", tem-se que a proibição mencionada se aplica a todos os mesários independentemente da função que exerçam na mesa receptora de votos, seja atuando como presidente, mesário, secretário ou suplente.

Somados a esses impedimentos, existem mais dois a serem analisados nos comentários ao artigo seguinte.

Art. 64. É vedada a participação de parentes em qualquer grau ou de servidores da mesma repartição pública ou empresa privada na mesma Mesa, Turma ou Junta Eleitoral.

O art. 64 impõe vedações ou impedimentos para integrar não só as mesas receptoras de votos, como também as juntas eleitorais e as turmas.

As juntas eleitorais são órgãos deliberativos constituídos 60 (sessenta) dias antes do pleito, com a competência de apurar as eleições, resolver as impugnações e demais incidentes verificados durante os trabalhos de contagem e de apuração dos votos, expedir os boletins de apuração contendo o resultado de cada seção e expedir diploma aos eleitos para os cargos municipais.

Em cada zona eleitoral haverá pelo menos uma junta eleitoral composta por um juiz de direito, que será o presidente, e 2 (dois) ou 4 (quatro) cidadãos de notória idoneidade que atuarão como membros titulares.

A turma, por sua vez, é um desdobramento da junta eleitoral, realizado quando, a critério do juiz, essa medida facilitar as atividades, quando houver muitas urnas a apurar. Regulamentadas pelo art. 160 do Código Eleitoral, as turmas se tornaram praticamente inexistentes com o surgimento das urnas eletrônicas, ante a significativa redução do trabalho realizado pelas juntas, com a implantação dos processos eletrônicos de apuração e totalização dos votos.

Na hipótese de desdobramento da junta em turmas, o respectivo presidente nomeará um escrutinador para servir como secretário em cada turma (art. 38, §2º, do Código Eleitoral). Além do secretário, será designado um escrutinador para atuar como secretário-geral, competindo-lhe lavrar as atas e tomar por termo ou protocolar os recursos, funcionando como escrivão (Código Eleitoral, art. 38, §3º, I e II).

O art. 64 amplia o rol das causas de impedimento ao exercício da função de mesário estabelecido no art. 120, §1º do Código Eleitoral, já analisado nos comentários ao artigo anterior, bem como da nomeação como membro da junta eleitoral e das turmas, inserto no art. 36, §3º do mesmo diploma legal.

Segundo o art. 36, §3º, do Código Eleitoral, não podem ser nomeados membros das juntas, escrutinadores ou auxiliares os candidatos, seus cônjuges e parentes, ainda que por afinidade, até o segundo grau; os membros de diretórios de partidos políticos devidamente registrados e cujos nomes tenham sido oficialmente publicados; as autoridades e agentes policiais, assim como os funcionários que exerçam cargos de confiança no Executivo e pessoas que pertençam ao serviço eleitoral.

O art. 64 da Lei nº 9.504/97 traz um novo impedimento. Nos seus termos, não podem atuar ou trabalhar na mesma mesa receptora de votos, na mesma junta ou na mesma turma: 1) duas pessoas que sejam parentes entre si, em qualquer grau; 2) dois servidores que trabalhem na mesma repartição pública; 3) duas pessoas que trabalhem na mesma empresa privada.

Como exceção a essa proibição, podem compor a mesma mesa receptora de votos os servidores de dependências diversas do mesmo ministério, secretaria de estado, secretaria de município, autarquia ou fundação pública de qualquer ente federativo, sociedade de economia mista ou empresa pública e os serventuários de cartórios judiciais e extrajudiciais diferentes.

> Art. 65. A escolha de fiscais e delegados, pelos partidos ou coligações, não poderá recair em menor de dezoito anos ou em quem, por nomeação do Juiz Eleitoral, já faça parte de Mesa Receptora.

§1º O fiscal poderá ser nomeado para fiscalizar mais de uma Seção Eleitoral, no mesmo local de votação.

§2º As credenciais de fiscais e delegados serão expedidas, exclusivamente, pelos partidos ou coligações.

§3º Para efeito do disposto no parágrafo anterior, o presidente do partido ou o representante da coligação deverá registrar na Justiça Eleitoral o nome das pessoas autorizadas a expedir as credenciais dos fiscais e delegados.

O art. 65 regulamenta a escolha e atuação de fiscais e delegados de partidos políticos e coligações.

Nos termos do art. 131, *caput*, do Código Eleitoral, cada partido ou coligação poderá nomear 2 (dois) delegados para cada município e 2 (dois) fiscais para cada mesa receptora de votos, atuando um de cada vez.

Quando o município abranger mais de uma zona eleitoral, cada partido político ou coligação poderá nomear 2 (dois) delegados para cada uma delas (art. 131, §1º, do Código Eleitoral).

Cada fiscal poderá acompanhar mais de uma mesa receptora no mesmo local de votação. Lado outro, é vedada a presença concomitante de mais de um fiscal do mesmo partido ou coligação em cada seção eleitoral. Assim, feita a nomeação de 2 (dois) fiscais por seção, estes deverão se revezar nos trabalhos.

Já para atuar perante as juntas eleitorais, cada partido político ou coligação poderá credenciar até 3 (três) fiscais que também deverão se revezar na fiscalização dos trabalhos de apuração, já que é vedada a sua atuação concomitante (art. 161, §1º, do Código Eleitoral). Em caso de divisão das juntas eleitorais em turmas, cada um deles poderá credenciar até 3 (três) fiscais para cada turma.

A escolha dos fiscais e delegados se dá de forma livre, observando-se a proibição legal de que não poderá recair em menor de dezoito anos ou em quem já faz parte da mesa receptora de votos.

Em todos os casos, seja para os fiscais que atuam perante as mesas receptoras de votos, seja para aqueles que irão fiscalizar os trabalhos da junta eleitoral, ou ainda para os delegados, as credenciais serão expedidas, exclusivamente, pelos partidos políticos e coligações, sendo desnecessário o visto do juiz eleitoral ou do presidente da junta.

Para esse efeito, previamente, o presidente do partido político ou o representante da coligação ou outra pessoa por ele indicada deverá informar ao juiz eleitoral o nome das pessoas autorizadas a expedir as credenciais dos fiscais e delegados.

Essa medida se destina a permitir uma fiscalização efetiva da Justiça Eleitoral quanto à autenticidade da credencial que identifica o fiscal ou delegado durante os seus trabalhos perante as mesas receptoras de votos e os órgãos da justiça eleitoral.

O credenciamento se restringirá aos partidos políticos e às coligações que participarem das eleições em cada município.

Os fiscais poderão ser substituídos no curso dos trabalhos eleitorais.

Por fim, os partidos políticos e coligações devem observar as regras para a confecção dos crachás, referentes ao seu conteúdo e medidas, insertas no art. 39-A, §3º, da Lei nº 9.504/97.

> Art. 66. Os partidos e coligações poderão fiscalizar todas as fases do processo de votação e apuração das eleições e o processamento eletrônico da totalização dos resultados. (Redação dada pela Lei nº 10.408, de 10.1.2002)
>
> §1º Todos os programas de computador de propriedade do Tribunal Superior Eleitoral, desenvolvidos por ele ou sob sua encomenda, utilizados nas urnas eletrônicas para os processos de votação, apuração e totalização, poderão ter suas fases de especificação e de desenvolvimento acompanhadas por técnicos indicados pelos partidos políticos, Ordem dos Advogados do Brasil e Ministério Público, até seis meses antes das eleições. (Redação dada pela Lei nº 10.740, de 1º.10.2003)
>
> §2º Uma vez concluídos os programas a que se refere o §3º, serão eles apresentados, para análise, aos representantes credenciados dos partidos políticos e coligações, até vinte dias antes das eleições, nas dependências do Tribunal Superior Eleitoral, na forma de programas-fonte e de programas executáveis, inclusive os sistemas aplicativo e de segurança e as bibliotecas especiais, sendo que as chaves eletrônicas privadas e senhas eletrônicas de acesso manter-se-ão no sigilo da Justiça Eleitoral. Após a apresentação e conferência, serão lacradas cópias dos programas-fonte e dos programas compilados. (Redação dada pela Lei nº 10.740, de 1º.10.2003)
>
> §3º No prazo de cinco dias a contar da data da apresentação referida no §2º o partido político e a coligação poderão apresentar impugnação fundamentada à Justiça Eleitoral. (Redação dada pela Lei nº 10.740, de 1º.10.2003)
>
> §4º Havendo a necessidade de qualquer alteração nos programas, após a apresentação de que trata o §3º, dar-se-á conhecimento do fato aos representantes dos partidos políticos e das coligações, para que sejam novamente analisados e lacrados. (Redação dada pela Lei nº 10.740, de 1º.10.2003)

§5º A carga ou preparação das urnas eletrônicas será feita em sessão pública, com prévia convocação dos fiscais dos partidos e coligações para a assistirem e procederem aos atos de fiscalização, inclusive para verificarem se os programas carregados nas urnas são idênticos aos que foram lacrados na sessão referida no §2º deste artigo, após o que as urnas serão lacradas. (Parágrafo incluído pela Lei nº 10.408, de 10.1.2002)

§6º No dia da eleição, será realizada, por amostragem, auditoria de verificação do funcionamento das urnas eletrônicas, através de votação paralela, na presença dos fiscais dos partidos e coligações, nos moldes fixados em resolução do Tribunal Superior Eleitoral. (Parágrafo incluído pela Lei nº 10.408, de 10.1.2002)

§7º Os partidos concorrentes ao pleito poderão constituir sistema próprio de fiscalização, apuração e totalização dos resultados contratando, inclusive, empresas de auditoria de sistemas, que, credenciadas junto à Justiça Eleitoral, receberão, previamente, os programas de computador e os mesmos dados alimentadores do sistema oficial de apuração e totalização. (Parágrafo incluído pela Lei nº 10.408, de 10.1.2002)

Durante todo o processo de votação, apuração e totalização dos resultados das eleições, a legislação garante aos partidos, coligações e candidatos, bem como ao Ministério Público e representantes da OAB, amplo poder de fiscalização.

É cediço que, atualmente, as eleições são inteiramente baseadas em sistemas de informática, cabendo ao TSE ou a terceiros, sob sua encomenda, desenvolver programas específicos a serem utilizados em cada uma das suas fases. Tais sistemas serão instalados nas urnas eletrônicas e nos computadores da Justiça Eleitoral.

Visando atribuir maior confiança ao processo eleitoral, a legislação garante a fiscalização também da fase de criação e desenvolvimento desses sistemas, por representantes formalmente indicados e qualificados perante a Secretaria de Tecnologia da Informação do TSE pelos partidos políticos, OAB e Ministério Público até seis meses antes das eleições.

Concluídos os programas, estes serão compilados, testados, assinados digitalmente pelo TSE e pelos representantes dos órgãos fiscalizadores mencionados e lacrados em cerimônia específica, denominada cerimônia de "assinatura digital e lacração dos sistemas", realizada nas dependências do TSE até 20 (vinte) dias antes do pleito.

Nessa cerimônia, os programas a serem utilizados nas eleições serão apresentados para análise na forma de programas-fontes e programas-executáveis, inclusive os sistemas aplicativos de segurança e as bibliotecas especiais e, em seguida, serão lacrados, ficando sob a guarda do TSE. Já as chaves privadas e as senhas eletrônicas de acesso serão mantidas em sigilo pela Justiça Eleitoral.

Para proceder à fiscalização e à auditoria na fase de especificação e desenvolvimento, assim como na cerimônia de assinatura digital e lacração dos sistemas, os partidos políticos, OAB e o Ministério Público poderão utilizar programas para análise de códigos, desde que sejam programas de conhecimento público e normalmente comercializados ou disponíveis no mercado e que comuniquem, ao TSE, com antecedência mínima de 15 (quinze) dias, a data prevista para a sua primeira utilização.

Aprovado o uso dos programas pela Secretaria de Tecnologia do TSE, estes serão instalados em equipamentos da Justiça Eleitoral, no ambiente destinado ao acompanhamento das fases de especificação e desenvolvimento e de assinatura digital e lacração dos sistemas, sendo a responsabilidade pela licença de uso e integridade do programa de análise de código da entidade ou agremiação que solicitar a sua utilização.

Após a conclusão dos programas, se houver necessidade de modificação, deve ser dado conhecimento desse fato aos representantes dos partidos políticos, da OAB e do Ministério Público, para que sejam novamente analisados, compilados, assinados digitalmente, testados e lacrados, garantindo às entidades amplo poder de fiscalização.

No prazo de 5 (cinco) dias, a contar do término do período destinado à cerimônia de assinatura digital e lacração de sistemas, os partidos políticos, a Ordem dos Advogados do Brasil e o Ministério Público poderão impugnar os programas apresentados em petição fundamentada. Essa impugnação deve referir-se exclusivamente aos programas, apontando qualquer problema relacionado à segurança do sistema, à ausência de transparência que dificulte o procedimento de fiscalização, que ponha em risco o sigilo do voto, a vulnerabilidade a ataques de vírus ou *hackers* etc.

A petição será distribuída a um relator que, após ouvir a Secretaria de Tecnologia da Informação e o Ministério Público Eleitoral, além de terceiros que entender necessário, a apresentará para julgamento pelo plenário do Tribunal em sessão administrativa.

Julgada procedente a impugnação e concluindo pela necessidade de modificar os sistemas apresentados, assim deve proceder a Justiça Eleitoral, recomeçando todo o procedimento, comunicando aos partidos políticos e coligações e abrindo-se novo prazo para impugnações.

O §5º trata da fiscalização do procedimento de preparação das urnas eletrônicas. Trata-se de um dos eventos mais importantes que antecedem o pleito e que envolvem dedicação e árduo trabalho pelos servidores da Justiça Eleitoral.

A sessão é pública e a legislação também garante ampla fiscalização dessa fase, razão pela qual se deve publicar edital, com antecedência mínima de 48 horas, designando dia, horário e local para a realização da preparação das urnas e fazendo constar os nomes dos técnicos e servidores que realizarão os procedimentos.

Nessa cerimônia serão preparadas e lacradas as urnas de votação e as destinadas às mesas de justificativa, bem como as urnas de contingência. As entidades e agremiações fiscalizadoras poderão, nesta ocasião, verificar se os programas carregados nas urnas são idênticos aos que foram lacrados na cerimônia de assinatura digital e lacração dos sistemas; se as mídias utilizadas na preparação foram aquelas geradas na cerimônia de geração de mídias; acompanhar o teste de votação realizado ao final da preparação em pelo menos uma urna por município da zona eleitoral (verificação pré e pós); verificar se as pessoas que estão realizando o procedimento constam no edital de convocação, além de assinar os lacres utilizados na cerimônia, juntamente com o juiz eleitoral.

O §6º trata da votação paralela, sistemática simples de auditoria que se destina à verificação do funcionamento das urnas eletrônicas sob condições normais de uso, a fim de garantir a lisura do processo de captação e contabilização dos votos.

A votação paralela será realizada, em cada unidade da Federação, em um só local, a ser divulgado, em edital, até 20 (vinte) dias antes das eleições, no mesmo dia da votação oficial, em urnas eletrônicas a serem sorteadas na forma disposta em resolução do TSE, pela comissão de votação paralela.

Por meio desse procedimento, as urnas sorteadas e já preparadas com os programas oficiais das eleições são levadas a um espaço reservado pelo TRE com câmeras de filmagem, onde é feita uma simulação da votação. No ato, as pessoas presentes são convidadas a participar da votação que é registrada também em um computador para posterior conferência do resultado, permitindo a qualquer pessoa aferir o correto funcionamento da urna. Para tanto, basta comparar os votos que foram registrados no computador com o resultado apresentado pela urna. É possível, ainda, comparar o programa utilizado na urna que passou pela votação paralela com o programa a ser utilizado nas demais urnas eletrônicas.

Essa cerimônia é pública e poderá ser acompanhada por fiscais de partidos políticos e coligações e por representantes da Ordem dos

Advogados do Brasil, bem como por entidades representativas da sociedade. O Ministério Público também indicará um representante para acompanhar os trabalhos. Além disso, o TSE contratará uma empresa de auditoria, com a finalidade de acompanhar e verificar os trabalhos da votação paralela, tudo para garantir maior transparência ao processo eleitoral e fidedignidade das urnas eletrônicas brasileiras.

O §7º trata da fiscalização dos trabalhos de transmissão e totalização de dados, garantindo aos partidos políticos e coligações concorrentes ao pleito a constituição de sistema próprio de fiscalização, apuração e totalização, contratando, inclusive, empresas de auditoria de sistemas que, após credenciamento junto à Justiça Eleitoral, receberão, previamente, os programas de computador e os mesmos dados alimentadores do sistema oficial de apuração e totalização, referentes a candidatos, partidos políticos, coligações, municípios, zonas e seções, contidos em arquivos, e os boletins de urna que serão entregues aos interessados em meio de armazenamento de dados definido pela Justiça Eleitoral, desde que os requerentes forneçam as mídias.

Complementando a transparência desse processo, após o encerramento da totalização em cada unidade da Federação, o TSE também disponibiliza em sua página na internet os dados de votação especificados por seção eleitoral, bem como as tabelas de correspondências efetivadas para consulta por toda a sociedade.

Por fim, vale mencionar que a Resolução nº 23.458/15 que dispõe, dentre outros temas, sobre a fiscalização do processo eletrônico de votação e dos procedimentos de segurança dos dados dos sistemas eleitorais para o pleito de 2016, estendeu o direito de fiscalização aos representantes do congresso nacional, do Supremo Tribunal Federal, da Controladoria-Geral da União, do departamento da polícia federal, da sociedade brasileira de computação, do conselho federal de engenharia e agronomia e dos departamentos de tecnologia da informação de universidades interessados, atribuindo-lhes direitos similares aos dos partidos políticos, coligações, OAB e ministério público para acompanhar todas as fases de especificação e desenvolvimento dos programas de computador desenvolvidos pela justiça eleitoral, assinar digitalmente os programas na cerimônia de assinatura digital e lacração do sistema e acompanhar a votação paralela, inclusive apresentando impugnações.

Art. 67. Os órgãos encarregados do processamento eletrônico de dados são obrigados a fornecer aos partidos ou coligações, no momento da entrega ao Juiz Encarregado, cópias dos dados do processamento parcial de cada dia, contidos em meio magnético.

O art. 67 trata da obrigação de fornecer aos partidos ou coligações cópia dos dados do processamento parcial quando a apuração dos votos se prolongar por mais de um dia.

Com o sistema eletrônico de votação e totalização da votação vigente em todo o território nacional e que se moderniza a cada ano, proporcionando resultados céleres a serem obtidos, em regra, no mesmo dia do pleito, essa norma perdeu parte de sua aplicabilidade. Mesmo no caso excepcional de ocorrer votação manual em algumas seções eleitorais, a Justiça Eleitoral dispõe de sistema que permite a apuração desses votos de maneira mais rápida, de forma a impedir que a apuração e a totalização dos votos não se estendam por mais de um dia.

Não obstante, é possível obter os resultados parciais da totalização dos votos pelo "sistema gerenciamento", instalado nos computadores da junta eleitoral, a qualquer momento da apuração, com vistas a garantir o cumprimento do preceito normativo quando a apuração, por qualquer motivo, demorar algum tempo.

> Art. 68. O boletim de urna, segundo modelo aprovado pelo Tribunal Superior Eleitoral, conterá os nomes e os números dos candidatos nela votados.
> §1º O Presidente da Mesa Receptora é obrigado a entregar cópia do boletim de urna aos partidos e coligações concorrentes ao pleito cujos representantes o requeiram até uma hora após a expedição.
> §2º O descumprimento do disposto no parágrafo anterior constitui crime, punível com detenção, de um a três meses, com a alternativa de prestação de serviço à comunidade pelo mesmo período, e multa no valor de um mil a cinco mil UFIR.

Encerrada a votação, o presidente da mesa receptora de votos deverá proceder ao encerramento da urna eletrônica e emitir o boletim de urna em 5 (cinco) vias obrigatórias e em até 15 (quinze) adicionais.

As vias obrigatórias terão os seguintes destinos:
- uma via será afixada na entrada da seção eleitoral;
- uma via será entregue para o representante do comitê interpartidário;[4]

---

[4] O Comitê Interpartidário de fiscalização é constituído por um representante de cada partido político ou coligação participante da eleição, cabendo-lhe informar ao Presidente

- as três vias restantes serão encaminhadas, juntamente com a via do BJ (boletim de justificativa) para a junta eleitoral.

Na hipótese de não ser constituído o comitê interpartidário de fiscalização ou de seu representante não estar presente no local, a via a ele destinada será encaminhada à junta eleitoral.

O boletim de urna faz prova do resultado apurado, podendo ser apresentado recurso à própria junta eleitoral, caso o número de votos constantes do resultado da apuração não coincida com o nele consignado (Código Eleitoral, art. 179, §9º).

Os representantes dos partidos políticos e coligações concorrentes ao pleito poderão requerer cópia do boletim de urna até uma hora após a expedição, cabendo ao presidente da mesa receptora fornecer, sob pena de crime punível com detenção de um a três meses, com a alternativa de prestação de serviço à comunidade pelo mesmo período, e multa no valor de um mil a cinco mil UFIR.[5] É por essa razão que a urna eletrônica permite a impressão de até mais 15 (quinze) vias do BU.

Os boletins de urna conterão, além dos nomes e números dos candidatos votados depositados na urna, como consta no art. 68, os seguintes dados:

1 – data da eleição;
2 – identificação do município, da zona eleitoral e da seção;
3 – a data e o horário de encerramento da votação;
4 – o código de identificação da urna;
5 – o número de eleitores aptos;
6 – a quantidade de eleitores que compareceram;
7 – a votação individual de cada candidato;
8 – os votos para cada legenda partidária;
9 – os votos nulos;
10 – os votos em branco;
11 – a soma geral dos votos;
12 – a quantidade de eleitores não reconhecidos nas urnas biométricas (se utilizada urna com identificação biométrica).
13 – código de barras bidimensional (código QR) – trata-se de uma novidade implementada pela Res.-TSE nº 23.456/15 que

---

da Junta Eleitoral os nomes das pessoas autorizadas a receber cópia dos boletins de urna e demais documentos da Justiça Eleitoral (art. 99 da Res. TSE nº 23.372/2011).

[5] A Unidade Fiscal de Referência foi extinta pela Lei nº 10.522/02. O TSE fixou entendimento de que as multas fixadas em UFIR continuarão sendo aplicadas, devendo ser convertidas em moeda corrente.

permite a qualquer eleitor atestar a coincidência entre número de votos do boletim de urna e o número de votos consignado no resultado da apuração disponível na internet, por meio da leitura do código de barras constante no boletim de urna, valendo-se de aplicativo para a sua leitura disponibilizado pelo TSE, sem prejuízo da utilização de outros aplicativos desenvolvidos para esse fim.

O §2º tipifica um crime consistente em não entregar cópia do boletim de urna aos representantes dos partidos políticos e coligações concorrentes ao pleito que o requeiram até uma hora após a expedição.

O dispositivo legal tutela a transparência do resultado da votação em cada seção eleitoral, visando garantir o direito de fiscalização dos legitimados.

Quanto ao prazo de uma hora para requerer o boletim de urna nas eleições realizadas, valendo-se de urnas eletrônicas, deve-se considerar que, em regra, o presidente da mesa após expedir os boletins encerra a urna e logo em seguida a encaminha para a Justiça Eleitoral antes de completada uma hora após a expedição, razão pela qual, nesse momento, não mais será possível atender aos pedidos.

Em razão dessa constatação, entendemos que se deve adotar uma interpretação mais flexível quanto a esse prazo, amoldando-o à realidade, a fim de concluir que o requerimento do boletim de urna para esse fim deve ser formalizado no momento em que o presidente da mesa procede à impressão das vias obrigatórias e antes do encerramento da urna.

Note que o crime só pode ser praticado por aquele que esteja exercendo a função de presidente de mesa da seção, seja por convocação do juiz eleitoral, seja por substituição na ausência do convocado. Os demais integrantes da mesa, desde que não estejam atuando como presidente, não podem ser autores do crime, embora possam responder penalmente na medida de suas participações, na forma do art. 29 do CP.

Faz-se necessário para a consumação do crime que o presidente aja com vontade livre e consciente de não entregar o boletim de urna após solicitação do representante do partido ou da coligação. Deve-se considerar que no caso de não apresentação por defeito na urna, falta de papel ou outro motivo que não possa ser a ele atribuído não existirá a figura criminosa.

Como exceção, quando surge a necessidade de expedir os boletins de urna na junta eleitoral, com o emprego dos sistemas de votação, de recuperação de dados ou de apuração, em face da impossibilidade de sua emissão normal nas seções eleitorais ou de apuração da votação manual, o crime poderá ser praticado por membro da junta ou por funcionário designado para o exercício dessa função.

Figuram como sujeito passivo desse delito o estado e o partido político ou coligação impedidos de obter o boletim de urna.

O crime é doloso, omissivo, de mera conduta, não comportando tentativa.

Para a prática do crime, a lei comina pena privativa de liberdade cumulada com pena de multa de um mil a cinco mil UFIR. É possível a substituição da pena de detenção de um a seis meses por prestação de serviços à comunidade pelo mesmo período, desde que preenchidos os pressupostos legais. Referida regra não impede, entretanto, que o juiz possa substituir a pena privativa de liberdade por outras penas restritivas de direito, devendo, entretanto, privilegiar aquela estabelecida no preceito penal.

Trata-se de infração de menor potencial ofensivo, dado que a pena máxima cominada não supera dois anos, e é cabível a suspensão condicional do processo, nos termos do art. 89 da Lei nº 9.099/95, já que a pena mínima em abstrato é inferior a um ano.

Art. 69. A impugnação não recebida pela Junta Eleitoral pode ser apresentada diretamente ao Tribunal Regional Eleitoral, em quarenta e oito horas, acompanhada de declaração de duas testemunhas.

Parágrafo único. O Tribunal decidirá sobre o recebimento em quarenta e oito horas, publicando o acórdão na própria sessão de julgamento e transmitindo imediatamente à Junta, via telex, fax ou qualquer outro meio eletrônico, o inteiro teor da decisão e da impugnação.

É na junta eleitoral que será realizada a transmissão dos dados da votação, por sistema próprio, para o banco de dados das eleições para fins de totalização do resultado, bem como a conferência e análise de todo o material proveniente das mesas receptoras de votos e justificativas e resolvidas as impugnações.

À medida que os votos forem sendo apurados, poderão os fiscais e delegados de partido, assim como os candidatos, apresentar impugnações que serão decididas de plano pela junta[6] (art. 169, do Código Eleitoral).

---

[6] Não será admitido recurso contra a apuração, se não tiver havido impugnação perante a Junta, no ato da apuração, contra as nulidades arguidas (art. 171, do Código Eleitoral). Nesse sentido: "RECURSO – PEDIDO DE RECONTAGEM DE VOTOS DE SEÇÃO DE

Finalizado o processamento eletrônico, o presidente da junta eleitoral responsável pela totalização lavrará a ata geral da eleição de sua circunscrição, à qual será anexado o relatório resultado da totalização.

Uma das vias dessa ata e respectivos anexos ficará em local designado pelo presidente da junta pelo prazo de 3 (três) dias, para exame dos partidos políticos e coligações interessados.

Também os arquivos ou relatórios gerados pelos sistemas de votação ou totalização estarão disponíveis nas respectivas zonas eleitorais.

Além disso, a Justiça Eleitoral deverá disponibilizar os dados de votação especificados por seção eleitoral na página da internet. Somente com essa disponibilização é que tem início a contagem do prazo de 3 (três) dias para exame.

Terminado o prazo mencionado, os partidos políticos e coligações poderão apresentar reclamações, no prazo de 2 (dois) dias, sendo estas submetidas a parecer da junta eleitoral, que, no prazo de 3 (três) dias, apresentará aditamento à ata geral da eleição como proposta das modificações que julgar procedentes ou com a justificação da improcedência das arguições.

Nesses termos, vê-se que as impugnações dirigidas à junta poderão ser formuladas durante toda apuração e no prazo de 2 (dois) dias, a contar do transcurso do prazo de 3 (três) dias da publicação da ata geral das eleições e disponibilização dos dados da votação na internet.

Não recebida a impugnação, o impugnante poderá peticionar diretamente no Tribunal Regional Eleitoral, fazendo-se acompanhar de declaração de duas testemunhas que atestem a ausência do recebimento pela junta, no prazo de 48 horas.

O Tribunal deverá decidir em 48 horas e publicar o acórdão na própria sessão de julgamento, transmitindo imediatamente à junta o inteiro teor da decisão e da impugnação por qualquer meio eletrônico.

Se indeferir o pedido, não há nada a fazer pela junta. Caso contrário, se o deferir, a junta eleitoral deverá receber a impugnação e dar-lhe ou não provimento. Veja que o Tribunal não profere qualquer decisão sobre o mérito da impugnação, limitando-se a decidir se a impugnação deve ou não ser recebida pela junta e por esta ser analisada

---

VOTAÇÃO – IMPUGNAÇÃO PERANTE A JUNTA ELEITORAL – AUSÊNCIA – NÃO CONHECIMENTO DO APELO. A impugnação perante a Junta Eleitoral é condição de procedibilidade para o conhecimento de recurso que visa a recontagem de votos, nos termos da Resolução nº 21.635/04 – TSE" (RE nº 1.479/MT. Rel. Cláudio Stábile Ribeiro. Julg. 3.12.2004. DJ, v. 29, t. 7028, p. 65, 7 dez. 2004).

e julgada. Em seguida, a junta, após análise, dará ou não provimento à impugnação.

Registre-se, por fim, que o art. 69 trata do direito de petição que surge com o não recebimento da impugnação pela junta eleitoral e não de recurso interposto da decisão da junta que indefere a impugnação. Isso pode ocorrer quando um juiz, presidente da junta, na pressa de concluir os trabalhos, se nega a receber a impugnação ou faz exigências incabíveis, tolhendo o direito do legitimado.

> *Art. 70.* O Presidente de Junta Eleitoral que deixar de receber ou de mencionar em ata os protestos recebidos, ou ainda, impedir o exercício de fiscalização, pelos partidos ou coligações, deverá ser imediatamente afastado, além de responder pelos crimes previstos na Lei nº 4.737, de 15 de julho de 1965 – Código Eleitoral.

A junta eleitoral é o órgão responsável por receber as impugnações apresentadas pelos fiscais e delegados de partidos, bem como pelo Ministério Público, durante a apuração dos votos (art. 169, da Lei nº 4.737/65) e decidir sobre elas. A ela incumbe a elaboração da ata geral das eleições, à qual deve ser anexado o relatório resultado da totalização do qual constarão, entre outros dados enumerados no art. 186, §1º do Código Eleitoral, as impugnações apresentadas às juntas eleitorais e como foram resolvidas, bem como os recursos que tenham sido interpostos.

O art. 70 trata de atos negligenciais praticados pelo presidente da junta eleitoral que prejudicam o processo eleitoral e implicam o seu afastamento e a prática de crimes eleitorais.

Dos seus termos, extraem-se três condutas:
a) deixar de receber os protestos formulados perante a junta eleitoral;
b) deixar de mencionar em ata os protestos recebidos;
c) impedir o exercício da fiscalização pelos partidos ou coligações.

Nesses casos, o afastamento do presidente das funções na junta deve ser imediato, por ato do presidente do Tribunal Regional Eleitoral do estado respectivo, com comunicação ao presidente do Tribunal de Justiça, e independentemente de processo administrativo disciplinar.

Essa hipótese se diferencia da impugnação analisada no artigo anterior, uma vez que, com este procedimento, não se intenta obter o recebimento da impugnação formulada perante a junta, mas afastar o presidente em razão da prática de um dos atos elencados na norma.

Além dessa penalidade, o afastado deverá responder pelo crime tipificado no art. 316 do Código Eleitoral, consistente em "não receber ou não mencionar nas atas da eleição ou da apuração os protestos devidamente formulados ou deixar de remetê-los à instância superior" punido com reclusão de até 5 (cinco) anos e pagamento de 5 a 15 dias-multa.

O preceito penal retroproduzido destina-se a proteger o direito de defesa e de fiscalização do pleito e pune tanto a conduta de não receber o protesto, que consiste em não ouvir o protesto e deixar de buscar uma solução, como não o registrar na ata, seja na ata da eleição elaborada pela mesa receptora de votos ao final da votação na seção eleitoral, quando o crime será praticado pelo mesário responsável por essa consignação, seja na ata geral da eleição, a ser produzida pela junta eleitoral.

Trata-se de crime próprio que só pode ser praticado pelos membros das mesas receptoras de votos e pelos membros da junta eleitoral contra o estado e contra a pessoa ou entidade que formulou o protesto.

> Art. 71. Cumpre aos partidos e coligações, por seus fiscais e delegados devidamente credenciados, e aos candidatos, proceder à instrução dos recursos interpostos contra a apuração, juntando, para tanto, cópia do boletim relativo à urna impugnada.
> Parágrafo único. Na hipótese de surgirem obstáculos à obtenção do boletim, caberá ao recorrente requerer, mediante a indicação dos dados necessários, que o órgão da Justiça Eleitoral perante o qual foi interposto o recurso o instrua, anexando o respectivo boletim de urna.

Da decisão da junta eleitoral em impugnação à apuração ou totalização dos votos cabe recurso imediato dirigido ao Tribunal Regional Eleitoral, interposto verbalmente ou por escrito, que deverá ser fundamentado e indicar expressamente a eleição a que se refere, no prazo de 48 horas, exceto nas hipóteses de recontagem de votos, pedido de anulação da votação e retificação da ata geral de apuração, quando se aplica o prazo de 3 (três) dias previsto no art. 258 do Código Eleitoral (Ac. TSE nºs 15.308/1998, 19.401/2001 e 21.393/2004).

A instrução dos referidos recursos é responsabilidade do recorrente, seja ele fiscal ou delegado do partido ou coligação, candidato ou Ministério Público, a quem cabe juntar, além de outros documentos que se fizerem necessários, cópia do boletim relativo à urna impugnada.

Trata-se de aplicação do princípio do direito que diz que o ônus da prova cabe a quem alega.

Apenas na hipótese de surgirem obstáculos à obtenção do boletim, devidamente justificados, é que o recorrente irá apenas indicar os dados necessários e requerer ao órgão da Justiça Eleitoral perante o qual foi interposto o recurso (TRE) que o junte aos autos.

> Art. 72. Constituem crimes, puníveis com reclusão, de cinco a dez anos:
> I - obter acesso a sistema de tratamento automático de dados usado pelo serviço eleitoral, a fim de alterar a apuração ou a contagem de votos;
> II - desenvolver ou introduzir comando, instrução, ou programa de computador capaz de destruir, apagar, eliminar, alterar, gravar ou transmitir dado, instrução ou programa ou provocar qualquer outro resultado diverso do esperado em sistema de tratamento automático de dados usados pelo serviço eleitoral;
> III - causar, propositadamente, dano físico ao equipamento usado na votação ou na totalização de votos ou a suas partes.

Os crimes tipificados no art. 72 visam a tutelar penalmente as informações constantes nos sistemas eleitorais. Não obstante, não devem impedir o acesso dos partidos políticos, coligações, Ministério Público e Ordem dos Advogados do Brasil aos sistemas eletrônicos e programas utilizados no processo eleitoral no exercício legal da fiscalização.

Trata-se de crimes comuns que podem ser praticados por qualquer pessoa contra o Estado, que é o sujeito passivo mediato, e contra os candidatos prejudicados e o eleitorado, quando concretizada a alteração na votação, a modificação do sistema ou a destruição da urna eletrônica.

O inc. I tipifica a conduta daquele que tem acesso indevido ao sistema de tratamento automático de dados usados pelo serviço eleitoral. Exige-se, neste caso, o dolo específico, consistente na vontade de alterar o resultado da votação. O crime se consuma com o acesso indevido ao programa, independentemente de alteração na apuração ou na contagem dos votos. É crime de perigo e formal, já que independe do resultado e admite a tentativa. Na Lei nº 9.100/95, a tentativa fazia parte do tipo: "tentar obter".

No inc. II, são dois os verbos nucleares da conduta criminosa: desenvolver ou introduzir. A primeira conduta refere-se à criação de um comando, instrução ou programa que possa modificar a regularidade do sistema de dados, não sendo necessária a sua utilização.

A segunda consiste em fazer inserir, colocar no sistema de tratamento automático de dados algum comando, instrução ou programa que tenha capacidade de destruir, apagar, eliminar, alterar, gravar ou transmitir dado, instrução ou programa ou provocar qualquer outro resultado diverso do esperado pelo sistema. Aqui o dolo é genérico, sendo suficiente a vontade de desenvolver ou introduzir comando que tenha capacidade de modificar a normalidade do sistema de dados. O crime se consuma independentemente de o agente atingir o fim que pretendia. Trata-se de crime formal, de perigo que também admite a tentativa.

Por fim, o inc. III prevê pena para aquele que estraga, deteriora, danifica no todo ou em parte a urna eletrônica ou equipamento utilizado na totalização dos votos. Essa proteção se estende a qualquer parte da urna, ao terminal do eleitor e ao terminal do mesário, bem como a qualquer parte dos computadores ou outro equipamento utilizado pela Justiça Eleitoral para a totalização dos votos. É necessário que o dano seja causado por ação voluntária do agente para que reste caracterizada a figura delituosa. Se o dano for causado por acidente, sem dolo, não há crime. Trata-se do crime de dano eleitoral. Aqui também é suficiente o dolo genérico e é admitida a tentativa.

Todos os crimes tipificados no dispositivo legal, em análise, à semelhança dos demais crimes eleitorais, são dolosos e de ação penal pública incondicionada.

Referências

ALMEIDA, Roberto Moreira. *Direito eleitoral*. 2. ed. Salvador: Juspodivm, 2009.

BEM, Leonardo Schmitt de; CUNHA, Mariana Garcia. *Direito penal eleitoral*. 1. ed. Florianópolis: Conceito Editorial, 2010.

BRASIL, *Constituição (1988)*. Disponível em: <http://www.planalto.gov.br/ccivil_03/Constituição/principal.htm>. Acesso em: 1 out. 2013.

BRASIL. *Código de Processo Civil, de 3 de outubro de 1941*. Disponível em: <http://www.planalto.gov.br/ccivil_03/Leis/L5869.htm>. Acesso em: 1 out. 2013.

BRASIL. *Código Eleitoral, de 15 de julho de 1965*. Disponível em: <http://www.planalto.gov.br/ccivil_03/Leis/L4737.htm>. Acesso em: 1 out. 2013.

BRASIL. *Código Penal, de 7 de dezembro de 1940*. Disponível em: <http://www.planalto.gov.br/ccivil_03/decreto-lei/del2848.htm>. Acesso em: 1 out. 2013.

BRASIL. *Lei nº 12.034, de 29 de setembro de 2009*. Altera as Leis ns. 9.096, de 19 de setembro de 1995 – Lei dos Partidos Políticos, 9.504, de 30 de setembro de 1997, que estabelece normas para as eleições, e 4.737, de 15 de julho de 1965 – Código Eleitoral. Disponível em: <http://www.planalto.gov.br/ccivil_03/Leis/_Ato2007-2010/2009/Lei/Lei12034.htm>. Acesso em: 1 out. 2013.

BRASIL. *Lei nº 9.504, de 30 de setembro de 1997.* Estabelece normas para as eleições. Disponível em: <http://www.planalto.gov.br/ccivil_03/Leis/L9.504.htm>. Acesso em: 1 out. 2013.

BRASIL. *Resolução nº 23.215, de 2 de março de 2010.* Dispõe sobre o voto em trânsito na eleição presidencial de 2010. Disponível em: <www.tse.gov.br/internet/legislacao/eleitoral_blank.htm>.

BRASIL. *Resolução nº 23.372, de 14 de dezembro de 2011.* Dispõe sobre os atos preparatórios, a recepção de votos, as garantias eleitorais, a justificativa eleitoral, a totalização, a divulgação, a proclamação dos resultados e a diplomação para as eleições de 2012. Disponível em: <www.tse.gov.br/internet/legislacao/eleitoral_blank.htm>.

BRASIL. Tribunal Superior Eleitoral. Resolução nº 20.255, Consulta nº 459 de 26.6.1998. Jurisprudência do Tribunal Superior Eleitoral. *DJU*, Brasília, p. 219, 10 ago. 1998.

CÂNDIDO, Joel José. *Direito eleitoral brasileiro.* 13. ed. São Paulo: Edipro, 2008.

CASTRO, Edson de Resende. *Teoria e prática do direito eleitoral.* 4. ed. Belo Horizonte: Mandamentos, 2008.

CONEGLIAN, Olivar. *Radiografia da Lei 9.504/97.* 7. ed. Curitiba: Juruá, 2012.

COSTA, Adriano Soares da. *Instituições de direito eleitoral.* 7. ed. São Paulo: Revista dos Tribunais, 2008.

GOMES, José Jairo. *Direito eleitoral.* 5. ed. Belo Horizonte: Del Rey, 2010.

MICHELS, Vera Maria Nunes. *Direito eleitoral.* 6. ed. Porto Alegre: Livraria do Advogado, 2008.

RAMAYANA, Marcos. *Direito eleitoral.* 8. ed. Niterói/RJ: Impetus, 2008.

SEGURANÇA. *Tribunal Superior Eleitoral.* Disponível em: <http://www.tse.jus.br/eleicoes/biometria-e-urna-eletronica/seguranca>. Acesso em: 1º out. 2013.

SILVA, Amaury. *Reforma eleitoral.* Leme/SP: JH Mizuno, 2010.

ZÍLIO, Rodrigo López. *Direito eleitoral.* São Paulo: Verbo Jurídico, 2008.

Informação bibliográfica deste texto, conforme a NBR 6023:2002 da Associação Brasileira de Normas Técnicas (ABNT):

ESMERALDO, Elmana Viana Lucena. O sistema eletrônico de votação, a totalização de votos, as mesas receptoras e a fiscalização das eleições (artigos 59 ao 72). *In*: PINHEIRO, Célia Regina de Lima; SALES, José Edvaldo Pereira; FREITAS, Juliana Rodrigues (Coords.). *Comentários à lei das eleições*: Lei nº 9.504/1997, de acordo com a Lei nº 13.165/2015. Belo Horizonte: Fórum, 2016. p. 199-231. ISBN 978-85-450-0148-5

AS CONDUTAS VEDADAS AOS AGENTES PÚBLICOS NAS CAMPANHAS ELEITORAIS (ARTIGOS 73 AO 78)

ALAN ROGÉRIO MANSUR SILVA
ELMANA VIANA LUCENA ESMERALDO

Objetivando coibir o uso abusivo de poder político ou de autoridade, o legislador vedou uma série de situações que podem afetar sobremaneira a igualdade na disputa eleitoral e a moralidade administrativa, quando o agente público as pratica em prol de sua campanha ou em benefício de outro candidato. Estas situações são conhecidas como condutas vedadas a agentes públicos e estão previstas nos arts. 73 a 78 da Lei nº 9.504/1997.

O rol das condutas interditadas é *numerus clausus*, devendo ser interpretado de forma restritiva, sob pena de se impor as sanções previstas nos §§4º e 5º do art. 73 a situações não normatizadas e possivelmente admitidas pelo ordenamento jurídico. Não obstante, forçoso imaginar que estes dispositivos são suficientes para garantir a concretude do princípio da isonomia entre os candidatos, bem jurídico aqui tutelado.[1]

---

[1] Interessante a crítica de Rodrigo López Zilio a respeito desse formato de previsões abusivas a agentes públicos nas eleições: "[...] a previsão de atos de abuso em *numerus clausus* é, sob o ponto de vista pragmático, inútil – porque supõe que a resolução das intempéries do Direito Eleitoral passa, exclusivamente, pelo crivo do Poder Legislativo. Daí que, não obstante reconheça-se que, em regra, as condutas vedadas devam ser analisadas pelo princípio da legalidade estrita, em situações excepcionais – e bem definidas – necessita-se, sob pena de ineficácia do preceito legal, de interpretação mais extensiva, à semelhança

Nesse sentido, verifica-se que o fundamento de indicar a conduta vedada como irregularidade eleitoral tem a função de evitar "condutas tendentes a afetar a igualdade de oportunidade entre candidatos nos pleitos eleitorais", conforme própria indicação do *caput* do art. 73.

Vale ressaltar que não é necessário que as condutas vedadas tenham potencialidade para lesar as eleições ou desequilibrar o pleito. O que se exige é que a prática tenha aptidão para lesionar o bem jurídico protegido, que é a "igualdade de oportunidades".

Dessa forma, apresenta-se o bem jurídico protegido pela legislação, qual seja a igualdade de oportunidades entre os candidatos e respectivos partidos políticos nas campanhas, evitando-se, por exemplo, a utilização da "máquina" pública de forma indevida; que se aproveite de benesses concedidas somente ao administrador ou a servidores que tenham influência na Administração Pública; o poder de administrador para pressionar servidores a agir conforme a vontade da Administração da ocasião; a utilização de programas de governo para "impulsionar" determinada candidatura, indicando, assim, uma troca de vantagens com recursos da "máquina".

Importante destacar que, embora o período eleitoral se inicie com a abertura dos prazos para os partidos realizarem suas convenções, e o título desse capítulo se refira a condutas praticadas durante as campanhas eleitorais, as vedações não se impõem apenas nesse período, mas também fora dele, como é o caso dos §§10 e 11 do art. 73 da Lei nº 9.504/97, que já determinam proibições desde o primeiro dia do ano da eleição, e do inc. VIII do art. 73, *caput*, do mesmo dispositivo legal, cuja conduta está proibida nos 180 dias antes do pleito. Em outros casos, a lei não definiu o período em que as condutas ficam vedadas, limitando-se a proibi-las. Nesses casos, a configuração da prática da conduta vedada não está submetida a limite temporal fixo ou à realização de determinados atos, como convenção eleitoral ou registro de candidatos. É necessário, contudo, verificar as circunstâncias específicas do fato, tais como a sua proximidade com o período eleitoral concentrado e, principalmente, a eventual correlação direta com as eleições, com afetação ao princípio da igualdade de oportunidades entre os candidatos ao pleito.

---

que ocorre com o recurso em sentido estrito em matéria processual penal (STJ – 6ª Turma – Recurso Especial nº 504.789 – Rel. Paulo Gallotti – j. 21.08.2007), como forma de dispensar proteção mais ampla ao princípio da isonomia entre os candidatos" (ZILIO, Rodrigo López. *Direito eleitoral*. 2. ed. rev. e atual. Porto Alegre: Verbo Jurídico, 2010. p. 501).

Por outro lado, parte das condutas estão vedadas apenas nos 3 meses antes do pleito. Nesses casos, práticas abusivas anteriores ao período vedado, embora não sujeitem os infratores e beneficiários às penalidades previstas na norma proibitiva, podem configurar abuso de poder, nos termos dos arts. 19 e 22 da LC nº 64/90, a ser veiculado em AIJE ou AIME, mas não a conduta vedada objeto da representação em estudo.

O descumprimento das proibições contidas nesses dispositivos pode ensejar a respectiva representação judicial por conduta vedada. Nesta ação, são legitimados passivos: o agente público infrator e o candidato, o partido político ou coligação beneficiados; e ativos: o Ministério Público, os candidatos, partidos políticos ou coligações que concorrem no pleito respectivo. O eleitor não possui legitimidade ativa para propor esta ação.

O marco inicial para a propositura da ação é o registro de candidatura. Assim, as representações podem ser feitas do registro da candidatura até a diplomação, seguindo o rito do art. 22 da Lei Complementar nº 64/90, conforme o §12 do art. 73, Lei nº 9.504/97. Tal previsão legislativa é a mais adequada à realidade, já que, na maioria dos casos, as condutas irregulares ocorrem às vésperas das eleições ou até mesmo no dia do pleito, ou a prática ocorre logo após a votação, sob efeito da ocorrência das eleições, com a finalidade de beneficiar grupo ou prejudicar servidor. Assim, é necessário prazo adequado para os legitimados ativos avaliarem a situação e proporem a medida eleitoral cabível, para que uma prática danosa não fique impune e macule a isonomia eleitoral.

Mesmo nos casos em que é possível a caracterização de conduta vedada antes do registro, a exemplo da hipótese do art. 73, §10, que faz referência expressa ao "ano em que se realizar eleição", a ação somente pode ser ajuizada após o registro da candidatura, até para se ter a convicção de quais pretensos candidatos, de fato, tornaram-se candidatos, e quais atos podem vir a desequilibrar a igualdade de oportunidades no pleito vindouro.

Nas eleições municipais a competência para processar e julgar esta representação é do juiz eleitoral da circunscrição do pleito. Nas gerais, deve ser dirigida a um juiz auxiliar designado junto ao Tribunal Regional Eleitoral (art. 96, *caput* c/c §3º da Lei nº 9.504/97), devendo a matéria ser julgada pelo Pleno. Por fim, nas eleições presidenciais, a competência é do Tribunal Superior Eleitoral, seguindo a mesma regra das gerais: dirigida ao juiz auxiliar, e julgada pelo Pleno.

A procedência da representação enseja a aplicação de sanção pecuniária aos responsáveis pela conduta, no valor de 5 a 100 mil UFIR (§§4º e 8º do art. 73), com a possibilidade de duplicação aos reincidentes (§6º). Além disso, a lei ainda prevê a suspensão imediata da conduta vedada (§4º), a exclusão do partido político beneficiado com a conduta da distribuição dos recursos do fundo partidário oriundos da aplicação da multa (§9º) e a cassação do registro ou do diploma do candidato beneficiado em todas as hipóteses de conduta vedada relacionadas nos incisos do art. 73 e no §10º, com a redação dada pela Lei nº 12.034/2009.

Art. 73. São proibidas aos agentes públicos, servidores ou não, as seguintes condutas tendentes a afetar a igualdade de oportunidades entre candidatos nos pleitos eleitorais:

As condutas aqui vedadas podem ser divididas em espécies de abuso de poder que impliquem desvirtuamento de recursos materiais (incs. I, II, IV e §10º do art. 73), humanos (incs. III e V do art. 73), financeiros (inc. VI, *a*, VII e VIII do art. 73) e de comunicação (inc. VI, *b* e *c* do art. 73) da Administração Pública.

I - ceder ou usar, em benefício de candidato, partido político ou coligação, bens móveis ou imóveis pertencentes à administração direta ou indireta da União, dos Estados, do Distrito Federal, dos Territórios e dos Municípios, ressalvada a realização de convenção partidária;

São duas as condutas sujeitas à punição nesse inciso: a cessão ou o uso do bem público em favor de candidato, partido político ou coligação. É indiferente se a cessão ou uso se dá a título gratuito ou oneroso.

A vedação visa evitar que se aproveite de bens móveis ou imóveis da administração direta ou indireta de quaisquer dos entes políticos, ainda que fora da circunscrição do pleito que se questiona. Uma única conduta é suficiente para caracterizar o previsto no inciso.

A proibição se refere tanto aos bens móveis e imóveis de propriedade da Administração Pública, como àqueles dos quais seja possuidora, detentora ou locatária, ou que estejam comprometidos com a realização de serviços de caráter público (exemplo: transporte urbano intermunicipal ou interestadual).

Lado outro, atinge apenas os bens empregados na realização do serviço público; não abrange o uso e a cessão de bens de uso comum do povo.

Nesse sentido, consoante o TSE, a gravação de uma campanha eleitoral em uma praça ou em frente a uma obra pública não se configura conduta vedada. É regular também a utilização de bens como praias, parques públicos, rios, por se tratar de bem comum. Da mesma forma, um comício em uma avenida da cidade também é regular. Porém, a realização de propaganda, como a afixação de cartazes, faixas etc., é propaganda irregular, sujeita à aplicação de multa.

> A vedação do uso e cessão de bem público em benefício de candidato, prevista no art. 73, inciso I, da Lei nº 9.504/97, não abrange bem público de uso comum do povo. (TSE, nº 39328-16.2009.600.0000, AgR-AI – Agravo Regimental em Agravo de Instrumento nº 12.229 – São João Batista/SC, acórdão de 26.8.2010. Rel. Min. Aldir Guimarães Passarinho Junior. *DJE*, p. 18-19, 7 out. 2010)

Da mesma forma, a utilização de estádio público de futebol também não se afigura como conduta vedada (ARESPE – Agravo Regimental em Recurso Especial Eleitoral nº 25.377 - Abadia de Goiás/GO, acórdão de 1.8.2006. Rel. Min. Antonio Cezar Peluso. *DJ*, p. 109, 23 ago. 2006).

Evidentemente, mesmo nos casos em que é permitido o uso de bem comum, deve ser observado o caráter isonômico da sua utilização, para qualquer candidatura, sendo irregular a liberação para uns e apresentação de empecilhos para a sua utilização por outros.

Outra forma de conduta vedada que pode se inserir no presente inciso é a utilização de banco de dados de caráter reservado da Administração Pública para obter benefícios eleitorais, como endereços pessoais de eleitores, de professores da rede pública, de profissionais da saúde do Estado, de devedores do IPTU, de servidores públicos pagadores de pensão alimentícia etc. Tais informações podem ser utilizadas para se alcançar mais diretamente os eleitores em geral ou um grupo de eleitores, permitindo a uma candidatura, fazer campanha "direcionada" a um grupo específico. Por exemplo, um candidato médico poderia obter, de forma indevida, dados pessoais de profissionais da saúde de um Estado para encaminhar propaganda eleitoral mais direcionada. Da mesma forma um advogado, por exemplo, poderia obter dados dos profissionais da área jurídica para tentar uma campanha mais específica junto àquele público.

Outro banco de dados que pode ser utilizado de forma irregular é o de número de telefones celulares. Há serviços especializados em envio de mensagens. Assim, caso um candidato obtenha os celulares da população de um município, por exemplo, pode-se usar esse poder diferenciado para alcançar de forma mais direta o eleitorado, em descompasso e com extrema vantagem sobre os demais.

Nesse sentido, o TSE já enfrentou caso de utilização de banco de dados da Administração, não obstante não haver configuração no caso concreto por ausência de provas:

> A caracterização da conduta vedada prevista no art. 73, I, da Lei nº 9.504/97 pressupõe a cessão ou o uso, em benefício de candidato, partido político ou coligação, de bens móveis ou imóveis pertencentes à administração direta ou indireta da União, dos Estados, do Distrito Federal, dos Territórios e dos Municípios. [...] Na espécie, aduz-se que houve utilização da máquina administrativa do Estado de Sergipe em favor da candidatura do governador, candidato à reeleição, e de sua esposa ao Senado, por meio da distribuição de cartas com pedido de voto, em setembro de 2006, a alunos de um estabelecimento de ensino no Estado de Sergipe, com violação do art. 73, I e II, da Lei nº 9.504/97. [...] Ademais, embora a utilização de informações de banco de dados de acesso restrito da Administração Pública possa, em tese, configurar a conduta vedada no art. 73, I, da Lei nº 9.504/97, não há, nestes autos, provas que demonstrem a natureza do banco de dados da Secretaria Estadual de Educação de Sergipe - se de acesso livre ou restrito – o que impede a condenação dos recorridos. (Recurso Ordinário nº 481.883 – Aracaju/SE, acórdão de 1.9.2011. Rel. Min. Fátima Nancy Andrighi)

O TRE/PA já julgou e condenou, atendendo a pedido do Ministério Público Eleitoral, caso também em que uma das questões comprovadas foi a utilização de banco de dados de caráter sigiloso, incidindo a prática como conduta vedada:

> Conjunto fático-probatório que aponta clara e inequivocamente para o uso da máquina pública, a partir de um grande engenho montado para assegurar a utilização de servidores; bens móveis e imóveis; banco de dados sigilosos; sistema operacional de controle de registro de inclusão no cadastro de pescador (RGP), viabilizando o uso da Superintendência da Pesca no Pará no interesse político-eleitoral do Impugnado-1º Representado, configurando o abuso de poder político perpetrado através de condutas absolutamente vedadas. [...] Evidenciada a toda prova a violação aos princípios da Legalidade; Impessoalidade; e Moralidade na conduta dos Representados, em especial do Impugnado, em desprezo a pauta inegociável do art. 37, cabeça, da CF/88. [...] Procedente a ação de impugnação de mandato eletivo e a representação eleitoral, pelo abuso de poder político do Impugnado e pelas condutas vedadas praticadas pelos Representados, na forma do art. 22, XIV, XV,

XVI, da LC n.º 64/90, com as alterações da LC n.º 135/2010 c/c art. 73, I, III, da Lei n.º 9504/97. (Representação nº 323.008 – Belém/PA. Acórdão nº 24.273, de 23.8.2011. Rel. André Ramy Pereira Bassalo)

Quanto ao uso de imagens de bens públicos nas propagandas eleitorais, importante a ressalva feita por Edson de Resende de Castro:

> A proibição não alcança a utilização de imagens dos bens públicos para enaltecer certas administrações ou para criticar outras. Acontece que os candidatos, na propaganda pela TV ou em comícios com utilização de telões, projetam a imagem de bens públicos (prédios, veículos, etc.), seja para dizer eficiente a Administração, seja mesmo para criticá-la (o que não se encaixa na proibição aqui tratada).[2]

Nesse sentido, a jurisprudência do TSE é assertiva em entender que

> o que a lei veda é o uso efetivo, real, do aparato estatal em prol de campanha, e não a simples captação de imagens de bem público. (TSE. Representação nº 326.725 – Brasília/DF, acórdão de 29.3.2012. Rel. Min. Marcelo Henriques Ribeiro de Oliveira. DJE, t. 94, p. 98, 21 maio 2012)

Na mesma linha:

> Para configuração da conduta vedada descrita no art. 73, I, da Lei nº 9.504/97, é necessário que a cessão ou utilização de bem público seja feita em benefício de candidato, violando-se a isonomia do pleito. O que a lei veda é o uso efetivo, real, do aparato estatal em prol de campanha, e não a simples captação de imagens de bem público. (TSE. Representação nº 326.725, acórdão de 29.3.2012. Rel. Min. Marcelo Henriques Ribeiro de Oliveira. DJE, t. 94, p. 98, 21 maio 2012)

> O discurso feito por agente público, durante inauguração de obra pública, no qual ele manifesta sua preferência por determinada candidatura, não significa que ele usou ou cedeu o imóvel público em benefício do candidato, conduta vedada pelo art. 73, I, da Lei 9.504/97. Precedente. (4017-27.2010.600.0000, AgR-RESPE – Agravo Regimental em Recurso Especial Eleitoral nº 401.727 – São Paulo/SP, acórdão de 4.8.2011)

---

[2] CASTRO, Edson de Resende. *Teoria e prática do direito eleitoral*. 4. ed. Belo Horizonte: Mandamentos, 2008. p. 356.

Quanto à cessão ou uso de bens de concessionária ou permissionária de serviço público, vale registrar que, embora não configure conduta vedada, caracteriza ofensa ao art. 24 da Lei nº 9.504/97, já que o uso ou cessão desses bens pode caracterizar doação de bem estimado em dinheiro oriundo de fonte vedada, a ensejar uma representação por gastos ilícitos em campanha, nos termos do art. 30-A da mesma lei, ou AIJE por abuso de poder nos termos dos arts. 19 e 22 da LC nº 64/90, além de configurar propaganda irregular.

Como exceção, verifica-se que o próprio inciso permitiu a realização de convenção partidária em prédio público. Assim, esses atos, pelo seu próprio fim, podem ser realizados no Congresso Nacional, assembleias legislativas, câmaras municipais, prefeituras municipais etc.

O §2º do art. 73 e o art. 76 da lei eleitoral trazem mais duas exceções à conduta vedada em análise, consistente no uso, em campanha, pelos candidatos à reeleição para presidente e vice-presidente da República, governador e vice-governador, prefeito e vice-prefeito de suas residências oficiais para realização de contatos, encontros e reuniões pertinentes à própria campanha, desde que não tenham caráter de ato público e a utilização de transporte oficial pelo Presidente da República, desde que haja ressarcimento das despesas de seu uso e de sua comitiva.

Registre-se, por fim, que, como já consagrado pelo TSE, o ressarcimento dos valores eventualmente relativos ao uso ou cessão irregulares não basta para a descaracterização da conduta vedada, consoante AgREspe nº 25.770/2007: "É irrelevante o ressarcimento das despesas, para descaracterização das condutas vedadas pelo art. 73 da Lei nº 9.504/97".

Não foi estabelecido, pela legislação, um período certo para a configuração dessa conduta vedada. Assim, poderá ser praticada a qualquer momento, desde que tenha fins eleitorais e seja capaz de lesionar o bem jurídico protegido pela norma. Ademais, sua aplicação não está sujeita a limite de circunscrição, ou seja, qualquer que seja a eleição, municipal ou geral, incidirá a vedação.

> II - usar materiais ou serviços, custeados pelos Governos ou Casas Legislativas, que excedam as prerrogativas consignadas nos regimentos e normas dos órgãos que integram;

Neste inciso, a previsão é de vedação ao agente público da utilização de materiais ou serviços, custeados pelos governos ou casas legislativas, que excedam as prerrogativas indicadas em regimentos e normas internas dos órgãos respectivos, com fins eleitorais. Assim, a conduta vedada visa impedir a utilização de material pago pelo erário em benefício de candidaturas.

No exercício de algumas funções, o detentor do cargo recebe materiais e serviços custeados pelo Poder Público, como exemplo, a utilização de telefones, postais e gráficas. Essa vedação visa evitar os excessos, ou seja, o que não pode é exceder os limites impostos pelos regimentos e normas internas, em favor de partido político ou candidato. Assim, a utilização pura e simples, para os fins legais, é permitida. Também não é permitido o uso de materiais e serviços, ainda que dentro dos limites, para fins exclusivamente privados e eleitorais, mormente para a realização de propaganda eleitoral.

Não foi estabelecido, pela legislação, um período certo para a configuração dessa conduta. Assim, desde que praticada com fins eleitorais e com violação ao bem jurídico protegido pela norma, restará caracterizada. Ademais, sua aplicação não está sujeita a limite de circunscrição, ou seja, qualquer que seja a eleição, municipal ou geral, incidirá a vedação.

> Para a incidência dos incisos I e II do art. 73 da Lei nº 9.504/97, não se faz necessário que a conduta tenha ocorrido durante os três meses que antecedem o pleito. (TSE. Agravo Regimental em Recurso Especial Eleitoral nº 26.838, acórdão de 19.3.2013. Rel. Min. José Antônio Dias Toffoli. *DJE*, t. 92, p. 58, 17 maio 2013)

Ratificando a exigência de pagamento com recursos públicos, a decisão do TSE:

> RECURSO ESPECIAL CONHECIDO COMO ORDINÁRIO. CONDUTA VEDADA. ELEIÇÃO 2010. USO. SERVIÇOS PÚBLICOS. BENEFÍCIO CANDIDATO. ILÍCITO NÃO CARACTERIZADO. PROVIDO. 1. Para a caracterização da conduta tipificada no art. 73, II, da Lei nº 9.504/97, é necessário que os serviços prestados em favor do candidato tenham sido custeados pelos cofres públicos. 2. *In casu*, ficou comprovado que a limpeza realizada em imóvel destinado à futura sede de comitê eleitoral do candidato foi paga pela imobiliária que o administrava, o que descaracteriza o ilícito. (RESPE – Recurso Especial Eleitoral nº 610.553 – Porto Alegre/RS, acórdão de 13.9.2012. Rel. Min. José Antônio Dias Toffoli)

Interessante julgado do TSE, de relatoria da Ministra Nancy Andrighi, indica a proibição da utilização da máquina administrativa para a elaboração de correspondências distribuídas com fins eleitoreiros. Porém, no caso concreto sob análise do Colendo TSE, não houve a constatação, mas os requisitos necessários estão expostos na decisão:

> [...] 1. A caracterização da conduta vedada prevista no art. 73, I, da Lei nº 9.504/97 pressupõe a cessão ou o uso, em benefício de candidato, partido político ou coligação, de bens móveis ou imóveis pertencentes à administração direta ou indireta da União, dos Estados, do Distrito Federal, dos Territórios e dos Municípios. 2. A conduta vedada do art. 73, II, da Lei nº 9.504/97 configura-se mediante o uso de materiais ou serviços, custeados pelos Governos ou Casas Legislativas, que excedam as prerrogativas consignadas nos regimentos e normas dos órgãos que integram. 3. Na espécie, aduz-se que houve utilização da máquina administrativa do Estado de Sergipe em favor da candidatura do governador, candidato à reeleição, e de sua esposa ao Senado, por meio da distribuição de cartas com pedido de voto, em setembro de 2006, a alunos de um estabelecimento de ensino no Estado de Sergipe, com violação do art. 73, I e II, da Lei nº 9.504/97. 4. Contudo, o recorrente não se desincumbiu do ônus de demonstrar que as correspondências foram confeccionadas com dinheiro público e que o primeiro recorrido determinou a distribuição das cartas na rede pública de ensino [...]. (RO – Recurso Ordinário nº 481.883 – Aracaju/SE, acórdão de 1.9.2011. Rel. Min. Fátima Nancy Andrighi)

> Não ocorre bis in idem se um mesmo fato é analisado e sancionado por fundamentos diferentes – como na presente hipótese, em que o ocorrido foi examinado sob o viés de propaganda eleitoral extemporânea e de conduta vedada. Precedente. A caracterização da conduta vedada prevista no art. 73, I, da Lei 9.504/97 pressupõe a cessão ou o uso, em benefício de candidato, partido político ou coligação, de bens móveis ou imóveis pertencentes à administração direta ou indireta da União, dos Estados, do Distrito Federal, dos Territórios e dos Municípios. Já a conduta descrita no inciso II do mesmo artigo pressupõe o uso de materiais ou serviços, custeados pelos Governos ou Casas Legislativas, que exceda as prerrogativas consignadas nos regimentos e normas dos órgãos que integram. (TSE. Recurso Ordinário nº 643.257, acórdão de 22.3.2012. Rel. Min. Fátima Nancy Andrighi. *DJE*, t. 81, p. 129, 2 maio 2012)

> III - ceder servidor público ou empregado da administração direta ou indireta federal, estadual ou municipal do Poder Executivo, ou usar de seus serviços, para comitês de campanha eleitoral de candidato, partido político ou coligação, durante o horário de expediente normal, salvo se o servidor ou empregado estiver licenciado;

O inciso traz previsão de caracterização de conduta vedada quando há cessão ou o uso de serviços de servidor público ou empregado da administração direta ou indireta para comitês de campanha eleitoral de candidato, partido político ou coligação durante o horário de trabalho, salvo se estiver licenciado.

São duas as condutas sujeitas à punição: a cessão ou o uso dos serviços. É indiferente se a cessão ou uso se dá a título gratuito ou oneroso.

Também não é necessário perquirir qual o vínculo do servidor com a Administração Pública, se efetivo, por contrato temporário, cargo em comissão ou função comissionada, o que importa para a caracterização é que seja pessoa que tenha vínculo oficial com a Administração Pública e que, por liberalidade da Administração, haja cessão para trabalho nas eleições para candidato, comitê de campanha ou coligação. Há, assim, um desequilíbrio e a utilização de recursos públicos para bancar uma candidatura ou a organização de um partido.

Embora o dispositivo legal refira-se apenas aos servidores do Poder Executivo, a cessão ou uso dos serviços de servidores vinculados a outros poderes, embora não caracterize a conduta vedada, em análise, pode configurar um abuso de poder a ser apurado em AIJE na forma dos arts. 19 e 22 da LC nº 64/90.

A expressão "durante o horário de expediente" deve abranger não só o horário normal de serviço, como também eventual horário extraordinário.

A expressão "Comitês de Campanha Eleitoral" deve ser interpretada de forma a abranger qualquer ato de campanha. Exemplo: uso do servidor para distribuir material de campanha, limpar o local destinado ao comício etc.

Vale ressaltar que não se impede que o servidor, por vontade própria, exerça seu direito político de forma ampla e participe como apoiador de uma candidatura. Porém, qualquer serviço deve ser feito quando estiver fora do seu horário regular de trabalho, ou se estiver de férias ou licenciado do cargo por algum motivo. Entretanto, mesmo nesses casos, é necessário que aja com cautela, fora do expediente e do local de trabalho, a fim de que não reste caracterizada a conduta em apreço.

Em recente decisão o TRE/PA puniu agente público que utilizou agentes comunitários de saúde para realizar proselitismo político-eleitoral durante o horário de expediente, atuando diretamente em suas funções.

A responsabilidade do representado é patente no momento em que farto material de propaganda eleitoral foi apreendido junto aos agentes comunitários de saúde, bem como, depoimentos reforçam que o Secretário de Saúde do Município planejou e coordenou a reunião com os servidores públicos para a distribuição do material de propaganda eleitoral. A utilização da Secretaria Municipal de Saúde para a realização de reunião com o intuito de distribuir material de propaganda eleitoral é prática de conduta vedada descrita no artigo 73, I da Lei n.º 9.504/97. Determinação realizada pelo Secretário de Saúde do Município para que os agentes comunitários de saúde distribuam material de propaganda eleitoral durante as visitas regulares à população, no horário de expediente normal, constitui prática de conduta vedada descrita no artigo 73, III da Lei n.º 9.504/97. (TRE/PA. Representação n° 269.142. Acórdão n° 26.135, de 18.7.2013. Rel. Marco Antonio Lobo Castelo Branco, Rev. Agnaldo Wellington Souza Corrêa. *DJE*, t. 133, p. 2, 26 jul. 2013)

Em outro caso, o TRE/PA também puniu agente público pela utilização de servidores públicos para se fazer campanha plebiscitária em evento oficial:

REPRESENTAÇÃO. CONDUTA VEDADA. PLEBISCITO 2011. RESOLUÇÃO DO TSE N.º 23.354/11. UTILIZAÇÃO DE SERVIDORES PÚBLICOS NA CAMPANHA PLEBISCITÁRIA. CAMISAS COM PROPAGANDA CONTRA A DIVISÃO DO ESTADO. SECRETÁRIA MUNICIPAL. [...] 1 - A utilização de camisas com propaganda plebiscitária por servidores públicos municipais em evento oficial é prática de conduta vedada punível de acordo com o inciso III e §2º, do artigo 41, da Resolução do TSE n.º 23.354/11. 2 – A responsabilidade da representada é patente ao usar ela própria a camisa com propaganda e permitir que os demais servidores a ele subordinados assim procedessem. [...]. (Representação nº 126.473. Acórdão nº 24.726, de 10.7.2012. Rel. Eva do Amaral Coelho. *DJE*, t. 127, p. 2-3, 16 jul. 2012)

Pode-se incluir como hipótese de conduta vedada também a liberação de servidores públicos de forma indevida e extemporânea, sem qualquer previsão legal ou com razoabilidade, para participar, por exemplo, de caminhada ou ato de determinado candidato naquele município. Assim, a comprovação de que um gestor público, como um prefeito municipal, liberou, sem motivos, servidores públicos para que estes estivessem "livres" para participar de carreata ou caminhada em apoio a um candidato a governado de estado pode ensejar a reprimenda da lei eleitoral.

Não foi estabelecido, pela legislação, um período certo para a configuração dessa conduta. Assim, desde que praticada com fins eleitorais e com violação ao bem jurídico protegido pela norma, restará caracterizada. Ademais, sua aplicação não está sujeita a limite de circunscrição, ou seja, qualquer que seja a eleição, municipal ou geral, incidirá a vedação.

> IV - fazer ou permitir uso promocional em favor de candidato, partido político ou coligação, de distribuição gratuita de bens e serviços de caráter social custeados ou subvencionados pelo Poder Público;

O presente inciso tem a intenção de evitar que programas governamentais de caráter social possam ser utilizados de forma promocional em favor de candidato, partido político ou coligação, como programas de bolsa-família, auxílio-gás, atendimentos médicos/odontológicos/jurídicos gratuitos.

Não se pode, por óbvio, impedir que programas assistenciais oficiais continuem na época eleitoral, até porque a paralisação traria mais prejuízos do que benefícios à sociedade.

O que se pretende vetar é que se faça uso promocional de distribuição gratuita de bens e serviços, que estes sejam utilizados como "moeda de troca" com o voto do eleitor, ainda que indiretamente, quando se valoriza a presença física, o nome ou a ideia de um candidato nas entregas destes bens e serviços custeados ou subvencionados pelo Poder Público.

Nesse sentido é o entendimento do TSE:

> Para a configuração da conduta vedada prevista no citado inc. IV do art. 73 – distribuição gratuita de bens e serviços de caráter social custeados ou subvencionados pelo Poder Público –, é necessário demonstrar o caráter eleitoreiro ou o uso promocional em favor de candidato, partido político ou coligação. (AgR-RESPE nº 5.427.532 – Eliseu Martins/PI, acórdão de 18.9.2012. Rel. Min. Arnaldo Versiani Leite Soares)

Frise-se que não é necessário o pedido de voto em troca da entrega de determinado bem ou serviço (até porque, se houver, caracteriza-se também como captação ilícita de sufrágio). Somente a presença física e a vinculação daquele programa como uma "bondade" do candidato ou o vínculo da entrega daquele serviço a um *jingle* ou ao *slogan* de uma campanha já poderiam fazer a vinculação e tentar incutir no eleitorado a ideia de que não se pode viver sem aquele programa ou que determinado programa não é da Administração, mas sim de determinado gestor público.

O TRE/PA já decidiu caso em que foi constatada a distribuição gratuita de lotes de terras à população em data próxima às eleições, em condições configuradoras dessa conduta vedada:

> [...] a circunstância de haver o candidato à reeleição deflagrado programa social de habitação para distribuição gratuita de 1.700 lotes à população em data próxima às eleições, fazendo referência pública expressa à efetivação das doações após a data do pleito, configura a conduta vedada pelo art. 73, IV, da Lei n. 9.504/97. A urgência nas primeiras fases do programa com o cadastramento de mais de 5.000 famílias, sem que se levasse a cabo a seleção dos beneficiários, denota o interesse de prolongar a expectativa positiva desta parcela do eleitorado até a data das eleições no intuito de angariar simpatias do total de universo de pessoas cadastradas. A ausência de efetivação das doações não afasta a incidência do dispositivo em comento, uma vez configurada a manipulação exercida sobre os eleitores na expectativa de futura contemplação. [...]. (TRE/PA. Recurso Eleitoral nº 1.957. Acórdão nº 18.962, de 13.12.2004. Rel. Rosileide Maria Costa Cunha Filomeno, Rel. designado(a) Hind Ghassan Kayath. *DOE*, v. 2, p. 8, 11 fev. 2005)

No sentido de uso que extrapolou o limite legal, há decisão do TSE:

> O Tribunal a quo assentou que o serviço social prestado pelos agravantes à população não se enquadra na situação excepcional descrita no §10 do art. 73 da Lei nº 9.504/97, pois foi utilizado como uso promocional em benefício de suas campanhas eleitorais, configurando, na verdade, a conduta vedada prevista no inciso IV do art. 73 da referida lei. (AgR-RESPE nº 955.973.845 – Itapiúna/CE, acórdão de 8.2.2011. Rel. Min. Arnaldo Versiani Leite Soares)

Não foi estabelecido, pela legislação, um período certo para a configuração dessa conduta vedada. Assim, desde que praticada com fins eleitorais e com violação ao bem jurídico protegido pela norma, restará caracterizada. Ademais, sua aplicação não está sujeita a limite de circunscrição, ou seja, qualquer que seja a eleição, municipal ou geral, incidirá a vedação.

> V - nomear, contratar ou de qualquer forma admitir, demitir sem justa causa, suprimir ou readaptar vantagens ou por outros meios dificultar ou impedir o exercício funcional e, ainda, *ex officio*, remover, transferir

ou exonerar servidor público, na circunscrição do pleito, nos três meses que o antecedem e até a posse dos eleitos, sob pena de nulidade de pleno direito, ressalvados:

a) a nomeação ou exoneração de cargos em comissão e designação ou dispensa de funções de confiança;

b) a nomeação para cargos do Poder Judiciário, do Ministério Público, dos Tribunais ou Conselhos de Contas e dos órgãos da Presidência da República;

c) a nomeação dos aprovados em concursos públicos homologados até o início daquele prazo;

d) a nomeação ou contratação necessária à instalação ou ao funcionamento inadiável de serviços públicos essenciais, com prévia e expressa autorização do Chefe do Poder Executivo;

e) a transferência ou remoção *ex officio* de militares, policiais civis e de agentes penitenciários;

A previsão legal impede que haja nomeação, contratação, transferência, exoneração de servidores públicos que tenham ou possam ter viés eleitoral, tanto de premiação quanto de punição por trabalho ou ideologia eleitoral, por exemplo, ou que visem trazer benefícios políticos pela nomeação.

Tal inciso visa impedir que se utilize os agentes públicos como "massa de manobra" com intenções puramente eleitorais, o que, além de tudo, fere os princípios da impessoalidade e moralidade.

São as seguintes as condutas vedadas pelo dispositivo em disceptação:

a) Nomeação, contratação, admissão ou demissão sem justa causa.

Pode haver demissão com justa causa de servidor público dentro do período vedado, visto que esta, nos termos do direito administrativo, só pode ocorrer como punição, e após um processo administrativo disciplinar em que seja garantido o contraditório e a ampla defesa.

b) Supressão ou readaptação de vantagens – são exemplos de vantagens pecuniárias: adicionais e gratificações.

Em recente decisão, a Corte Superior considerou que a redução da carga de trabalho, sem a redução dos vencimentos, caracteriza concessão de vantagens, independentemente da finalidade do ato:

> [...] A conduta praticada, conforme concluiu o acórdão regional, enquadra-se perfeitamente no art. 73, inciso V, da Lei nº 9.504/1997, pois os servidores receberam vantagem em período vedado (redução da carga de trabalho sem a redução de vencimentos), o que dispensa

a análise da finalidade eleitoral do ato, pois esse requisito foi valorado pela legislação, quando afirma que "são proibidas aos agentes públicos, servidores ou não, as seguintes condutas tendentes a afetar a igualdade de oportunidades entre candidatos nos pleitos eleitorais" (art. 73, *caput*, da Lei nº 9.504/1997), salvo quando a própria norma exige uma qualificação especial da conduta como "fazer ou permitir uso promocional em favor de candidato, partido político ou coligação de distribuição gratuita de bens e serviços de caráter social custeados ou subvencionados pelo Poder Público" [...]. (TSE. RESPE nº 695-41/GO. Rel. Min. Gilmar Mendes. *DJE*, 26 jun. 2015)

c) Remoção, transferência ou exoneração – note que não é necessária a exoneração. Atos como a remoção ou transferência já são suficientes para incidir na conduta vedada, já que essas práticas tendem a prejudicar, enfraquecer o servidor público e sua atuação ou manifestação político-eleitoral, ou até mesmo premiar um servidor que esteja de acordo com o entendimento do gestor de ocasião.

d) Dificultar ou impedir o exercício funcional por qualquer outro meio – trata-se de cláusula genérica que visa permitir o bom andamento da atividade administrativa.

Na decisão, abaixo, o TSE enquadrou como conduta vedada, por caracterizar dificuldade ao exercício funcional de servidor, a suspensão de ordem de férias sem qualquer interesse da administração.

Ementa: Agravo regimental. Representação. Conduta vedada. Art. 73, V, da Lei nº 9.504/97.
1. A dificuldade imposta ao exercício funcional de uma servidora consubstanciado em suspensão de ordem de férias, sem qualquer interesse da administração, configura a conduta vedada do art. 73, V, da Lei nº 9.504/97, ensejando a imposição de multa. [...]. (Agravo Regimental no Agravo de Instrumento nº 11.207/MG. Rel. Min. Arnaldo Versiani. *DJE*, 11 fev. 2010)

Lado outro, considerou inexistente a ilicitude no julgado abaixo:

Conduta vedada. Nomeação. Cargo em comissão. 1. O art. 73, V, da Lei nº 9.504/97 estabelece, nos três meses que antecedem a eleição até a posse dos eleitos, a proibição de nomeação ou exoneração de servidor público, bem como a readaptação de suas vantagens, entre outras hipóteses, mas expressamente ressalva, na respectiva alínea a, a possibilidade de nomeação ou exoneração de cargos em comissão e designação ou dispensa de funções de confiança. 2. O fato de o servidor nomeado para cargo em comissão ter sido exonerado e, logo em seguida, nomeado para cargo em comissão com concessão de maior vantagem pecuniária não permite, por si só, afastar a ressalva do art. 73, V, a, da Lei nº 9.504/97, porquanto tal dispositivo legal não veda eventual melhoria na condição do servidor (AgR-RESPE nº 299.446 – Almirante Tamandaré/PR, acórdão de 6.11.2012. Rel. Min. Arnaldo Versiani Leite Soares)

A norma traz uma restrição temporal para a incidência da conduta vedada, qual seja "nos três meses que o antecedem e até a posse dos eleitos". Além disso, tais vedações limitam-se à circunscrição do pleito em que se realizar a eleição, havendo posicionamento do TSE no sentido de que, se as eleições forem municipais, não fica impedida a atuação do Poder Público federal e estadual (Resolução nº 21.806, de 8.6.2004, de relatoria do Min. Fernando Neves). Entretanto, é necessária cautela para que a atuação do Poder Público federal e estadual não seja feita em benefício de candidato ou partido político, sob pena de configurar abuso de poder, nos termos do art. 22 da LC nº 64/90 ou violação do princípio da impessoalidade insculpido no art. 37, §1º da CF/88.

Os atos praticados em desrespeito à norma do inc. V, do art. 73 da Lei nº 9.504/97, são nulos de pleno direito.

Sobre a competência da Justiça Eleitoral no presente caso, vale frisar que não cabe a esta especializada declarar nulidade de ato administrativo, mas tão somente aplicar a eventual punição, na área eleitoral, da prática irregular. Cabe à Justiça comum, estadual ou federal, declarar nulidade de ato administrativo, conforme decisão do TRE/PA a seguir:

> A Justiça Eleitoral é competente para processar e julgar matérias atinentes ao processo eletivo, descabendo àquela decidir sobre questões que versarem sobre relações estatutárias/institucionais. No que pese a vedação da conduta estar disciplinada em Lei Federal Eleitoral, a matéria trazida para apreciação é atinente ao ato administrativo/institucional, devendo, por esta razão, ser apreciado pela Justiça Comum. A relação de trabalho estatutária, consoante ao que foi definido através da ADIN 3395, do STF, é de competência da Justiça Comum, repita-se, não cabendo a Justiça Eleitoral declarar nulidade de ato administrativo, mesmo que em pedido de medida liminar em sede de mandado de segurança. (TRE/PA. Recurso em Mandado de Segurança nº 41.226. Acórdão nº 25.544, de 18.9.2012. Rel. Ezilda Pastana Mutran. *DJE*, t. 175, 24 set. 2012, p. 2)

A lei traz algumas exceções às condutas ilícitas enumeradas nesse inciso:

a) Nomeação ou exoneração de cargos em comissão e designação ou dispensa de funções de confiança (art. 73, V, *a*, da Lei nº 9.504/97) – em respeito à disposição constitucional, a vedação não se aplica aos cargos de livre nomeação e exoneração.

Interessante decisão do TSE que considerou abusivo o elevado número de nomeações e exonerações para cargos comissionados realizados nos três meses anteriores ao pleito:

> O art. 73, V, da Lei nº 9.504/97 veda, nos três meses que antecedem ao pleito, as condutas de nomear, "contratar ou, de qualquer forma, admitir, demitir sem justa causa, suprimir ou readaptar vantagens ou por outros meios dificultar ou impedir o exercício funcional e, ainda, ex officio, remover, transferir ou exonerar servidor público, na circunscrição do pleito [...]", sua alínea a impõe ressalva quanto a 'nomeação ou exoneração de cargos em comissão e designação ou dispensa de funções de confiança'. Entretanto, é necessário que se apure a existência de desvio de finalidade. No caso, por um lado, estes cargos comissionados foram criados por decreto, com atribuições que não se relacionavam a "direção, chefia e assessoramento", em afronta ao disposto no art. 37, V, CR/88; por outro, os decretos que criaram estes cargos fundamentaram-se na Lei Estadual nº 1.124/2000, sancionada pelo governador anterior, cuja inconstitucionalidade foi declarada pelo Supremo Tribunal Federal apenas em 3.10.2008 (ADIn 3.232, 3.390 e 3.983, fls. 10.886-10.911). Abuso de poder caracterizado com fundamento: a) no volume de nomeações e exonerações realizadas nos três meses que antecederam o pleito; b) na natureza das funções atribuídas aos cargos que não demandavam tamanha movimentação; c) na publicidade, com nítido caráter eleitoral de promoção da imagem dos recorridos, que foi vinculada a estas práticas por meio do programa "Governo mais perto de você". (TSE. Recurso Contra Expedição de Diploma nº 698, acórdão de 25.6.2009. Rel. Min. Felix Fischer. *DJE*, t. 152/2009, p. 28-30, 12 ago. 2009)

b) Nomeação para cargos do Poder Judiciário, do Ministério Público, dos Tribunais ou Conselhos de Contas e dos órgãos da Presidência da República (art. 73, V, *b*, da Lei nº 9.504/97) – embora a norma se refira apenas à nomeação, deve-se admitir também a remoção e promoção, bem como qualquer outra espécie de movimentação na carreira.

c) Nomeação dos aprovados em concursos públicos homologados até o início daquele prazo (art. 73, V, *c*, da Lei nº 9.504/97) – destaque-se que o concurso público pode ser realizado mesmo no período compreendido nos 3 (três) meses que antecedem o pleito até a posse dos eleitos, o que a lei veda é a contratação e a nomeação de aprovados em concurso público cuja homologação tenha ocorrido dentro desse período. Se o concurso foi homologado antes, é possível a nomeação. Entretanto, se a homologação ocorrer no período vedado, a nomeação no mesmo período será nula de pleno direito.

Ressalve-se que a contratação sem concurso público antes do prazo de 3 (três) meses anteriores ao pleito, embora não constitua a conduta vedada, em análise, pode ser considerada para fins de configuração de abuso do poder político (TSE. RESPE nº 1.522-10. Rel. Min. Henrique Neves, 3.11.2015).

d) Nomeação ou contratação necessária à instalação ou ao funcionamento inadiável de serviços públicos essenciais, com prévia e expressa autorização do Chefe do Poder Executivo (art. 73, V, *d*, da Lei nº 9.504/97) – trata-se de exceção decorrente dos princípios da eficiência e da continuidade do serviço público insculpidos no art. 37 da CF/88. O TSE tem dado interpretação rigorosa a esse dispositivo, exigindo que os serviços sejam essenciais e realmente inadiáveis.

Com vistas a conceituar o que seria essa essencialidade em sentido estrito que autoriza a nomeação e contratação, o Tribunal Superior Eleitoral, no Recurso Especial Eleitoral nº 27.563/MT, fez uso da analogia, adotando como parâmetro o conceito previsto no parágrafo único do art. 11 da Lei de Greve (Lei nº 7.783/89), que define como "necessidades inadiáveis da comunidade aquelas que, se não atendidas, coloquem em perigo iminente a sobrevivência, a saúde ou a segurança da população". Trata-se de parâmetro razoável, na medida em que restringe com proporcionalidade os serviços públicos que fogem à regra da vedação à nomeação de agentes durante o período vedado.[3]

---

[3] Os seguintes excertos do voto proferido pelo Ministro Carlos Ayres Britto, no recurso mencionado, mostram a adoção do conceito de serviços essenciais dado pela Lei de Greve, vejamos: "13. Bem vistas as coisas, é preciso esclarecer os dois sentidos jurídico-normativos do termo essenciais, quando imbricados com os serviços públicos. Em sentido amplo, todo serviço público é essencial ao interesse da coletividade. Do contrário, não seria serviço público. Daí a percuciente observação de Odete Medauar: 'A expressão serviço público às vezes vem empregada em sentido muito amplo, para abranger toda e qualquer atividade realizada pela Administração Pública, desde uma carimbada em um requerimento até o transporte coletivo. Quando se fala em 'ingresso no serviço público', e atribuindo sentido amplo ao termo. Se esta fosse a acepção adequada, todo o direito administrativo conteria um único capítulo, denominado 'serviço público', pois

Nesse sentido, a segurança pública é considerada, pelo TSE, serviço essencial para efeito do disposto no art. 73, V, *d*, da Lei nº 9.504/97, de vez que sua prestação deficiente é capaz de colocar em perigo iminente a sobrevivência ou a segurança pública da população.

---

todas as atividades da Administração aí se incluiriam. No sentido amplo da expressão serviço público, são englobadas também todas as atividades do Poder Judiciário e do Poder Legislativo quando se menciona o seguinte: O Judiciário presta serviço público relevante; o Legislativo realiza serviço público. Evidente que aí a expressão não se reveste de sentido técnico, nem tais atividades sujeitam-se aos preceitos norteadores da atividade tecnicamente caracterizada como serviço público. Serviço público, como um capítulo do direito administrativo, diz respeito à atividade realizada no âmbito das atribuições da Administração, inserida no Executivo. E refere-se a atividade prestacional, em que o poder público propicia algo necessário à vida coletiva, como por exemplo: água, energia elétrica, transporte urbano. As atividades-meio, por exemplo, arrecadação de tributos, serviços de arquivo, limpeza de repartições, vigilância de repartições, não se incluem na acepção técnica de serviço público. Assim, serviço público apresenta-se como uma dentre as múltiplas atividades desempenhadas pela Administração, que deve utilizar seus poderes, bens e agentes, seus atos e contratos para realizá-lo de modo eficiente'. 14. Já em sentido estrito, essencial é o serviço público emergencial, que não pode sofrer qualquer solução de continuidade, sob pena de prejuízos irreparáveis aos seus destinatários. É nesse específico sentido que a Constituição faz uso do termo, ao dispor que "a lei definirá os serviços ou atividades essenciais e disporá sobre o atendimento das necessidades inadiáveis da comunidade' (§1º do art. 9º). Isso no contexto em que ela mesma – a Carta Política – assegura o direito de greve como um direito social fundamental dos trabalhadores (cabeça do art. 9º). A patentear que é garantido o direito de os trabalhadores realizarem suspensão coletiva, pacífica, total ou parcial, da prestação pessoal de serviços a empregador, como legítimo instrumento de reivindicação dos interesses que entendam defender por meio da greve, desde que não haja prejuízo à continuidade da prestação dos serviços ou atividades essenciais, nem ao atendimento das necessidades inadiáveis da comunidade. Quero dizer: o legítimo exercício do direito de greve pelos trabalhadores não pode afetar a prestação daquelas atividades ou daqueles serviços públicos sem os quais a vida cotidiana não se realiza sem traumas. Nesse panorama, a própria Carta de Outubro definiu, por exemplo, o transporte coletivo urbano como serviço público de caráter essencial (inciso V do art. 30). E remeteu à lei a tarefa de definir o caráter essencial de outros serviços públicos. Donde a Lei nº 7.783/89, coerente com esse sentido estrito do termo, estabelecer que 'são considerados serviços ou atividades essenciais os seguintes: tratamento e abastecimento de água; produção e distribuição de energia elétrica, gás e combustíveis; assistência e alimentos; funerários; transporte coletivo; captação e tratamento de esgoto e lixo; telecomunicações; guarda, uso e controle de substâncias radioativas, equipamentos e materiais nucleares; processamento de dados ligados a serviços essenciais; controle de tráfego aéreo; compensação bancária' (incisos I a XI do art. 10); aquelas que, não atendidas, coloquem em perigo iminente a sobrevivência, a saúde ou a segurança da população (parágrafo único do art. 11). 16. Nesse fluxo de ideias, a ressalva da alínea *d* do inciso V do art. 73 da lei nº 9.504/97 pode ser coerentemente entendida a partir de uma visão estrita da essencialidade do serviço público. Do contrário, restaria inócua a finalidade da Lei Eleitoral ao vedar certas condutas aos agentes públicos, tendentes a afetar a igualdade de competição no pleito. Restaria aberto um espaço enorme às contratações de pessoal no período crítico do processo eleitoral. Com o que não se coibiria o uso da máquina administrativa em quadra tão delicada da vida do País, com sua previsível consequência: o esvaziamento das metas constitucionalmente impostas para assegurar a livre expressão do voto popular (§9º do art. 14)".

e) Transferência ou remoção *ex officio* de militares, policiais civis e agentes penitenciários (art. 73, V, *e*, da Lei nº 9.504/97) – visa permitir a segurança pública. Observe que a norma não incluiu, nessa exceção, a polícia rodoviária e ferroviária federal, tampouco os guardas municipais.

Por fim, calha mencionar a consulta formulada perante o TSE, que detalha algumas importantes questões sobre o tema:

> Consulta. Recebimento. Petição. Art. 73, V, Lei nº 9.504/97. Disposições. Aplicação. Circunscrição do pleito. Concurso público. Realização. Período eleitoral. Possibilidade. Nomeação. Proibição. Ressalvas legais.
> 1. As disposições contidas no art. 73, V, Lei nº 9.504/97 somente são aplicáveis à circunscrição do pleito.
> 2. Essa norma não proíbe a realização de concurso público, mas, sim, a ocorrência de nomeações, contratações e outras movimentações funcionais desde os três meses que antecedem as eleições até a posse dos eleitos, sob pena de nulidade de pleno direito.
> 3. A restrição imposta pela Lei nº 9.504/97 refere-se à nomeação de servidor, ato da administração de investidura do cidadão no cargo público, não se levando em conta a posse, ato subsequente à nomeação e que diz respeito à aceitação expressa pelo nomeado das atribuições, deveres e responsabilidades inerentes ao cargo.
> 4. A data limite para a posse de novos servidores da administração pública ocorrerá no prazo de trinta dias contados da publicação do ato de provimento, nos termos do art. 13, §1º, Lei nº 8.112/90, desde que o concurso tenha sido homologado até três meses antes do pleito conforme ressalva da alínea c do inciso V do art. 73 da Lei das Eleições.
> 5. A lei admite a nomeação em concursos públicos e a consequente posse dos aprovados, dentro do prazo vedado por lei, considerando-se a ressalva apontada. Caso isso não ocorra, a nomeação e consequente posse dos aprovados somente poderão acontecer após a posse dos eleitos.
> 6. Pode acontecer que a nomeação dos aprovados ocorra muito próxima ao início do período vedado pela Lei Eleitoral, e a posse poderá perfeitamente ocorrer durante esse período.
> 7. Consoante exceções enumeradas no inciso V, art. 73, as proibições da Lei nº 9.504/97 não atingem as nomeações ou exonerações de cargos em comissão e designação ou dispensa de funções de confiança; as nomeações para cargos do Poder Judiciário, do Ministério Público, dos Tribunais ou Conselhos de Contas e dos órgãos da Presidência da República; as nomeações ou contratações necessárias à instalação ou ao funcionamento inadiável de serviços públicos essenciais, com prévia e expressa autorização do chefe do Poder Executivo e as transferências ou remoções ex officio de militares, de policiais civis e de agentes

penitenciários. (CTA – Consulta nº 1.065 – Brasília/DF. Resolução nº 21.806, de 8 jun. 2004. Rel. Min. Fernando Neves Da Silva)

VI - nos três meses que antecedem o pleito:
a) realizar transferência voluntária de recursos da União aos Estados e Municípios, e dos Estados aos Municípios, sob pena de nulidade de pleno direito, ressalvados os recursos destinados a cumprir obrigação formal preexistente para execução de obra ou serviço em andamento e com cronograma prefixado, e os destinados a atender situações de emergência e de calamidade pública;
b) com exceção da propaganda de produtos e serviços que tenham concorrência no mercado, autorizar publicidade institucional dos atos, programas, obras, serviços e campanhas dos órgãos públicos federais, estaduais ou municipais, ou das respectivas entidades da administração indireta, salvo em caso de grave e urgente necessidade pública, assim reconhecida pela Justiça Eleitoral;
c) fazer pronunciamento em cadeia de rádio e televisão, fora do horário eleitoral gratuito, salvo quando, a critério da Justiça Eleitoral, tratar-se de matéria urgente, relevante e característica das funções de governo;

A alínea *a* do inc. VI do art. 73 veda a transferência voluntária de recursos entre os entes federativos (da União aos estados e municípios e dos estados aos municípios) nos três meses que antecedem o pleito. Não obstante, a restrição não atinge os repasses constitucionais e legais, como o Fundo de Participação do Município e o Fundo de Participação do Estado, tampouco os valores referentes a SUS, Fundeb, merenda escolar ou transporte escolar, visto que esses repasses são obrigatórios e, em muitos casos, responsáveis por manter financeiramente grande parte das pequenas cidades brasileiras.

No mesmo sentido, não se impede que se honre obrigação formal preexistente para execução de obra ou serviço em andamento, e com cronograma prefixado, já que, pela própria continuidade da Administração, não se pode suspender ou paralisar obra, visto que os prejuízos para a população seriam incomensuráveis.

O que se quer é impedir que um gestor estadual, por exemplo, possa utilizar de recursos públicos, próximo às eleições, para fazer "benefícios" direcionados a alguns municípios, quase que como uma "troca de favores" entre prefeito e população, por apoio político-eleitoral. Também se quer impedir que haja repasse prioritário para, por exemplo, administrações municipais alinhadas com o Governo. O mesmo se pode indicar com a relação de repasses de recursos do Governo Federal para o estadual ou municipal. Tal transferência afeta a igualdade de oportunidades entre candidatos.

O TSE entende que a exceção de transferência voluntária de recursos para obras e serviços em andamento se refere àqueles já fisicamente iniciados (Consulta nº 1.062, de relatoria do Min. Carlos Velloso). Assim, deve-se observar que, se, por exemplo, o município celebra convênio com o estado ou a União para receber recursos financeiros para construir um hospital, para que a transferência possa ser realizada dentro desse período, é necessário que esse convênio tenha sido firmado e publicado na imprensa oficial, que os recursos tenham sido formalmente empenhados, bem como que a obra ou serviço já tenha sido iniciado, tudo isso, antes do período mencionado. Não sendo atendido qualquer desses requisitos, a transferência será nula de pleno direito, devendo o valor repassado voltar à sua origem.

A aplicação dessa regra não está sujeita a limite de circunscrição, ou seja, qualquer que seja a eleição, municipal ou geral, incidirá a vedação, entretanto, traz em seu bojo uma restrição temporal, restando caracterizada a ilicitude somente nos três meses que antecedem o pleito.

Julgando caso sobre convênios do Governo do estado firmados com prefeituras do interior, o TRE/PA entendeu que houve conduta vedada por não ter obedecido o prazo legal:

> [...] 12 - A transferência objeto da demanda distingue-se, sem dúvida, como voluntária, pois, a despeito de ter sido prevista em lei, esta se caracteriza como autorizativa, não impositiva e de efeitos concretos, o que possibilitava ao gestor ampla discricionariedade para realizá-las.
> 13 - Ao conceito de transferência voluntária antagoniza-se o de transferência obrigatória. Nesta, o ente transferidor simplesmente arrecada e/ou repassa uma receita pública que pertence ao ente beneficiário, ao passo que na transferência voluntária o ente transferidor, de maneira livre, entrega parte da própria receita pública para que outro ente utilize-se dos recursos públicos. Por isso, a transferência voluntária consiste em despesa pública do ente transferidor, e no caso dos autos, em despesa de capital (transferências de capital - art. 12, §6º, da Lei n.º 4.320/64). [...]
> 14 - É imprescindível não somente a preexistência de obrigação formal assumida pelo ente, mas também que as transferências voluntárias destinem-se à execução de obras ou serviços iniciados fisicamente antes do período vedado. Dos Convênios examinados, quinze deles encontram-se irregulares nesse diapasão.
> 15 - Como o ato tendente a afetar a igualdade entre candidatos caracteriza-se como grave, há que se impor multa em grau máximo à representada candidata ao cargo de Chefe do Poder Executivo e multa proporcional ao candidato ao cargo de vice na qualidade de beneficiário (§5º do artigo 73 da Lei n.º 9.504/97), ambos agravados pela reincidência, nos termos do voto. Não aplicação de cassação tão somente porque os

candidatos não foram eleitos. (Rp – Representação nº 156.117 – Belém/PA. Acórdão nº 26.197, de 3.9.2013. Rel. Eva do Amaral Coelho)

No mesmo sentido, outra decisão do TRE/PA:

A realização de convênios em período bem próximo ao início do período vedado configura burla à lei eleitoral, caracterizando a prática de conduta vedada prevista no art. 73, VI, "a" da Lei n.º 9.504/97, sobretudo, se comprovado que recursos significativos tiveram a sua primeira parcela transferidas em período de plena campanha eleitoral, afetando, sobremaneira, a igualdade de oportunidade entre os candidatos. (TRE/PA. Representação nº 229.820. Acórdão nº 24.308, de 15.9.2011. Rel. Ezilda Pastana Mutran. *DJE*, t. 172, p. 1-2, 22 set. 2011)

A publicidade institucional, no período vedado, também interfere na isonomia das condições do pleito. Por isso, a proibição da alínea *b*, do inc. VI, do art. 73, da Lei das Eleições, a fim de evitar que o gestor da ocasião utilize da máquina administrativa para convencer, através de recursos públicos destinados à publicidade, que sua gestão é mais eficiente e, por isso, merece o voto. Ou que aquele grupo no poder se perpetue às custas de recursos públicos direcionados à publicidade estatal.

A norma abrange tanto a Administração direta como a indireta e para a sua caracterização é necessário que seja custeada pelos cofres públicos. Nesse sentido:

[...] 1. A jurisprudência desta Corte Superior está consolidada no sentido de que é exigido, para a caracterização da publicidade institucional, que seja ela paga com recursos públicos. Nesse sentido: Acórdão nº 24.795, rel. Min. Luiz Carlos Madeira e Acórdãos nos 20.972 e 19.665, rel. Min. Fernando Neves. 2. A distribuição de panfletos em que são destacadas obras, serviços e bens públicos, associados a vários candidatos, em especial ao prefeito municipal, e que não foram custeados pelo erário, constitui propaganda de natureza eleitoral, não havendo que se falar na publicidade institucional a que se refere o art. 73, VI, b, da Lei nº 9.504/97. (ARESPE – Agravo Regimental em Recurso Especial Eleitoral nº 25.049 – Poxoréu/MT. Acórdão nº 25.049, de 12.5.2005. Rel. Min. Carlos Eduardo Caputo Bastos)

Para a configuração dessa conduta é suficiente que a propaganda institucional seja veiculada, independentemente da comprovação de que foi autorizada pelo agente público responsável. É suficiente que o agente público tenha conhecimento da referida propaganda. Embora a norma se refira apenas ao termo "autorização", relevante para a caracterização do ilícito é a veiculação da propaganda institucional. Assim, não importa que a autorização tenha sido dada em momento anterior ao período vedado, uma vez que é a exibição da propaganda que fere o princípio da igualdade tutelado pela norma. Em contrapartida, e considerando o objetivo do preceito proibitivo, a mera autorização sem veiculação da propaganda não tem qualquer relevância.

Para o C. TSE, em posicionamento adotado em seus julgados mais recentes, a permanência de publicidade institucional (exemplo: placas afixadas em obras públicas), no período vedado, configura a conduta vedada em análise.

> [...] A permanência de publicidade institucional nos três meses anteriores ao pleito constitui conduta vedada pelo art. 73, VI, b, da Lei das Eleições. Precedentes. [...]. (TSE. Agravo Regimental no Recurso Especial Eleitoral nº 35.095/SP. Rel. Min. Fernando Gonçalves. *DJE*, 14 abr. 2010)

Assim, o TRE/PA já julgou casos em que se observou a violação à legislação eleitoral:

> As placas alocadas em locais em que foram realizadas obras não contém qualquer tipo de informação ou dado técnico referente às mesmas, constando apenas mensagem de realização da obra, acrescida de afirmação que o compromisso firmado pelo Governo teria sido cumprido. Conforme jurisprudência do c. TSE, a mera afixação de placas referentes às obras públicas, sem cunho informativo, apenas como forma de dar visibilidade à realização da administração pública, quando delas constar expressões que possam identificar autoridades, servidores ou administrações cujos cargos estejam em disputa na campanha eleitoral, caracteriza a conduta vedada. Logo, ficando provado nos autos que a propaganda institucional irregular foi exibida em período vedado – dia 26/07/2012, não resta dúvida da infração à norma proibitiva de veiculação de qualquer propaganda de obra pública. (TRE/PA. Recurso Eleitoral nº 29.291. Acórdão nº 25.545, de 18.9.2012. Rel. Leonardo de Noronha Tavares. *DJE*, t. 173, 24 set. 2012, p. 2-3)

Observe-se, entretanto, que em julgados anteriores, a Corte Superior Eleitoral já admitiu a permanência das placas, desde que não constassem expressões que pudessem identificar autoridades, servidores ou administrações cujos dirigentes estivessem em campanha eleitoral (Acórdão nº 57, de 13.8.1998).

Quanto a veiculações nas redes sociais, no julgamento do AgR-RESPE nº 1.421-84, em 9.6.2015, o Plenário do TSE, por maioria, assentou que a propaganda institucional realizada nos três meses antecedentes ao pleito, por meio de conta de cadastro gratuito, como o Twitter, configura o ilícito previsto no art. 73, VI, *b*, da Lei nº 9.504/97. No caso concreto, o Governo do estado publicou em sua conta no Twitter feitos da administração da candidata à reeleição no período vedado. Considerou-se que o fato de o Twitter ser uma rede social gratuita não afastava a ilicitude da conduta vedada que possui natureza objetiva. Salientou-se, ainda, ter havido dispêndio de dinheiro público, caracterizado pela utilização de servidores públicos na realização das postagens.

O art. 73, VI, *b*, da Lei nº 9.504/97 traz, entretanto, exceções ao preceito proibitivo, autorizando a veiculação da publicidade no caso de os produtos e serviços terem concorrência no mercado, e no caso de grave e urgente necessidade pública, assim reconhecida pela Justiça Eleitoral. Exemplo: realização de programa de vacinação em razão de uma epidemia imprevista. Nesse caso, poderá ser realizada a propaganda, "desde que haja autorização da Justiça Eleitoral". O pedido deverá ser dirigido ao TSE, se partir do Governo federal, ao TER, quando postulado pelo Governo estadual ou distrital, ou ao juiz eleitoral, se requerido pelo governo municipal.

> [...] 1. A publicidade institucional a ser realizada nos meses de fevereiro a março de 2010 e de janeiro a dezembro de 2011 não se incluem no lapso temporal restritivo do art. 73, VI, b, da Lei nº 9.504/97. Portanto, nesses períodos, afastada a competência da Justiça Eleitoral para autorizar publicidade institucional.
> 2. A realização de ações de divulgação e mobilização, a serem realizadas no trimestre anterior às eleições, visando sensibilizar e conscientizar a sociedade acerca da importância de receber o recenseador e de responder corretamente ao questionário do XII Censo Demográfico de 2010, enquadra-se na ressalva contida na parte final do art. 73, VI, b, da Lei nº 9.504/97.
> 3. Pedido de autorização deferido, com a ressalva de ser observado o disposto no art. 37, §1º, da Constituição Federal. (TSE. Resolução nº 23.213. Rel. Min. Felix Fisher. *DJE*, 24 mar. 2010)

A alínea *c*, do inc. VI, do art. 73, da Lei nº 9.504/97, veda, *por sua vez*, o pronunciamento em cadeia de rádio e televisão, fora do horário eleitoral gratuito, nos três meses que precedem o pleito.

Embora a norma se refira ao "pronunciamento em cadeia", deve-se empregar uma interpretação sistemática com o art. 73, VI, *b*, da Lei nº 9.504/97 que proíbe a realização de propaganda institucional, de forma a submeter a propaganda mediante inserções às mesmas restrições. A vedação é dirigida a todos os agentes públicos, e não apenas aos candidatos a cargos eletivos. Assim, não pode, por exemplo, um secretário de administração fazer pronunciamento na rádio durante o período vedado. Entretanto, como já se pronunciou o TSE, os agentes públicos não estão impedidos de conceder entrevistas, durante o período eleitoral.

Como exceção, o pronunciamento será permitido quando, a critério da Justiça Eleitoral, tratar-se de matéria urgente, relevante e característica das funções de governo. Observe que é necessária a "autorização da Justiça Eleitoral". Assim, o interessado na veiculação deverá requerer a licença aos órgãos da Justiça Eleitoral (TSE, TRE ou juiz eleitoral, conforme o caso), provando a existência da grave e urgente necessidade pública.

Sobre o tema, já decidiu o TRE/PA:

> É vedado aos agentes públicos, nos 3 (três) meses anteriores ao pleito eleitoral, a publicidade institucional. Inteligência do art. 73, inciso VI, alíneas "b" e "c", da Lei nº 9.504/97. Não é permitido pronunciamento no rádio fora do horário eleitoral, que afronte a igualdade entre candidatos no Pleito eleitoral. Programa de rádio que se consubstancia em espaço para Prefeito divulgar ideias dele, configura-se como conduta vedada. Desse modo, o programa deve ser suspenso nos 3 (três) meses anteriores ao Pleito, conforme linha de entendimento do TSE (TRE/PA. Recurso Eleitoral nº 42.270. Acórdão nº 25.567, de 20.9.2012. Rel. Eva do Amaral Coelho. *DJE*, t. 178, p. 1-2, 27 set. 2012)

Quanto à abrangência da norma, nos termos do §3º do art. 73, afere-se que as vedações relacionadas nas alíneas *b* e *c* do inc. VI somente se aplicam aos agentes públicos das esferas administrativas, cujos cargos estejam em disputa na eleição. Ademais, as proibições enumeradas no inciso têm incidência restrita aos três meses anteriores ao pleito.

> VII - realizar, no primeiro semestre do ano de eleição, despesas com publicidade dos órgãos públicos federais, estaduais ou municipais, ou das respectivas entidades da administração indireta, que excedam a média dos gastos no primeiro semestre dos três últimos anos que antecedem o pleito. (Com a redação dada pela Lei nº 13.165/15)

O inc. VII com a nova redação dada pela Reforma Eleitoral de 2015, implementada pela Lei nº 13.165/15, veda a realização de despesas com publicidade no ano do pleito, pela Administração Pública direta ou indireta de quaisquer das esferas da federação, que exceda a média dos gastos realizados no primeiro semestre dos três últimos anos que o antecedem.

Tal previsão legal tem a finalidade de evitar que o gestor aproveite no último ano de eleição um valor desproporcional, para criar nos eleitores estados mentais que os façam crer que aquele Governo é o mais apto e o que mais realiza obras e serviços.

Frise-se que gastos excessivos com publicidade governamental já trazem prejuízos ao cidadão em geral, já que tais recursos poderiam ser melhor investidos em serviços públicos e, muitas vezes, a publicidade estatal ultrapassa o caráter meramente informativo e passa a ser autopromoção da gestão executiva.

E, neste caso, além de um aumento indevido em verbas publicitárias acarretar prejuízo à população por falta de serviços públicos, ainda pode desequilibrar uma eleição a favor do candidato ou do grupo político-eleitoral que tem acesso a estes recursos.

O TSE confirma que, nesses casos, a responsabilidade do Chefe do Executivo é presumida:

> 1. É automática a responsabilidade do governador pelo excesso de despesa com a propaganda institucional do estado, uma vez que a estratégia dessa espécie de propaganda cabe sempre ao chefe do executivo, mesmo que este possa delegar os atos de sua execução a determinado órgão de seu governo. 2. Também é automático o benefício de governador, candidato à reeleição, pela veiculação da propaganda institucional do estado, em ano eleitoral, feita com gastos além da média dos últimos três anos. (RESPE – Recurso Especial Eleitoral nº 21.307 – Goiânia/GO. Acórdão nº 21.307, de 14.10.2003. Rel. Min. Francisco Peçanha Martins, Rel. designado Min. Fernando Neves da Silva)

Note, ainda, que a aplicação dessa regra não está sujeita a limite de circunscrição, ou seja, qualquer que seja a eleição, municipal ou geral, incidirá a vedação.

> VIII - fazer, na circunscrição do pleito, revisão geral da remuneração dos servidores públicos que exceda a recomposição da perda de seu poder aquisitivo ao longo do ano da eleição, a partir do início do prazo estabelecido no art. 7º desta Lei e até a posse dos eleitos.

É proibida a revisão geral da remuneração dos servidores públicos na circunscrição do pleito, que exceda a recomposição da perda do seu poder aquisitivo ao longo do ano eleitoral, desde a data para as convenções partidárias até a posse dos eleitos.

Embora o dispositivo legal seja confuso ao fixar o período vedado para a prática dessa conduta, as resoluções do TSE vêm estabelecendo o prazo de 180 (cento e oitenta) dias anteriores à eleição. A Resolução nº 23.457/15 estabeleceu o período para essa proibição para as eleições de 2016: de 5.4.2016 até a posse dos eleitos. É importante verificar esse prazo no calendário eleitoral ou na resolução correspondente publicada a cada eleição.

Como bem prevê a lei, não é vedado qualquer reajuste a servidor público, mas somente aquele que "exceda a recomposição da perda de seu poder aquisitivo ao longo do ano da eleição". Para essa análise, deve-se considerar a inflação de 1º de janeiro até a data da concessão do reajuste. Nesse sentido:

> É possível efetuar a revisão geral da remuneração dos servidores públicos, desde que seja para recompor a perda do poder aquisitivo. (Consoante Instrução n.º 70 do TSE). (Consulta nº 121 – Belém/PA. Resolução nº 3.610, de 15.6.2004. Rel. Rômulo José Ferreira Nunes)

Em recente e didática decisão, o TRE/PA explicou os motivos que ensejaram a capitulação como conduta vedada de prática ocorrida em município paraense, sendo considerado, inclusive, abuso de poder:

> A existência de Projeto de Lei foi aprovado ao afogadilho, em um único turno com a dispensa dos interstícios regimentais, dentro do período micro eleitoral (90 dias antes das eleições), beneficiando 2.139 (dois mil, cento e trinta e nove) servidores com um incremento salarial de R$62,56 (sessenta e dois reais e cinquenta e seis centavos) por mês, com impacto financeiro mensal de R$133.830,93 (cento e trinta e três mil, oitocentos e trinta reais e noventa e três centavos) de despesas aos cofres públicos, aliado ao fato de existir lei contemporânea que concedeu revisão geral ao funcionalismo público no patamar de 3% (três por cento) permitem concluir que a nova despesa gerada constituiu não uma simples recomposição inflacionária ou revisão salarial da classe de servidores vinculados à Secretaria de Educação de nível fundamental e médio, mas sim ganho real e efetivo da categoria e que o interesse buscado pelo agente público não foi outro senão o de arregimentar simpatizantes para a sua campanha eleitoral em nítido desvio de finalidade, utilizando a máquina pública em proveito de sua candidatura, é de ser reconhecida

a ocorrência de abuso de poder com repercussão grave no contexto da disputa eleitoral, na medida em que o candidato à reeleição, utilizando-se da máquina pública em seu proveito, colocou-se à frente dos demais, atentando contra a igualdade entre os participantes ao cargo eletivo, e afetando a normalidade e a legitimidade das eleições. (RE – Recurso Eleitoral nº 85.324 – Marabá/PA. Acórdão nº 26.271, de 22.10.2013. Rel. Ruy Dias de Souza Filho)

O motivo para a concessão do aumento é irrelevante. Assim, não serve como defesa para ilidir a aplicação da sanção o argumento de que o aumento foi concedido para corrigir distorções remuneratórias, injustiças ou, ainda, a necessidade de valorização profissional de determinada carreira.

Essa vedação é aplicável apenas na circunscrição do pleito. Assim, se forem eleições municipais, não há vedação para revisão geral dos servidores do Executivo estadual, distrital ou federal.

>§1º Reputa-se agente público, para os efeitos deste artigo, quem exerce, ainda que transitoriamente ou sem remuneração, por eleição, nomeação, designação, contratação ou qualquer outra forma de investidura ou vínculo, mandato, cargo, emprego ou função nos órgãos ou entidades da administração pública direta, indireta, ou fundacional.

Nos termos do §1º do art. 73 da Lei nº 9.504/1997, reputa-se agente público para fins de caracterização das condutas vedadas nos arts. 73, 74, 75 e 77 aquele que exerce, ainda que transitoriamente ou sem remuneração, por eleição, nomeação, designação, contratação ou qualquer outra forma de investidura ou vínculo, mandato, cargo, emprego ou função nos órgãos ou entidades da Administração Pública direta, indireta, ou fundacional. O conceito contempla, portanto, toda pessoa física que, de qualquer modo, com ou sem vínculo empregatício, de forma definitiva ou transitória, exerça função pública ou de interesse público, na Administração direta, indireta ou fundacional, dos entes da federação.

A definição dada pela lei é a mais ampla possível, compreendendo desde os agentes políticos (presidente da República, governadores, prefeitos e respectivos vices, ministros de Estado, secretários, senadores, deputados federais e estaduais, vereadores etc.), os servidores titulares de cargos públicos ou empregados, sujeitos ao regime estatutário ou celetista em órgão ou entidade pública (autarquias e fundações), empresa pública ou sociedade de economia mista, as pessoas requisitadas para prestação de atividade pública (por exemplo, membro da mesa receptora ou apuradora de votos), gestores de negócios públicos, bem como aqueles que se vinculam contratualmente com o Poder Público, como é o caso de prestadores de serviços terceirizados, concessionários ou permissionários de serviços públicos, e os delegados de função ou ofício públicos (exemplo: titulares de serventias da justiça não oficializada).

>§2º A vedação do inciso I do *caput* não se aplica ao uso, em campanha, de transporte oficial pelo Presidente da República, obedecido o disposto no art. 76, nem ao uso, em campanha, pelos candidatos a reeleição de Presidente e Vice-Presidente da República, Governador e Vice-Governador de Estado e do Distrito Federal, Prefeito e Vice-Prefeito, de suas residências oficiais para realização de contatos, encontros e reuniões pertinentes à própria campanha, desde que não tenham caráter de ato público.

Nos termos do §2º do art. 73, a vedação à cessão ou utilização de bens móveis ou imóveis afetos à Administração Pública nas campanhas eleitorais sofre uma ressalva quanto à utilização pelos candidatos à reeleição de presidente e vice-presidente da República, governador e vice-governador de estado e do Distrito Federal, prefeito e vice-prefeito, de suas residências oficiais para a realização de contatos, encontros e reuniões pertinentes à própria campanha, desde que não tenham caráter público.

Importante a consideração feita por José Jairo Gomes:

>Como consequência, também é permitido o emprego de servidores públicos que, no exercício de suas funções, cuidem da segurança, preparação de viagem ou conservação das residências oficiais das autoridades aludidas; entretanto, é-lhes vedada a participação em atos típicos de campanha, devendo limitar-se ao cumprimento dos deveres de seus cargos.

>§3º As vedações do inciso VI do *caput*, alíneas b e c, aplicam-se apenas aos agentes públicos das esferas administrativas cujos cargos estejam em disputa na eleição.

As condutas vedadas relativas à proibição de veicular publicidade institucional e de fazer pronunciamento em rádio e televisão fora do horário eleitoral gratuito nos três meses anteriores ao pleito aplicam-se apenas aos agentes públicos das esferas administrativas cujos cargos estejam em disputa na eleição. Dessa forma, em época de eleições municipais, não se aplicam às administrações estaduais e federais.

Entretanto, é necessária cautela por parte dos agentes públicos estaduais e federais na prática da referida conduta, de forma à não infração ao §1º do art. 37 da CF/88, evitando-se abusos que possam incidir no disposto no art. 22 da LC nº 64/90. Da mesma forma permite-se em eleições gerais o pronunciamento ou a propaganda institucional em âmbito municipal, com a cautela mencionada.

> §4º O descumprimento do disposto neste artigo acarretará a suspensão imediata da conduta vedada, quando for o caso, e sujeitará os responsáveis a multa no valor de cinco a cem mil UFIR.
>
> §5º Nos casos de descumprimento do disposto nos incisos do caput e no §10, sem prejuízo do disposto no §4º, o candidato beneficiado, agente público ou não, ficará sujeito à cassação do registro ou do diploma. (Redação dada pela Lei nº 12.034, de 2009)
>
> §6º As multas de que trata este artigo serão duplicadas a cada reincidência.
>
> §7º As condutas enumeradas no *caput* caracterizam, ainda, atos de improbidade administrativa, a que se refere o *art. 11, inciso I, da Lei nº 8.429, de 2 de junho de 1992*, e sujeitam-se às disposições daquele diploma legal, em especial às cominações do art. 12, inciso III.
>
> §8º Aplicam-se as sanções do §4º aos agentes públicos responsáveis pelas condutas vedadas e aos partidos, coligações e candidatos que delas se beneficiarem.
>
> §9º Na distribuição dos recursos do Fundo Partidário (Lei nº 9.096, de 19 de setembro de 1995) oriundos da aplicação do disposto no §4º, deverão ser excluídos os partidos beneficiados pelos atos que originaram as multas.

Os §§4º a 9º do art. 73 tratam das sanções aplicáveis às condutas vedadas relacionadas no art. 73 da Lei nº 9.504/97, quais sejam:

a) *Suspensão imediata da conduta.*

b) *Multa no valor* de R$5.320,50 (cinco mil, trezentos e vinte reais e cinquenta centavos) a R$106.410,00 (cento e seis mil, quatrocentos e dez reais): essa multa será aplicada nos casos de descumprimento de quaisquer das condutas enumeradas no art. 73, *caput*, da Lei nº 9.504/97 (incisos e parágrafos). Nos termos da redação do §8º, a multa será aplicada não apenas aos agentes públicos responsáveis pela conduta, como também aos partidos, coligações e candidatos que dela se beneficiarem. Não pode ser fixada em valor inferior ao mínimo legal. Havendo reincidência, as multas serão duplicadas a cada ocorrência.

[...] 3. Verificado o benefício dos então candidatos pela realização da conduta vedada, é cabível a condenação em multa, nos termos do que determina o §8º do art. 73 da Lei das Eleições. Precedentes. (TSE. AgR-RESPE nº 15.888/AL. Rel. Min. Gilmar Ferreira Mendes. *DJE*, 9 nov. 2015)

Cabe observar, entretanto, que, nos termos do §11 do art. 96 da Lei nº 9.504/97, incluído pela Lei nº 13.165/15, a multa aplicada ao candidato em razão do descumprimento da Lei das Eleições não se estende ao partido, mesmo na hipótese de ter sido beneficiado pela conduta, salvo quando comprovada a sua participação.

Para a caracterização da reincidência não é necessário o trânsito em julgado de decisão que tenha reconhecido a prática de conduta vedada, bastando existir ciência da sentença ou do acórdão que tenha reconhecido a ilegalidade da conduta (art. 62, §11 da Res. TSE nº 23.457/15).

c) *Cassação do registro ou do diploma*: aplicada ao candidato beneficiado, agente público ou não, em todos os casos enumerados nos incisos do *caput* e no §10 do art. 73, bem como nas hipóteses dos arts. 74, 75 e 77, todos da Lei nº 9.504/97, conforme previsão nesses dispositivos legais, após alteração pela Lei nº 12.034/2009, que estendeu essa sanção a todas as condutas vedadas elencadas no art. 73, que antes era restrita a apenas algumas delas, bem como acrescentou a cassação do diploma como sanção para a prática das condutas vedadas nos arts. 75 e 77 da Lei nº 9.504/97 (antes era prevista apenas a cassação do registro).

d) *Exclusão do partido político beneficiado pela conduta vedada da distribuição dos recursos do fundo partidário, arrecadados com o pagamento da multa aplicada (§9º do art. 73 da Lei nº 9.504/97)*: para esse efeito, é necessário que o juiz ou Tribunal Eleitoral comunique à Secretaria de Administração do TSE, no prazo de 5 (cinco) dias, a contar da data da apresentação do comprovante de recolhimento da multa, o valor e a data do pagamento, bem como o nome completo do partido político condenado que se houver beneficiado da conduta legalmente vedada, no caso de multa decorrente da aplicação do §4º da Lei nº 9.504/97 (art. 2º da Resolução TSE nº 21.975/2004).

e) *Nulidade do ato praticado pelo administrador público que caracteriza conduta vedada*.

Na aplicação das sanções o juiz deve se valer do princípio da proporcionalidade, a fim de dosá-las de acordo com a gravidade da conduta, podendo aplicar só a multa nos casos menos graves, ou cumulá-la com a cassação do registro ou do diploma nos casos mais graves.

> [...] 2. No que tange às condutas vedadas do art. 73 da Lei nº 9.504/97, deve ser observado o princípio da proporcionalidade na imposição das sanções. (TSE. Agravo Regimental no Recurso Especial Eleitoral nº 35.386/SP. Rel. Min. Arnaldo Versiani. *DJE*, 10 fev. 2010)
>
> [...] A prática de conduta vedada do art. 73 da Lei das Eleições não conduz, necessariamente, à cassação do registro ou do diploma. Precedentes. - "O dispositivo do art. 73, §5º, da Lei nº 9.504/97, não determina que o infrator perca, automaticamente, o registro ou o diploma. Na aplicação desse dispositivo reserva-se ao magistrado o juízo de proporcionalidade. Vale dizer: se a multa cominada no §4º é proporcional à gravidade do ilícito eleitoral, não se aplica a pena de cassação" (Ac. nº 5.343/RJ, rel. Min. Gomes de Barros) [...]. (TSE. Agravo Regimental em RESPE nº 25.994, Ac. Rel. Min. José Gerardo Grossi. *DJ*, p. 224, 14 set. 2007)
>
> [...] 2. No que tange às condutas vedadas do art. 73 da Lei nº 9.504/97, deve ser observado o princípio da proporcionalidade na imposição das sanções.
> 3. Diante da configuração da conduta vedada prevista no art. 73, VI, b, da Lei das Eleições e não havendo elementos no acórdão regional que permitam aferir uma maior gravidade da conduta apurada para a aplicação da pena de cassação, deve apenas ser imposta ao representado a pena de multa e em seu grau mínimo. [...]. (Agravo Regimental no Recurso Especial Eleitoral nº 35.386/SP. Rel. Min. Arnaldo Versiani. *DJE*, 10 fev. 2010)

Para a condenação, não há necessidade da demonstração de potencialidade lesiva do ato praticado pelo candidato para influenciar no resultado da eleição, mas tão somente uma proporcionalidade entre a conduta praticada e a sanção aplicada. Ou seja, se houver uma participação de forma diminuta do candidato beneficiado ou se a conduta for menor, não haveria razoabilidade em se aplicar uma pena de cassação, com base no art. 73, §5º, por exemplo, mas sim penalizar somente com multa.

A aplicação das sanções dar-se-á sem prejuízo de outras de caráter constitucional, administrativo ou disciplinar fixadas pelas demais leis vigentes e aplicadas em ações próprias.

Ademais, podem ser aplicadas, ainda que não requeridas expressamente na petição inicial da representação eleitoral, uma vez que o representado se defende dos fatos que lhe são imputados e os limites do pedido são demarcados segundo os fatos imputados à parte passiva. Tratando-se de processo eleitoral, o pedido deve ser sempre interpretado como solicitação da aplicação das sanções legais, independentemente de maior rigor quanto à especificidade de qualquer uma delas.

f) *Reconhecimento da inelegibilidade do art. 1º, I, j, da LC nº 64/90*: nos termos do art. 1º, I, j, da LC nº 64/90, inserido pela Lei Complementar nº 135/2010, são considerados inelegíveis para qualquer cargo, pelo prazo de 8 (oito) anos, a contar da eleição em que o ilícito foi praticado, os que forem condenados, em decisão transitada em julgado ou proferida por órgão colegiado da Justiça Eleitoral, por corrupção eleitoral, por captação ilícita de sufrágio, por doação, captação ou gastos ilícitos de recursos em campanha ou por conduta vedada aos agentes públicos em campanhas eleitorais que impliquem cassação do registro ou do diploma.

Portanto, a condenação, na representação eleitoral por conduta vedada que aplica a cassação do registro ou do diploma ao candidato beneficiado, implica inelegibilidade pelo prazo de 8 (oito) anos a contar da eleição em que foi praticada (termo inicial), e não da publicação da decisão que implicou a inelegibilidade. O termo final é o dia de igual número de início do oitavo ano subsequente, nos termos do art. 132, §3º do Código Civil, ou no imediato, se faltar exata correspondência (TSE. Cta nº 43.344/20014. *DJE*, t. 118, p. 60, 1 jul. 2014). Havendo segundo turno, a Corte Superior Eleitoral, por maioria, entendeu que o prazo deve ser contado da data do primeiro turno (RO nº 56.635/PB, de 16.9.2014).

Observe que somente as condenações que impliquem cassação do registro ou do diploma geram a inelegibilidade, em análise. Recorde-se de que no julgamento da representação por condutas vedadas, o magistrado deve se valer do princípio da proporcionalidade a fim de decidir pela aplicação ou não da pena de cassação do registro ou do diploma. Assim, se a decisão apenas determina a suspensão da conduta e/ou aplicação de multa, não implicará a inelegibilidade.

Ademais, a inelegibilidade atinge tanto o candidato beneficiado que teve o registro ou diploma cassado em razão do benefício que lhe foi proporcionado, quanto o agente público responsável pela conduta.

O §7º comanda que qualquer conduta enumerada nos incs. I a VIII do art. 73 se inclui entre os atos de improbidade a que se refere o art. 11, I, *d*, Lei nº 8.429/92, sujeitando-se, por consectário, às penalidades previstas no art. 12 do referido diploma legal.

> Art. 11. Constitui ato de improbidade administrativa que atenta contra os princípios da administração pública qualquer ação ou omissão que viole os deveres de honestidade, imparcialidade, legalidade, e lealdade às instituições, e notadamente:
> I - praticar ato visando fim proibido em lei ou regulamento ou diverso daquele previsto, na regra de competência;
> Art. 12. Independentemente das sanções penais, civis e administrativas previstas na legislação específica, está o responsável pelo ato de improbidade sujeito às seguintes cominações, que podem ser aplicadas isolada ou cumulativamente, de acordo com a gravidade do fato: (Redação dada pela Lei nº 12.120, de 2009). [...]
> III - na hipótese do art. 11, ressarcimento integral do dano, se houver, perda da função pública, suspensão dos direitos políticos de três a cinco anos, pagamento de multa civil de até cem vezes o valor da remuneração percebida pelo agente e proibição de contratar com o Poder Público ou receber benefícios ou incentivos fiscais ou creditícios, direta ou indiretamente, ainda que por intermédio de pessoa jurídica da qual seja sócio majoritário, pelo prazo de três anos.
> Parágrafo único. Na fixação das penas previstas nesta lei o juiz levará em conta a extensão do dano causado, assim como o proveito patrimonial obtido pelo agente.

Note, entretanto, que a apuração dessa conduta como ato de improbidade administrativa deve ser feita em ação própria na Justiça comum. Assim, constatada a prática de qualquer das condutas descritas nos incisos do art. 73, poderão ser propostas duas ações:

 a) a representação eleitoral por conduta vedada perante a Justiça Eleitoral, a ser proposta por qualquer candidato, partido político, coligação ou pelo Ministério Público, visando a aplicação das sanções relacionadas nos §§4º e 5º do art. 73 da lei das eleições acima analisadas;

 b) ação de improbidade administrativa, a ser proposta por qualquer pessoa, nos termos do art. 14 da Lei nº 8.429/92, objetivando aplicar as sanções previstas nesse instrumento normativo.

Tratam-se de ações independentes, podendo existir uma sem a outra, a depender da iniciativa dos legitimados. Não obstante, o resultado de uma pode servir como elemento de prova na outra.

Por fim, cabe anotar que a condenação transitada em julgado ou proferida por órgão colegiado por ato doloso de improbidade administrativa que importe lesão ao patrimônio público e enriquecimento ilícito gera a inelegibilidade do art. 1º, I, *l*, da LC nº 64/90, podendo, ainda, implicar a suspensão dos direitos políticos, nos termos do art. 12 da Lei nº 9.429/92, impeditiva do preenchimento da condição de elegibilidade inserta no art. 14, §3º, da CF para as próximas eleições.

> §10. No ano em que se realizar eleição, fica proibida a distribuição gratuita de bens, valores ou benefícios por parte da Administração Pública, exceto nos casos de calamidade pública, de estado de emergência ou de programas sociais autorizados em lei e já em execução orçamentária no exercício anterior, casos em que o Ministério Público poderá promover o acompanhamento de sua execução financeira e administrativa. (Incluído pela Lei nº 11.300, de 2006)

Em regra, a Lei das Eleições proíbe a distribuição gratuita de bens, valores ou benefícios por parte da Administração Pública durante todo o ano de eleição, punindo tanto o agente público como candidato beneficiado pela prática. Nesse sentido:

> Incide em prática de conduta vedada o agente público que distribui bens, valores e benefícios, de forma gratuita, em ano eleitoral, bem como também os candidatos que dela se beneficiaram (§§10º e 8º do art. 73 da Lei 9.504/97). (TRE/PA. Recurso Eleitoral nº 48.680. Acórdão nº 26.186, de 22.8.2013. Rel. Célia Regina de Lima Pinheiro. *DJE*, t. 157, p. 5-6, 30 ago. 2013)

Como exceção, permitem-se as referidas práticas nos casos de calamidade pública, de estado de emergência ou de programas sociais autorizados em lei, e já em execução orçamentária no exercício anterior, casos em que o Ministério Público poderá promover o acompanhamento de sua execução financeira e administrativa.

A autorização legal do programa pode estar contida em leis gerais (Plano Plurianual, Lei de Diretrizes Orçamentárias), não se exigindo que haja norma específica e única para tratar do programa social (RESPE nº 719-23/RJ. *DJE*, 23 out. 2015).

Quanto à continuidade de programa criado, já vigente e em execução antes do período vedado, o TSE já se manifestou, admitindo a sua continuação.

[...] 6. Não há ilicitude na continuidade de programa de incentivo agrícola iniciado antes do embate eleitoral (TSE. Recurso Ordinário nº 2.233. Rel. Min. Fernando Gonçalves. *DJE*, 10 mar. 2010)
[...] A continuidade de programa social iniciado no governo anterior não encontra óbice na legislação eleitoral, quando não comprovada, ademais, a alegação de pagamento em dobro do benefício às vésperas da eleição. (TSE. Recurso Ordinário nº 2.233/RO. Rel. Min. Fernando Gonçalves, 16.12.2009)

Ressalte-se que o TSE tem entendido que, mesmo que a distribuição de bens não tenha fins eleitorais, se não se enquadrar nas exceções previstas na lei, ficará caracterizada a conduta vedada.

[...] Mesmo que a distribuição de bens não tenha caráter eleitoreiro, incide o §10 do art. 73 da Lei das Eleições, visto que ficou provada a distribuição gratuita de bens sem que se pudesse enquadrar tal entrega de benesses na exceção prevista no dispositivo legal. [...]. (TSE. Agravo Regimental no Recurso Especial Eleitoral nº 35.590/SP. Rel. Min. Arnaldo Versiani, 29.4.2010)

No caso de ampliação de programa já existente e em execução orçamentária, aplica-se o princípio da proporcionalidade, a fim de, nesses casos, punir a conduta apenas com multa.

[...] 2. A distribuição de mochilas, em complementação a programa social de fornecimento de uniformes escolares previstos em lei e em execução orçamentária desde 2009, também não é apta na espécie à cassação de registros e à inelegibilidade, sendo suficiente a aplicação de multa. 3. Incidência dos princípios da proporcionalidade e da razoabilidade e do art. 22,XVI, da LC nº 64/90 [...]. (TSE. RESPE nº 484-72/MG. *DJE*, 14 ago. 2014)

Recentemente, em consulta formulada pelo Ministério Público (Consulta nº 53-39, de 2.6.2015), o TSE afirmou ser possível a doação, em ano de eleição, de pescados ou de outro produto com a mesma natureza de perecibilidade, apreendidos pela Administração Pública, para garantir a aplicação do art. 25, da Lei nº 9.605/1998 e evitar a sua deterioração, que seria inevitável se fosse necessário aguardar o transcurso do prazo de proibição da norma eleitoral.

Destacou que permitir essas doações em ano eleitoral não implicaria relativizar a regra prevista na lei das eleições, muito menos criaria nova exceção, mas se tratava apenas de mera subsunção da situação à ressalva constante no §10 do art. 73 da Lei nº 9.504/97, de acordo com as normas constitucionais, atendendo a questões axiológicas, pautadas em princípios constitucionais, para interpretar a norma. Respondeu, a Corte Superior, nos seguintes termos:

> Conforme previsto no art. 73, §10, da Lei nº 9.504/1997, para que não se configure a prática da conduta vedada, a doação, em ano eleitoral, deve justificar-se nas situações de calamidade pública ou estado de emergência ou, ainda, ser destinada a programas sociais com autorização específica em lei e com execução orçamentária já no ano anterior ao pleito. No caso dos programas sociais deve haver correlação entre o seu objeto e a coleta de alimentos perecíveis, apreendidos em razão da infração legal.

A aplicação dessa regra não está sujeita a limite de circunscrição, ou seja, qualquer que seja a eleição, municipal ou geral, incidirá a vedação.[4]

> §11. Nos anos eleitorais, os programas sociais de que trata o §10 não poderão ser executados por entidade nominalmente vinculada a candidato ou por esse mantida. (Incluído pela Lei nº 12.034, de 2009)

Constitui conduta vedada a distribuição gratuita de bens, valores ou benefícios, nas situações excepcionalmente permitidas pelo §10 do art. 73 da Lei nº 9.504/97, por entidades nominalmente vinculadas a candidato ou por este mantidas, durante todo o ano eleitoral.

Cabível uma análise sistemática mais detida sobre a conduta inserida na Lei das Eleições pela Minirreforma Eleitoral de 2009.

A Lei nº 12.034/2009 acrescentou o §11 ao art. 73 da Lei nº 9.504/1997, estabelecendo que, nos anos eleitorais, os programas sociais referidos pelo §10 do mesmo dispositivo não poderão ser executados por entidade nominalmente vinculada a candidato ou por este mantida.

---

[4] Em sentido contrário, José Jairo Gomes: "Não há clareza no texto legal quanto o alcance da vedação. A proibição de distribuição atinge simultaneamente a Administração Pública federal, estadual e municipal, ou somente a da circunscrição do pleito? Ao que parece, a restrição só incide na circunscrição do pleito. Não fosse assim, de dois em dois anos a gestão estatal, em todo o País, ficaria parcialmente paralisada durante o ano eleitoral, o que é inconcebível. Não se olvide que a distribuição de bens e benefícios não poderá ser usada politicamente, em prol de candidatos, partidos ou coligações, pena de incidir o art. 73, IV, da lei eleitoral" (GOMES, José Jairo. *Direito eleitoral*. 5. ed. Belo Horizonte/MG: Del Rey, 2010. p. 539).

O art. 204, I, da CF/88 dispõe que as ações governamentais na área de assistência social serão realizadas de forma descentralizada, cabendo a coordenação e as normas gerais à esfera federal e a coordenação e execução dos referidos programas às esferas estadual e municipal, bem como a entidades beneficentes e de assistência social.

Assim, por delegação dos municípios, as entidades beneficentes e de assistência social podem executar ações da área mencionada.

Diante da norma constitucional e da possibilidade de entidades nominalmente vinculadas a candidato ou por este mantidas executarem ações de assistência social com fins eleitorais é que o legislador ampliou a vedação de forma a atingir não apenas a Administração Pública, mas também as entidades relacionadas.

Observe que o §10 não proíbe de forma geral a execução dos programas sociais em ano de eleição. A vedação atinge apenas uma espécie de serviço, a distribuição gratuita de bens, valores ou benefícios, desde que não se enquadrem em uma das exceções mencionadas. Colhe-se da sua redação que, presente situação de calamidade pública, de estado de emergência ou de programas sociais autorizados em lei e já em execução orçamentária no ano anterior, a distribuição será permitida, desde que ocorra diretamente pela Administração ou por entidade *não* vinculada nominalmente a candidato ou por este mantida.

Assim, a violação ao §11 consiste na distribuição gratuita de bens, valores ou benefícios em qualquer das situações excepcionalmente permitidas, pelos entes nela referidos, ou seja, por entidade nominalmente vinculada a candidato ou por ele mantida.

A vedação de que trata o §11 do art. 73 da Lei nº 9.504/97 tem caráter absoluto e proíbe, no ano da eleição, a execução por entidade vinculada nominalmente a candidato ou por ele mantida de qualquer programa social da Administração, incluindo os autorizados em lei e já em execução orçamentária no exercício anterior (TSE. Cta nº 951-39. Rel. Min. Marco Aurélio. *DJE*, 4 ago. 2010).

A lei não previu qualquer sanção para a prática da conduta em análise. É possível, entretanto, aplicar a multa prevista no art. 73, §4º da Lei das Eleições, uma vez que este dispositivo se refere a todo o art. 73, e punir o responsável pela via do abuso de poder, se preenchidos os respectivos requisitos, cuja conduta deverá ser apurada em AIJE nos termos do art. 22 da LC nº 64/90. Entretanto, por não ter sido mencionada pelo §5º do art. 75 do diploma legal referido, incabível a cassação do registro ou do diploma do candidato beneficiado, dado que as condutas vedadas e as respectivas sanções são de legalidade estrita.

§12. A representação contra a não observância do disposto neste artigo observará o rito do *art. 22 da Lei Complementar no 64, de 18 de maio de 1990*, e poderá ser ajuizada até a data da diplomação. (Incluído pela Lei nº 12.034, de 2009)

§13. O prazo de recurso contra decisões proferidas com base neste artigo será de 3 (três) dias, a contar da data da publicação do julgamento no Diário Oficial. (Incluído pela Lei nº 12.034, de 2009)

A apuração e punição pela prática de qualquer das condutas vedadas aos agentes públicos em campanha são feitas por meio de representação eleitoral a ser proposta por candidato, partido político, coligação ou pelo Ministério Público, desde o pedido de registro dos candidatos até a data da diplomação, contra os agentes públicos responsáveis pela conduta e contra os partidos políticos, coligações e candidatos beneficiados, seguindo o procedimento do art. 22 da LC nº 64/90.

Em eleições municipais, a ação será dirigida ao juiz eleitoral competente para o registro do candidato beneficiado; nas eleições estaduais, federais e distritais aos juízes auxiliares do Tribunal Regional Eleitoral do respectivo estado, e nas eleições presidenciais, aos juízes auxiliares do Tribunal Superior Eleitoral, sendo, nos dois últimos casos, julgada pelo Pleno dessas Cortes.

Da decisão proferida pelo juiz eleitoral caberá recurso eleitoral inominado ao TRE; da decisão do Pleno do TRE caberá recurso ordinário ou recurso especial ao TSE, e da decisão do Pleno do TSE poderá ser interposto recurso extraordinário ao STF, todos no prazo de três dias a contar da data da publicação do julgamento no *Diário Oficial*, ou, onde não houver, da intimação pessoal ou por correio com aviso de recebimento.

Art. 74. Configura abuso de autoridade, para os fins do disposto no *art. 22 da Lei Complementar nº 64, de 18 de maio de 1990*, a infringência do disposto no *§1º do art. 37 da Constituição Federal*, ficando o responsável, se candidato, sujeito ao cancelamento do registro ou do diploma. (Redação dada pela Lei nº 12.034, de 2009)

O art. 37, §1º da Constituição Federal de 1988 determina:

a publicidade dos atos, programas, obras, serviços e campanhas dos órgãos públicos deverá ter caráter educativo, informativo ou de orientação social, dela não podendo constar nomes, símbolos ou imagens que caracterizem promoção pessoal de autoridade ou servidores públicos.

Do comando constitucional extrai-se que a publicidade oficial não deve ter como objetivo divulgar o nome ou a pessoa do governante, mas os trabalhos que seu governo desenvolve. São duas as infrações tipificadas na norma:
a) uma relacionada à finalidade – veiculação de publicidade oficial sem caráter informativo, educativo ou de orientação social;
b) outra relacionada à forma – fazer constar nomes, símbolos ou imagens caracterizadoras de promoção pessoal na propaganda institucional.

De acordo com o art. 74 da Lei nº 9.504/1997, se qualquer dessas condutas for praticada com fins eleitorais, configura também abuso de autoridade, para os fins do disposto no art. 22 da LC nº 64/90.

Para o TSE "o art. 74 se aplica somente aos atos de promoção pessoal na publicidade oficial praticados em campanha eleitoral" (Ag. nº 2.768, de 10.4.2001, de relatoria do Min. Nelson Jobim). Note, portanto, que nem toda infração ao dispositivo constitucional mencionado constitui abuso de poder, mas tão somente aquela que tem caráter, objetivos eleitorais.

Assim, se ato que infringe o art. 37, §1º, da CF/88 tiver caráter administrativo, e não eleitoral, sendo praticado fora do período eleitoral, há de ser apurado, em processo de competência da justiça ordinária.

> [...] O alegado maltrato ao princípio da impessoalidade em vista da utilização de símbolo de governo não constitui matéria eleitoral, devendo ser a questão levada ao conhecimento da Justiça Comum. (TSE. Recurso Ordinário nº 2.233/RO. Rel. Min. Fernando Gonçalves, 16.12.2009)

Em suma, a propaganda oficial que visa à promoção pessoal, veiculada na forma vedada pela norma constitucional, pode ser punida pela Justiça comum (ação popular, ação de improbidade administrativa etc.) ou pela Justiça Eleitoral, quando praticada com fins eleitorais. Trata-se de ações independentes, não obstante o julgamento de uma possa servir como elemento de prova para a outra.

Nos termos do dispositivo legal em análise, com a redação dada pela Lei nº 12.034/2009, apurada a conduta pela Justiça Eleitoral, ficará o responsável, se candidato, sujeito ao cancelamento do registro de candidatura ou, se eleito (ou suplente), à perda do diploma. Não há previsão de multa, uma vez que o §4º do art. 73 da Lei das Eleições refere-se somente ao próprio artigo, não abrangendo as condutas vedadas tipificadas nos arts. 74, 75 e 77.

Cabe anotar que a condenação em ação de improbidade administrativa pode, ainda, gerar a inelegibilidade do art. 1º, I, *l*, da LC nº 64/90, bem como a suspensão dos direitos políticos, nos termos do art. 12 da Lei nº 9.429/92, impeditiva do preenchimento da condição de elegibilidade inserta no art. 14, §3º, da CF, para as próximas eleições.

Ademais, a condenação por abuso de poder pode erigir-se em causa de inelegibilidade na forma das alíneas *d* e *h*, do inc. I, do art. 1º, da LC nº 64/90.

A aplicação dessa regra não está sujeita a limite de circunscrição, ou seja, qualquer que seja a eleição, municipal ou geral, incidirá a vedação. Além disso, não foi estabelecido, pela legislação, um período certo para a sua configuração.

Neste caso, o TRE/PA entendeu que não houve abuso de autoridade nos presentes casos:

[...] 2 - A revista, o "blog" e o "site" mencionados como prova possuem caráter meramente informativo, o que denota a inexistência de qualquer conduta ilícita. 3 - O princípio da publicidade disposto no caput e no §1º do artigo 37 da Constituição Federal, autoriza a Administração a divulgar seus atos em geral. No caso do "site", as notícias, além de possuírem mero caráter informativo, não foram veiculadas em período vedado, segundo as provas dos autos. O site, ademais, não obstante pertencer à Prefeitura, sequer faz menção à candidata recorrida. 4 - A despeito da revista ter sido distribuída em período vedado, não faz qualquer menção à candidata recorrida, logo inexiste promoção pessoal e propaganda eleitoral. 5 - O "blog" de autoria reconhecida é expressão do livre pensamento e, desse modo, não se consubstancia em conduta ilícita. (RE – Recurso Eleitoral nº 71.945 – Belterra/PA. Acórdão nº 26.279, de 29.10.2013. Rel. Eva do Amaral Coelho)

Art. 75. Nos três meses que antecederem as eleições, na realização de inaugurações é vedada a contratação de shows artísticos pagos com recursos públicos.

Parágrafo único. Nos casos de descumprimento do disposto neste artigo, sem prejuízo da suspensão imediata da conduta, o candidato beneficiado, agente público ou não, ficará sujeito à cassação do registro ou do diploma. (Incluído pela Lei nº 12.034, de 2009)

O art. 75 da lei eleitoral proíbe a contratação de *shows* artísticos, na realização de inaugurações, pagos com recursos públicos (art. 75 da Lei nº 9.504/97) nos três meses antes do pleito.

Essa norma visa impedir que eventos patrocinados pelos cofres públicos sejam desvirtuados e utilizados em campanhas eleitorais.

Note que o dispositivo não veda a inauguração nem *shows* artísticos, mas apenas os *shows* artísticos pagos com recursos públicos em inaugurações.

Pune-se a conduta com o cancelamento do registro ou do diploma, sem prejuízo da suspensão imediata da conduta, a ser aplicada ao candidato beneficiado, agente público ou não. Não há previsão de multa, uma vez que o §4º do art. 73 da Lei das Eleições refere-se somente ao próprio artigo, não abrangendo as condutas vedadas tipificadas nos arts. 74, 75 e 77.

A aplicação dessa regra não está sujeita a limite de circunscrição, ou seja, em qualquer que seja a eleição, municipal ou geral, incidirá a vedação. Assim, mesmo nas eleições gerais, os prefeitos não podem contratar *shows* artísticos nas inaugurações com recursos públicos nos três meses anteriores ao pleito, mesmo que não haja campanha municipal.

> Art. 76. O ressarcimento das despesas com o uso de transporte oficial pelo Presidente da República e sua comitiva em campanha eleitoral será de responsabilidade do partido político ou coligação a que esteja vinculado.
>
> §1º O ressarcimento de que trata este artigo terá por base o tipo de transporte usado e a respectiva tarifa de mercado cobrada no trecho correspondente, ressalvado o uso do avião presidencial, cujo ressarcimento corresponderá ao aluguel de uma aeronave de propulsão a jato do tipo táxi aéreo.
>
> §2º No prazo de dez dias úteis da realização do pleito, em primeiro turno, ou segundo, se houver, o órgão competente de controle interno procederá *ex officio* à cobrança dos valores devidos nos termos dos parágrafos anteriores.
>
> §3º A falta do ressarcimento, no prazo estipulado, implicará a comunicação do fato ao Ministério Público Eleitoral, pelo órgão de controle interno.
>
> §4º Recebida a denúncia do Ministério Público, a Justiça Eleitoral apreciará o feito no prazo de trinta dias, aplicando aos infratores pena de multa correspondente ao dobro das despesas, duplicada a cada reiteração de conduta.

Sobre a utilização de transporte oficial, não é vedada tal utilização pelo Presidente da República, desde que haja ressarcimento das despesas, de seu uso e de sua comitiva, conforme previsão do art. 76. Trata-se de exceção à conduta vedada no inc. I do art. 73 da Lei das Eleições, consistente na cessão ou utilização de bens afetos à Administração Pública em prol de candidaturas.

Essas despesas, entretanto, deverão ser ressarcidas pelo partido político a que esteja vinculado o candidato, de forma espontânea, no prazo de 10 (dez) dias a contar da realização do pleito e o valor a ser ressarcido deve levar em consideração o tipo de transporte utilizado pelo presidente e a respectiva tarifa de mercado cobrada no trecho correspondente. Em caso de uso de avião presidencial, o ressarcimento corresponderá ao aluguel de uma aeronave de propulsão a jato do tipo táxi aéreo.

Decorrido esse prazo sem pagamento, o órgão de controle interno da Presidência da República comunicará o fato ao Ministério Público Eleitoral que deverá oferecer representação à Justiça Eleitoral, observando o rito do art. 96 da Lei nº 9.504/97. O feito deverá ser apreciado no prazo de 30 (trinta) dias e ensejará a aplicação de multa aos infratores, correspondente ao dobro das despesas, duplicada a cada reiteração de conduta.

Embora a lei se refira também às coligações, tem-se que o ressarcimento deverá ser efetuado pelo partido político, já que a coligação não pode arrecadar recursos para a campanha e não tem o dever de prestar contas. Não obstante, é possível que essas despesas sejam custeadas por diferentes partidos que integram uma mesma coligação, já que todos eles podem realizar gastos em prol da campanha presidencial, ainda que o candidato pertença a outra agremiação do mesmo grupo coligado.

Vale mencionar que o ressarcimento deve existir sempre que o transporte seja utilizado para atos de campanha, quer do próprio agente político, quer em apoio a outra candidatura.

Ressalve-se que, no uso do transporte oficial, não é possível cumular atos de campanha com ato público, a serem praticados no mesmo local e dia. Se existe, por exemplo, um contrato a ser assinado (ato típico de governo) e um comício a ser realizado no mesmo local (ato de campanha), é preferível que o candidato utilize recursos de campanha no deslocamento, a fim de evitar eventuais problemas relacionados à utilização da máquina pública em benefício de candidaturas.

Em atenção ao princípio da isonomia, alguns Tribunais têm dado interpretação mais ampla à exceção, a fim de permitir que os presidentes das casas legislativas (Câmara dos Deputados, Senado, Assembleia Legislativa e Câmara dos Vereadores) façam uso de transporte oficial e de suas respectivas residências oficiais, caso tenham. O que é proibido é a utilização de bem público, de uso exclusivo para trabalho, em campanha eleitoral, na forma do inc. I do art. 73 da Lei das Eleições.

> Art. 77. É proibido a qualquer candidato comparecer, nos 3 (três) meses que precedem o pleito, a inaugurações de obras públicas. (Redação dada pela Lei nº 12.034, de 2009)
> Parágrafo único. A inobservância do disposto neste artigo sujeita o infrator à cassação do registro ou do diploma. (Redação dada pela Lei nº 12.034, de 2009)

É vedado o comparecimento de candidatos, nos 3 (três) meses que precedem o pleito, a inaugurações de obras públicas (art. 77 da Lei nº 9.504/97, alterado pela Lei nº 12.034/2009). Observe-se que, antes da Minirreforma Eleitoral de 2009, essa vedação era dirigida apenas aos candidatos a cargos do Poder Executivo, e, sabiamente, a Lei nº 12.034/2009 estendeu-a a qualquer candidato. Note que a proibição não se refere a qualquer agente político, mas somente aos candidatos, cuja condição, para os fins previstos nessa norma, adquire-se com o requerimento do registro de candidatura.

Para o TSE, "É irrelevante, para a caracterização da conduta, se o candidato compareceu como mero espectador ou se teve posição de destaque na solenidade" (REsp nº 19.404, de 18.9.2001, de relatoria do Min. Fernando Neves), desde que sua presença seja notada e associada à inauguração em questão. Assim, é suficiente para a caracterização do ilícito a simples presença do candidato ao lugar em que se realiza a inauguração, sendo indiferente a sua participação.

Há acirrada divergência doutrinária e jurisprudencial acerca da abrangência, pela norma do art. 77, das inaugurações de obras após reforma. Entretanto, considerando o seu fim de impedir que eventos patrocinados pelos cofres públicos sejam desvirtuados e utilizados em campanhas eleitorais, deve-se adotar o amplo conceito de obra pública definido pelo art. 6º da Lei de Licitações (Lei nº 8.666/93), que a define como "toda construção, reforma, fabricação, recuperação ou ampliação, realizada por execução direta ou indireta", a fim de incluí-la no preceito proibitivo.

Lado outro, nos termos da jurisprudência do TSE, esse dispositivo não veda o comparecimento do administrador em outros eventos comemorativos, como exemplo, festa da cidade ou rodeio, bem como em solenidades, ainda que o evento retrate conquistas positivas ocorridas durante o seu mandato, o que pode resultar em benefício eleitoral. É fato que o político se beneficia eleitoralmente com seus acertos e se descredencia com seus erros, esses são os ônus decorrentes do instituto da reeleição. Nesses termos, não ficou caracterizada conduta vedada, em análise, o comparecimento do candidato nas seguintes situações: a) solenidade de sorteio de casas populares (TSE. Ac. nº 24.270, de 2.12.2004); b) descerramento de placa de novo nome de praça já existente (TSE. Ac. nº 5.291, de 10.2.2005); c) ato de proferir aula magna (TSE. Recurso Ordinário nº 2.233/RO. Rel. Min. Fernando Gonçalves, de 16.12.2009).

Deve-se registrar, entretanto, que embora a presença em eventos assemelhados ou que simulem inauguração não caracterize a conduta vedada em análise, esta poderá ser apurada na forma do art. 22 da LC nº 64/90 (AIJE) ou ser verificada na ação de impugnação de mandato eletivo na ocorrência de abuso de poder (art. 65, §2º, da Res. TSE nº 23.457/15).

No contexto, deve-se observar também a proibição do inc. VI, b, do art. 73, que proíbe a veiculação de propaganda oficial nos três meses anteriores ao pleito, inclusive com o fim de divulgar e convidar qualquer pessoa para a inauguração, restando proibidos a convocação para a inauguração e o envio de convites às autoridades, comum nesses eventos. Como essa conduta está vedada apenas na circunscrição do pleito, em eleições gerais permite-se a divulgação e envio de convites pelo prefeito para inaugurações de obras municipais, inclusive encaminhados para candidatos às eleições estaduais, distritais ou federais, embora estes não possam comparecer. Em eleições municipais, os governadores e presidentes podem convidar qualquer pessoa para as inaugurações, inclusive candidatos a prefeito, vice-prefeito e vereador, embora estes não possam marcar presença.

Cite-se, por fim, que também não é permitida a veiculação de propaganda eleitoral nas inaugurações, como pedido de votos ou distribuição ou fixação de material de campanha, dado tratar-se de ato de governo que não pode se entrelaçar a ato de campanha.

De acordo com a redação do parágrafo único do art. 77 da Lei nº 9.504/97, dada pela Lei nº 12.034/2009, a sua inobservância sujeita o infrator à cassação do registro de candidatura ou do diploma. Não há previsão de multa, uma vez que o §4º do art. 73 da Lei das Eleições refere-se somente ao próprio artigo, não abrangendo as condutas vedadas tipificadas nos arts. 74, 75 e 77.

A aplicação dessa regra não está sujeita a limite de circunscrição, ou seja, em qualquer que seja a eleição, municipal ou geral, incidirá a vedação.

Não obstante, o TSE já decidiu que candidato à reeleição que comparece nos três meses antes do pleito em inauguração de obra pública em circunscrição eleitoral diversa daquela em que está concorrendo não pratica a conduta vedada em análise:

> [...] 1. Não constitui conduta vedada a ser alcançada pelo art. 77 da Lei nº 9.504/97 a participação de candidato em inauguração de obra pública, fora da circunscrição territorial pela qual disputa cargo eletivo, considerado o conceito do art. 86 do código eleitoral. [...] 3. O que a lei pretende vedar é a utilização indevida, ou o desvirtuamento da inauguração em prol de candidato, fato, aliás, que pode ser apurado na forma dos arts. 19 e 22 da Lei Complementar nº 64/90. (TSE. RESPE nº 24.122. Rel. Min. Caputo Bastos. Julg. 30.9.2004)

Sobre a necessidade de haver proporcionalidade entre a conduta e a sanção de candidato, já se manifestou o TSE:

> Afigura-se desproporcional a imposição de sanção de cassação a candidato à reeleição ao cargo de deputado estadual que comparece em uma única inauguração, em determinado município, na qual não houve a presença de quantidade significativa de eleitores e onde a participação do candidato também não foi expressiva. (8902-35.2010.609.0000. AgR-RO nº 890.235 – Goiânia/GO, acórdão de 14.6.2012. Rel. Min. Arnaldo Versiani Leite Soares)

Art. 78. A aplicação das sanções cominadas no art. 73, §§4º e 5º, dar-se-á sem prejuízo de outras de caráter constitucional, administrativo ou disciplinar fixadas pelas demais leis vigentes.

Quadro didático das condutas vedadas por período de proibição

Condutas vedadas permanentemente*
Art. 73, *caput*, I, da Lei nº 9.504/97 – Cessão e utilização de bens públicos com fins eleitorais.
Art. 73, *caput*, II, da Lei nº 9.504/97 – Uso abusivo de materiais ou serviços com fins eleitorais.
Art. 73, *caput*, III, da Lei nº 9.504/97 – Cessão de servidores ou empregados da Administração Pública ou uso de seus serviços em campanha.
Art. 73, *caput*, IV, da Lei nº 9.504/97 – Distribuição gratuita de bens e serviços de caráter social custeados pelo Poder Público com fins eleitorais.
Art. 74 da Lei nº 9.504/97 – Infração ao §1º do art. 37 da Constituição Federal de 1988 – veiculação de propaganda oficial com ofensa ao princípio da impessoalidade.
Condutas vedadas durante todo o ano eleitoral
Art. 73, §10, da Lei nº 9.504/97 – Distribuição gratuita de bens, valores ou benefícios por parte da Administração Pública.
Art. 73, §11, da Lei nº 9.504/97 – Distribuição gratuita de bens, valores ou benefícios, por entidade nominalmente vinculada a candidato ou por este mantida.
Art. 73, *caput*, VII, da Lei nº 9.504/97 – Realização, no primeiro semestre do ano de eleição, de gastos com publicidade institucional que excedam a média dos gastos no primeiro semestre dos (3) três últimos anos.
Conduta vedada nos 180 dias antes do pleito
Art. 73, *caput*, VIII, da *Lei nº 9.504/97* – Revisão geral da remuneração dos servidores públicos que exceda a inflação ao longo do ano eleitoral (essa vedação se estende até a posse dos eleitos).
Condutas vedadas nos 3 meses anteriores ao pleito
Art. 73, *caput*, V, da Lei nº 9.504/97 – Nomear, contratar ou de qualquer forma admitir, demitir sem justa causa, suprimir ou readaptar vantagens ou por outros meios dificultar ou impedir o exercício funcional e, ainda, *ex officio*, remover, transferir ou exonerar servidor público, na circunscrição do pleito (essas vedações se estendem até a posse dos eleitos).
Art. 73, *caput*, VI, *a*, da Lei nº 9.504/97 – Realizar transferências voluntárias de recursos da União aos estados e municípios, e dos estados aos municípios.
Art. 73, *caput*, VI, *b*, da Lei nº 9.504/97 – Veiculação de publicidade institucional.
Art. 73, *caput*, VI, *c*, da Lei nº 9.504/97 – Pronunciamento em rádio e televisão fora do horário eleitoral gratuito.
Art. 75, da Lei nº 9.504/97 – Contratar *shows* artísticos para as inaugurações pagos com recursos públicos.
Art. 77 da Lei nº 9.504/97 – Participação de candidatos em inaugurações de obras públicas.

* Nesses casos, a configuração da prática da conduta vedada não está submetida a limite temporal fixo ou à realização de determinados atos, como convenção eleitoral ou registro de candidatos. É necessário, contudo, verificar as circunstâncias específicas do fato, tais como a sua proximidade com o período eleitoral concentrado e, principalmente, a eventual correlação direta com as eleições, com afetação ao princípio da igualdade de oportunidades entre os candidatos ao pleito.

Referências

CÂNDIDO, Joel. J. *Direito eleitoral brasileiro*. 14. ed. rev., atual. e ampl. Bauru/SP: Edipro, 2010.

CASTRO, Edson de Resende. *Teoria e prática do direito eleitoral*. 4. ed. Belo Horizonte: Mandamentos, 2008.

ESMERALDO, Elmana Viana Lucena. *Processo eleitoral*. 3. ed. São Paulo/SP: JH Mizuno, 2016.

GOMES, José Jairo. *Direito eleitoral*. 5. ed. Belo Horizonte/MG: Del Rey, 2010.

ZILIO, Rodrigo López. *Direito eleitoral*. 2. ed. rev. e atual. Porto Alegre: Verbo Jurídico, 2010.

Informação bibliográfica deste texto, conforme a NBR 6023:2002 da Associação Brasileira de Normas Técnicas (ABNT):

SILVA, Alan Rogério Mansur; ESMERALDO, Elmana Viana Lucena. As condutas vedadas aos agentes públicos nas campanhas eleitorais (artigos 73 ao 78). *In*: PINHEIRO, Célia Regina de Lima; SALES, José Edvaldo Pereira; FREITAS, Juliana Rodrigues (Coords.). *Comentários à lei das eleições*: Lei nº 9.504/1997, de acordo com a Lei nº 13.165/2015. Belo Horizonte: Fórum, 2016. p. 233-282. ISBN 978-85-450-0148-5.

DISPOSIÇÕES TRANSITÓRIAS
(ARTIGOS 79 AO 89)

SÁVIO LEONARDO DE MELO RODRIGUES

Art. 79. O financiamento das campanhas eleitorais com recursos públicos será disciplinada em lei específica.

O financiamento público exclusivo de campanhas eleitorais é tema recorrente quando se trata de discutir a reforma política no Brasil.

A necessidade de financiar as campanhas eleitorais exclusivamente com recursos públicos está ligada à busca pelo equilíbrio na disputa eleitoral, isto é, ao alcance do princípio constitucional da isonomia, afastando-se, com isso, o abuso do poder econômico, de modo a tornar as eleições mais democráticas e menos onerosas.

Acrescente-se também o combate à captação ilícita de recursos financeiros para as campanhas eleitorais, o famigerado "caixa dois".

Motivados por estas questões, os senadores José Sarney e Francisco Dornelles apresentaram o Projeto de Lei do Senado nº 268, de 19.3.2011, que dispõe exatamente sobre o financiamento público exclusivo das campanhas eleitorais, justificando-o sob a ótica da necessidade de redução dos gastos das campanhas eleitorais e do fim da utilização de recursos não contabilizados, oriundos do chamado "caixa dois", fazendo referência, ainda, ao princípio da igualdade, no sentido de que os regimes democráticos têm buscado

> tratamento igualitário dos concorrentes ao pleito, de forma a impedir que alguns alcancem a vitória eleitoral, não pelo convencimento das teses

e do programa que propõem e sim em função da arregimentação e da pletora de propaganda eleitoral propiciadas pelo seu poder econômico.[1]

Pela referida proposta, no ano de realização das eleições, o Tribunal Superior Eleitoral (TSE) receberá dotações orçamentárias calculadas a partir do número de eleitores inscritos até o dia 31 de dezembro do ano anterior, multiplicados por R$7,00 (sete reais).

A distribuição de tais valores, a qual terá como base as mesmas regras de rateio do Fundo Partidário previsto no art. 41-A da Lei nº 9.096/95, será destinada aos partidos políticos e candidatos, para utilização exclusiva na campanha eleitoral, vedada qualquer espécie de doação de pessoa física ou jurídica.[2]

O projeto de lei em comento foi votado e aprovado na Comissão de Constituição e Justiça e Cidadania em setembro de 2011, tendo sido interposto recurso regimental para que a matéria seja apreciada no Plenário do Senado, e, por esta razão, desde o mês de julho de 2013, esta aguarda a inclusão da ordem do dia.

Da leitura do art. 79 nota-se que a Lei das Eleições definiu como medida necessária o financiamento público das campanhas eleitorais, porém transferiu para a lei específica a incumbência do estabelecimento de regras para a efetiva implantação dessa espécie de financiamento.

O debate que será travado no Plenário do Senado Federal, portanto, é para saber se a disputa eleitoral será custeada única e exclusivamente por verbas públicas, exatamente como constante do PLS nº 268, ou se haverá um modelo misto de financiamento de campanhas, com a possibilidade também de doações de pessoas físicas, já que as doações de pessoas jurídicas foram retiradas do nosso ordenamento jurídico-eleitoral a partir da edição da Lei nº 13.165/2015.

É bom registrar que as campanhas eleitorais já são custeadas diretamente com recursos públicos advindos do Fundo Partidário,[3] bem como indiretamente pela utilização gratuita do horário para propaganda eleitoral no rádio e na televisão.[4]

---

[1] SARNEY, José; DORNELLES, Francisco. *Justificativa ao Projeto de Lei do Senado nº 268/2011*, mar. 2011. Disponível em: <http://www.senado.gov.br/atividade/materia/getPDF.asp?t=90747&tp=1>. Acesso em: 28 set. 2013.

[2] De acordo com o projeto de lei, será passível de cassação do registro e/ou do diploma aquele candidato que receber doações de pessoas físicas ou jurídicas.

[3] Art. 44, inc. III, de BRASIL. Lei nº 9.096, de 19.9.1995.

[4] Art. 44, inc. III, de BRASIL. Lei nº 9.504, de 30.9.1997.

A necessidade de moralização da política brasileira está intimamente ligada às distorções existentes no atual modelo de financiamento de campanha, o qual legitima e privilegia o detentor de poderio econômico, fazendo com que a disputa eleitoral deixe de ser um ambiente para o debate de ideias e acabe se restringindo ao *assistencialismo eleitoreiro*.

Ademais, não obstante o art. 79 ter sido introduzido já no ano de publicação da Lei nº 9.504, ou seja, em 1997, até hoje, passados 19 (dezenove) anos, ainda não existe lei específica que discipline a utilização de recursos públicos em campanhas eleitorais, inexistindo, ademais, qualquer previsão para que tal importante discussão entre na pauta de apreciação do Senado Federal.

> Art. 80. Nas eleições a serem realizadas no ano de 1998, cada partido ou coligação deverá reservar, para candidatos de cada sexo, no mínimo, vinte e cinco por cento e, no máximo, setenta e cinco por cento do número de candidaturas que puder registrar.

A instituição de cotas de gênero se deu nas eleições gerais de 1998 e surgiu como uma importantíssima ferramenta para o fomento da participação feminina na política brasileira.

Esta regra transitória prevista no art. 80 teve eficácia restrita às eleições gerais de 1998, sendo que nas eleições subsequentes vigorou a norma legal prevista na redação antiga do §3º do art. 10 da Lei das Eleições.[5]

A polêmica relacionada à cota de gênero girava em torno do alcance da expressão "deverá reservar" e as consequências jurídicas advindas a partir de então.

Por se tratar de mera reserva de vagas, acaso inexistisse número mínimo de candidaturas de determinado gênero (em regra, gênero feminino), tais vagas poderiam ser preenchidas por candidatos do gênero oposto, sem que isso gerasse qualquer tipo de sanção.

Entretanto, com o advento da Lei nº 12.034/2009, conhecida como Minirreforma Eleitoral, essa distorção foi corrigida e a expressão "deverá reservar" cedeu espaço para a expressão "preencherá",

---

[5] "Art. 10. [...]
§3º Do número de vagas resultantes das regras previstas neste artigo, cada partido ou coligação deverá preencher o mínimo de 30% (trinta por cento) e o máximo de 70% (setenta por cento) para candidaturas de cada sexo".

tornando obrigatório o respeito aos percentuais mínimo e máximo de candidaturas de cada gênero.

Art. 81. (Revogado pela Lei nº 13.165 de 2015)
§1º (Revogado pela Lei nº 13.165 de 2015)
§2º (Revogado pela Lei nº 13.165 de 2015)
§3º (Revogado pela Lei nº 13.165 de 2015)
§4º (Revogado pela Lei nº 13.165 de 2015)

Nos últimos 2 (dois) anos, em especial após a deflagração da Operação Lava Jato pela Polícia Federal, a qual, entre outras linhas investigativas, apura a existência de pagamentos ilícitos (propina/"caixa dois") realizados por empreiteiras em benefício de campanhas eleitorais, em especial às presidenciais realizadas em 2010 e 2014, houve intensos debates sobre as doações eleitorais realizadas por pessoas jurídicas.

Não obstante a matéria tenha ganhado evidente notoriedade recentemente, o Conselho Federal da Ordem dos Advogados do Brasil (CFOAB) ingressou, no ano de 2001, com a Ação Direta de Inconstitucionalidade (ADI) nº 4.650,[6] cuja relatoria coube ao eminente Ministro Luiz Fux, postulando a declaração de inconstitucionalidade dos arts. 23, §1º, incs. I e II; 24; e 81, *caput* e §1º da Lei nº 9.504/97 (Lei Geral das Eleições), bem como dos arts. 31; 38, inc. III; 39, *caput* e §5º da Lei nº 9.096/95 (Lei dos Partidos Políticos).

Todos os supracitados artigos reconheciam e disciplinavam, até então, o modo e os limites das doações eleitorais a serem realizadas por pessoas jurídicas.

Portanto, o objetivo da ADI nº 4.650 era claro: o fim do financiamento privado de campanhas eleitorais por pessoas jurídicas.

Concomitantemente ao andamento da referida ADI nº 4.650, tramitava no Congresso Nacional o Projeto de Lei (PL) nº 5.735/2013, de autoria dos deputados Ilário Marques (PT/CE), Marcelo Castro (PMDB/PI), Anthony Garotinho (PR/RJ) e Daniel Almeida (PCdoB/BA), o qual, entre outros temas, buscava a alteração de dispositivos da Lei nº 9504/97, a fim de reduzir os custos das campanhas eleitorais, porém não tinha como fundamento o fim das doações por pessoas jurídicas.

Em julho de 2015, a Câmara dos Deputados deliberou por proibir que as doações eleitorais de pessoas jurídicas, em dinheiro ou estimável

---

[6] BRASIL. Supremo Tribunal Federal. Ação Direta de Inconstitucionalidade nº 4.650-DF. Rel. Min. Luiz Fux, 17.9.2015.

em dinheiro, fossem feitas diretamente aos candidatos, permitindo, porém, que tais doações fossem feitas aos partidos políticos, a partir do registro dos respectivos comitês financeiros.

Por força do disposto no art. 65 da Constituição Federal,[7] o PL nº 5.735/2013 foi encaminhado ao Senado Federal, o qual, em setembro de 2015, após aprovação de emenda substitutiva, decidiu pelo fim do financiamento de campanhas eleitorais por empresas.

De volta à Câmara dos Deputados, o PL nº 5.735/2013 foi novamente modificado, tendo sido restaurada a possibilidade de doações eleitorais aos partidos políticos, mantendo-se a proibição de doações diretas de empresas à candidatos.

Antes da sanção presidencial, porém, o Supremo Tribunal Federal (STF), por maioria de votos, julgou procedente a ADI nº 4.650, na esteira do voto do eminente relator, Ministro Luiz Fux, declarando a inconstitucionalidade dos dispositivos legais que autorizavam a doação eleitoral por pessoa jurídica, destacando que

> os limites previstos pela legislação de regência para a doação de pessoas jurídicas para as campanhas eleitorais se afigura assaz insuficiente a coibir, ou, ao menos, amainar, a captura do político pelo poder econômico, de maneira a criar indesejada "plutocratização" do processo político.[8]

No entender do STF, a teor do disposto no voto do eminente Ministro Luiz Fux, "a doação por pessoas jurídicas a campanhas eleitorais, antes de refletir eventuais preferências políticas, denota um agir estratégico destes grandes doadores, no afã de estreitar suas relações com o poder público, em pactos, muitas vezes, desprovidos de espírito republicano".[9]

Por sua vez, a Presidente da República, Dilma Rousseff, com base nessa declaração de inconstitucionalidade do financiamento empresarial por parte do STF, sancionou a Lei nº 13.165, de 2015, vetando a possibilidade de doações eleitorais de empresas a partidos políticos,

---

[7] "Art. 65. O projeto de lei aprovado por uma Casa será revisto pela outra, em um só turno de discussão e votação, e enviado à sanção ou promulgação, se a Casa revisora o aprovar, ou arquivado, se o rejeitar".

[8] Trecho da ementa do voto vencedor de BRASIL. Supremo Tribunal Federal. Ação Direta de Inconstitucionalidade nº 4.650-DF. Rel. Min. Luiz Fux, 17.9.2015.

[9] Trecho da ementa do voto vencedor de BRASIL. Supremo Tribunal Federal. Ação Direta de Inconstitucionalidade nº 4.650-DF. Rel. Min. Luiz Fux, 17.9.2015.

de modo a decretar o fim do financiamento de campanhas eleitorais por pessoas jurídicas, daí porque houve a expressa revogação do presente art. 81 da Lei nº 9.504, de 1997.

Importante ressaltar que a publicação da redação final da Lei nº 13.165 de 2015, com as respectivas alterações no que tange à impossibilidade de doações eleitorais por empresas, se deu no *Diário Oficial da União* do dia 29.9.2015, razão pela qual, por ter respeitado o princípio da anualidade previsto no art. 16 da Constituição Federal,[10] será aplicada para as eleições municipais de 2016.

Tanto é verdade que o Tribunal Superior Eleitoral (TSE) editou a Resolução nº 23.463,[11][12] a qual, em seus arts. 14, §2º e 25, inc. I, disciplina o seguinte:

> CAPÍTULO II
> DA ARRECADAÇÃO
> Seção I
> Das Origens dos Recursos
> Art. 14. [...]
> §2º O partido político não poderá transferir para o candidato ou utilizar, direta ou indiretamente, nas campanhas eleitorais, recursos que tenham sido doados por pessoas jurídicas, ainda que em exercícios anteriores (STF, ADI nº 4.650). [...]
> Seção V
> Das Fontes Vedadas
> Art. 25. É vedado a partido político e a candidato receber, direta ou indiretamente, doação em dinheiro ou estimável em dinheiro, inclusive por meio de publicidade de qualquer espécie, procedente de:
> I - pessoas jurídicas;

Ressalte-se uma oportuna advertência expressamente constante na mencionada Resolução TSE nº 23.463, no sentido de que é proibido ao partido político utilizar na campanha eleitoral e/ou transferir para o candidato recursos financeiros doados por pessoas jurídicas, "ainda que em exercícios anteriores", deixando claro que não será admitido

---

[10] "Art. 16. A lei que alterar o processo eleitoral entrará em vigor na data de sua publicação, não se aplicando à eleição que ocorra até um ano da data de sua vigência. (Redação dada pela Emenda Constitucional nº 4, de 1993)".

[11] BRASIL. Tribunal Superior Eleitoral (TSE). Resolução nº 23.463-DF, 29.12.2015.

[12] A Resolução TSE nº 23.463 dispõe sobre a arrecadação e os gastos de recursos por partidos políticos e candidatos e sobre prestação de contas nas eleições de 2016.

o financiamento privado de campanhas eleitorais por empresas em nenhuma hipótese.

A proibição de doações eleitorais por pessoas jurídicas será posta à prova no pleito de 2016 com objetivo de reduzir a interferência do poder econômico na disputa eleitoral, bem como de salvaguardar os princípios democráticos e a isonomia política, o que exigirá um rigor fiscalizatório muito grande por parte da Justiça Eleitoral, a fim de evitar o famigerado "caixa dois".

> Art. 82. Nas Seções Eleitorais em que não for usado o sistema eletrônico de votação e totalização de votos, serão aplicadas as regras definidas nos arts. 83 a 89 desta Lei e as pertinentes da Lei 4.737, de 15 de julho de 1965 – Código Eleitoral.

O processo de informatização das eleições brasileiras remonta ao ano de 1986, quando foi realizado pelo TSE o recadastramento eletrônico de aproximadamente 70 (setenta) milhões de eleitores.

Em 1995, realizaram-se os trabalhos de informatização do voto, os quais foram consolidados nas eleições municipais de 1996, quando então aconteceu a primeira experiência de votação em urnas eletrônicas, atingindo 1/3 (um terço) do eleitorado brasileiro, distribuídos em 57 (cinquenta e sete) cidades no país. Já nas eleições gerais de 1998 alcançou-se 2/3 (dois terços) dos eleitores brasileiros.

Somente nas eleições municipais de 2000 é que a votação em urnas eletrônicas atingiu 100% (cem por cento) do eleitorado do país.

O sistema eleitoral de votação eletrônica existente no Brasil é único e mundialmente conhecido por sua eficiência, agilidade e segurança.

Na hipótese, todavia, de eventual problema com a urna eletrônica no ato de votação ou apuração dos votos, a Justiça Eleitoral dispõe de procedimentos de contingência, quais sejam reposicionar o cartão de memória da votação; utilizar o cartão de memória de contingência na urna de votação, acondicionando o cartão de memória de votação danificado em envelope específico e remetendo-o ao local designado pela Justiça Eleitoral, e, por fim, utilizar uma urna de contingência, remetendo a urna com defeito ao local designado pela Justiça Eleitoral.[13]

---

[13] Art. 54 de BRASIL. Tribunal Superior Eleitoral (TSE). Resolução nº 23.463-DF. Rel. Min. Gilmar Mendes, 31.12.2015.

Por fim, caso ainda persistam as falhas, mesmo após todas as tentativas de solução do problema, passa-se à votação tradicional por meio de cédulas,[14] ressaltando-se que, uma vez iniciada a votação por cédulas, não se poderá retornar ao processo eletrônico de votação na mesma seção eleitoral.[15]

Frise-se que é proibida a realização de manutenção de urna eletrônica na seção eleitoral no dia da votação, admitindo-se somente ajuste ou troca de bateria e de módulo impressor, além, é claro, dos procedimentos previstos para contingência na votação.[16]

O Tribunal Regional Eleitoral do Pará dispõe de 20.000 (vinte mil) urnas eletrônicas, das quais são utilizadas aproximadamente 18.000 (dezoito mil) em cada eleição.

Desse universo de urnas eletrônicas, já levando em conta as urnas eletrônicas de contingência, nas eleições gerais de 2010 somente 5 (cinco) seções eleitorais utilizaram votação manual. No plebiscito acerca da divisão ou não do Pará ocorrido em 2011, apenas 6 (seis) seções eleitorais fizeram uso de cédulas de uso contingente. Nas eleições municipais de 2012, somente 5 (cinco) seções eleitorais tiveram que usar votação manual. Por fim, nas eleições gerais de 2014, somente 3 (três) seções eleitorais necessitaram recorrer à votação tradicional por meio de cédulas.[17]

É importante frisar que o Tribunal Regional Eleitoral do Pará (TRE/PA) irá realizar as eleições de 2016 com uso do sistema de identificação biométrica em 22 (vinte e dois) municípios, ratificando o compromisso da Justiça Eleitoral com a segurança da identificação do eleitor no momento da votação.

Não obstante os avanços tecnológicos obtidos pela Justiça Eleitoral no intuito de garantir dinamismo, eficiência e segurança na hora do voto, a Lei nº 13.165 de 2015 acabou retrocedendo ao prever a possibilidade de impressão individual do voto, "de forma automática e sem contato manual do eleitoral, em local previamente lacrado", a teor do que dispõe o art. 59-A da Lei nº 9.504/97, destacando-se, entretanto,

---

[14] Arts. 56, 61 e 88 de BRASIL. Tribunal Superior Eleitoral (TSE). Resolução nº 23.463-DF. Rel. Min. Gilmar Mendes, 31.12.2015.

[15] Art. 58 de BRASIL. Tribunal Superior Eleitoral (TSE). Resolução nº 23.463-DF. Rel. Min. Gilmar Mendes, 31.12.2015.

[16] Art. 59 de BRASIL. Tribunal Superior Eleitoral (TSE). Resolução nº 23.463-DF. Rel. Min. Gilmar Mendes, 31.12.2015.

[17] Dados obtidos junto à Secretaria de Tecnologia da Informação do Tribunal Regional Eleitoral do Pará

que tal exigência legal não será aplicada para as eleições municipais de 2016, somente para as eleições gerais de 2018.

Os índices demonstram claramente o grau de eficiência da votação eletrônica, cuja tecnologia, como dito, serve de exemplo e modelo para todos os países de regimes democráticos do mundo, valendo frisar que as regras existentes sobre votação manual somente servem para situações absolutamente excepcionais, sendo, na prática, ínfima sua utilização, especialmente pelo constante aperfeiçoamento das soluções de contingência inerentes ao processo de votação eletrônica.

> Art. 83. As cédulas oficiais serão confeccionadas pela Justiça Eleitoral, que as imprimirá com exclusividade para distribuição às Mesas Receptoras, sendo sua impressão feita em papel opaco, com tinta preta e em tipos uniformes de letras e números, identificando o gênero na denominação dos cargos em disputa.

A cada pleito eleitoral são editadas resoluções pelo Tribunal Superior Eleitoral contendo os modelos das cédulas de contingências a serem utilizadas caso fracassadas todas as tentativas de votação com as urnas eletrônicas.

Para as eleições municipais de 2016, o Tribunal Superior Eleitoral editou a Resolução nº 23.456, de 31.12.2015, a qual disciplina os atos preparatórios para o pleito eleitoral.

As cédulas de contingência aprovadas pelo TSE seguem um padrão de formato único, em papel opaco, com tinta preta e em tipos uniformes de letras e números, com identificação expressa do gênero na denominação dos cargos em disputa, justamente para evitar qualquer espécie de fraude, sendo impressas exclusivamente pela Justiça Eleitoral e entregues com a mesma exclusividade para as mesas receptoras de votos.[18]

Na votação por cédulas de uso contingente o eleitor será instruído sobre a forma de dobrá-las, resguardando o sigilo do voto sem que seja necessário o emprego de cola para o fechamento destas.[19]

> §1º Haverá duas cédulas distintas, uma para as eleições majoritárias e outra para as proporcionais, a serem confeccionadas segundo modelos determinados pela Justiça Eleitoral.

---

[18] Art. 89 de BRASIL. Tribunal Superior Eleitoral (TSE). Resolução nº 23.463-DF. Rel. Min. Gilmar Mendes, 31.12.2015.

[19] Art. 90 de BRASIL. Tribunal Superior Eleitoral (TSE). Resolução nº 23.463-DF. Rel. Min. Gilmar Mendes, 31.12.2015.

Em regra, a diferença entre o modelo das cédulas de contingência para as eleições majoritárias e para as eleições proporcionais está na cor predominante de cada uma, sendo que para as eleições municipais de 2016 a cor amarela identificará a eleição majoritária (prefeito) e, a cor branca, a eleição proporcional (vereador).[20]

> §2º Os candidatos à eleição majoritária serão identificados pelo nome indicado no pedido de registro e pela sigla adotada pelo partido a que pertencem e deverão figurar na ordem determinada por sorteio.

Desde as eleições municipais de 2004, as cédulas de uso contingente não mais contêm o nome e a sigla partidária impressas dos candidatos aos cargos majoritários, seguindo, na verdade, o mesmo modelo destinado às eleições proporcionais, tornando absolutamente sem eficácia o disposto neste §2º do art. 83.

A mudança do modelo de cédula de contingência nas eleições majoritárias, nos moldes acima mencionados, se deu com a edição e aprovação da Resolução TSE nº 21.618, de relatoria do eminente Ministro Fernando Neves.

A partir de então, até os dias atuais, em vez de o eleitor escolher um dos nomes impressos na cédula de uso contingente, passou a escrever o nome, o número ou a sigla partidária do candidato de sua preferência.

A justificativa para tal mudança no modelo de cédulas de uso contingente destinadas às eleições majoritárias foi à excepcionalidade na utilização delas, já que a regra é a votação eletrônica, bem como a substancial economia para a Justiça Eleitoral, que, inclusive, poderia fazer uso das sobras de tais cédulas nas eleições subsequentes.[21]

> §3º Para as eleições realizadas pelo sistema proporcional, a cédula terá espaços para que o eleitor escreva o nome ou o número do candidato escolhido, ou a sigla ou o número do partido de sua preferência.

As cédulas de contingências contêm espaços destacados para que os eleitores possam escrever o nome do candidato escolhido, ou, se preferirem, colocar apenas o número identificador dele. Existe,

---

[20] Art. 90 de BRASIL. Tribunal Superior Eleitoral (TSE). Resolução nº 23.463-DF. Rel. Min. Gilmar Mendes, 31.12.2015.
[21] BRASIL. Tribunal Superior Eleitoral (TSE). Resolução nº 21.618. Rel. Min. Fernando Neves, 2004.

ainda, a opção de os eleitores colocarem a sigla do partido político de sua preferência.[22]

No caso das eleições proporcionais (vereadores, deputados estaduais e federais), a colocação somente da sigla partidária ou apenas do número identificador do referido partido político implicará o chamado voto de legenda.

> §4º No prazo de quinze dias após a realização do sorteio a que se refere o §2º, os Tribunais Regionais Eleitorais divulgarão o modelo da cédula completa com os nomes dos candidatos majoritários na ordem já definida.
>
> §5º Às eleições em segundo turno aplica-se o disposto no §2º, devendo o sorteio verificar-se até quarenta e oito horas após a proclamação do resultado do primeiro turno e a divulgação do modelo da cédula nas vinte e quatro horas seguintes.

As disposições contidas nos §§4º e 5º do art. 83 perderam eficácia com a edição da citada Resolução TSE nº 21.618, nas eleições municipais de 2004, momento em que restou deliberado e aprovado que as cédulas de contingência para as eleições majoritárias seriam praticamente iguais àquelas destinadas às eleições proporcionais e não mais se faria referência a sorteio da ordem em que os candidatos figurariam na cédula.[23]

> Art. 84. No momento da votação, o eleitor dirigir-se-á à cabina duas vezes, sendo a primeira para o preenchimento da cédula destinada às eleições proporcionais, de cor branca, e a segunda para o preenchimento da cédula destinada às eleições majoritárias, de cor amarela.
> Parágrafo único. A Justiça Eleitoral fixará o tempo de votação e o número de eleitores por seção, para garantir o pleno exercício do direito de voto.

Para efeitos de organização da votação e apuração dos votos, as cédulas de uso contingente para as eleições majoritárias são de cor amarela, enquanto que para as eleições proporcionais tais cédulas são de cor branca.[24]

---

[22] Art. 91 de BRASIL. Tribunal Superior Eleitoral (TSE). Resolução nº 23.463-DF. Rel. Min. Gilmar Mendes, 31.12.2015.

[23] BRASIL. Tribunal Superior Eleitoral (TSE). Resolução nº 21.618. Rel. Min. Fernando Neves, 2004.

[24] Art. 90 de BRASIL. Tribunal Superior Eleitoral (TSE). Resolução nº 23.463-DF. Rel. Min. Gilmar Mendes, 31.12.2015.

Em que pese expressa menção normativa do art. 84 da Lei das Eleições de que, no caso da votação manual, o eleitor deverá se dirigir duas vezes à cabine de votação, primeiro para registrar o voto destinado às eleições proporcionais e, posteriormente, para consignar o voto paras as eleições majoritárias, esse procedimento não encontra correspondente na Resolução TSE nº 23.456, a qual trata do assunto para as eleições municipais de 2016.

No caso de votação manual, o art. 63 da Resolução TSE nº 23.456 afirma que o eleitor receberá "as cédulas abertas, devidamente rubricada e numeradas" (inc. II), sendo, em seguida, convidado "a se dirigir à cabina para indicar os números ou os nomes dos candidatos de sua preferência e dobrar as cédulas" (inc. III), para então, ato contínuo, "ao sair da cabina", depositar as cédulas na urna de lona (inc. IV), inexistindo, como se vê, o procedimento previsto no art. 84 da Lei nº 9504/97.

> Art. 85. Em caso de dúvida na apuração de votos dados a homônimos, prevalecerá o número sobre o nome do candidato.

Incide o disposto no art. 85 quando, na apuração dos votos dados de forma manual, for constatada a presença de homônimos, isto é, nomes de candidatos com a mesma grafia, hipótese em que prevalecerá o número partidário eventualmente posto sobre o nome do candidato.

> Art. 86. No sistema de votação convencional considerar-se-á voto de legenda quando o eleitor assinalar o número do partido no local exato reservado para o cargo respectivo e somente para este será computado.

Em se tratando de votação manual, o eleitor possui a opção de escrever o nome do candidato de sua preferência ou, ainda, de escrever o número ou a sigla partidária desse candidato.

Desse modo, caso o eleitor escreva somente o número da agremiação partidária, o voto será computado como voto de legenda para fins do cálculo do quociente partidário, o mesmo acontecendo se o eleitor escrever apenas a sigla do partido político de sua escolha.

> Art. 87. Na apuração, será garantido aos fiscais e delegados dos partidos e coligações o direito de observar diretamente, a distância não superior a um metro da mesa, a abertura da urna, a abertura e a contagem das cédulas e o preenchimento do boletim.

§1º O não-atendimento ao disposto no *caput* enseja a impugnação do resultado da urna, desde que apresentada antes da divulgação do boletim.

Tanto durante o processo de votação nas seções eleitorais, quanto nos procedimentos de apuração dos votos, é garantido aos partidos políticos e coligações se fazerem representados por seus fiscais ou delegados partidários, os quais poderão observar todos os trabalhos relativos à contagem e totalização dos votos.[25]

Caso seja negado o exercício de tal direito, o resultado daquela urna específica poderá ser impugnado, desde que a impugnação seja apresentada antes da transcrição do resultado do boletim de urna respectivo.

§2º Ao final da transcrição dos resultados apurados no boletim, o Presidente da Junta Eleitoral é obrigado a entregar cópia deste aos partidos e coligações concorrentes ao pleito cujos representantes o requeiram até uma hora após sua expedição.

Como corolário do princípio constitucional da publicidade, após a finalização da transcrição dos resultados apurados nos boletins de urnas, será assegurado o direito à obtenção de cópias destes aos partidos e coligações interessados e que apresentem requerimento verbal nesse sentido.[26]

§3º Para os fins do disposto no parágrafo anterior, cada partido ou coligação poderá credenciar até três fiscais perante a Junta Eleitoral, funcionando um de cada vez.

A legislação eleitoral garante o direito dos partidos políticos ou coligações partidárias de acompanhar os trabalhos de apuração dos votos, o que se dá através do credenciamento de, no máximo, 3 (três) fiscais, cuja atuação deve ser isolada e não conjunta, isto é, um de cada vez.[27]

---

[25] Art. 102 de BRASIL. Tribunal Superior Eleitoral (TSE). Resolução nº 23.463-DF. Rel. Min. Gilmar Mendes, 31.12.2015.
[26] Art. 42 de BRASIL. Tribunal Superior Eleitoral (TSE). Resolução nº 23.463-DF. Rel. Min. Gilmar Mendes, 31.12.2015.
[27] Art. 101 de BRASIL. Tribunal Superior Eleitoral (TSE). Resolução nº 23.463-DF. Rel. Min. Gilmar Mendes, 31.12.2015.

§4º O descumprimento de qualquer das disposições deste artigo constitui crime, punível com detenção de um a três meses, com a alternativa de prestação de serviços à comunidade pelo mesmo período e multa, no valor de um mil a cinco mil UFIR.

A tipificação penal prevista neste artigo incide quando verificado qualquer obstáculo ilegitimamente imposto aos partidos políticos e coligações, mais precisamente aos fiscais e delegados partidários indicados por estes, no que se refere ao exercício do direito de fiscalização dos trabalhos de apuração dos votos.

Dessa forma, se porventura o fiscal partidário for impedido de observar a abertura da urna de votação, bem como a apuração dos votos, ou, ainda, lhe for negado injustificadamente cópia do boletim de urna, mesmo após requerimento prévio, estará configurada a conduta criminal tipificada no referido §4º do art. 87.

§5º O rascunho ou qualquer outro tipo de anotação fora dos boletins de urna, usados no momento da apuração dos votos, não poderão servir de prova posterior perante a Junta apuradora ou totalizadora.

A restrição prevista nesta norma legal visa impedir que anotações avulsas eventualmente realizadas no momento da apuração dos votos tentem ser posteriormente utilizadas como mecanismo de prova perante a junta apuradora ou totalizadora dos votos.

Sendo assim, para fins de apuração e totalização dos votos, somente são válidas as anotações expressamente apostas no boletim de urna.

§6º O boletim mencionado no §2º deverá conter o nome e o número dos candidatos nas primeiras colunas, que precederão aquelas onde serão designados os votos e o partido ou coligação.

Prevê o §6º do art. 87 apenas a forma de organização da transcrição dos resultados nos boletins de urnas, estabelecendo o formato de distribuição em colunas, devendo o nome e o número dos candidatos figurarem nas primeiras colunas, precedendo as demais, nas quais serão colocados os votos respectivos, bem como o partido ou coligação partidária.

Art. 88. O Juiz Presidente da Junta Eleitoral é obrigado a recontar a urna, quando:

I - o boletim apresentar resultado não-coincidente com o número de votantes ou discrepante dos dados obtidos no momento da apuração;
II - ficar evidenciada a atribuição de votos a candidatos inexistentes, o não-fechamento da contabilidade da urna ou a apresentação de totais de votos nulos, brancos ou válidos destoantes da média geral das demais Seções do mesmo Município, Zona Eleitoral.

A legislação eleitoral trata de duas situações em que o Juiz presidente da junta eleitoral está obrigado a promover, de ofício, a recontagem dos votos apurados na urna de lona (votação manual), isto é, independentemente de qualquer provocação de partidos políticos ou coligações partidárias a recontagem é medida obrigatória.

A primeira hipótese se refere à constatação de que o boletim de urna não mostra resultado coincidente com a quantidade de eleitores votantes naquela seção eleitoral ou, ainda, apresenta resultado discrepante dos dados obtidos no momento da apuração.

A segunda hipótese ocorrerá quando for comprovada a atribuição de votos a candidatos inexistentes, bem como pelo não fechamento da contabilidade da urna ou pela apresentação de totais de votos nulos, brancos ou válidos destoantes da média geral das demais seções eleitorais do mesmo município ou zona eleitoral.

Art. 89. Será permitido o uso de instrumentos que auxiliem o eleitor analfabeto a votar, não sendo a Justiça Eleitoral obrigada a fornecê-los.

O analfabeto tem constitucionalmente garantido o direito de votar (direito político ativo), porém não possui o direito de ser votado (direito político passivo), sendo, nesse caso, considerado inelegível.[28]

No que tange ao exercício do direito de votar, a regra eleitoral para o analfabeto é diferenciada, pois o voto lhe constitui uma faculdade[29] e não uma obrigatoriedade.

Nesse caso, a Justiça Eleitoral permite expressamente a utilização de instrumentos que possam auxiliar o eleitor analfabeto a votar, porém não possui qualquer responsabilidade no fornecimento de tais instrumentos.

Na verdade, a legislação eleitoral é omissa quanto à especificação de quais seriam os instrumentos permitidos para o auxílio do eleitor analfabeto no ato de votar.

---

[28] Art. 14, §4º, da Constituição da República Federativa do Brasil, de 5.10.1988.
[29] Art. 14, inc. II, alínea *a* da Constituição da República Federativa do Brasil, de 5.10.1988.

Partindo de uma aplicação analógica da regra prevista para o eleitor com deficiência ou mobilidade reduzida,[30] entende-se que é permitido ao eleitor analfabeto dispor do auxílio de uma pessoa de sua confiança, independentemente de prévia autorização do juiz eleitoral.

Desse modo, verificado pelo presidente da mesa receptora ser imprescindível que o eleitor analfabeto seja auxiliado por uma pessoa de sua confiança para votar, autorizará o ingresso dessa segunda pessoa com o eleitor na cabina de votação, podendo esta, inclusive, digitar os números na urna, ou, no caso de votação manual, realizar o preenchimento da cédula de uso contingente, devendo tudo ser devidamente consignado em ata.

Por fim, válido ressaltar que esta pessoa que poderá auxiliar o eleitor analfabeto não poderá estar a serviço da Justiça Eleitoral (ex.: mesário), de partido político ou de coligação (ex.: fiscal ou delegado partidário).[31]

Informação bibliográfica deste texto, conforme a NBR 6023:2002 da Associação Brasileira de Normas Técnicas (ABNT):

RODRIGUES, Sávio Leonardo de Melo. Disposições transitórias (artigos 79 ao 89). In: PINHEIRO, Célia Regina de Lima; SALES, José Edvaldo Pereira; FREITAS, Juliana Rodrigues (Coords.). *Comentários à lei das eleições*: Lei nº 9.504/1997, de acordo com a Lei nº 13.165/2015. Belo Horizonte: Fórum, 2016. p. 283-298. ISBN 978-85-450-0148-5.

---

[30] Arts. 49 e 50 de BRASIL. Tribunal Superior Eleitoral (TSE). Resolução nº 23.463-DF. Rel. Min. Gilmar Mendes, 31.12.2015.

[31] Art. 50, §2º de BRASIL. Tribunal Superior Eleitoral (TSE). Resolução nº 23.463-DF. Rel. Min. Gilmar Mendes, 31.12.2015.

DISPOSIÇÕES FINAIS (ARTIGOS 90 AO 107)

LUZIA DO SOCORRO SILVA DOS SANTOS

Art. 90. Aos crimes definidos nesta Lei, aplica-se o disposto nos arts. 287 e 355 a 364 da Lei nº 4.737, de 15 de julho de 1965 - Código Eleitoral.

§1º Para os efeitos desta Lei, respondem penalmente pelos partidos e coligações os seus representantes legais.

§2º Nos casos de reincidência, as penas pecuniárias previstas nesta Lei aplicam-se em dobro.

Art. 90-A. (VETADO) (Incluído pela Lei nº 11.300, de 2006)

Observando o texto da Lei nº 9.504/1997, verifica-se que, ao tratar da normatividade para as eleições, dispondo sobre institutos como da propaganda eleitoral, fiscalização das eleições e outros que tais, há disposições também sobre condutas tipificadas como crimes eleitorais no âmbito da regulamentação daqueles fenômenos, como demonstram os arts. 39, §5º, 40, 72, 91, parágrafo único.

O art. 90 reforça a aplicação subsidiária da parte geral do Código Penal aos crimes eleitorais, reafirmando também o manejo das normas atinentes ao processo penal eleitoral contidas nos arts. 355 a 364 para os ilícitos eleitorais definidos nesta Lei das Eleições.

A regra geral é que a ação penal para os crimes previstos na Lei nº 9.504/1997 é pública incondicionada, sendo cabível excepcionalmente a ação penal privada subsidiária da pública, se esta não for proposta pelo Ministério Público Eleitoral no decênio legal, por força do art. 5º, LIX, da Constituição Federal, sendo, esta disposição constitucional, o fundamento para interpretação dos §§3º e 4º do art. 357 do Código Eleitoral, pois não parece cabível a representação pela autoridade judiciária nem suas providências com vistas ao oferecimento da denúncia pela Procuradoria Regional, por ofensa ao art. 127, §2º, da Carta Maior.

Para além disso, a garantia do ajuizamento da ação privada subsidiária da pública por outros legitimados efetiva a participação popular no controle da ordem jurídica eleitoral, que tem por fim a garantia do Estado Democrático de Direito.

Ainda quanto ao processo penal eleitoral, importa a edição da Lei nº 11.719, de 20.6.2008, que alterou o Código de Processo Penal.

Parte da doutrina[1] defende que o §4º do art. 394, CPP, com a redação determinada pela Lei nº 11.719/2008, ao estabelecer que as *disposições dos arts. 395 a 398 deste Código aplicam-se a todos os procedimentos penais de primeiro grau, ainda que não regulados neste Código*, revogou tacitamente os arts. 358 e seguintes do Código Eleitoral, que tratam sobre os procedimentos do processo penal eleitoral com relação à denúncia e aos atos procedimentais de instrução do feito penal, como as condições da ação e a absolvição sumária após a resposta do réu, conforme arts. 395, 396 e 397 da norma processual penal, sustentando que a norma geral do Código Processual Penal atingiu a norma especial do Código Eleitoral.

No entanto, acompanha-se o posicionamento de que o Código Eleitoral é norma especial, possuindo regramento específico para a apuração do ilícito eleitoral em primeiro grau de jurisdição, que não foi revogado pela lei posterior de caráter geral, segundo precedentes confirmados no RHC nº 429-94.2012.6.16.0000/PR do TSE, julgado em 19.3.2013.

Outro entendimento esposado pelo TSE no HC nº 2.990 – Rio de Janeiro, em acórdão de 26.2.2015, é de que, por ser mais benéfico ao réu, o rito do art. 400 do Código de Processo Penal, com a redação dada pela Lei nº 11.719/2008, no qual o interrogatório é ato derradeiro da instrução processual, deve preponderar nas ações penais eleitorais, inclusive em face do procedimento estatuído pela Lei nº 8.038/1990, nos julgamentos perante o STJ e STF.

Quanto ao §1º do artigo em exame, observa-se que ele afirma que os partidos políticos, na qualidade de pessoas jurídicas, bem como as coligações, a ele equiparadas, não respondem criminalmente pelas condutas aqui tipificadas, respondendo, assim, seus representantes

---

[1] ANTONELLI, Leonardo Pietro. *Código eleitoral comentado*. Rio de Janeiro: Escola Judiciária Eleitoral, 2012. p. 427.

legais, como pessoas naturais, pelas práticas delitivas, aplicando o princípio *societas delinquere non potest*, segundo o qual é inadmissível a punibilidade penal dos entes coletivos, que constitui regra geral na ordem jurídica brasileira, com exceção dos crimes contra o meio ambiente, pelos quais a pessoa jurídica pode ser responsabilizada criminalmente.

O §2º orienta a majoração das penas pecuniárias de forma dobrada no caso de reincidência, que está definida no art. 63 do Código Penal, sendo considerado reincidente aquele agente que comete novo crime após o trânsito em julgado da sentença penal condenatória proferida no Brasil ou no estrangeiro.

> Art. 91. Nenhum requerimento de inscrição eleitoral ou de transferência será recebido dentro dos cento e cinquenta dias anteriores à data da eleição.
> Parágrafo único. A retenção de título eleitoral ou do comprovante de alistamento eleitoral constitui crime, punível com detenção, de um a três meses, com a alternativa de prestação de serviços à comunidade por igual período, e multa no valor de cinco mil a dez mil UFIR.

O *caput* dessa disposição cuida do encerramento do cadastro eleitoral no prazo de cento e cinquenta dias antes da data da eleição, ou seja, há proibição expressa de emissão de títulos e de transferências dentro do período de cento e cinquenta dias da eleição. Tal é necessário para a organização do pleito pela Justiça Eleitoral, garantindo-se que a vontade popular possa se manifestar plenamente, mediante o sufrágio universal e pelo voto direto e secreto, nos termos do art. 14, *caput*, da Constituição da República, como um meio para a realização do princípio democrático.

No parágrafo único há a previsão de norma penal incriminadora de retenção de título ou de comprovante de alistamento eleitoral, cuja sanção é de detenção de um a três meses ou de prestação de serviços à comunidade por igual prazo, além de multa.

O elemento subjetivo do tipo é o dolo, sendo a liberdade eleitoral o bem jurídico ofendido com a conduta atentatória ao exercício do voto. Considerando a pena cominada para o delito, podem ser aplicados os institutos despenalizantes da Lei nº 9.099/1995, como a suspensão condicional do processo, prevista no art. 89.

Assim é que se o acusado não tiver sendo processado nem tiver sido condenado por outro crime, além de satisfazer os requisitos para suspensão da pena estipulados no art. 77 do Código Penal, o

Ministério Público Eleitoral poderá propor a suspensão do processo por dois a quatro anos. Se o acusado aceitar a proposta na presença do juiz, submeter-se-á ao período de prova, no qual deverá cumprir as condições impostas pelo §1º do art. 89, além das que forem estipuladas pelo juiz eleitoral, atendendo às peculiaridades do fato típico ofensivo à liberdade do exercício do voto e à situação pessoal do suposto agente, conforme §2º do art. 89 citado.

> Art. 91-A. No momento da votação, além da exibição do respectivo título, o eleitor deverá apresentar documento de identificação com fotografia.
> (Incluído pela Lei nº 12.034, de 2009)
> Parágrafo único. Fica vedado portar aparelho de telefonia celular, máquinas fotográficas e filmadoras, dentro da cabina de votação.
> (Incluído pela Lei nº 12.034, de 2009)

A Lei nº 12.034/2009 introduziu esta disposição na lei em comento para exigir concomitantemente a apresentação do título de eleitor e a exibição de documento de identidade com foto por ocasião do exercício do voto, proibindo também o porte de equipamentos eletrônicos dentro da cabina de votação, citando telefones celulares, máquinas fotográficas e filmadoras exemplificativamente, já que a finalidade normativa é a segurança da votação e a proteção do sigilo do voto.

Apesar de a exigência da apresentação simultânea do título de eleitor e do documento de identidade no momento da votação primar pela segurança do procedimento de identificação dos eleitores, em face da fragilidade constatada com a exibição apenas do título eleitoral, ficando o sistema vulnerável às fraudes, a Lei nº 12.034/2009 neste particular foi impugnada pela ADI nº 4.467/DF, pela qual o Supremo Tribunal Federal, invocando o princípio da razoabilidade, decidiu pela necessidade de dar interpretação conforme a Constituição Federal às normas questionadas, no sentido de que somente a falta de documento oficial de identidade com fotografia impede o exercício do direito de voto.

Por isso, atualmente, é suficiente a apresentação de documento oficial de identidade com fotografia para o eleitor exercer seu direito de votar.

> Art. 92. O Tribunal Superior Eleitoral, ao conduzir o processamento dos títulos eleitorais, determinará de ofício a revisão ou correição das Zonas Eleitorais sempre que:

I - o total de transferências de eleitores ocorridas no ano em curso seja dez por cento superior ao do ano anterior;
II - o eleitorado for superior ao dobro da população entre dez e quinze anos, somada à de idade superior a setenta anos do território daquele Município;
III - o eleitorado for superior a sessenta e cinco por cento da população projetada para aquele ano pelo Instituto Brasileiro de Geografia e Estatística – IBGE.

O dispositivo trata das atividades do Tribunal Superior Eleitoral para assegurar a legitimidade da participação popular no exercício do poder, dispondo sobre a revisão e a correição *ex officio* nas zonas eleitorais para o controle efetivo do número de eleitores aptos a participar das decisões políticas, notadamente elegendo seus representantes mediante eleições periódicas.

A interpretação majoritária assenta que os requisitos do art. 92 devem ocorrer simultaneamente para autorizar a revisão de ofício do eleitorado da zona eleitoral, conforme resoluções TSE nºs 20.472/1999, 21.490/2003, 21.538/2003, 22.021/2005, 22.586/2007, 22.972/2008 e 23.062/2009.

Exige-se, assim, a comprovação mediante dados oficiais, notadamente do Instituto Brasileiro de Geografia e Estatística – IBGE, com relação ao total da população considerando o número de eleitores cadastrados, não podendo o eleitorado ser superior à população estimada anualmente pelo IBGE (inc. III), bem como o eleitorado não poderá exceder o dobro da população com idade de dez a quinze anos somada à população maior de setenta anos (inc. II) e, ainda, há de fazer a revisão se o número total de transferências ocorridas no ano em curso seja dez por cento superior ao do ano anterior (inc. I).

Tal procedimento revisional não poderá ocorrer em ano eleitoral, salvo situações excepcionais declaradas pelo Tribunal Superior Eleitoral (§2º, art. 58, Res. nº 21.538/2003).

Ainda, é cabível a realização de revisão quando houver encaminhamento de denúncia ao Tribunal Regional Eleitoral na ocorrência de indícios de fraude no alistamento de uma zona ou município, sendo que o Tribunal Regional poderá realizar correição e, provada a fraude em proporção comprometedora, ordenará a revisão do eleitorado, comunicando ao Tribunal Superior Eleitoral a decisão, que resultará no cancelamento de ofício dos títulos que não se submeterem à revisão, nos termos do §4º do art. 71 do Código Eleitoral.

Art. 93. O Tribunal Superior Eleitoral poderá, nos anos eleitorais, requisitar das emissoras de rádio e televisão, no período de um mês antes do início da propaganda eleitoral a que se refere o art. 36 e nos três dias anteriores à data do pleito, até dez minutos diários, contínuos ou não, que poderão ser somados e usados em dias espaçados, para a divulgação de comunicados, boletins e instruções ao eleitorado. (Redação dada pela Lei nº 13.165, de 2015)

A Lei nº 13.165, editada em 29.9.2015, fez várias alterações na normatividade da Lei das Eleições, entre as quais uma se refere ao período em que o Tribunal Superior Eleitoral poderá requisitar espaço nas emissoras de rádio e televisão no ano em que ocorrerem eleições no país, para a divulgação de suas informações ao eleitorado.

O período demarcado nesse dispositivo diz respeito à requisição de até dez minutos diários, contínuos ou não, considerando um mês antes do início da propaganda eleitoral, cujo termo inicial se dá após o dia 15 de agosto, como prescreve a nova redação do art. 36 desta Lei das Eleições e nos três dias anteriores à data do pleito.

No mais, esse preceito é autoexplicativo, como ocorre também com o artigo seguinte, por ter como finalidade possibilitar a transmissão de informações de interesse público e social da Justiça Eleitoral para o eleitorado, consubstanciado no direito fundamental de ser informado, o que repercute positivamente na formação de um eleitorado consciente de sua responsabilidade na escolha dos representantes da sociedade, escolhidos pela soberania popular, cabendo ao Poder Público fazer uso dos serviços concedidos de comunicação social para divulgar os assuntos de interesse geral.

Art. 93-A. O Tribunal Superior Eleitoral, no período compreendido entre 1º de abril e 30 de julho dos anos eleitorais, promoverá, em até cinco minutos diários, contínuos ou não, requisitados às emissoras de rádio e televisão, propaganda institucional, em rádio e televisão, destinada a incentivar a participação feminina na política, bem como a esclarecer os cidadãos sobre as regras e o funcionamento do sistema eleitoral brasileiro. (Redação dada pela Lei nº 13.165, de 2015)

Aqui o espaço que poderá ser requisitado pelo Tribunal Superior Eleitoral aos meios de comunicação de rádio e televisão é de até cinco minutos diários, contínuos ou não, no período entre 1º de abril e 30 de julho dos anos em que ocorrerem eleições, com a finalidade específica de incentivar a participação das mulheres na política, considerando que a representação feminina ainda é muito parcimoniosa, bem como para esclarecer a população sobre as regras e o funcionamento do nosso sistema eleitoral.

> *Art. 94. Os feitos eleitorais, no período entre o registro das candidaturas até cinco dias após a realização do segundo turno das eleições, terão prioridade para a participação do Ministério Público e dos Juízes de todas as Justiças e instâncias, ressalvados os processos de habeas corpus e mandado de segurança.*
>
> *§1º É defeso às autoridades mencionadas neste artigo deixar de cumprir qualquer prazo desta Lei, em razão do exercício das funções regulares.*
>
> *§2º O descumprimento do disposto neste artigo constitui crime de responsabilidade e será objeto de anotação funcional para efeito de promoção na carreira.*
>
> *§3º Além das polícias judiciárias, os órgãos da receita federal, estadual e municipal, os tribunais e órgãos de contas auxiliarão a Justiça Eleitoral na apuração dos delitos eleitorais, com prioridade sobre suas atribuições regulares.*
>
> *§4º Os advogados dos candidatos ou dos partidos e coligações serão notificados para os feitos de que trata esta Lei com antecedência mínima de vinte e quatro horas, ainda que por fax, telex ou telegrama.*
>
> §5º Nos Tribunais Eleitorais, os advogados dos candidatos ou dos partidos e coligações serão intimados para os feitos que não versem sobre a cassação do registro ou do diploma de que trata esta Lei por meio da publicação de edital eletrônico publicado na página do respectivo Tribunal na internet, iniciando-se a contagem do prazo no dia seguinte ao da divulgação. (Incluído pela Lei nº 13.165, de 2015)

Em primeiro plano, o *caput* do dispositivo estabelece a prioridade funcional para os membros do Ministério Público e do Poder Judiciário atuarem nos feitos eleitorais no período compreendido entre o registro de candidatos até cinco dias após o segundo turno das eleições, excepcionando apenas os processos de *habeas corpus* e de mandado de segurança, que continuam a ter prioridade de tramitação e julgamento.

Segundo o art. 11 da lei em comento, com a redação dada pela Lei nº 13.165/2015, os partidos e coligações dispõem até às 19 horas do dia 15 de agosto do ano em que se realizarem as eleições para solicitarem o registro de seus candidatos, marco referencial para a prioridade da atividade funcional nos processos eleitorais sobre a atividade do cargo efetivo das autoridades mencionadas na disposição ora examinada, que guarda referência com os arts. 23, IV e 30, III, do Código Eleitoral, que tratam do afastamento dos juízes membros dos Tribunais Regionais Eleitorais e juízes eleitorais do exercício dos respectivos cargos efetivos para atuarem prioritariamente nos feitos da jurisdição eleitoral.

A jurisprudência do Tribunal Superior Eleitoral (res. TSE nºs 21.919/2004 e 21.842/2004) e do Tribunal Regional Eleitoral do Pará (res. TRE/PA nºs 5.081/2012 e 5.118/2012) tem firmado o entendimento para o exato cumprimento do art. 94 da Lei das Eleições, no sentido de que seja observado o limite temporal estabelecido legalmente para o afastamento do exercício do cargo efetivo dos magistrados de todas as instâncias a serviço da Justiça Eleitoral, a fim de se dedicarem com prioridade ditada legalmente aos processos eleitorais, admitindo tal afastamento a partir de 1º de julho até cinco dias após as eleições.

Compreende-se que esse afastamento se faz necessário pela exiguidade dos prazos e a celeridade inerentes ao processo eleitoral, sendo certo que o §1º do presente artigo proíbe o descumprimento dos prazos estipulados na lei em exame, sob pena de responsabilidade e anotação dos registros funcionais da autoridade inadimplente, a teor do descrito no §2º acima transcrito.

Sabe-se que as polícias judiciárias, tanto federais quanto estaduais, quando for o caso, têm por ofício investigar também os delitos eleitorais. Nesse sentido o §3º do art. 94 determina que, além desses policiais, os órgãos da Receita Federal, Estadual e Municipal, os Tribunais e órgãos de conta auxiliarão a Justiça Eleitoral na apuração das infrações criminais eleitorais, determinando que todos priorizem tais atividades sobre as atribuições regulares de seus respectivos cargos.

No tocante à advocacia, o §4º do ora comentado art. 94 estabelece que os advogados de candidatos, partidos e coligações que funcionam nos feitos eleitorais tratados nesta lei devem ser notificados para qualquer ato com antecedência mínima de 24 horas. Diz a norma que tais notificações podem ser feitas por fax, telex ou telegrama. Compreende-se também que outros meios de comunicação que vão surgindo e são largamente utilizados, como telefone, mensagens por *e-mail* ou WhatsApp que se valem da internet, podem também ser empregados desde que cumpram a finalidade normativa de notificação do advogado.

Especificamente, a Lei nº 13.165/2015 introduziu o §5º acima reproduzido para possibilitar que os Tribunais Eleitorais procedam à intimação dos advogados de candidatos, partidos e coligações por meio da publicação de edital eletrônico divulgado nas respectivas páginas na internet, exceto nos processos de cassação de registro ou de diploma, quando a intimação deve observar a regra do parágrafo anterior.

Art. 94-A. Os órgãos e entidades da Administração Pública direta e indireta poderão, quando solicitados, em casos específicos e de forma motivada, pelos Tribunais Eleitorais: (Incluído pela Lei nº 11.300, de 2006)
I - fornecer informações na área de sua competência; (Incluído pela Lei nº 11.300, de 2006)
II - ceder funcionários no período de 3 (três) meses antes a 3 (três) meses depois de cada eleição. (Incluído pela Lei nº 11.300, de 2006)

A importância do processo eleitoral para consolidação da democracia no país inspira o legislador a elaborar leis visando ao seu constante aprimoramento. A Lei nº 11.300, de 10.5.2006, tem esse intento, sendo que ao introduzir o art. 94-A na Lei das Eleições permite aos Tribunais Eleitorais requisitar aos órgãos e entidades da Administração Pública direta e indireta, como secretarias, fundações, autarquias, empresas públicas e outros que tais, em casos específicos e motivadamente, informações a respeito de matéria de competência e atribuição desses órgãos, bem como com vistas à cessão de servidores no período compreendido de 3 meses antes a 3 meses após a eleição, ou seja, 90 dias antes, até 90 dias depois de cada eleição.

Art. 94-B. (VETADO) (Incluído pela Lei nº 11.300, de 2006)
Art. 95. Ao Juiz Eleitoral que seja parte em ações judiciais que envolvam determinado candidato é defeso exercer suas funções em processo eleitoral no qual o mesmo candidato seja interessado.

As regras gerais sobre impedimento e suspeição de magistrados estão conformadas nos arts. 144 e 145 do Código de Processo Civil[2]

---

[2] "Art. 144. Há impedimento do juiz, sendo-lhe vedado exercer suas funções no processo:
I - em que interveio como mandatário da parte, oficiou como perito, funcionou como membro do Ministério Público ou prestou depoimento como testemunha;
II - de que conheceu em outro grau de jurisdição, tendo proferido decisão;
III - quando nele estiver postulando, como defensor público, advogado ou membro do Ministério Público, seu cônjuge ou companheiro, ou qualquer parente, consanguíneo ou afim, em linha reta ou colateral, até o terceiro grau, inclusive;
IV - quando for parte no processo ele próprio, seu cônjuge ou parente, consanguíneo ou afim, em linha reta ou colateral, até o terceiro grau, inclusive;
V - quando for sócio ou membro de direção ou de administração de pessoa jurídica parte no processo:
VI - quando for herdeiro presuntivo, donatário ou empregador de qualquer das partes;
VII - em que figure como parte instituição de ensino com o qual tenha relação de emprego ou decorrente de contrato de prestação de serviços;

(Lei nº 13.105/2015), respectivamente, pelo que se infere que o art. 95 da Lei nº 9.504/1997 traz regra própria para os feitos eleitorais, sendo causa de impedimento da atuação do julgador nos processos eleitorais envolvendo candidato que contenda com ele em qualquer ação judicial.

A orientação do Tribunal Regional Eleitoral do Pará é no sentido da aplicação simultânea do regramento específico da Lei nº 9.504/1997 e da normatividade da legislação processual, a teor do Acórdão nº 26.035, de 16.5.2013 (precedentes TSE Acórdão nº 2.876/2001).

Note-se que é defeso se criar o impedimento do julgador ao manejar ação judicial para clandestinamente afastar o juiz dos feitos eleitorais em que determinado candidato seja interessado, invocando-se aqui analogicamente o que dispõe o §2º do art. 145 do Código de Processo Civil.

Deve ser registrado também que o artigo em exame diz expressamente em "ações judiciais", logo, compreende-se que procedimento de natureza administrativa não tem o condão de por si só afastar o juiz eleitoral. No acórdão no Agravo Regimental no Recurso Especial Eleitoral nº 25.287, o Tribunal Superior Eleitoral confirma que não sendo o conflito de natureza jurisdicional não há incidência do art. 95 da Lei nº 9.504/1997.

VIII - em que figure como parte cliente do escritório de advocacia de seu cônjuge, companheiro ou parente, consanguíneo ou afim, em linha reta ou colateral, até o terceiro grau, inclusive, mesmo que patrocinado por advogado de outro escritório;
IX - quando promover ação contra a parte ou seu advogado.
§1º Na hipótese do inciso III, o impedimento só se verifica quando o defensor público, o advogado ou o membro do Ministério Público já integrava o processo antes do início da atividade judicante do juiz.
§2º É vedada a criação de fato superveniente a fim de caracterizar impedimento do juiz.
§3º O impedimento previsto no inciso III também se verifica no caso de mandato conferido a membro de escritório de advocacia que tenha em seus quadros advogado que individualmente ostente a condição nele prevista, mesmo que não intervenha diretamente no processo.
Art. 145. Há suspeição do juiz:
I - amigo íntimo ou inimigo de qualquer das parte ou de seus advogados;
II - que receber presentes de pessoas que tiverem interesse na causa antes ou depois de iniciado o processo, que aconselhar alguma das partes acerca do objeto da causa ou que subministrar meios para atender às despesas do litígio;
III - quando qualquer das partes for sua credora ou devedora, de seu cônjuge ou companheiro ou de parentes destes, em linha reta até o terceiro grau, inclusive;
IV - interessado no julgamento do processo em favor de qualquer das partes.
§1º Poderá o juiz declarar-se suspeito por motivo de foro íntimo, sem necessidade de declarar suas razões.
§2º Será ilegítima a alegação de suspeição quando:
I - houver sido provocada por quem a alega;
II - a parte que a alega houver praticado ato que signifique manifesta aceitação do arguido".

Art. 96. Salvo disposições específicas em contrário desta Lei, as reclamações ou representações relativas ao seu descumprimento podem ser feitas por qualquer partido político, coligação ou candidato, e devem dirigir-se:
I - aos Juízes Eleitorais, nas eleições municipais;
II - aos Tribunais Regionais Eleitorais, nas eleições federais, estaduais e distritais;
III - ao Tribunal Superior Eleitoral, na eleição presidencial.
§1º As reclamações e representações devem relatar fatos, indicando provas, indícios e circunstâncias.
§2º Nas eleições municipais, quando a circunscrição abranger mais de uma Zona Eleitoral, o Tribunal Regional designará um Juiz para apreciar as reclamações ou representações.
§3º Os Tribunais Eleitorais designarão três juízes auxiliares para a apreciação das reclamações ou representações que lhes forem dirigidas.
§4º Os recursos contra as decisões dos juízes auxiliares serão julgados pelo Plenário do Tribunal.
§5º Recebida a reclamação ou representação, a Justiça Eleitoral notificará imediatamente o reclamado ou representado para, querendo, apresentar defesa em quarenta e oito horas.
§6º (Revogado pela Lei nº 9.840, de 28.9.99)
§7º Transcorrido o prazo previsto no §5º, apresentada ou não a defesa, o órgão competente da Justiça Eleitoral decidirá e fará publicar a decisão em vinte e quatro horas.
§8º Quando cabível recurso contra a decisão, este deverá ser apresentado no prazo de vinte e quatro horas da publicação da decisão em cartório ou sessão, assegurado ao recorrido o oferecimento de contrarrazões, em igual prazo, a contar da sua notificação.
§9º Os Tribunais julgarão o recurso no prazo de quarenta e oito horas.
§10. Não sendo o feito julgado nos prazos fixados, o pedido pode ser dirigido ao órgão superior, devendo a decisão ocorrer de acordo com o rito definido neste artigo.
§11. As sanções aplicadas a candidato em razão do descumprimento de disposições desta Lei não se estendem ao respectivo partido, mesmo na hipótese de esse ter se beneficiado da conduta, salvo quando comprovada a sua participação. (Incluído pela Lei nº 13.165, de 2015)

O art. 96 da Lei nº 9.504/1997 trata do procedimento para apuração por seu descumprimento mediante o manejo de reclamações ou representações, que têm por finalidade investigar e punir violação verificada no devido processo legal eleitoral.

O *caput* do art. 96 inicia excepcionando alguns casos que refogem ao procedimento por ele disciplinado, para se submeterem ao rito do art. 22 da Lei Complementar nº 64/1990, por força da alteração feita pela

Lei nº 12.034/2009. São as seguintes representações: a) art. 30, referente à captação e gastos ilícitos de recursos de campanha; b) art. 42-A, pertinente à captação ilícita de sufrágio; c) art. 73, que diz respeito a condutas vedadas aos agentes públicos; d) art. 81, concernente à doação por pessoa jurídica além do limite legal.

Assim, as demais representações seguem o rito estabelecido neste art. 96, destacando-se aqui a representação por propaganda eleitoral antecipada ou irregular e a representação por propaganda eleitoral irregular no rádio ou na televisão.

À vista das disposições em comento, observa-se que a legitimidade ativa para manejo de representações e reclamações recai nos partidos políticos, coligações ou candidatos. É o que prevê a segunda parte do *caput* do art. 96.

Quanto à legitimidade passiva, a normatividade da Lei das Eleições aponta para qualquer candidato, partido, coligação, agente público, pessoa física ou pessoa jurídica, que ofenda a ordem jurídica eleitoral.

A regra geral sobre a competência jurisdicional está contida nos incs. I, II e III do art. 96, estabelecendo que nas eleições municipais as representações devam ser dirigidas aos juízes eleitorais; nas eleições federais, estaduais e distritais aos Tribunais Regionais Eleitorais; nas eleições presidenciais ao Tribunal Superior Eleitoral.

Os §§2º e 3º veiculam regras especiais sobre competência ao dispor que nas eleições municipais, quando o município possuir mais de uma zona eleitoral, o Tribunal Regional Eleitoral designará um juiz para apreciar as reclamações e representações, sendo que nas demais eleições os Tribunais Eleitorais designarão três juízes auxiliares para a apreciação das reclamações e representações que lhes foram dirigidas.

O procedimento exige que a petição inicial das reclamações e representações contenha o relato dos fatos, indicando desde logo provas, indícios e circunstâncias. Recebida a peça, a Justiça Eleitoral mandará notificar imediatamente o reclamado ou representado para, querendo, ofertar defesa em quarenta e oito horas, sendo que, apresentada ou não a resposta no prazo estipulado, os autos devem seguir ao Ministério Público Eleitoral, este se manifestará na qualidade de *custos legis* no prazo de vinte e quatro horas. Expedida ou não a manifestação do órgão ministerial, o feito será decidido pela Justiça Eleitoral, que publicará o provimento, tudo no prazo de vinte e quatro horas. É o que se extrai do regramento estatuído nos §§1º, 5º e 7º do art. 96 em exame.

Depreende-se que a celeridade é prestigiada no presente rito, que exige provas pré-constituídas sobre os fatos ilícitos alegados, assim como a defesa deve ser instruída com o arcabouço documental suficiente para demonstração da tese levantada como resposta, resguardando-se, de qualquer modo, a dilação probatória com produção de prova oral diante do caso concreto, se assim entender o julgador como necessário para formar seu convencimento, tudo em respeito ao princípio do devido processo legal, abrangente do contraditório e da amplitude de defesa.

Quanto aos recursos, o prazo para interposição é de vinte e quatro horas da publicação da decisão em cartório ou sessão, assegurando-se ao recorrido igual prazo de vinte e quatro horas para contrarrazões a contar de sua notificação, a teor do §8º do art. 96. Essa é a regra geral.

Ademais, o §4º acima transcrito diz que, das decisões dos juízes auxiliares sobre as reclamações e representações mencionadas no §3º, cabe recurso ao Pleno do Tribunal.

Em todo caso, à vista do §9º, os Tribunais têm quarenta e oito horas para o julgamento dos recursos, estatuindo o §10 que se não houver julgamento nos prazos previstos nesta lei, o pedido pode ser encaminhado ao órgão jurisdicional superior, que observará o rito definido no presente artigo.

O §11, acrescentado pela Lei nº 13.165/2015 às disposições do art. 96 da Lei das Eleições, contempla o princípio da individualização da sanção por violação aos ditames desta lei ao prescrever que as sanções aplicadas a candidato não devem se estender ao respectivo partido político, ressalvando a hipótese de coparticipação deste na infração perpetrada.

> Art. 96-A. Durante o período eleitoral, as intimações via fac-símile encaminhadas pela Justiça Eleitoral a candidato deverão ser exclusivamente realizadas na linha telefônica por ele previamente cadastrada, por ocasião do preenchimento do requerimento de registro de candidatura. (Incluído pela Lei nº 12.034, de 2009)
> Parágrafo único. O prazo de cumprimento da determinação prevista no caput é de quarenta e oito horas, a contar do recebimento do fac-símile. (Incluído pela Lei nº 12.034, de 2009)

O princípio da celeridade processual reveste este dispositivo ao tratar das intimações por meio mais rápido para atingir a finalidade de cientificar o candidato envolvido no processo eleitoral, considerando-se válido o ato intimatório exclusivamente quando feito por fac-símile enviado ao número informado pelo candidato por ocasião do registro de candidatura, passando a fluir daí o prazo de quarenta e oito horas consignado no parágrafo único da presente disposição, devendo ser juntado aos autos o comprovante da transmissão e o recebimento da mensagem, cujo comprovante é expedido pelo próprio equipamento, que, aliás, atualmente é pouco utilizado considerando o uso massificado do correio eletrônico pela internet. A escorreita interpretação do dispositivo orienta que os meios de comunicação indicados no cadastramento podem ser utilizados para os fins de intimação da Justiça Eleitoral.

> Art. 96-B. Serão reunidas para julgamento comum as ações eleitorais propostas por partes diversas sobre o mesmo fato, sendo competente para apreciá-las o juiz ou relator que tiver recebido a primeira. (Incluído pela Lei nº 13.165, de 2015)
>
> §1º O ajuizamento de ação eleitoral por candidato ou partido político não impede ação do Ministério Público no mesmo sentido. (Incluído pela Lei nº 13.165, de 2015)
>
> §2º Se proposta ação sobre o mesmo fato apreciado em outra cuja decisão ainda não transitou em julgado, será ela apensada ao processo anterior na instância em que ele se encontrar, figurando a parte como litisconsorte no feito principal. (Incluído pela Lei nº 13.165, de 2015)
>
> §3º Se proposta ação sobre o mesmo fato apreciado em outra cuja decisão já tenha transitado em julgado, não será ela conhecida pelo juiz, ressalvada a apresentação de outras ou novas provas. (Incluído pela Lei nº 13.165, de 2015)

O *caput* do art. 96-B trata da conexão entre as ações para que sejam julgadas pelo juízo prevento, qual seja aquele que despachou em primeiro lugar. Aplica-se aqui subsidiariamente o regramento dos arts. 54 e 55 do Código de Processo Civil, tudo com o fito de afastar o risco de prolação de decisões conflitantes ou contraditórias.

Tal procedimento vale para a ação que pode ser proposta pelo Ministério Público versando sobre fato já articulado em ação ajuizada por candidato ou partido político. É a interpretação do §1º do artigo em comento.

Nesses casos de reunião de processos, os §§2º e 3º distinguem quando as ações ainda não transitaram em julgado e quando já não transitaram em julgado. Na primeira hipótese, os autos da ação mais recente são apensados aos autos da ação principal já decidida na instância em que encontrar, funcionando a parte como litisconsorte da demanda principal. Na segunda hipótese, havendo a coisa julgada, o feito não deve ser conhecido pelo julgador, pois, em razão da segurança jurídica, a coisa julgada material consiste na autoridade que torna imutável e indiscutível a decisão de mérito não mais sujeita a recurso.

> *Art. 97. Poderá o candidato, partido ou coligação representar ao Tribunal Regional Eleitoral contra o Juiz Eleitoral que descumprir as disposições desta Lei ou der causa ao seu descumprimento, inclusive quanto aos prazos processuais; neste caso, ouvido o representado em vinte e quatro horas, o Tribunal ordenará a observância do procedimento que explicitar, sob pena de incorrer o Juiz em desobediência.*
>
> §1º É obrigatório, para os membros dos Tribunais Eleitorais e do Ministério Público, fiscalizar o cumprimento desta Lei pelos juízes e promotores eleitorais das instâncias inferiores, determinando, quando for o caso, a abertura de procedimento disciplinar para apuração de eventuais irregularidades que verificarem. (Incluído pela Lei nº 12.034, de 2009)
>
> §2º No caso de descumprimento das disposições desta Lei por Tribunal Regional Eleitoral, a representação poderá ser feita ao Tribunal Superior Eleitoral, observado o disposto neste artigo. (Renumerado do parágrafo único pela Lei nº 12.034, de 2009)

No art. 97 a Lei nº 9.504/1997 trata da responsabilidade das autoridades judiciárias e dos promotores eleitorais sobre os deveres funcionais por ela disciplinados.

O *caput* do dispositivo faculta a candidato, partido ou coligação manejar representação perante o Tribunal Regional Eleitoral contra o juiz eleitoral apontado como responsável pelo descumprimento legal. Entende-se que o regimento interno do Tribunal Regional pode regulamentar procedimentos sobre essa representação, a exemplo de sua apresentação ao órgão correcional respectivo.

Entretanto, é obrigatória a observância da oitiva do representado no prazo de vinte e quatro horas, quando então a Corte Regional decidirá sobre o procedimento a ser aplicado, o que vinculará o juiz, sob pena de incidir em desobediência.

Se a inobservância dos ditames desta lei advir de Tribunal Regional Eleitoral, o §2º diz que a representação deverá ser dirigida ao Tribunal Superior Eleitoral, observado o mesmo procedimento previsto neste artigo.

A preocupação do legislador com o cumprimento da lei é de tal ordem que estabelece expressamente no §1º obrigação aos membros dos Tribunais Regionais Eleitorais e do Ministério Público de fiscalizar os juízes e promotores eleitorais, podendo determinar a abertura de procedimento disciplinar para apuração de eventuais irregularidades. Compreende-se que essa determinação seja feita fundamentadamente em respeito ao princípio da legalidade e transparência das decisões integrantes do devido processo legal.

> Art. 97-A. Nos termos do inciso LXXVIII do art. 5º da Constituição Federal, considera-se duração razoável do processo que possa resultar em perda de mandato eletivo o período máximo de 1 (um) ano, contado da sua apresentação à Justiça Eleitoral. (Incluído pela Lei nº 12.034, de 2009)
> §1º A duração do processo de que trata o caput abrange a tramitação em todas as instâncias da Justiça Eleitoral. (Incluído pela Lei nº 12.034, de 2009)
> §2º Vencido o prazo de que trata o caput, será aplicável o disposto no art. 97, sem prejuízo de representação ao Conselho Nacional de Justiça. (Incluído pela Lei nº 12.034, de 2009)

Sabe-se que a Emenda Constitucional nº 45, de 30.11.2004, introduziu no sistema constitucional brasileiro a garantia da duração razoável do processo, consagrada no inc. LXXVIII do art. 5º.[3]

Nesse art. 97-A da Lei das Eleições, o legislador ordinário densifica o conteúdo jurídico do princípio constitucional, positivando o sentido da duração razoável do processo eleitoral que possa resultar em perda de mandato eletivo, estabelecendo o prazo máximo de um ano para a completa tramitação do feito, considerando a data de seu ajuizamento até o julgamento em última instância.

Prescreve o §2º que a inobservância do prazo máximo de um ano para a completa tramitação processual consiste em descumprimento à lei eleitoral e como tal implica a apuração da responsabilidade das autoridades envolvidas, como dispõe o art. 97, além de o interessado poder apresentar representação perante o Conselho Nacional de Justiça em razão do excesso injustificado do prazo.

Diz-se excesso injustificado do prazo de um ano aqui estabelecido, considerando que pode ocorrer a extrapolação desse prazo em razão das peculiaridades do caso concreto, cabendo consignar nos autos as justificativas pertinentes, para que a celeridade almejada não conflita com o devido processo legal vinculado ao Estado Democrático de Direito, proclamado pela Constituição Federal de 1988.

---

[3] Art. 5º, LXXVIII: "a todos, no âmbito judicial e administrativo, são assegurados a razoável duração do processo e os meios que garantam a celeridade de sua tramitação".

Art. 98. Os eleitores nomeados para compor as Mesas Receptoras ou Juntas Eleitorais e os requisitados para auxiliar seus trabalhos serão dispensados do serviço, mediante declaração expedida pela Justiça Eleitoral, sem prejuízo do salário, vencimento ou qualquer outra vantagem, pelo dobro dos dias de convocação.

O Código Eleitoral prevê a nomeação de eleitores para trabalharem nas mesas receptoras ou juntas eleitorais. Esse serviço é obrigatório e gratuito, estando afirmado no art. 365 que o serviço eleitoral tem prioridade sobre qualquer outro e, por ser obrigatório para todos, não pode interromper o interstício de promoção dos servidores que forem requisitados pela Justiça Eleitoral.

Os componentes das mesas receptoras são nomeados pelo juiz eleitoral, nos termos do art. 120 do Código Eleitoral, observando-se os impedimentos constantes do art. 120, §1º, I a IV, aliás, o rol ali estatuído é meramente exemplificativo, pois outras situações impeditivas devem ser consideradas por ocasião da designação de mesários, como exemplo, pessoas que não estão no gozo de direitos políticos, aquelas que não sejam eleitores obrigatórios etc.

Já os componentes das juntas eleitorais são nomeados pelo Tribunal Regional, na forma disposta no art. 36 e parágrafos do Código Eleitoral, observando-se as causas de impedimento elencadas exemplificativamente no §3º, valendo as considerações feitas acima quanto à existência de outras hipóteses de impedimento para atuação de mesários e membros de Junta Eleitoral.

Por seu turno, a Lei nº 6.999/1982 dispõe sobre a requisição do servidor público pela Justiça Eleitoral para auxiliá-la.

Vê-se, assim, que o art. 98 integra essa plêiade normativa concedendo aos eleitores, funcionários públicos ou não, que tiverem prestado serviço à Justiça Eleitoral, dispensa do trabalho efetivo pelo dobro dos dias de convocação, sem prejuízo do recebimento do salário, vencimento ou qualquer outra vantagem mediante a apresentação à repartição pública ou ao empregador de declaração expedida pela autoridade judiciária eleitoral.

Art. 99. As emissoras de rádio e televisão terão direito a compensação fiscal pela cedência do horário gratuito previsto nesta Lei.
§1º O direito à compensação fiscal das emissoras de rádio e televisão previsto no parágrafo único do art. 52 da Lei nº 9.096, de 19 de setembro de 1995, e neste artigo, pela cedência do horário gratuito destinado à divulgação das propagandas partidárias e eleitoral, estende-se à

veiculação de propaganda gratuita de plebiscitos e referendos de que dispõe o art. 8º da Lei nº 9.709, de 18 de novembro de 1998, mantido também, a esse efeito, o entendimento de que: (Incluído pela Lei nº 12.034, de 2009)

I - (VETADO); (Incluído pela Lei nº 12.034, de 2009)

II - a compensação fiscal consiste na apuração do valor correspondente a 0,8 (oito décimos) do resultado da multiplicação de 100% (cem por cento) ou de 25% (vinte e cinco por cento) do tempo, respectivamente, das inserções e das transmissões em bloco, pelo preço do espaço comercializável comprovadamente vigente, assim considerado aquele divulgado pelas emissoras de rádio e televisão por intermédio de tabela pública de preços de veiculação de publicidade, atendidas as disposições regulamentares e as condições de que trata o §2º-A; (Redação dada pela Lei nº 12.350, de 2010)

III - o valor apurado na forma do inciso II poderá ser deduzido do lucro líquido para efeito de determinação do lucro real, na apuração do Imposto sobre a Renda da Pessoa Jurídica (IRPJ), inclusive da base de cálculo dos recolhimentos mensais previstos na legislação fiscal (art. 2º da Lei nº 9.430, de 27 de dezembro de 1996), bem como da base de cálculo do lucro presumido. (Incluído pela Lei nº 12.350, de 2010)

§2º (VETADO) (Incluído pela Lei nº 12.034, de 2009)

§2º-A. A aplicação das tabelas públicas de preços de veiculação de publicidade, para fins de compensação fiscal, deverá atender ao seguinte: (Incluído pela Lei nº 12.350, de 2010)

I - deverá ser apurada mensalmente a variação percentual entre a soma dos preços efetivamente praticados, assim considerados os valores devidos às emissoras de rádio e televisão pelas veiculações comerciais locais, e o correspondente a 0,8 (oito décimos) da soma dos respectivos preços constantes da tabela pública de veiculação de publicidade; (Incluído pela Lei nº 12.350, de 2010)

II - a variação percentual apurada no inciso I deverá ser deduzida dos preços constantes da tabela pública a que se refere o inciso II do §1º. (Incluído pela Lei nº 12.350, de 2010)

§3º No caso de microempresas e empresas de pequeno porte optantes pelo Regime Especial Unificado de Arrecadação de Tributos e Contribuições (Simples Nacional), o valor integral da compensação fiscal apurado na forma do inciso II do §1º será deduzido da base de cálculo de imposto e contribuições federais devidos pela emissora, seguindo os critérios definidos pelo Comitê Gestor do Simples Nacional (CGSN). (Redação dada pela Lei nº 12.350, de 2010)

O art. 98 trata da compensação fiscal em benefício das emissoras de rádio e televisão pela propaganda eleitoral gratuita. Na verdade, a gratuidade se destina a beneficiar os partidos políticos e seus candidatos, que deixam de pagar diretamente às emissoras pelo espaço em suas mídias ocupado para divulgação das propagandas partidárias e eleitorais, estendendo-se às propagandas sobre plebiscitos e referendos.

A compensação fiscal é uma forma de retribuição pela União dos serviços prestados pelas emissoras de rádio e televisão, a bem do interesse público no conhecimento e difusão das propostas partidárias e de seus candidatos, importante na formação da cidadania voltada para escolha de representantes da sociedade, sociedade esta formada por diversos grupos com interesses distintos na ambiência da democracia representativa.

Assim é que o dispositivo em comento prevê o ressarcimento em virtude do uso do horário destinado à propaganda eleitoral gratuita, observado os critérios estabelecidos nos seus incisos e parágrafos. Esse ressarcimento fiscal está regulamentado no Decreto nº 2.814, de 22.10.1998.

Note-se que o §3º, introduzido pela Lei nº 12.034/2009, resolveu a situação das microempresas e empresas de pequeno porte optantes do Simples Nacional, já que o regime anterior era incompatível com sua apuração em razão de não haver levantamento do lucro real ou presumido para fins de tributação, recaindo a alíquota diretamente sobre a receita bruta da empresa. Agora, há a possibilidade de dedução do valor a ser compensado de forma direta da base de cálculo, de acordo com os critérios definidos pelo Comitê Gestor do Simples Nacional.

> Art. 100. A contratação de pessoal para prestação de serviços nas campanhas eleitorais não gera vínculo empregatício com o candidato ou partido contratantes, aplicando-se à pessoa física contratada o disposto na alínea h do inciso V do art. 12 da Lei nº 8.212, de 24 de julho de 1991. (Redação dada pela Lei nº 13.165, de 2015)
> Parágrafo único. Não se aplica aos partidos políticos, para fins da contratação de que trata o *caput*, o disposto no parágrafo único do art. 15 da Lei nº 8.212, de 24 de julho de 1991. (Incluído pela Lei nº 13.165, de 2015)

A disposição em comento garante aos candidatos e partidos que a contratação de pessoal para prestação de serviços durante as campanhas eleitorais não engendre vínculo empregatício, ou seja, não tem natureza jurídica de emprego regida pela Consolidação das Leis do Trabalho. Trata-se de trabalho eventual e temporário, que tem natureza de prestação de serviço contratual, regido pelo direito civil.

Tanto assim é que a Lei nº 13.165/2015 acrescentou expressamente que a pessoa física contratada deve ser considerada contribuinte individual que exerce, por conta própria, atividade econômica de natureza urbana, para fins de seguridade social, ao se reportar à alínea *h*, do inc. V, do art. 12, da Lei nº 8.212/1991 (Lei da Seguridade Social). Assim como afasta a qualidade de empresa aos partidos políticos, ao dizer que perante estes não podem ser invocadas as disposições do parágrafo único do art. 15 da citada Lei da Seguridade Social.

> Art. 100-A. A contratação direta ou terceirizada de pessoal para prestação de serviços referentes a atividades de militância e mobilização de rua nas campanhas eleitorais observará os seguintes limites, impostos a cada candidato: (Incluído pela Lei nº 12.891, de 2013)
> I - em Municípios com até 30.000 (trinta mil) eleitores, não excederá a 1% (um por cento) do eleitorado; (Incluído pela Lei nº 12.891, de 2013)
> II - nos demais Municípios e no Distrito Federal, corresponderá ao número máximo apurado no inciso I, acrescido de 1 (uma) contratação para cada 1.000 (mil) eleitores que exceder o número de 30.000 (trinta mil). (Incluído pela Lei nº 12.891, de 2013)
> §1º As contratações observarão ainda os seguintes limites nas candidaturas aos cargos a: (Incluído pela Lei nº 12.891, de 2013)
> I - Presidente da República e Senador: em cada Estado, o número estabelecido para o Município com o maior número de eleitores; (Incluído pela Lei nº 12.891, de 2013)
> II - Governador de Estado e do Distrito Federal: no Estado, o dobro do limite estabelecido para o Município com o maior número de eleitores, e, no Distrito Federal, o dobro do número alcançado no inciso II do *caput*; (Incluído pela Lei nº 12.891, de 2013)
> III - Deputado Federal: na circunscrição, 70% (setenta por cento) do limite estabelecido para o Município com o maior número de eleitores, e, no Distrito Federal, esse mesmo percentual aplicado sobre o limite calculado na forma do inciso II do *caput*, considerado o eleitorado da maior região administrativa; (Incluído pela Lei nº 12.891, de 2013)
> IV - Deputado Estadual ou Distrital: na circunscrição, 50% (cinquenta por cento) do limite estabelecido para Deputados Federais; (Incluído pela Lei nº 12.891, de 2013)
> V - Prefeito: nos limites previstos nos incisos I e II do *caput*; (Incluído pela Lei nº 12.891, de 2013)
> VI - Vereador: 50% (cinquenta por cento) dos limites previstos nos incisos I e II do *caput*, até o máximo de 80% (oitenta por cento) do limite estabelecido para Deputados Estaduais. (Incluído pela Lei nº 12.891, de 2013)
> §2º Nos cálculos previstos nos incisos I e II do *caput* e no §1º, a fração será desprezada, se inferior a 0,5 (meio), e igualada a 1 (um), se igual ou superior. (Incluído pela Lei nº 12.891, de 2013)
> §3º A contratação de pessoal por candidatos a Vice-Presidente, Vice-Governador, Suplente de Senador e Vice-Prefeito é, para todos os efeitos,

contabilizada como contratação pelo titular, e a contratação por partidos fica vinculada aos limites impostos aos seus candidatos. (Incluído pela Lei nº 12.891, de 2013)

§4º (Revogado pela Lei nº 13.165, de 2015)

§5º O descumprimento dos limites previstos nesta Lei sujeitará o candidato às penas previstas no art. 299 da Lei nº 4.737, de 15 de julho de 1965. (Incluído pela Lei nº 12.891, de 2013)

§6º São excluídos dos limites fixados por esta Lei a militância não remunerada, pessoal contratado para apoio administrativo e operacional, fiscais e delegados credenciados para trabalhar nas eleições e os advogados dos candidatos ou dos partidos e coligações. (Incluído pela Lei nº 12.891, de 2013)

O art. 100-A cuida, então, de definir limites quantitativos para a contratação remunerada de pessoal para trabalhar na militância política. O critério empregado é quantitativo do eleitorado por município conjugado com o cargo eletivo, nos moldes preconizados nos incisos do artigo e seus §§1º, 2º e 3º.

O §5º prescreve que a inobservância desses limites impostos sujeitará o candidato às sanções do crime de corrupção eleitoral, previstas no art. 299 do Código Eleitoral.[4]

O §6º ressalva que tais regras não se aplicam, por evidência, à militância não remunerada e tampouco ao pessoal administrativo e operacional, fiscais, delegados, bem como advogados partidários e de candidatos.

Art. 101. (VETADO)
Art. 102. O parágrafo único do art. 145 da Lei nº 4.737, de 15 de julho de 1965 – Código Eleitoral passa a vigorar acrescido do seguinte inciso IX:
"Art. 145..
Parágrafo único..
IX - os policiais militares em serviço".

A partir desse dispositivo, a Lei nº 9.504/1997 passa a tratar do plano de sua validade e vigência, declarando expressamente as normas que sofrem alteração a partir de sua edição.

---

[4] "Art. 299. Dar, oferecer, prometer, solicitar ou receber, para si ou para outrem, dinheiro, dádiva, ou qualquer outra vantagem, para obter ou dar voto e para conseguir ou prometer abstenção, ainda que a oferta não seja aceita:
Pena - reclusão até quatro anos e pagamento de cinco a quinze dias-multa".

Assim, no parágrafo único do art. 145 do Código Eleitoral é acrescido o inc. IX, para permitir que também os policiais militares em serviço possam votar fora da seção em que são alistados, compondo o grupo de agentes públicos e cidadãos que têm essa prerrogativa em razão do cargo ou função.

> Art. 103. O art. 19, caput, da Lei nº 9.096, de 19 de setembro de 1995 – Lei dos Partidos, passa a vigorar com a seguinte redação:
> "Art. 19. Na segunda semana dos meses de abril e outubro de cada ano, o partido, por seus órgãos de direção municipais, regionais ou nacional, deverá remeter, aos juízes eleitorais, para arquivamento, publicação e cumprimento dos prazos de filiação partidária para efeito de candidatura a cargos eletivos, a relação dos nomes de todos os seus filiados, da qual constará a data de filiação, o número dos títulos eleitorais e das seções em que estão inscritos".

O art. 103 dá nova redação ao *caput* do art. 19 da Lei nº 9.096/1995 – Lei dos Partidos Políticos, para alterar a data da remessa pelos partidos políticos da relação de seus filiados, que antes era enviada na primeira semana dos meses de maio e dezembro, e agora deve ser encaminhada na segunda semana dos meses de abril e outubro de cada ano, pelos órgãos de direção municipais, regionais ou nacional, com a finalidade de que tal relação seja arquivada e publicada, podendo a partir daí ser observado o cumprimento dos prazos de filiação partidária para efeito de candidatura a cargos eletivos, já que cada candidato deve estar vinculado a apenas um partido político, sendo vedada a duplicidade ou multiplicidade de filiação partidária.

A Justiça Eleitoral disponibiliza programa via internet para que os partidos possam interagir de forma *on-line* com o Sistema de Filiação Partidária, chamado Filiaweb.

> Art. 104. O art. 44 da Lei nº 9.096, de 19 de setembro de 1995, passa a vigorar acrescido do seguinte §3º:
> "Art. 44..
> §3º Os recursos de que trata este artigo não estão sujeitos ao regime da Lei nº 8.666, de 21 de junho de 1993".

O art. 104 acrescenta o §3º do art. 44 da Lei dos Partidos Políticos para dizer que os recursos do fundo partidário não se submetem aos ditames da Lei nº 8.666/1993 – Lei de Licitações.

Lembre-se de que o fundo partidário é um fundo especial de assistência financeira aos partidos políticos, constituído pela arrecadação de multas eleitorais, recursos financeiros legais, doações espontâneas privadas e dotações orçamentárias públicas, conforme inteligência do art. 38 da Lei dos Partidos.[5]

Isso significa dizer que a contratação de produtos e serviços custeada pelos recursos oriundos do fundo partidário não se submetem às exigências de controle prévio para sua aquisição e gastos, como determina a Lei nº 8.666/1993.

> Art. 105. Até o dia 5 de março do ano da eleição, o Tribunal Superior Eleitoral, atendendo ao caráter regulamentar e sem restringir direitos ou estabelecer sanções distintas das previstas nesta Lei, poderá expedir todas as instruções necessárias para sua fiel execução, ouvidos, previamente, em audiência pública, os delegados ou representantes dos partidos políticos. (Redação dada pela Lei nº 12.034, de 2009)
>
> §1º O Tribunal Superior Eleitoral publicará o código orçamentário para o recolhimento das multas eleitorais ao Fundo Partidário, mediante documento de arrecadação correspondente.
>
> §2º Havendo substituição da UFIR por outro índice oficial, o Tribunal Superior Eleitoral procederá à alteração dos valores estabelecidos nesta Lei pelo novo índice.
>
> §3º Serão aplicáveis ao pleito eleitoral imediatamente seguinte apenas as resoluções publicadas até a data referida no caput. (Incluído pela Lei nº 12.034, de 2009)

O art. 105 ratifica a competência deliberativa e regulamentar do Tribunal Superior Eleitoral já declarada no art. 23, IX, do Código Eleitoral, outorgando-lhe poderes para expedir resoluções e instruções até o dia 5 de março do ano de eleição, visando ao cumprimento da presente norma, sendo que tais atos são obrigatórios e vinculantes para os demais órgãos da Justiça Eleitoral. A matéria especificada no

---

[5] "Art. 38. O Fundo Especial de Assistência Financeira aos Partidos Políticos (Fundo Partidário) é constituído por:
I - multas e penalidades pecuniárias aplicadas nos termos do Código Eleitoral e leis conexas;
II - recursos financeiros que lhe forem destinados por lei, em caráter permanente ou eventual;
III - doações de pessoa física ou jurídica, efetuadas por intermédio de depósitos bancários diretamente na conta do Fundo Partidário;
IV - dotações orçamentárias da União em valor nunca inferior, cada ano, ao número de eleitores inscritos em 31 de dezembro do ano anterior ao da proposta orçamentária, multiplicados por trinta e cinco centavos de real, em valores de agosto de 1995".

caput deste artigo é complementada no seu §3º ao dizer que somente as resoluções expedidas até o dia 5 de maio serão aplicáveis à eleição imediatamente seguinte.

O §1º determina ao Tribunal Superior Eleitoral que faça publicar o código orçamentário para recolhimento das multas eleitorais ao fundo partidário, mediante documento de arrecadação respectivo, já que necessário se faz identificar a receita gerada por esse fundo para fins orçamentários.

O §2º confere ao Tribunal Superior Eleitoral estabelecer as alterações dos valores estatuídos em UFIR na presente lei por outro índice oficial que a substitua. A UFIR foi extinta pelo §3º do art. 29 da Medida Provisória nº 2.095-76, cujos valores foram convertidos para reais.

> Art. 105-A. Em matéria eleitoral, não são aplicáveis os procedimentos previstos na Lei nº 7.347, de 24 de julho de 1985. (Incluído pela Lei nº 12.034, de 2009)

A Lei nº 12.034/2009 acrescentou o art. 105-A na Lei das Eleições para impedir expressamente o manejo da ação civil pública em matéria eleitoral, ou seja, toda matéria eleitoral, disciplinada ou não pelo diploma legal ora comentado, está fora do âmbito de incidência dos institutos da ação coletiva disciplinada na Lei nº 7.347/1995.

> Art. 106. Esta Lei entra em vigor na data de sua publicação.

O art. 106 excepciona a regra geral do art. 1º do Decreto-Lei nº 4.657/1942 – atual Lei de Introdução às Normas do Direito Brasileiro, expressão dada pela Lei nº 12.376/2010 à até então denominada Lei de Introdução ao Código Civil, que diz que, salvo disposição em contrário, a lei começa a vigorar em todo o país quarenta e cinco dias depois de oficialmente publicada.

Assim é que a Lei nº 9.504/1997 está em vigor desde a data de sua publicação no *Diário Oficial da União*, ocorrida em 1º.10.1997.

> Art. 107. *Revogam-se os arts. 92, 246, 247, 250, 322, 328, 329, 333 e o parágrafo único do art. 106 da Lei nº 4.737, de julho de 1965 – Código Eleitoral; o §4º do art. 39 da Lei nº 9.096, de 19 de setembro de 1995; e o §2º do art. 50 e o §1º do art. 64 da Lei nº 9.100, de 29 de setembro de 1995; e o §2º do art. 7º do Decreto-Lei nº 201, de 27 de fevereiro de 1967.*

Brasília, 30 de setembro de 1997; 176º da Independência e 109º da República.

MARCO ANTONIO DE OLIVEIRA MACIEL

Iris Rezende

Por derradeiro, o último dispositivo legal cuida das revogações expressas decorrentes de sua edição, sem prejuízo da revogação tácita decorrente de incompatibilidade de outras normas com os preceitos desta lei ou por dispor de maneira diversa sobre determinado instituto jurídico. São os artigos expressamente acima citados do Código Eleitoral, da Lei dos Partidos Políticos, da Lei das Eleições Municipais de 1996 e do Decreto-Lei nº 201/67 que tratam da responsabilidade dos prefeitos e vereadores.

Referências

ANTONELLI, Leonardo Pietro. *Código eleitoral comentado*. Rio de Janeiro: Escola Judiciária Eleitoral, 2012.

CÂNDIDO, Joel José. *Direito eleitoral brasileiro*. São Paulo: Edipro, 2012.

Informação bibliográfica deste texto, conforme a NBR 6023:2002 da Associação Brasileira de Normas Técnicas (ABNT):

SANTOS, Luzia do Socorro Silva dos. Disposições finais (artigos 90 ao 107). *In*: PINHEIRO, Célia Regina de Lima; SALES, José Edvaldo Pereira; FREITAS, Juliana Rodrigues (Coords.). *Comentários à lei das eleições*: Lei nº 9.504/1997, de acordo com a Lei nº 13.165/2015. Belo Horizonte: Fórum, 2016. p. 299-323. ISBN 978-85-450-0148-5.

LEI Nº 9.504, DE 30 DE SETEMBRO DE 1997

Estabelece normas para as eleições

O VICE PRESIDENTE DA REPÚBLICA no exercício do cargo de PRESIDENTE DA REPÚBLICA Faço saber que o Congresso Nacional decreta e eu sanciono a seguinte Lei:

Disposições Gerais

Art. 1º As eleições para Presidente e Vice-Presidente da República, Governador e Vice-Governador de Estado e do Distrito Federal, Prefeito e Vice-Prefeito, Senador, Deputado Federal, Deputado Estadual, Deputado Distrital e Vereador dar-se-ão, em todo o País, no primeiro domingo de outubro do ano respectivo.
Parágrafo único. Serão realizadas simultaneamente as eleições:
I - para Presidente e Vice-Presidente da República, Governador e Vice-Governador de Estado e do Distrito Federal, Senador, Deputado Federal, Deputado Estadual e Deputado Distrital;
II - para Prefeito, Vice-Prefeito e Vereador.

Art. 2º Será considerado eleito o candidato a Presidente ou a Governador que obtiver a maioria absoluta de votos, não computados os em branco e os nulos.
§1º Se nenhum candidato alcançar maioria absoluta na primeira votação, far-se-á nova eleição no último domingo de outubro, concorrendo os dois candidatos mais votados, e considerando-se eleito o que obtiver a maioria dos votos válidos.
§2º Se, antes de realizado o segundo turno, ocorrer morte, desistência ou impedimento legal de candidato, convocar-se-á, dentre os remanescentes, o de maior votação.
§3º Se, na hipótese dos parágrafos anteriores, remanescer em segundo lugar mais de um candidato com a mesma votação, qualificar-se-á o mais idoso.
§4º A eleição do Presidente importará a do candidato a Vice-Presidente com ele registrado, o mesmo se aplicando à eleição de Governador.

Art. 3º Será considerado eleito Prefeito o candidato que obtiver a maioria dos votos, não computados os em branco e os nulos.
§1º A eleição do Prefeito importará a do candidato a Vice-Prefeito com ele registrado.
§2º Nos Municípios com mais de duzentos mil eleitores, aplicar-se-ão as regras estabelecidas nos §§1º a 3º do artigo anterior.

Art. 4º Poderá participar das eleições o partido que, até um ano antes do pleito, tenha registrado seu estatuto no Tribunal Superior Eleitoral, conforme o disposto em lei, e tenha, até a data da convenção, órgão de direção constituído na circunscrição, de acordo com o respectivo estatuto.
Art. 5º Nas eleições proporcionais, contam-se como válidos apenas os votos dados a candidatos regularmente inscritos e às legendas partidárias.

Das Coligações

Art. 6º É facultado aos partidos políticos, dentro da mesma circunscrição, celebrar coligações para eleição majoritária, proporcional, ou para ambas, podendo, neste último caso, formar-se mais de uma coligação para a eleição proporcional dentre os partidos que integram a coligação para o pleito majoritário.

§1º A coligação terá denominação própria, que poderá ser a junção de todas as siglas dos partidos que a integram, sendo a ela atribuídas as prerrogativas e obrigações de partido político no que se refere ao processo eleitoral, e devendo funcionar como um só partido no relacionamento com a Justiça Eleitoral e no trato dos interesses interpartidários.

§1º-A. A denominação da coligação não poderá coincidir, incluir ou fazer referência a nome ou número de candidato, nem conter pedido de voto para partido político. (*Incluído pela Lei nº 12.034, de 2009*)

§2º Na propaganda para eleição majoritária, a coligação usará, obrigatoriamente, sob sua denominação, as legendas de todos os partidos que a integram; na propaganda para eleição proporcional, cada partido usará apenas sua legenda sob o nome da coligação.

§3º Na formação de coligações, devem ser observadas, ainda, as seguintes normas:
I - na chapa da coligação, podem inscrever-se candidatos filiados a qualquer partido político dela integrante;
II - o pedido de registro dos candidatos deve ser subscrito pelos presidentes dos partidos coligados, por seus delegados, pela maioria dos membros dos respectivos órgãos executivos de direção ou por representante da coligação, na forma do inciso III;
III - os partidos integrantes da coligação devem designar um representante, que terá atribuições equivalentes às de presidente de partido político, no trato dos interesses e na representação da coligação, no que se refere ao processo eleitoral;
IV - a coligação será representada perante a Justiça Eleitoral pela pessoa designada na forma do inciso III ou por delegados indicados pelos partidos que a compõem, podendo nomear até:
a) três delegados perante o Juízo Eleitoral;
b) quatro delegados perante o Tribunal Regional Eleitoral;
c) cinco delegados perante o Tribunal Superior Eleitoral.

§4º O partido político coligado somente possui legitimidade para atuar de forma isolada no processo eleitoral quando questionar a validade da própria coligação, durante o período compreendido entre a data da convenção e o termo final do prazo para a impugnação do registro de candidatos. (*Incluído pela Lei nº 12.034, de 2009*)

§5º A responsabilidade pelo pagamento de multas decorrentes de propaganda eleitoral é solidária entre os candidatos e os respectivos partidos, não alcançando outros partidos mesmo quando integrantes de uma mesma coligação. (*Incluído pela Lei nº 12.891, de 2013*)

Das Convenções para a Escolha de Candidatos

Art. 7º As normas para a escolha e substituição dos candidatos e para a formação de coligações serão estabelecidas no estatuto do partido, observadas as disposições desta Lei.

§1º Em caso de omissão do estatuto, caberá ao órgão de direção nacional do partido estabelecer as normas a que se refere este artigo, publicando-as no Diário Oficial da União até cento e oitenta dias antes das eleições.

§2º Se a convenção partidária de nível inferior se opuser, na deliberação sobre coligações, às diretrizes legitimamente estabelecidas pelo órgão de direção nacional, nos termos do respectivo estatuto, poderá esse órgão anular a deliberação e os atos dela decorrentes. (*Redação dada pela Lei nº 12.034, de 2009*)

§3º As anulações de deliberações dos atos decorrentes de convenção partidária, na condição acima estabelecida, deverão ser comunicadas à Justiça Eleitoral no prazo de 30 (trinta) dias após a data limite para o registro de candidatos. (*Redação dada pela Lei nº 12.034, de 2009*)

§4º Se, da anulação, decorrer a necessidade de escolha de novos candidatos, o pedido de registro deverá ser apresentado à Justiça Eleitoral nos 10 (dez) dias seguintes à deliberação, observado o disposto no art. 13. (*Incluído pela Lei nº 12.034, de 2009*)

Art. 8º A escolha dos candidatos pelos partidos e a deliberação sobre coligações deverão ser feitas no período de 20 de julho a 5 de agosto do ano em que se realizarem as eleições, lavrando-se a respectiva ata em livro aberto, rubricado pela Justiça Eleitoral, publicada em vinte e quatro horas em qualquer meio de comunicação. (*Redação dada pela Lei nº 13.165, de 2015*)

§1º Aos detentores de mandato de Deputado Federal, Estadual ou Distrital, ou de Vereador, e aos que tenham exercido esses cargos em qualquer período da legislatura que estiver em curso, é assegurado o registro de candidatura para o mesmo cargo pelo partido a que estejam filiados. (*Vide ADIN - 2.530-9*)

§2º Para a realização das convenções de escolha de candidatos, os partidos políticos poderão usar gratuitamente prédios públicos, responsabilizando-se por danos causados com a realização do evento.

Art. 9º Para concorrer às eleições, o candidato deverá possuir domicílio eleitoral na respectiva circunscrição pelo prazo de, pelo menos, um ano antes do pleito, e estar com a filiação deferida pelo partido no mínimo seis meses antes da data da eleição. (*Redação dada pela Lei nº 13.165, de 2015*)

Parágrafo único. Havendo fusão ou incorporação de partidos após o prazo estipulado no caput, será considerada, para efeito de filiação partidária, a data de filiação do candidato ao partido de origem.

Do Registro de Candidatos

Art. 10. Cada partido ou coligação poderá registrar candidatos para a Câmara dos Deputados, a Câmara Legislativa, as Assembleias Legislativas e as Câmaras Municipais no total de até 150% (cento e cinquenta por cento) do número de lugares a preencher, salvo: (*Redação dada pela Lei nº 13.165, de 2015*)

I - nas unidades da Federação em que o número de lugares a preencher para a Câmara dos Deputados não exceder a doze, nas quais cada partido ou coligação poderá registrar candidatos a Deputado Federal e a Deputado Estadual ou Distrital no total de até 200% (duzentos por cento) das respectivas vagas; (*Incluído pela Lei nº 13.165, de 2015*)

II - nos Municípios de até cem mil eleitores, nos quais cada coligação poderá registrar candidatos no total de até 200% (duzentos por cento) do número de lugares a preencher. (*Incluído pela Lei nº 13.165, de 2015*)

§1º (Revogado). (*Redação dada pela Lei nº 13.165, de 2015*)

§2º (Revogado). (*Redação dada pela Lei nº 13.165, de 2015*)

§3º Do número de vagas resultante das regras previstas neste artigo, cada partido ou coligação preencherá o mínimo de 30% (trinta por cento) e o máximo de 70% (setenta por cento) para candidaturas de cada sexo. (*Redação dada pela Lei nº 12.034, de 2009*)

§4º Em todos os cálculos, será sempre desprezada a fração, se inferior a meio, e igualada a um, se igual ou superior.

§5º No caso de as convenções para a escolha de candidatos não indicarem o número máximo de candidatos previsto no caput, os órgãos de direção dos partidos respectivos poderão preencher as vagas remanescentes até trinta dias antes do pleito. (*Redação dada pela Lei nº 13.165, de 2015*)

Art. 11. Os partidos e coligações solicitarão à Justiça Eleitoral o registro de seus candidatos até as dezenove horas do dia 15 de agosto do ano em que se realizarem as eleições. (*Redação dada pela Lei nº 13.165, de 2015*)

§1º O pedido de registro deve ser instruído com os seguintes documentos:
I - cópia da ata a que se refere o art. 8º;
II - autorização do candidato, por escrito;
III - prova de filiação partidária;
IV - declaração de bens, assinada pelo candidato;
V - cópia do título eleitoral ou certidão, fornecida pelo cartório eleitoral, de que o candidato é eleitor na circunscrição ou requereu sua inscrição ou transferência de domicílio no prazo previsto no art. 9º;
VI - certidão de quitação eleitoral;
VII - certidões criminais fornecidas pelos órgãos de distribuição da Justiça Eleitoral, Federal e Estadual;
VIII - fotografia do candidato, nas dimensões estabelecidas em instrução da Justiça Eleitoral, para efeito do disposto no §1º do art. 59.
IX - propostas defendidas pelo candidato a Prefeito, a Governador de Estado e a Presidente da República. (*Incluído pela Lei nº 12.034, de 2009*)
§2º A idade mínima constitucionalmente estabelecida como condição de elegibilidade é verificada tendo por referência a data da posse, salvo quando fixada em dezoito anos, hipótese em que será aferida na data-limite para o pedido de registro. (*Redação dada pela Lei nº 13.165, de 2015*)
§3º Caso entenda necessário, o Juiz abrirá prazo de setenta e duas horas para diligências.
§4º Na hipótese de o partido ou coligação não requerer o registro de seus candidatos, estes poderão fazê-lo perante a Justiça Eleitoral, observado o prazo máximo de quarenta e oito horas seguintes à publicação da lista dos candidatos pela Justiça Eleitoral.(*Redação dada pela Lei nº 12.034, de 2009*)
§5º Até a data a que se refere este artigo, os Tribunais e Conselhos de Contas deverão tornar disponíveis à Justiça Eleitoral relação dos que tiveram suas contas relativas ao exercício de cargos ou funções públicas rejeitadas por irregularidade insanável e por decisão irrecorrível do órgão competente, ressalvados os casos em que a questão estiver sendo submetida à apreciação do Poder Judiciário, ou que haja sentença judicial favorável ao interessado.
§6º A Justiça Eleitoral possibilitará aos interessados acesso aos documentos apresentados para os fins do disposto no §1º. (*Incluído pela Lei nº 12.034, de 2009*)
§7º A certidão de quitação eleitoral abrangerá exclusivamente a plenitude do gozo dos direitos políticos, o regular exercício do voto, o atendimento a convocações da Justiça Eleitoral para auxiliar os trabalhos relativos ao pleito, a inexistência de multas aplicadas, em caráter definitivo, pela Justiça Eleitoral e não remitidas, e a apresentação de contas de campanha eleitoral. (*Incluído pela Lei nº 12.034, de 2009*)
§8º Para fins de expedição da certidão de que trata o §7º, considerar-se-ão quites aqueles que: (*Incluído pela Lei nº 12.034, de 2009*)
I - condenados ao pagamento de multa, tenham, até a data da formalização do seu pedido de registro de candidatura, comprovado o pagamento ou o parcelamento da dívida regularmente cumprido; (*Incluído pela Lei nº 12.034, de 2009*)
II - pagarem a multa que lhes couber individualmente, excluindo-se qualquer modalidade de responsabilidade solidária, mesmo quando imposta concomitantemente com outros candidatos e em razão do mesmo fato. (*Incluído pela Lei nº 12.034, de 2009*)
III - o parcelamento das multas eleitorais é direito do cidadão, seja ele eleitor ou candidato, e dos partidos políticos, podendo ser parceladas em até 60 (sessenta) meses, desde que não ultrapasse o limite de 10% (dez por cento) de sua renda. (*Incluído pela Lei nº 12.891, de 2013*)
§9º A Justiça Eleitoral enviará aos partidos políticos, na respectiva circunscrição, até o dia 5 de junho do ano da eleição, a relação de todos os devedores de multa eleitoral, a qual embasará a expedição das certidões de quitação eleitoral. (*Incluído pela Lei nº 12.034, de 2009*)

§10. As condições de elegibilidade e as causas de inelegibilidade devem ser aferidas no momento da formalização do pedido de registro da candidatura, ressalvadas as alterações, fáticas ou jurídicas, supervenientes ao registro que afastem a inelegibilidade.
§11. A Justiça Eleitoral observará, no parcelamento a que se refere o §8º deste artigo, as regras de parcelamento previstas na legislação tributária federal. (*Incluído pela Lei nº 12.034, de 2009*)
§12. (VETADO) (*Incluído pela Lei nº 12.034, de 2009*)
§13. Fica dispensada a apresentação pelo partido, coligação ou candidato de documentos produzidos a partir de informações detidas pela Justiça Eleitoral, entre eles os indicados nos incisos III, V e VI do §1º deste artigo. (*Incluído pela Lei nº 12.891, de 2013*)

Art. 12. O candidato às eleições proporcionais indicará, no pedido de registro, além de seu nome completo, as variações nominais com que deseja ser registrado, até o máximo de três opções, que poderão ser o prenome, sobrenome, cognome, nome abreviado, apelido ou nome pelo qual é mais conhecido, desde que não se estabeleça dúvida quanto à sua identidade, não atente contra o pudor e não seja ridículo ou irreverente, mencionando em que ordem de preferência deseja registrar-se.
§1º Verificada a ocorrência de homonímia, a Justiça Eleitoral procederá atendendo ao seguinte:
I - havendo dúvida, poderá exigir do candidato prova de que é conhecido por dada opção de nome, indicada no pedido de registro;
II - ao candidato que, na data máxima prevista para o registro, esteja exercendo mandato eletivo ou o tenha exercido nos últimos quatro anos, ou que nesse mesmo prazo se tenha candidatado com um dos nomes que indicou, será deferido o seu uso no registro, ficando outros candidatos impedidos de fazer propaganda com esse mesmo nome;
III - ao candidato que, pela sua vida política, social ou profissional, seja identificado por um dado nome que tenha indicado, será deferido o registro com esse nome, observado o disposto na parte final do inciso anterior;
IV - tratando-se de candidatos cuja homonímia não se resolva pelas regras dos dois incisos anteriores, a Justiça Eleitoral deverá notificá-los para que, em dois dias, cheguem a acordo sobre os respectivos nomes a serem usados;
V - não havendo acordo no caso do inciso anterior, a Justiça Eleitoral registrará cada candidato com o nome e sobrenome constantes do pedido de registro, observada a ordem de preferência ali definida.
§2º A Justiça Eleitoral poderá exigir do candidato prova de que é conhecido por determinada opção de nome por ele indicado, quando seu uso puder confundir o eleitor.
§3º A Justiça Eleitoral indeferirá todo pedido de variação de nome coincidente com nome de candidato a eleição majoritária, salvo para candidato que esteja exercendo mandato eletivo ou o tenha exercido nos últimos quatro anos, ou que, nesse mesmo prazo, tenha concorrido em eleição com o nome coincidente.
§4º Ao decidir sobre os pedidos de registro, a Justiça Eleitoral publicará as variações de nome deferidas aos candidatos.
§5º A Justiça Eleitoral organizará e publicará, até trinta dias antes da eleição, as seguintes relações, para uso na votação e apuração:
I - a primeira, ordenada por partidos, com a lista dos respectivos candidatos em ordem numérica, com as três variações de nome correspondentes a cada um, na ordem escolhida pelo candidato;
II - a segunda, com o índice onomástico e organizada em ordem alfabética, nela constando o nome completo de cada candidato e cada variação de nome, também em ordem alfabética, seguidos da respectiva legenda e número.

Art. 13. É facultado ao partido ou coligação substituir candidato que for considerado inelegível, renunciar ou falecer após o termo final do prazo do registro ou, ainda, tiver seu registro indeferido ou cancelado.

§1º A escolha do substituto far-se-á na forma estabelecida no estatuto do partido a que pertencer o substituído, e o registro deverá ser requerido até 10 (dez) dias contados do fato ou da notificação do partido da decisão judicial que deu origem à substituição. (*Redação dada pela Lei nº 12.034, de 2009*)
§2º Nas eleições majoritárias, se o candidato for de coligação, a substituição deverá fazer-se por decisão da maioria absoluta dos órgãos executivos de direção dos partidos coligados, podendo o substituto ser filiado a qualquer partido dela integrante, desde que o partido ao qual pertencia o substituído renuncie ao direito de preferência.
§3º Tanto nas eleições majoritárias como nas proporcionais, a substituição só se efetivará se o novo pedido for apresentado até 20 (vinte) dias antes do pleito, exceto em caso de falecimento de candidato, quando a substituição poderá ser efetivada após esse prazo. (*Redação dada pela Lei nº 12.891, de 2013*)

Art. 14. Estão sujeitos ao cancelamento do registro os candidatos que, até a data da eleição, forem expulsos do partido, em processo no qual seja assegurada ampla defesa e sejam observadas as normas estatutárias.
Parágrafo único. O cancelamento do registro do candidato será decretado pela Justiça Eleitoral, após solicitação do partido.

Art. 15. A identificação numérica dos candidatos se dará mediante a observação dos seguintes critérios:
I - os candidatos aos cargos majoritários concorrerão com o número identificador do partido ao qual estiverem filiados;
II - os candidatos à Câmara dos Deputados concorrerão com o número do partido ao qual estiverem filiados, acrescido de dois algarismos à direita;
III - os candidatos às Assembléias Legislativas e à Câmara Distrital concorrerão com o número do partido ao qual estiverem filiados acrescido de três algarismos à direita;
IV - o Tribunal Superior Eleitoral baixará resolução sobre a numeração dos candidatos concorrentes às eleições municipais.
§1º Aos partidos fica assegurado o direito de manter os números atribuídos à sua legenda na eleição anterior, e aos candidatos, nesta hipótese, o direito de manter os números que lhes foram atribuídos na eleição anterior para o mesmo cargo.
§2º Aos candidatos a que se refere o §1º do art. 8º, é permitido requerer novo número ao órgão de direção de seu partido, independentemente do sorteio a que se refere o §2º do art. 100 da Lei nº 4.737, de 15 de julho de 1965 - Código Eleitoral.
§3º Os candidatos de coligações, nas eleições majoritárias, serão registrados com o número de legenda do respectivo partido e, nas eleições proporcionais, com o número de legenda do respectivo partido acrescido do número que lhes couber, observado o disposto no parágrafo anterior.

Art. 16. Até vinte dias antes da data das eleições, os Tribunais Regionais Eleitorais enviarão ao Tribunal Superior Eleitoral, para fins de centralização e divulgação de dados, a relação dos candidatos às eleições majoritárias e proporcionais, da qual constará obrigatoriamente a referência ao sexo e ao cargo a que concorrem. (*Redação dada pela Lei nº 13.165, de 2015*)
§1º Até a data prevista no caput, todos os pedidos de registro de candidatos, inclusive os impugnados e os respectivos recursos, devem estar julgados pelas instâncias ordinárias, e publicadas as decisões a eles relativas. (*Redação dada pela Lei nº 13.165, de 2015*)
§2º Os processos de registro de candidaturas terão prioridade sobre quaisquer outros, devendo a Justiça Eleitoral adotar as providências necessárias para o cumprimento do prazo previsto no §1º, inclusive com a realização de sessões extraordinárias e a convocação dos juízes suplentes pelos Tribunais, sem prejuízo da eventual aplicação do disposto no art. 97 e de representação ao Conselho Nacional de Justiça. (*Incluído pela Lei nº 12.034, de 2009*)

Art. 16-A. O candidato cujo registro esteja sub judice poderá efetuar todos os atos relativos à campanha eleitoral, inclusive utilizar o horário eleitoral gratuito no rádio e na televisão e ter seu nome mantido na urna eletrônica enquanto estiver sob essa condição, ficando a validade dos votos a ele atribuídos condicionada ao deferimento de seu registro por instância superior. *(Incluído pela Lei nº 12.034, de 2009)*

Parágrafo único. O cômputo, para o respectivo partido ou coligação, dos votos atribuídos ao candidato cujo registro esteja sub judice no dia da eleição fica condicionado ao deferimento do registro do candidato. *(Incluído pela Lei nº 12.034, de 2009)*

Art. 16-B. O disposto no art. 16-A quanto ao direito de participar da campanha eleitoral, inclusive utilizar o horário eleitoral gratuito, aplica-se igualmente ao candidato cujo pedido de registro tenha sido protocolado no prazo legal e ainda não tenha sido apreciado pela Justiça Eleitoral. *(Incluído pela Lei nº 12.891, de 2013)*

Da Arrecadação e da Aplicação de Recursos nas Campanhas Eleitorais

Art. 17. As despesas da campanha eleitoral serão realizadas sob a responsabilidade dos partidos, ou de seus candidatos, e financiadas na forma desta Lei.

Art. 17-A. (Revogado pela Lei nº 13.165, de 2015)

Art. 18. Os limites de gastos de campanha, em cada eleição, são os definidos pelo Tribunal Superior Eleitoral com base nos parâmetros definidos em lei. *(Redação dada pela Lei nº 13.165, de 2015)*

§1º (Revogado). *(Redação dada pela Lei nº 13.165, de 2015)*
§2º (Revogado). *(Redação dada pela Lei nº 13.165, de 2015)*

Art. 18-A. Serão contabilizadas nos limites de gastos de cada campanha as despesas efetuadas pelos candidatos e as efetuadas pelos partidos que puderem ser individualizadas. *(Incluído pela Lei nº 13.165, de 2015)*

Art. 18-B. O descumprimento dos limites de gastos fixados para cada campanha acarretará o pagamento de multa em valor equivalente a 100% (cem por cento) da quantia que ultrapassar o limite estabelecido, sem prejuízo da apuração da ocorrência de abuso do poder econômico. *(Incluído pela Lei nº 13.165, de 2015)*

Art. 19. (Revogado pela Lei nº 13.165, de 2015)

Art. 20. O candidato a cargo eletivo fará, diretamente ou por intermédio de pessoa por ele designada, a administração financeira de sua campanha usando recursos repassados pelo partido, inclusive os relativos à cota do Fundo Partidário, recursos próprios ou doações de pessoas físicas, na forma estabelecida nesta Lei. *(Redação dada pela Lei nº 13.165, de 2015)*

Art. 21. O candidato é solidariamente responsável com a pessoa indicada na forma do art. 20 desta Lei pela veracidade das informações financeiras e contábeis de sua campanha, devendo ambos assinar a respectiva prestação de contas. *(Redação dada pela Lei nº 11.300, de 2006)*

Art. 22. É obrigatório para o partido e para os candidatos abrir conta bancária específica para registrar todo o movimento financeiro da campanha.

§1º Os bancos são obrigados a: *(Redação dada pela Lei nº 12.891, de 2013)*

I - acatar, em até três dias, o pedido de abertura de conta de qualquer candidato escolhido em convenção, sendo-lhes vedado condicioná-la a depósito mínimo e à cobrança de taxas ou de outras despesas de manutenção; *(Redação dada pela Lei nº 13.165, de 2015)*

II - identificar, nos extratos bancários das contas correntes a que se refere o caput, o CPF ou o CNPJ do doador. (Incluído pela Lei nº 12.891, de 2013)
III - encerrar a conta bancária no final do ano da eleição, transferindo a totalidade do saldo existente para a conta bancária do órgão de direção indicado pelo partido, na forma prevista no art. 31, e informar o fato à Justiça Eleitoral. (Incluído pela Lei nº 13.165, de 2015)
§2º O disposto neste artigo não se aplica aos casos de candidatura para Prefeito e Vereador em Municípios onde não haja agência bancária ou posto de atendimento bancário. (Redação dada pela Lei nº 13.165, de 2015)
§3º O uso de recursos financeiros para pagamentos de gastos eleitorais que não provenham da conta específica de que trata o caput deste artigo implicará a desaprovação da prestação de contas do partido ou candidato; comprovado abuso de poder econômico, será cancelado o registro da candidatura ou cassado o diploma, se já houver sido outorgado. (Incluído pela Lei nº 11.300, de 2006)
§4º Rejeitadas as contas, a Justiça Eleitoral remeterá cópia de todo o processo ao Ministério Público Eleitoral para os fins previstos no art. 22 da Lei Complementar nº 64, de 18 de maio de 1990. (Incluído pela Lei nº 11.300, de 2006)

Art. 22-A. Os candidatos estão obrigados à inscrição no Cadastro Nacional da Pessoa Jurídica - CNPJ. (Redação dada pela Lei nº 13.165, de 2015)
§1º Após o recebimento do pedido de registro da candidatura, a Justiça Eleitoral deverá fornecer em até 3 (três) dias úteis, o número de registro de CNPJ. (Incluído pela Lei nº 12.034, de 2009)
§2º Cumprido o disposto no §1º deste artigo e no §1º do art. 22, ficam os candidatos autorizados a promover a arrecadação de recursos financeiros e a realizar as despesas necessárias à campanha eleitoral. (Redação dada pela Lei nº 13.165, de 2015)

Art. 23. Pessoas físicas poderão fazer doações em dinheiro ou estimáveis em dinheiro para campanhas eleitorais, obedecido o disposto nesta Lei. (Redação dada pela Lei nº 12.034, de 2009)
§1º As doações e contribuições de que trata este artigo ficam limitadas a 10% (dez por cento) dos rendimentos brutos auferidos pelo doador no ano anterior à eleição. (Redação dada pela Lei nº 13.165, de 2015)
I - (revogado); (Redação dada pela Lei nº 13.165, de 2015)
II - (revogado). (Redação dada pela Lei nº 13.165, de 2015)
§1º-A O candidato poderá usar recursos próprios em sua campanha até o limite de gastos estabelecido nesta Lei para o cargo ao qual concorre. (Incluído pela Lei nº 13.165, de 2015)
§2º As doações estimáveis em dinheiro a candidato específico, comitê ou partido deverão ser feitas mediante recibo, assinado pelo doador, exceto na hipótese prevista no §6º do art. 28. (Redação dada pela Lei nº 12.891, de 2013)
§3º A doação de quantia acima dos limites fixados neste artigo sujeita o infrator ao pagamento de multa no valor de cinco a dez vezes a quantia em excesso.
§4º As doações de recursos financeiros somente poderão ser efetuadas na conta mencionada no art. 22 desta Lei por meio de: (Redação dada pela Lei nº 11.300, de 2006)
I - cheques cruzados e nominais ou transferência eletrônica de depósitos; (Incluído pela Lei nº 11.300, de 2006)
II - depósitos em espécie devidamente identificados até o limite fixado no inciso I do §1º deste artigo. (Incluído pela Lei nº 11.300, de 2006)
III - mecanismo disponível em sítio do candidato, partido ou coligação na internet, permitindo inclusive o uso de cartão de crédito, e que deverá atender aos seguintes requisitos: (Incluído pela Lei nº 12.034, de 2009)
a) identificação do doador; (Incluído pela Lei nº 12.034, de 2009)
b) emissão obrigatória de recibo eleitoral para cada doação realizada. (Incluído pela Lei nº 12.034, de 2009)

§5º Ficam vedadas quaisquer doações em dinheiro, bem como de troféus, prêmios, ajudas de qualquer espécie feitas por candidato, entre o registro e a eleição, a pessoas físicas ou jurídicas. *(Incluído pela Lei nº 11.300, de 2006)*
§6º Na hipótese de doações realizadas por meio da internet, as fraudes ou erros cometidos pelo doador sem conhecimento dos candidatos, partidos ou coligações não ensejarão a responsabilidade destes nem a rejeição de suas contas eleitorais. *(Incluído pela Lei nº 12.034, de 2009)*
§7º O limite previsto no §1º não se aplica a doações estimáveis em dinheiro relativas à utilização de bens móveis ou imóveis de propriedade do doador, desde que o valor estimado não ultrapasse R$ 80.000,00 (oitenta mil reais). *(Redação dada pela Lei nº 13.165, de 2015)*

Art. 24. É vedado, a partido e candidato, receber direta ou indiretamente doação em dinheiro ou estimável em dinheiro, inclusive por meio de publicidade de qualquer espécie, procedente de:
I - entidade ou governo estrangeiro;
II - órgão da administração pública direta e indireta ou fundação mantida com recursos provenientes do Poder Público;
III - concessionário ou permissionário de serviço público;
IV - entidade de direito privado que receba, na condição de beneficiária, contribuição compulsória em virtude de disposição legal;
V - entidade de utilidade pública;
VI - entidade de classe ou sindical;
VII - pessoa jurídica sem fins lucrativos que receba recursos do exterior.
VIII - entidades beneficentes e religiosas; *(Incluído pela Lei nº 11.300, de 2006)*
IX - entidades esportivas; *(Redação dada pela Lei nº 12.034, de 2009)*
X - organizações não-governamentais que recebam recursos públicos; *(Incluído pela Lei nº 11.300, de 2006)*
XI - organizações da sociedade civil de interesse público. *(Incluído pela Lei nº 11.300, de 2006)*
XII - (VETADO). *(Incluído pela Lei nº 13.165, de 2015)*
§1º Não se incluem nas vedações de que trata este artigo as cooperativas cujos cooperados não sejam concessionários ou permissionários de serviços públicos, desde que não estejam sendo beneficiadas com recursos públicos, observado o disposto no art. 81. *(Redação dada pela Lei nº 13.165, de 2015)*
§2º (VETADO). *(Incluído pela Lei nº 13.165, de 2015)*
§3º (VETADO). *(Incluído pela Lei nº 13.165, de 2015)*
§4º O partido ou candidato que receber recursos provenientes de fontes vedadas ou de origem não identificada deverá proceder à devolução dos valores recebidos ou, não sendo possível a identificação da fonte, transferi-los para a conta única do Tesouro Nacional. *(Incluído pela Lei nº 13.165, de 2015)*

Art. 24-A. (VETADO). *(Incluído pela Lei nº 13.165, de 2015)*

Art. 24-B. (VETADO). *(Incluído pela Lei nº 13.165, de 2015)*

Art. 24-C. O limite de doação previsto no §1º do art. 23 será apurado anualmente pelo Tribunal Superior Eleitoral e pela Secretaria da Receita Federal do Brasil. *(Incluído pela Lei nº 13.165, de 2015)*
§1º O Tribunal Superior Eleitoral deverá consolidar as informações sobre as doações registradas até 31 de dezembro do exercício financeiro a ser apurado, considerando: *(Incluído pela Lei nº 13.165, de 2015)*
I - as prestações de contas anuais dos partidos políticos, entregues à Justiça Eleitoral até 30 de abril do ano subsequente ao da apuração, nos termos do art. 32 da Lei nº 9.096, de 19 de setembro de 1995; *(Incluído pela Lei nº 13.165, de 2015)*

II - as prestações de contas dos candidatos às eleições ordinárias ou suplementares que tenham ocorrido no exercício financeiro a ser apurado. (*Incluído pela Lei nº 13.165, de 2015*)
§2º O Tribunal Superior Eleitoral, após a consolidação das informações sobre os valores doados e apurados, encaminhá-las-á à Secretaria da Receita Federal do Brasil até 30 de maio do ano seguinte ao da apuração. (*Incluído pela Lei nº 13.165, de 2015*)
§3º A Secretaria da Receita Federal do Brasil fará o cruzamento dos valores doados com os rendimentos da pessoa física e, apurando indício de excesso, comunicará o fato, até 30 de julho do ano seguinte ao da apuração, ao Ministério Público Eleitoral, que poderá, até o final do exercício financeiro, apresentar representação com vistas à aplicação da penalidade prevista no art. 23 e de outras sanções que julgar cabíveis. (*Incluído pela Lei nº 13.165, de 2015*)

Art. 25. O partido que descumprir as normas referentes à arrecadação e aplicação de recursos fixadas nesta Lei perderá o direito ao recebimento da quota do Fundo Partidário do ano seguinte, sem prejuízo de responderem os candidatos beneficiados por abuso do poder econômico.
Parágrafo único. A sanção de suspensão do repasse de novas quotas do Fundo Partidário, por desaprovação total ou parcial da prestação de contas do candidato, deverá ser aplicada de forma proporcional e razoável, pelo período de 1 (um) mês a 12 (doze) meses, ou por meio do desconto, do valor a ser repassado, na importância apontada como irregular, não podendo ser aplicada a sanção de suspensão, caso a prestação de contas não seja julgada, pelo juízo ou tribunal competente, após 5 (cinco) anos de sua apresentação. (*Incluído pela Lei nº 12.034, de 2009*)

Art. 26. São considerados gastos eleitorais, sujeitos a registro e aos limites fixados nesta Lei: (*Redação dada pela Lei nº 11.300, de 2006*)
I - confecção de material impresso de qualquer natureza e tamanho, observado o disposto no §3º do art. 38 desta Lei; (*Redação dada pela Lei nº 12.891, de 2013*)
II - propaganda e publicidade direta ou indireta, por qualquer meio de divulgação, destinada a conquistar votos;
III - aluguel de locais para a promoção de atos de campanha eleitoral;
IV - despesas com transporte ou deslocamento de candidato e de pessoal a serviço das candidaturas; (*Redação dada pela Lei nº 11.300, de 2006*)
V - correspondência e despesas postais;
VI - despesas de instalação, organização e funcionamento de Comitês e serviços necessários às eleições;
VII - remuneração ou gratificação de qualquer espécie a pessoal que preste serviços às candidaturas ou aos comitês eleitorais;
VIII - montagem e operação de carros de som, de propaganda e assemelhados;
IX - a realização de comícios ou eventos destinados à promoção de candidatura; (*Redação dada pela Lei nº 11.300, de 2006*)
X - produção de programas de rádio, televisão ou vídeo, inclusive os destinados à propaganda gratuita;
XI -(Revogado pela Lei nº 11.300, de 2006)
XII - realização de pesquisas ou testes pré-eleitorais;
XIII -(Revogado pela Lei nº 11.300, de 2006)
XIV - (revogado);(*Redação dada pela Lei nº 12.891, de 2013*)
XV - custos com a criação e inclusão de sítios na Internet;
XVI - multas aplicadas aos partidos ou candidatos por infração do disposto na legislação eleitoral.
XVII - produção de jingles, vinhetas e slogans para propaganda eleitoral. (*Incluído pela Lei nº 11.300, de 2006*)

Parágrafo único. São estabelecidos os seguintes limites com relação ao total do gasto da campanha: *(Incluído pela Lei nº 12.891, de 2013)*
I - alimentação do pessoal que presta serviços às candidaturas ou aos comitês eleitorais: 10% (dez por cento); *(Incluído pela Lei nº 12.891, de 2013)*
II - aluguel de veículos automotores: 20% (vinte por cento).*(Incluído pela Lei nº 12.891, de 2013)*
Art. 27. Qualquer eleitor poderá realizar gastos, em apoio a candidato de sua preferência, até a quantia equivalente a um mil UFIR, não sujeitos a contabilização, desde que não reembolsados.

Da Prestação de Contas

Art. 28. A prestação de contas será feita:
I - no caso dos candidatos às eleições majoritárias, na forma disciplinada pela Justiça Eleitoral;
II - no caso dos candidatos às eleições proporcionais, de acordo com os modelos constantes do Anexo desta Lei.
§1º As prestações de contas dos candidatos às eleições majoritárias serão feitas pelo próprio candidato, devendo ser acompanhadas dos extratos das contas bancárias referentes à movimentação dos recursos financeiros usados na campanha e da relação dos cheques recebidos, com a indicação dos respectivos números, valores e emitentes. *(Redação dada pela Lei nº 13.165, de 2015)*
§2º As prestações de contas dos candidatos às eleições proporcionais serão feitas pelo próprio candidato. *(Redação dada pela Lei nº 13.165, de 2015)*
§3º As contribuições, doações e as receitas de que trata esta Lei serão convertidas em UFIR, pelo valor desta no mês em que ocorrerem.
§4º Os partidos políticos, as coligações e os candidatos são obrigados, durante as campanhas eleitorais, a divulgar em sítio criado pela Justiça Eleitoral para esse fim na rede mundial de computadores (internet): *(Redação dada pela Lei nº 13.165, de 2015)*
I - os recursos em dinheiro recebidos para financiamento de sua campanha eleitoral, em até 72 (setenta e duas) horas de seu recebimento; *(Incluído pela Lei nº 13.165, de 2015)*
II - no dia 15 de setembro, relatório discriminando as transferências do Fundo Partidário, os recursos em dinheiro e os estimáveis em dinheiro recebidos, bem como os gastos realizados. *(Incluído pela Lei nº 13.165, de 2015)*
§5º (VETADO). *(Incluído pela Lei nº 12.891, de 2013)*
§6º Ficam também dispensadas de comprovação na prestação de contas: *(Incluído pela Lei nº 12.891, de 2013)*
I - a cessão de bens móveis, limitada ao valor de R$ 4.000,00 (quatro mil reais) por pessoa cedente; *(Incluído pela Lei nº 12.891, de 2013)*
II - doações estimáveis em dinheiro entre candidatos ou partidos, decorrentes do uso comum tanto de sedes quanto de materiais de propaganda eleitoral, cujo gasto deverá ser registrado na prestação de contas do responsável pelo pagamento da despesa. *(Redação dada pela Lei nº 13.165, de 2015)*
§7º As informações sobre os recursos recebidos a que se refere o §4º deverão ser divulgadas com a indicação dos nomes, do CPF ou CNPJ dos doadores e dos respectivos valores doados. *(Incluído pela Lei nº 13.165, de 2015)*
§8º Os gastos com passagens aéreas efetuados nas campanhas eleitorais serão comprovados mediante a apresentação de fatura ou duplicata emitida por agência de viagem, quando for o caso, desde que informados os beneficiários, as datas e os itinerários, vedada a exigência de apresentação de qualquer outro documento para esse fim. *(Incluído pela Lei nº 13.165, de 2015)*
§9º A Justiça Eleitoral adotará sistema simplificado de prestação de contas para candidatos que apresentarem movimentação financeira correspondente a, no máximo, R$ 20.000,00

(vinte mil reais), atualizados monetariamente, a cada eleição, pelo Índice Nacional de Preços ao Consumidor - INPC da Fundação Instituto Brasileiro de Geografia e Estatística - IBGE ou por índice que o substituir. (*Incluído pela Lei nº 13.165, de 2015*)
§10. O sistema simplificado referido no §9º deverá conter, pelo menos: (*Incluído pela Lei nº 13.165, de 2015*)
I - identificação das doações recebidas, com os nomes, o CPF ou CNPJ dos doadores e os respectivos valores recebidos; (*Incluído pela Lei nº 13.165, de 2015*)
II - identificação das despesas realizadas, com os nomes e o CPF ou CNPJ dos fornecedores de material e dos prestadores dos serviços realizados; (*Incluído pela Lei nº 13.165, de 2015*)
III - registro das eventuais sobras ou dívidas de campanha. (*Incluído pela Lei nº 13.165, de 2015*)
§11. Nas eleições para Prefeito e Vereador de Municípios com menos de cinquenta mil eleitores, a prestação de contas será feita sempre pelo sistema simplificado a que se referem os §§9º e 10. (*Incluído pela Lei nº 13.165, de 2015*)
§12. Os valores transferidos pelos partidos políticos oriundos de doações serão registrados na prestação de contas dos candidatos como transferência dos partidos e, na prestação de contas dos partidos, como transferência aos candidatos, sem individualização dos doadores. (*Incluído pela Lei nº 13.165, de 2015*)

Art. 29. Ao receber as prestações de contas e demais informações dos candidatos às eleições majoritárias e dos candidatos às eleições proporcionais que optarem por prestar contas por seu intermédio, os comitês deverão:
I - (revogado); (*Redação dada pela Lei nº 13.165, de 2015*)
II - resumir as informações contidas na prestação de contas, de forma a apresentar demonstrativo consolidado das campanhas; (*Redação dada pela Lei nº 13.165, de 2015*)
III - encaminhar à Justiça Eleitoral, até o trigésimo dia posterior à realização das eleições, o conjunto das prestações de contas dos candidatos e do próprio comitê, na forma do artigo anterior, ressalvada a hipótese do inciso seguinte;
IV - havendo segundo turno, encaminhar a prestação de contas, referente aos 2 (dois) turnos, até o vigésimo dia posterior à sua realização. (*Redação dada pela Lei nº 13.165, de 2015*)
§1º (Revogado). (*Redação dada pela Lei nº 13.165, de 2015*)
§2º A inobservância do prazo para encaminhamento das prestações de contas impede a diplomação dos eleitos, enquanto perdurar.
§3º Eventuais débitos de campanha não quitados até a data de apresentação da prestação de contas poderão ser assumidos pelo partido político, por decisão do seu órgão nacional de direção partidária. (*Incluído pela Lei nº 12.034, de 2009*)
§4º No caso do disposto no §3º, o órgão partidário da respectiva circunscrição eleitoral passará a responder por todas as dívidas solidariamente com o candidato, hipótese em que a existência do débito não poderá ser considerada como causa para a rejeição das contas. (*Incluído pela Lei nº 12.034, de 2009*)

Art. 30. A Justiça Eleitoral verificará a regularidade das contas de campanha, decidindo: (*Redação dada pela Lei nº 12.034, de 2009*)
I - pela aprovação, quando estiverem regulares; (*Incluído pela Lei nº 12.034, de 2009*)
II - pela aprovação com ressalvas, quando verificadas falhas que não lhes comprometam a regularidade; (*Incluído pela Lei nº 12.034, de 2009*)
III - pela desaprovação, quando verificadas falhas que lhes comprometam a regularidade; (*Incluído pela Lei nº 12.034, de 2009*)
IV - pela não prestação, quando não apresentadas as contas após a notificação emitida pela Justiça Eleitoral, na qual constará a obrigação expressa de prestar as suas contas, no prazo de setenta e duas horas. (*Incluído pela Lei nº 12.034, de 2009*)

§1º A decisão que julgar as contas dos candidatos eleitos será publicada em sessão até três dias antes da diplomação. (*Redação dada pela Lei nº 13.165, de 2015*)
§2º Erros formais e materiais corrigidos não autorizam a rejeição das contas e a cominação de sanção a candidato ou partido.
§2º-A. Erros formais ou materiais irrelevantes no conjunto da prestação de contas, que não comprometam o seu resultado, não acarretarão a rejeição das contas. (*Incluído pela Lei nº 12.034, de 2009*)
§3º Para efetuar os exames de que trata este artigo, a Justiça Eleitoral poderá requisitar técnicos do Tribunal de Contas da União, dos Estados, do Distrito Federal ou dos Municípios, pelo tempo que for necessário.
§4º Havendo indício de irregularidade na prestação de contas, a Justiça Eleitoral poderá requisitar do candidato as informações adicionais necessárias, bem como determinar diligências para a complementação dos dados ou o saneamento das falhas. (*Redação dada pela Lei nº 13.165, de 2015*)
§5º Da decisão que julgar as contas prestadas pelos candidatos caberá recurso ao órgão superior da Justiça Eleitoral, no prazo de 3 (três) dias, a contar da publicação no Diário Oficial. (*Redação dada pela Lei nº 13.165, de 2015*)
§6º No mesmo prazo previsto no §5º, caberá recurso especial para o Tribunal Superior Eleitoral, nas hipóteses previstas nos incisos I e II do §4º do art. 121 da Constituição Federal. (*Incluído pela Lei nº 12.034, de 2009*)
§7º O disposto neste artigo aplica-se aos processos judiciais pendentes. (*Incluído pela Lei nº 12.034, de 2009*)

Art. 30-A. Qualquer partido político ou coligação poderá representar à Justiça Eleitoral, no prazo de 15 (quinze) dias da diplomação, relatando fatos e indicando provas, e pedir a abertura de investigação judicial para apurar condutas em desacordo com as normas desta Lei, relativas à arrecadação e gastos de recursos. (*Redação dada pela Lei nº 12.034, de 2009*)
§1º Na apuração de que trata este artigo, aplicar-se-á o procedimento previsto no art. 22 da Lei Complementar nº 64, de 18 de maio de 1990, no que couber. (*Incluído pela Lei nº 11.300, de 2006*)
§2º Comprovados captação ou gastos ilícitos de recursos, para fins eleitorais, será negado diploma ao candidato, ou cassado, se já houver sido outorgado. (*Incluído pela Lei nº 11.300, de 2006*)
§3º O prazo de recurso contra decisões proferidas em representações propostas com base neste artigo será de 3 (três) dias, a contar da data da publicação do julgamento no Diário Oficial. (*Incluído pela Lei nº 12.034, de 2009*)

Art. 31. Se, ao final da campanha, ocorrer sobra de recursos financeiros, esta deve ser declarada na prestação de contas e, após julgados todos os recursos, transferida ao partido, obedecendo aos seguintes critérios: (*Redação dada pela Lei nº 12.891, de 2013*)
I - no caso de candidato a Prefeito, Vice-Prefeito e Vereador, esses recursos deverão ser transferidos para o órgão diretivo municipal do partido na cidade onde ocorreu a eleição, o qual será responsável exclusivo pela identificação desses recursos, sua utilização, contabilização e respectiva prestação de contas perante o juízo eleitoral correspondente; (*Incluído pela Lei nº 12.891, de 2013*)
II - no caso de candidato a Governador, Vice-Governador, Senador, Deputado Federal e Deputado Estadual ou Distrital, esses recursos deverão ser transferidos para o órgão diretivo regional do partido no Estado onde ocorreu a eleição ou no Distrito Federal, se for o caso, o qual será responsável exclusivo pela identificação desses recursos, sua utilização, contabilização e respectiva prestação de contas perante o Tribunal Regional Eleitoral correspondente; (*Incluído pela Lei nº 12.891, de 2013*)
III - no caso de candidato a Presidente e Vice-Presidente da República, esses recursos deverão ser transferidos para o órgão diretivo nacional do partido, o qual será responsável

exclusivo pela identificação desses recursos, sua utilização, contabilização e respectiva prestação de contas perante o Tribunal Superior Eleitoral; (*Incluído pela Lei nº 12.891, de 2013*)
IV - o órgão diretivo nacional do partido não poderá ser responsabilizado nem penalizado pelo descumprimento do disposto neste artigo por parte dos órgãos diretivos municipais e regionais. (*Incluído pela Lei nº 12.891, de 2013*)
Parágrafo único. As sobras de recursos financeiros de campanha serão utilizadas pelos partidos políticos, devendo tais valores ser declarados em suas prestações de contas perante a Justiça Eleitoral, com a identificação dos candidatos. (*Redação dada pela Lei nº 12.034, de 2009*)

Art. 32. Até cento e oitenta dias após a diplomação, os candidatos ou partidos conservarão a documentação concernente a suas contas.
Parágrafo único. Estando pendente de julgamento qualquer processo judicial relativo às contas, a documentação a elas concernente deverá ser conservada até a decisão final.

Das Pesquisas e Testes Pré-Eleitorais

Art. 33. As entidades e empresas que realizarem pesquisas de opinião pública relativas às eleições ou aos candidatos, para conhecimento público, são obrigadas, para cada pesquisa, a registrar, junto à Justiça Eleitoral, até cinco dias antes da divulgação, as seguintes informações:
I - quem contratou a pesquisa;
II - valor e origem dos recursos despendidos no trabalho;
III - metodologia e período de realização da pesquisa;
IV - plano amostral e ponderação quanto a sexo, idade, grau de instrução, nível econômico e área física de realização do trabalho a ser executado, intervalo de confiança e margem de erro; (*Redação dada pela Lei nº 12.891, de 2013*)
V - sistema interno de controle e verificação, conferência e fiscalização da coleta de dados e do trabalho de campo;
VI - questionário completo aplicado ou a ser aplicado;
VII - nome de quem pagou pela realização do trabalho e cópia da respectiva nota fiscal. (*Redação dada pela Lei nº 12.891, de 2013*)
§1º As informações relativas às pesquisas serão registradas nos órgãos da Justiça Eleitoral aos quais compete fazer o registro dos candidatos.
§2º A Justiça Eleitoral afixará no prazo de vinte e quatro horas, no local de costume, bem como divulgará em seu sítio na internet, aviso comunicando o registro das informações a que se refere este artigo, colocando-as à disposição dos partidos ou coligações com candidatos ao pleito, os quais a elas terão livre acesso pelo prazo de 30 (trinta) dias. (*Redação dada pela Lei nº 12.034, de 2009*)
§3º A divulgação de pesquisa sem o prévio registro das informações de que trata este artigo sujeita os responsáveis a multa no valor de cinqüenta mil a cem mil UFIR.
§4º A divulgação de pesquisa fraudulenta constitui crime, punível com detenção de seis meses a um ano e multa no valor de cinqüenta mil a cem mil UFIR.
§5º É vedada, no período de campanha eleitoral, a realização de enquetes relacionadas ao processo eleitoral. (*Incluído pela Lei nº 12.891, de 2013*)

Art. 34. (VETADO)
§1º Mediante requerimento à Justiça Eleitoral, os partidos poderão ter acesso ao sistema interno de controle, verificação e fiscalização da coleta de dados das entidades que divulgaram pesquisas de opinião relativas às eleições, incluídos os referentes à identificação dos entrevistadores e, por meio de escolha livre e aleatória de planilhas

individuais, mapas ou equivalentes, confrontar e conferir os dados publicados, preservada a identidade dos respondentes.

§2º O não-cumprimento do disposto neste artigo ou qualquer ato que vise a retardar, impedir ou dificultar a ação fiscalizadora dos partidos constitui crime, punível com detenção, de seis meses a um ano, com a alternativa de prestação de serviços à comunidade pelo mesmo prazo, e multa no valor de dez mil a vinte mil UFIR.

§3º A comprovação de irregularidade nos dados publicados sujeita os responsáveis às penas mencionadas no parágrafo anterior, sem prejuízo da obrigatoriedade da veiculação dos dados corretos no mesmo espaço, local, horário, página, caracteres e outros elementos de destaque, de acordo com o veículo usado.

Art. 35. Pelos crimes definidos nos arts. 33, §4º e 34, §§2º e 3º, podem ser responsabilizados penalmente os representantes legais da empresa ou entidade de pesquisa e do órgão veiculador.

Art. 35-A.(Vide ADIN 3.741-2)

Da Propaganda Eleitoral em Geral

Art. 36. A propaganda eleitoral somente é permitida após o dia 15 de agosto do ano da eleição. (*Redação dada pela Lei nº 13.165, de 2015*)
§1º Ao postulante a candidatura a cargo eletivo é permitida a realização, na quinzena anterior à escolha pelo partido, de propaganda intrapartidária com vista à indicação de seu nome, vedado o uso de rádio, televisão e outdoor.
§2º No segundo semestre do ano da eleição, não será veiculada a propaganda partidária gratuita prevista em lei nem permitido qualquer tipo de propaganda política paga no rádio e na televisão.
§3º A violação do disposto neste artigo sujeitará o responsável pela divulgação da propaganda e, quando comprovado o seu prévio conhecimento, o beneficiário à multa no valor de R$ 5.000,00 (cinco mil reais) a R$ 25.000,00 (vinte e cinco mil reais), ou ao equivalente ao custo da propaganda, se este for maior. (*Redação dada pela Lei nº 12.034, de 2009*)
§4º Na propaganda dos candidatos a cargo majoritário deverão constar, também, os nomes dos candidatos a vice ou a suplentes de senador, de modo claro e legível, em tamanho não inferior a 30% (trinta por cento) do nome do titular. (*Redação dada pela Lei nº 13.165, de 2015*)
§5º A comprovação do cumprimento das determinações da Justiça Eleitoral relacionadas a propaganda realizada em desconformidade com o disposto nesta Lei poderá ser apresentada no Tribunal Superior Eleitoral, no caso de candidatos a Presidente e Vice-Presidente da República, nas sedes dos respectivos Tribunais Regionais Eleitorais, no caso de candidatos a Governador, Vice-Governador, Deputado Federal, Senador da República, Deputados Estadual e Distrital, e, no Juízo Eleitoral, na hipótese de candidato a Prefeito, Vice-Prefeito e Vereador. (*Incluído pela Lei nº 12.034, de 2009*)
Art. 36-A. Não configuram propaganda eleitoral antecipada, desde que não envolvam pedido explícito de voto, a menção à pretensa candidatura, a exaltação das qualidades pessoais dos pré-candidatos e os seguintes atos, que poderão ter cobertura dos meios de comunicação social, inclusive via internet: (*Redação dada pela Lei nº 13.165, de 2015*)
I - a participação de filiados a partidos políticos ou de pré-candidatos em entrevistas, programas, encontros ou debates no rádio, na televisão e na internet, inclusive com a exposição de plataformas e projetos políticos, observado pelas emissoras de rádio e de televisão o dever de conferir tratamento isonômico; (*Redação dada pela Lei nº 12.891, de 2013*)
II - a realização de encontros, seminários ou congressos, em ambiente fechado e a expensas dos partidos políticos, para tratar da organização dos processos eleitorais,

discussão de políticas públicas, planos de governo ou alianças partidárias visando às eleições, podendo tais atividades ser divulgadas pelos instrumentos de comunicação intrapartidária; (*Redação dada pela Lei nº 12.891, de 2013*)
III - a realização de prévias partidárias e a respectiva distribuição de material informativo, a divulgação dos nomes dos filiados que participarão da disputa e a realização de debates entre os pré-candidatos; (*Redação dada pela Lei nº 13.165, de 2015*)
IV - a divulgação de atos de parlamentares e debates legislativos, desde que não se faça pedido de votos; (*Redação dada pela Lei nº 12.891, de 2013*)
V - a divulgação de posicionamento pessoal sobre questões políticas, inclusive nas redes sociais; (*Redação dada pela Lei nº 13.165, de 2015*)
VI - a realização, a expensas de partido político, de reuniões de iniciativa da sociedade civil, de veículo ou meio de comunicação ou do próprio partido, em qualquer localidade, para divulgar ideias, objetivos e propostas partidárias. (*Incluído pela Lei nº 13.165, de 2015*)
§1º É vedada a transmissão ao vivo por emissoras de rádio e de televisão das prévias partidárias, sem prejuízo da cobertura dos meios de comunicação social. (*Incluído pela Lei nº 13.165, de 2015*)
§2º Nas hipóteses dos incisos I a VI do caput, são permitidos o pedido de apoio político e a divulgação da pré-candidatura, das ações políticas desenvolvidas e das que se pretende desenvolver. (*Incluído pela Lei nº 13.165, de 2015*)
§3º O disposto no §2º não se aplica aos profissionais de comunicação social no exercício da profissão. (*Incluído pela Lei nº 13.165, de 2015*)

Art. 36-B. Será considerada propaganda eleitoral antecipada a convocação, por parte do Presidente da República, dos Presidentes da Câmara dos Deputados, do Senado Federal e do Supremo Tribunal Federal, de redes de radiodifusão para divulgação de atos que denotem propaganda política ou ataques a partidos políticos e seus filiados ou instituições. (*Incluído pela Lei nº 12.891, de 2013*)
Parágrafo único. Nos casos permitidos de convocação das redes de radiodifusão, é vedada a utilização de símbolos ou imagens, exceto aqueles previstos no §1º do art. 13 da Constituição Federal. (*Incluído pela Lei nº 12.891, de 2013*)

Art. 37. Nos bens cujo uso dependa de cessão ou permissão do poder público, ou que a ele pertençam, e nos bens de uso comum, inclusive postes de iluminação pública, sinalização de tráfego, viadutos, passarelas, pontes, paradas de ônibus e outros equipamentos urbanos, é vedada a veiculação de propaganda de qualquer natureza, inclusive pichação, inscrição a tinta e exposição de placas, estandartes, faixas, cavaletes, bonecos e assemelhados. (*Redação dada pela Lei nº 13.165, de 2015*)
§1º A veiculação de propaganda em desacordo com o disposto no caput deste artigo sujeita o responsável, após a notificação e comprovação, à restauração do bem e, caso não cumprida no prazo, a multa no valor de R$ 2.000,00 (dois mil reais) a R$ 8.000,00 (oito mil reais). (*Redação dada pela Lei nº 11.300, de 2006*)
§2º Em bens particulares, independe de obtenção de licença municipal e de autorização da Justiça Eleitoral a veiculação de propaganda eleitoral, desde que seja feita em adesivo ou papel, não exceda a 0,5 m² (meio metro quadrado) e não contrarie a legislação eleitoral, sujeitando-se o infrator às penalidades previstas no §1º. (*Redação dada pela Lei nº 13.165, de 2015*)
§3º Nas dependências do Poder Legislativo, a veiculação de propaganda eleitoral fica a critério da Mesa Diretora.
§4º Bens de uso comum, para fins eleitorais, são os assim definidos pela Lei nº 10.406, de 10 de janeiro de 2002 - Código Civil e também aqueles a que a população em geral tem acesso, tais como cinemas, clubes, lojas, centros comerciais, templos, ginásios, estádios, ainda que de propriedade privada. (*Incluído pela Lei nº 12.034, de 2009*)

§5º Nas árvores e nos jardins localizados em áreas públicas, bem como em muros, cercas e tapumes divisórios, não é permitida a colocação de propaganda eleitoral de qualquer natureza, mesmo que não lhes cause dano. (Incluído pela Lei nº 12.034, de 2009)
§6º É permitida a colocação de mesas para distribuição de material de campanha e a utilização de bandeiras ao longo das vias públicas, desde que móveis e que não dificultem o bom andamento do trânsito de pessoas e veículos. (Redação dada pela Lei nº 12.891, de 2013)
§7º A mobilidade referida no §6º estará caracterizada com a colocação e a retirada dos meios de propaganda entre as seis horas e as vinte e duas horas. (Incluído pela Lei nº 12.034, de 2009)
§8º A veiculação de propaganda eleitoral em bens particulares deve ser espontânea e gratuita, sendo vedado qualquer tipo de pagamento em troca de espaço para esta finalidade. (Incluído pela Lei nº 12.034, de 2009)

Art. 38. Independe da obtenção de licença municipal e de autorização da Justiça Eleitoral a veiculação de propaganda eleitoral pela distribuição de folhetos, adesivos, volantes e outros impressos, os quais devem ser editados sob a responsabilidade do partido, coligação ou candidato. (Redação dada pela Lei nº 12.891, de 2013)
§1º Todo material impresso de campanha eleitoral deverá conter o número de inscrição no Cadastro Nacional da Pessoa Jurídica - CNPJ ou o número de inscrição no Cadastro de Pessoas Físicas - CPF do responsável pela confecção, bem como de quem a contratou, e a respectiva tiragem. (Incluído pela Lei nº 12.034, de 2009)
§2º Quando o material impresso veicular propaganda conjunta de diversos candidatos, os gastos relativos a cada um deles deverão constar na respectiva prestação de contas, ou apenas naquela relativa ao que houver arcado com os custos. (Incluído pela Lei nº 12.034, de 2009)
§3º Os adesivos de que trata o caput deste artigo poderão ter a dimensão máxima de 50 (cinquenta) centímetros por 40 (quarenta) centímetros. (Incluído pela Lei nº 12.891, de 2013)
§4º É proibido colar propaganda eleitoral em veículos, exceto adesivos microperfurados até a extensão total do para-brisa traseiro e, em outras posições, adesivos até a dimensão máxima fixada no §3º. (Incluído pela Lei nº 12.891, de 2013)

Art. 39. A realização de qualquer ato de propaganda partidária ou eleitoral, em recinto aberto ou fechado, não depende de licença da polícia.
§1º O candidato, partido ou coligação promotora do ato fará a devida comunicação à autoridade policial em, no mínimo, vinte e quatro horas antes de sua realização, a fim de que esta lhe garanta, segundo a prioridade do aviso, o direito contra quem tencione usar o local no mesmo dia e horário.
§2º A autoridade policial tomará as providências necessárias à garantia da realização do ato e ao funcionamento do tráfego e dos serviços públicos que o evento possa afetar.
§3º O funcionamento de alto-falantes ou amplificadores de som, ressalvada a hipótese contemplada no parágrafo seguinte, somente é permitido entre as oito e as vinte e duas horas, sendo vedados a instalação e o uso daqueles equipamentos em distância inferior a duzentos metros:
I - das sedes dos Poderes Executivo e Legislativo da União, dos Estados, do Distrito Federal e dos Municípios, das sedes dos Tribunais Judiciais, e dos quartéis e outros estabelecimentos militares;
II - dos hospitais e casas de saúde;
III - das escolas, bibliotecas públicas, igrejas e teatros, quando em funcionamento.
§4º A realização de comícios e a utilização de aparelhagens de sonorização fixas são permitidas no horário compreendido entre as 8 (oito) e as 24 (vinte e quatro) horas, com exceção do comício de encerramento da campanha, que poderá ser prorrogado por mais 2 (duas) horas. (Redação dada pela Lei nº 12.891, de 2013)

§5º Constituem crimes, no dia da eleição, puníveis com detenção, de seis meses a um ano, com a alternativa de prestação de serviços à comunidade pelo mesmo período, e multa no valor de cinco mil a quinze mil UFIR:
I - o uso de alto-falantes e amplificadores de som ou a promoção de comício ou carreata;
II - a arregimentação de eleitor ou a propaganda de boca de urna; (*Redação dada pela Lei nº 11.300, de 2006*)
III - a divulgação de qualquer espécie de propaganda de partidos políticos ou de seus candidatos. (*Redação dada pela Lei nº 12.034, de 2009*)
§6º É vedada na campanha eleitoral a confecção, utilização, distribuição por comitê, candidato, ou com a sua autorização, de camisetas, chaveiros, bonés, canetas, brindes, cestas básicas ou quaisquer outros bens ou materiais que possam proporcionar vantagem ao eleitor. (*Incluído pela Lei nº 11.300, de 2006*)
§7º É proibida a realização de showmício e de evento assemelhado para promoção de candidatos, bem como a apresentação, remunerada ou não, de artistas com a finalidade de animar comício e reunião eleitoral. (*Incluído pela Lei nº 11.300, de 2006*)
§8º É vedada a propaganda eleitoral mediante outdoors, inclusive eletrônicos, sujeitando-se a empresa responsável, os partidos, as coligações e os candidatos à imediata retirada da propaganda irregular e ao pagamento de multa no valor de R$ 5.000,00 (cinco mil reais) a R$ 15.000,00 (quinze mil reais). (*Redação dada pela Lei nº 12.891, de 2013*)
§9º Até as vinte e duas horas do dia que antecede a eleição, serão permitidos distribuição de material gráfico, caminhada, carreata, passeata ou carro de som que transite pela cidade divulgando jingles ou mensagens de candidatos. (*Incluído pela Lei nº 12.034, de 2009*)
§9º-A. Considera-se carro de som, além do previsto no §12, qualquer veículo, motorizado ou não, ou ainda tracionado por animais, que transite divulgando jingles ou mensagens de candidatos. (*Incluído pela Lei nº 13.165, de 2015*)
§10. Fica vedada a utilização de trios elétricos em campanhas eleitorais, exceto para a sonorização de comícios. (*Incluído pela Lei nº 12.034, de 2009*)
§11. É permitida a circulação de carros de som e minitrios como meio de propaganda eleitoral, desde que observado o limite de 80 (oitenta) decibéis de nível de pressão sonora, medido a 7 (sete) metros de distância do veículo, e respeitadas as vedações previstas no §3º deste artigo. (*Incluído pela Lei nº 12.891, de 2013*)
§12. Para efeitos desta Lei, considera-se: (*Incluído pela Lei nº 12.891, de 2013*)
I - carro de som: veículo automotor que usa equipamento de som com potência nominal de amplificação de, no máximo, 10.000 (dez mil) watts; (*Incluído pela Lei nº 12.891, de 2013*)
II - minitrio: veículo automotor que usa equipamento de som com potência nominal de amplificação maior que 10.000 (dez mil) watts e até 20.000 (vinte mil) watts; (*Incluído pela Lei nº 12.891, de 2013*)
III - trio elétrico: veículo automotor que usa equipamento de som com potência nominal de amplificação maior que 20.000 (vinte mil) watts. (*Incluído pela Lei nº 12.891, de 2013*)

Art. 39-A. É permitida, no dia das eleições, a manifestação individual e silenciosa da preferência do eleitor por partido político, coligação ou candidato, revelada exclusivamente pelo uso de bandeiras, broches, dísticos e adesivos. (*Incluído pela Lei nº 12.034, de 2009*)
§1º É vedada, no dia do pleito, até o término do horário de votação, a aglomeração de pessoas portando vestuário padronizado, bem como os instrumentos de propaganda referidos no caput, de modo a caracterizar manifestação coletiva, com ou sem utilização de veículos. (*Incluído pela Lei nº 12.034, de 2009*)
§2º No recinto das seções eleitorais e juntas apuradoras, é proibido aos servidores da Justiça Eleitoral, aos mesários e aos escrutinadores o uso de vestuário ou objeto que contenha qualquer propaganda de partido político, de coligação ou de candidato. (*Incluído pela Lei nº 12.034, de 2009*)

§3º Aos fiscais partidários, nos trabalhos de votação, só é permitido que, em seus crachás, constem o nome e a sigla do partido político ou coligação a que sirvam, vedada a padronização do vestuário. (*Incluído pela Lei nº 12.034, de 2009*)
§4º No dia do pleito, serão afixadas cópias deste artigo em lugares visíveis nas partes interna e externa das seções eleitorais. (*Incluído pela Lei nº 12.034, de 2009*)

Art. 40. O uso, na propaganda eleitoral, de símbolos, frases ou imagens, associadas ou semelhantes às empregadas por órgão de governo, empresa pública ou sociedade de economia mista constitui crime, punível com detenção, de seis meses a um ano, com a alternativa de prestação de serviços à comunidade pelo mesmo período, e multa no valor de dez mil a vinte mil UFIR.

Art. 40-A. (VETADO) (*Redação dada pela Lei nº 11.300, de 2006*)

Art. 40-B. A representação relativa à propaganda irregular deve ser instruída com prova da autoria ou do prévio conhecimento do beneficiário, caso este não seja por ela responsável. (*Incluído pela Lei nº 12.034, de 2009*)
Parágrafo único. A responsabilidade do candidato estará demonstrada se este, intimado da existência da propaganda irregular, não providenciar, no prazo de quarenta e oito horas, sua retirada ou regularização e, ainda, se as circunstâncias e as peculiaridades do caso específico revelarem a impossibilidade de o beneficiário não ter tido conhecimento da propaganda. (*Incluído pela Lei nº 12.034, de 2009*)
Art. 41. A propaganda exercida nos termos da legislação eleitoral não poderá ser objeto de multa nem cerceada sob alegação do exercício do poder de polícia ou de violação de postura municipal, casos em que se deve proceder na forma prevista no art. 40. (*Redação dada pela Lei nº 12.034, de 2009*)
§1º O poder de polícia sobre a propaganda eleitoral será exercido pelos juízes eleitorais e pelos juízes designados pelos Tribunais Regionais Eleitorais. (*Incluído pela Lei nº 12.034, de 2009*)
§2º O poder de polícia se restringe às providências necessárias para inibir práticas ilegais, vedada a censura prévia sobre o teor dos programas a serem exibidos na televisão, no rádio ou na internet. (*Incluído pela Lei nº 12.034, de 2009*)
Art. 41-A. Ressalvado o disposto no art. 26 e seus incisos, constitui captação de sufrágio, vedada por esta Lei, o candidato doar, oferecer, prometer, ou entregar, ao eleitor, com o fim de obter-lhe o voto, bem ou vantagem pessoal de qualquer natureza, inclusive emprego ou função pública, desde o registro da candidatura até o dia da eleição, inclusive, sob pena de multa de mil a cinqüenta mil Ufir, e cassação do registro ou do diploma, observado o procedimento previsto no art. 22 da Lei Complementar nº 64, de 18 de maio de 1990. (*Incluído pela Lei nº 9.840, de 28.9.1999*)
§1º Para a caracterização da conduta ilícita, é desnecessário o pedido explícito de votos, bastando a evidência do dolo, consistente no especial fim de agir. (*Incluído pela Lei nº 12.034, de 2009*)
§2º As sanções previstas no caput aplicam-se contra quem praticar atos de violência ou grave ameaça a pessoa, com o fim de obter-lhe o voto. (*Incluído pela Lei nº 12.034, de 2009*)
§3º A representação contra as condutas vedadas no caput poderá ser ajuizada até a data da diplomação. (*Incluído pela Lei nº 12.034, de 2009*)
§4º O prazo de recurso contra decisões proferidas com base neste artigo será de 3 (três) dias, a contar da data da publicação do julgamento no Diário Oficial. (Incluído pela Lei nº 12.034, de 2009)

Da Propaganda Eleitoral mediante *outdoors*

Art. 42. (Revogado pela Lei nº 11.300, de 2006)

Da Propaganda Eleitoral na Imprensa

Art. 43. São permitidas, até a antevéspera das eleições, a divulgação paga, na imprensa escrita, e a reprodução na internet do jornal impresso, de até 10 (dez) anúncios de propaganda eleitoral, por veículo, em datas diversas, para cada candidato, no espaço máximo, por edição, de 1/8 (um oitavo) de página de jornal padrão e de 1/4 (um quarto) de página de revista ou tabloide. (*Redação dada pela Lei nº 12.034, de 2009*)
§1º Deverá constar do anúncio, de forma visível, o valor pago pela inserção. (*Incluído pela Lei nº 12.034, de 2009*)
§2º A inobservância do disposto neste artigo sujeita os responsáveis pelos veículos de divulgação e os partidos, coligações ou candidatos beneficiados a multa no valor de R$ 1.000,00 (mil reais) a R$ 10.000,00 (dez mil reais) ou equivalente ao da divulgação da propaganda paga, se este for maior. (*Renumerado do parágrafo* único *pela Lei nº 12.034, de 2009*)

Da Propaganda Eleitoral no Rádio e na Televisão

Art. 44. A propaganda eleitoral no rádio e na televisão restringe-se ao horário gratuito definido nesta Lei, vedada a veiculação de propaganda paga.
§1º A propaganda eleitoral gratuita na televisão deverá utilizar a Linguagem Brasileira de Sinais - LIBRAS ou o recurso de legenda, que deverão constar obrigatoriamente do material entregue às emissoras. (*Incluído pela Lei nº 12.034, de 2009*)
§2º No horário reservado para a propaganda eleitoral, não se permitirá utilização comercial ou propaganda realizada com a intenção, ainda que disfarçada ou subliminar, de promover marca ou produto. (*Incluído pela Lei nº 12.034, de 2009*)
§3º Será punida, nos termos do §1º do art. 37, a emissora que, não autorizada a funcionar pelo poder competente, veicular propaganda eleitoral. (*Incluído pela Lei nº 12.034, de 2009*)

Art. 45. Encerrado o prazo para a realização das convenções no ano das eleições, é vedado às emissoras de rádio e televisão, em sua programação normal e em seu noticiário: (*Redação dada pela Lei nº 13.165, de 2015*)
I - transmitir, ainda que sob a forma de entrevista jornalística, imagens de realização de pesquisa ou qualquer outro tipo de consulta popular de natureza eleitoral em que seja possível identificar o entrevistado ou em que haja manipulação de dados;
II - usar trucagem, montagem ou outro recurso de áudio ou vídeo que, de qualquer forma, degradem ou ridicularizem candidato, partido ou coligação, ou produzir ou veicular programa com esse efeito;
III - veicular propaganda política ou difundir opinião favorável ou contrária a candidato, partido, coligação, a seus órgãos ou representantes;
IV - dar tratamento privilegiado a candidato, partido ou coligação;
V - veicular ou divulgar filmes, novelas, minisséries ou qualquer outro programa com alusão ou crítica a candidato ou partido político, mesmo que dissimuladamente, exceto programas jornalísticos ou debates políticos;
VI - divulgar nome de programa que se refira a candidato escolhido em convenção, ainda quando preexistente, inclusive se coincidente com o nome do candidato ou com a variação nominal por ele adotada. Sendo o nome do programa o mesmo que o do candidato, fica proibida a sua divulgação, sob pena de cancelamento do respectivo registro.
§1º A partir de 30 de junho do ano da eleição, é vedado, ainda, às emissoras transmitir programa apresentado ou comentado por pré-candidato, sob pena, no caso de sua escolha na convenção partidária, de imposição da multa prevista no §2º e de cancelamento do registro da candidatura do beneficiário. (*Redação dada pela Lei nº 13.165, de 2015*)
§2º Sem prejuízo do disposto no parágrafo único do art. 55, a inobservância do disposto neste artigo sujeita a emissora ao pagamento de multa no valor de vinte mil a cem mil UFIR, duplicada em caso de reincidência.

§3º *(Revogado pela Lei nº 12.034, de 2009)*
§4º Entende-se por trucagem todo e qualquer efeito realizado em áudio ou vídeo que degrad ou ridicularizar candidato, partido político ou coligação, ou que desvirtuar a realidade e beneficiar ou prejudicar qualquer candidato, partido político ou coligação. *(Incluído pela Lei nº 12.034, de 2009)*
§5º Entende-se por montagem toda e qualquer junção de registros de áudio ou vídeo que degradar ou ridicularizar candidato, partido político ou coligação, ou que desvirtuar a realidade e beneficiar ou prejudicar qualquer candidato, partido político ou coligação. *(Incluído pela Lei nº 12.034, de 2009)*
§6º É permitido ao partido político utilizar na propaganda eleitoral de seus candidatos em âmbito regional, inclusive no horário eleitoral gratuito, a imagem e a voz de candidato ou militante de partido político que integre a sua coligação em âmbito nacional. *(Incluído pela Lei nº 12.034, de 2009)*

Art. 46. Independentemente da veiculação de propaganda eleitoral gratuita no horário definido nesta Lei, é facultada a transmissão por emissora de rádio ou televisão de debates sobre as eleições majoritária ou proporcional, sendo assegurada a participação de candidatos dos partidos com representação superior a nove Deputados, e facultada a dos demais, observado o seguinte: *(Redação dada pela Lei nº 13.165, de 2015)*
I - nas eleições majoritárias, a apresentação dos debates poderá ser feita:
a) em conjunto, estando presentes todos os candidatos a um mesmo cargo eletivo;
b) em grupos, estando presentes, no mínimo, três candidatos;
II - nas eleições proporcionais, os debates deverão ser organizados de modo que assegurem a presença de número equivalente de candidatos de todos os partidos e coligações a um mesmo cargo eletivo, podendo desdobrar-se em mais de um dia;
III - os debates deverão ser parte de programação previamente estabelecida e divulgada pela emissora, fazendo-se mediante sorteio a escolha do dia e da ordem de fala de cada candidato, salvo se celebrado acordo em outro sentido entre os partidos e coligações interessadas.
§1º Será admitida a realização de debate sem a presença de candidato de algum partido, desde que o veículo de comunicação responsável comprove havê-lo convidado com a antecedência mínima de setenta e duas horas da realização do debate.
§2º É vedada a presença de um mesmo candidato a eleição proporcional em mais de um debate da mesma emissora.
§3º O descumprimento do disposto neste artigo sujeita a empresa infratora às penalidades previstas no art. 56.
§4º O debate será realizado segundo as regras estabelecidas em acordo celebrado entre os partidos políticos e a pessoa jurídica interessada na realização do evento, dando-se ciência à Justiça Eleitoral. *(Incluído pela Lei nº 12.034, de 2009)*
§5º Para os debates que se realizarem no primeiro turno das eleições, serão consideradas aprovadas as regras, inclusive as que definam o número de participantes, que obtiverem a concordância de pelo menos 2/3 (dois terços) dos candidatos aptos, no caso de eleição majoritária, e de pelo menos 2/3 (dois terços) dos partidos ou coligações com candidatos aptos, no caso de eleição proporcional. *(Redação dada pela Lei nº 13.165, de 2015)*

Art. 47. As emissoras de rádio e de televisão e os canais de televisão por assinatura mencionados no art. 57 reservarão, nos trinta e cinco dias anteriores à antevéspera das eleições, horário destinado à divulgação, em rede, da propaganda eleitoral gratuita, na forma estabelecida neste artigo. *(Redação dada pela Lei nº 13.165, de 2015)*
§1º A propaganda será feita:
I - na eleição para Presidente da República, às terças e quintas-feiras e aos sábados:
a) das sete horas às sete horas e doze minutos e trinta segundos e das doze horas às doze horas e doze minutos e trinta segundos, no rádio; *(Redação dada pela Lei nº 13.165, de 2015)*

b) das treze horas às treze horas e doze minutos e trinta segundos e das vinte horas e trinta minutos às vinte horas e quarenta e dois minutos e trinta segundos, na televisão; (*Redação dada pela Lei nº 13.165, de 2015*)
II - nas eleições para Deputado Federal, às terças e quintas-feiras e aos sábados:
a) das sete horas e doze minutos e trinta segundos às sete horas e vinte e cinco minutos e das doze horas e doze minutos e trinta segundos às doze horas e vinte e cinco minutos, no rádio; (*Redação dada pela Lei nº 13.165, de 2015*)
b) das treze horas e doze minutos e trinta segundos às treze horas e vinte e cinco minutos e das vinte horas e quarenta e dois minutos e trinta segundos às vinte horas e cinquenta e cinco minutos, na televisão; (*Redação dada pela Lei nº 13.165, de 2015*)
III - nas eleições para Senador, às segundas, quartas e sextas-feiras: (*Redação dada pela Lei nº 13.165, de 2015*)
a) das sete horas às sete horas e cinco minutos e das doze horas às doze horas e cinco minutos, no rádio, nos anos em que a renovação do Senado Federal se der por um terço; (*Redação dada pela Lei nº 13.165, de 2015*)
b) das treze horas às treze horas e cinco minutos e das vinte horas e trinta minutos às vinte horas e trinta e cinco minutos, na televisão, nos anos em que a renovação do Senado Federal se der por um terço; (*Redação dada pela Lei nº 13.165, de 2015*)
c) das sete horas às sete horas e sete minutos e das doze horas às doze horas e sete minutos, no rádio, nos anos em que a renovação do Senado Federal se der por dois terços; (*Redação dada pela Lei nº 13.165, de 2015*)
d) das treze horas às treze horas e sete minutos e das vinte horas e trinta e sete minutos, na televisão, nos anos em que a renovação do Senado Federal se der por dois terços; (*Redação dada pela Lei nº 13.165, de 2015*)
IV - nas eleições para Deputado Estadual e Deputado Distrital, às segundas, quartas e sextas-feiras:
a) das sete horas e cinco minutos às sete horas e quinze minutos e das doze horas e cinco minutos às doze horas e quinze minutos, no rádio, nos anos em que a renovação do Senado Federal se der por um terço; (*Redação dada pela Lei nº 13.165, de 2015*)
b) das treze horas e cinco minutos às treze horas e quinze minutos e das vinte horas e trinta e cinco minutos às vinte horas e quarenta e cinco minutos, na televisão, nos anos em que a renovação do Senado Federal se der por um terço; (*Redação dada pela Lei nº 13.165, de 2015*)
c) das sete horas e sete minutos às sete horas e dezesseis minutos e das doze horas e sete minutos às doze horas e dezesseis minutos, no rádio, nos anos em que a renovação do Senado Federal se der por dois terços; (*Redação dada pela Lei nº 13.165, de 2015*)
d) das treze horas e sete minutos às treze horas e dezesseis minutos e das vinte horas e trinta e sete minutos às vinte horas e quarenta e seis minutos, na televisão, nos anos em que a renovação do Senado Federal se der por dois terços; (*Redação dada pela Lei nº 13.165, de 2015*)
V - na eleição para Governador de Estado e do Distrito Federal, às segundas, quartas e sextas-feiras: (*Redação dada pela Lei nº 13.165, de 2015*)
a) das sete horas e quinze minutos às sete horas e vinte e cinco minutos e das doze horas e quinze minutos às doze horas e vinte e cinco minutos, no rádio, nos anos em que a renovação do Senado Federal se der por um terço; (*Redação dada pela Lei nº 13.165, de 2015*)
b) das treze horas e quinze minutos às treze horas e vinte e cinco minutos e das vinte horas e quarenta e cinco minutos às vinte horas e cinquenta e cinco minutos, na televisão, nos anos em que a renovação do Senado Federal se der por um terço; (*Redação dada pela Lei nº 13.165, de 2015*)
c) das sete horas e dezesseis minutos às sete horas e vinte e cinco minutos e das doze horas e dezesseis minutos às doze horas e vinte e cinco minutos, no rádio, nos anos em que a renovação do Senado Federal se der por dois terços; (*Redação dada pela Lei nº 13.165, de 2015*)

d) das treze horas e dezesseis minutos às treze horas e vinte e cinco minutos e das vinte horas e quarenta e seis minutos às vinte horas e cinquenta e cinco minutos, na televisão, nos anos em que a renovação do Senado Federal se der por dois terços; *(Redação dada pela Lei nº 13.165, de 2015)*
VI - nas eleições para Prefeito, de segunda a sábado: *(Redação dada pela Lei nº 13.165, de 2015)*
a) das sete horas às sete horas e dez minutos e das doze horas às doze horas e dez minutos, no rádio; *(Redação dada pela Lei nº 13.165, de 2015)*
b) das treze horas às treze horas e dez minutos e das vinte horas e trinta minutos às vinte horas e quarenta minutos, na televisão; *(Redação dada pela Lei nº 13.165, de 2015)*
VII - ainda nas eleições para Prefeito, e também nas de Vereador, mediante inserções de trinta e sessenta segundos, no rádio e na televisão, totalizando setenta minutos diários, de segunda-feira a domingo, distribuídas ao longo da programação veiculada entre as cinco e as vinte e quatro horas, na proporção de 60% (sessenta por cento) para Prefeito e 40% (quarenta por cento) para Vereador. *(Redação dada pela Lei nº 13.165, de 2015)*
§1º-A Somente serão exibidas as inserções de televisão a que se refere o inciso VII do §1º nos Municípios em que houver estação geradora de serviços de radiodifusão de sons e imagens. *(Incluído pela Lei nº 13.165, de 2015)*
§2º Os horários reservados à propaganda de cada eleição, nos termos do §1º, serão distribuídos entre todos os partidos e coligações que tenham candidato, observados os seguintes critérios: *(Redação dada pela Lei nº 12.875, de 2013)* *(Vide ADI-5105)*
I - 90% (noventa por cento) distribuídos proporcionalmente ao número de representantes na Câmara dos Deputados, considerados, no caso de coligação para eleições majoritárias, o resultado da soma do número de representantes dos seis maiores partidos que a integrem e, nos casos de coligações para eleições proporcionais, o resultado da soma do número de representantes de todos os partidos que a integrem; *(Redação dada pela Lei nº 13.165, de 2015)*
II - 10% (dez por cento) distribuídos igualitariamente. *(Redação dada pela Lei nº 13.165, de 2015)*
§3º Para efeito do disposto neste artigo, a representação de cada partido na Câmara dos Deputados é a resultante da eleição. *(Redação dada pela Lei nº 11.300, de 2006)*
§4º O número de representantes de partido que tenha resultado de fusão ou a que se tenha incorporado outro corresponderá à soma dos representantes que os partidos de origem possuíam na data mencionada no parágrafo anterior.
§5º Se o candidato a Presidente ou a Governador deixar de concorrer, em qualquer etapa do pleito, e não havendo a substituição prevista no art. 13 desta Lei, far-se-á nova distribuição do tempo entre os candidatos remanescentes.
§6º Aos partidos e coligações que, após a aplicação dos critérios de distribuição referidos no caput, obtiverem direito a parcela do horário eleitoral inferior a trinta segundos, será assegurado o direito de acumulá-lo para uso em tempo equivalente.
§7º Para efeito do disposto no §2º, serão desconsideradas as mudanças de filiação partidária em quaisquer hipóteses. *(Redação dada pela Lei nº 13.107, de 2015)*
§8º As mídias com as gravações da propaganda eleitoral no rádio e na televisão serão entregues às emissoras, inclusive nos sábados, domingos e feriados, com a antecedência mínima: *(Incluído pela Lei nº 12.891, de 2013)*
I - de 6 (seis) horas do horário previsto para o início da transmissão, no caso dos programas em rede; *(Incluído pela Lei nº 12.891, de 2013)*
II - de 12 (doze) horas do horário previsto para o início da transmissão, no caso das inserções. *(Incluído pela Lei nº 12.891, de 2013)*
§9º As emissoras de rádio sob responsabilidade do Senado Federal e da Câmara dos Deputados instaladas em localidades fora do Distrito Federal são dispensadas da veiculação da propaganda eleitoral gratuita dos pleitos referidos nos incisos II a VI do §1º. *(Incluído pela Lei nº 13.165, de 2015)*

Art. 48. Nas eleições para Prefeitos e Vereadores, nos Municípios em que não haja emissora de rádio e televisão, a Justiça Eleitoral garantirá aos Partidos Políticos participantes do pleito a veiculação de propaganda eleitoral gratuita nas localidades aptas à realização de segundo turno de eleições e nas quais seja operacionalmente viável realizar a retransmissão. (*Redação dada pela Lei nº 12.034, de 2009*)
§1º (*Revogado pela Lei nº 13.165, de 2015*)
§2º (*Revogado pela Lei nº 13.165, de 2015*)

Art. 49. Se houver segundo turno, as emissoras de rádio e televisão reservarão, a partir de quarenta e oito horas da proclamação dos resultados do primeiro turno e até a antevéspera da eleição, horário destinado à divulgação da propaganda eleitoral gratuita, dividido em dois períodos diários de vinte minutos para cada eleição, iniciando-se às sete e às doze horas, no rádio, e às treze e às vinte horas e trinta minutos, na televisão.
§1º Em circunscrição onde houver segundo turno para Presidente e Governador, o horário reservado à propaganda deste iniciar-se-á imediatamente após o término do horário reservado ao primeiro.
§2º O tempo de cada período diário será dividido igualitariamente entre os candidatos.

Art. 50. A Justiça Eleitoral efetuará sorteio para a escolha da ordem de veiculação da propaganda de cada partido ou coligação no primeiro dia do horário eleitoral gratuito; a cada dia que se seguir, a propaganda veiculada por último, na véspera, será a primeira, apresentando-se as demais na ordem do sorteio.

Art. 51. Durante os períodos previstos nos arts. 47 e 49, as emissoras de rádio e televisão e os canais por assinatura mencionados no art. 57 reservarão, ainda, setenta minutos diários para a propaganda eleitoral gratuita, a serem usados em inserções de trinta e sessenta segundos, a critério do respectivo partido ou coligação, assinadas obrigatoriamente pelo partido ou coligação, e distribuídas, ao longo da programação veiculada entre as cinco e as vinte quatro horas, nos termos do §2º do art. 47, obedecido o seguinte: (*Redação dada pela Lei nº 13.165, de 2015*)
I - o tempo será dividido em partes iguais para a utilização nas campanhas dos candidatos às eleições majoritárias e proporcionais, bem como de suas legendas partidárias ou das que componham a coligação, quando for o caso;
II - (revogado); (*Redação dada pela Lei nº 13.165, de 2015*)
III - a distribuição levará em conta os blocos de audiência entre as cinco e as onze horas, as onze e as dezoito horas, e as dezoito e as vinte e quatro horas; (*Redação dada pela Lei nº 13.165, de 2015*)
IV - na veiculação das inserções, é vedada a divulgação de mensagens que possam degradar ou ridicularizar candidato, partido ou coligação, aplicando-se-lhes, ainda, todas as demais regras aplicadas ao horário de propaganda eleitoral, previstas no art. 47. (*Redação dada pela Lei nº 12.891, de 2013*)
Parágrafo único. É vedada a veiculação de inserções idênticas no mesmo intervalo de programação, exceto se o número de inserções de que dispuser o partido exceder os intervalos disponíveis, sendo vedada a transmissão em sequência para o mesmo partido político. (*Incluído pela Lei nº 12.891, de 2013*)

Art. 52. A partir do dia 15 de agosto do ano da eleição, a Justiça Eleitoral convocará os partidos e a representação das emissoras de televisão para elaborarem plano de mídia, nos termos do art. 51, para o uso da parcela do horário eleitoral gratuito a que tenham direito, garantida a todos participação nos horários de maior e menor audiência. (*Redação dada pela Lei nº 13.165, de 2015*)

Art. 53. Não serão admitidos cortes instantâneos ou qualquer tipo de censura prévia nos programas eleitorais gratuitos.

§1º É vedada a veiculação de propaganda que possa degradar ou ridicularizar candidatos, sujeitando-se o partido ou coligação infratores à perda do direito à veiculação de propaganda no horário eleitoral gratuito do dia seguinte.
§2º Sem prejuízo do disposto no parágrafo anterior, a requerimento de partido, coligação ou candidato, a Justiça Eleitoral impedirá a reapresentação de propaganda ofensiva à honra de candidato, à moral e aos bons costumes.

Art. 53-A. É vedado aos partidos políticos e às coligações incluir no horário destinado aos candidatos às eleições proporcionais propaganda das candidaturas a eleições majoritárias ou vice-versa, ressalvada a utilização, durante a exibição do programa, de legendas com referência aos candidatos majoritários ou, ao fundo, de cartazes ou fotografias desses candidatos, ficando autorizada a menção ao nome e ao número de qualquer candidato do partido ou da coligação. (*Redação dada pela Lei nº 12.891, de 2013*)
§1º É facultada a inserção de depoimento de candidatos a eleições proporcionais no horário da propaganda das candidaturas majoritárias e vice-versa, registrados sob o mesmo partido ou coligação, desde que o depoimento consista exclusivamente em pedido de voto ao candidato que cedeu o tempo. (*Incluído pela Lei nº 12.034, de 2009*)
§2º Fica vedada a utilização da propaganda de candidaturas proporcionais como propaganda de candidaturas majoritárias e vice-versa. (*Incluído pela Lei nº 12.034, de 2009*)
§3º O partido político ou a coligação que não observar a regra contida neste artigo perderá, em seu horário de propaganda gratuita, tempo equivalente no horário reservado à propaganda da eleição disputada pelo candidato beneficiado. (*Incluído pela Lei nº 12.034, de 2009*)

Art. 54. Nos programas e inserções de rádio e televisão destinados à propaganda eleitoral gratuita de cada partido ou coligação só poderão aparecer, em gravações internas e externas, observado o disposto no §2º, candidatos, caracteres com propostas, fotos, jingles, clipes com música ou vinhetas, inclusive de passagem, com indicação do número do candidato ou do partido, bem como seus apoiadores, inclusive os candidatos de que trata o §1º do art. 53-A, que poderão dispor de até 25% (vinte e cinco por cento) do tempo de cada programa ou inserção, sendo vedadas montagens, trucagens, computação gráfica, desenhos animados e efeitos especiais. (*Redação dada pela Lei nº 13.165, de 2015*)
§1º No segundo turno das eleições não será permitida, nos programas de que trata este artigo, a participação de filiados a partidos que tenham formalizado o apoio a outros candidatos. (*Redação dada pela Lei nº 13.165, de 2015*)
§2º Será permitida a veiculação de entrevistas com o candidato e de cenas externas nas quais ele, pessoalmente, exponha: (*Incluído pela Lei nº 13.165, de 2015*)
I - realizações de governo ou da administração pública; (*Incluído pela Lei nº 13.165, de 2015*)
II - falhas administrativas e deficiências verificadas em obras e serviços públicos em geral; (*Incluído pela Lei nº 13.165, de 2015*)
III - atos parlamentares e debates legislativos. (*Incluído pela Lei nº 13.165, de 2015*)

Art. 55. Na propaganda eleitoral no horário gratuito, são aplicáveis ao partido, coligação ou candidato as vedações indicadas nos incisos I e II do art. 45.
Parágrafo único. A inobservância do disposto neste artigo sujeita o partido ou coligação à perda de tempo equivalente ao dobro do usado na prática do ilícito, no período do horário gratuito subsequente, dobrada a cada reincidência, devendo o tempo correspondente ser veiculado após o programa dos demais candidatos com a informação de que a não veiculação do programa resulta de infração da lei eleitoral. (*Redação dada pela Lei nº 12.891, de 2013*)

Art. 56. A requerimento de partido, coligação ou candidato, a Justiça Eleitoral poderá determinar a suspensão, por vinte e quatro horas, da programação normal de emissora que deixar de cumprir as disposições desta Lei sobre propaganda.

§1º No período de suspensão a que se refere este artigo, a Justiça Eleitoral veiculará mensagem de orientação ao eleitor, intercalada, a cada 15 (quinze) minutos. (*Redação dada pela Lei nº 12.891, de 2013*)
§2º Em cada reiteração de conduta, o período de suspensão será duplicado.

Art. 57. As disposições desta Lei aplicam-se às emissoras de televisão que operam em VHF e UHF e os canais de televisão por assinatura sob a responsabilidade do Senado Federal, da Câmara dos Deputados, das Assembléias Legislativas, da Câmara Legislativa do Distrito Federal ou das Câmaras Municipais.

Art. 57-A. É permitida a propaganda eleitoral na internet, nos termos desta Lei, após o dia 15 de agosto do ano da eleição. (*Redação dada pela Lei nº 13.165, de 2015*)

Art. 57-B. A propaganda eleitoral na internet poderá ser realizada nas seguintes formas: (*Incluído pela Lei nº 12.034, de 2009)(Vide Lei nº 12.034, de 2009*)
I - em sítio do candidato, com endereço eletrônico comunicado à Justiça Eleitoral e hospedado, direta ou indiretamente, em provedor de serviço de internet estabelecido no País; (*Incluído pela Lei nº 12.034, de 2009*)
II - em sítio do partido ou da coligação, com endereço eletrônico comunicado à Justiça Eleitoral e hospedado, direta ou indiretamente, em provedor de serviço de internet estabelecido no País; (*Incluído pela Lei nº 12.034, de 2009*)
III - por meio de mensagem eletrônica para endereços cadastrados gratuitamente pelo candidato, partido ou coligação; (*Incluído pela Lei nº 12.034, de 2009*)
IV - por meio de blogs, redes sociais, sítios de mensagens instantâneas e assemelhados, cujo conteúdo seja gerado ou editado por candidatos, partidos ou coligações ou de iniciativa de qualquer pessoa natural. (*Incluído pela Lei nº 12.034, de 2009*)

Art. 57-C. Na internet, é vedada a veiculação de qualquer tipo de propaganda eleitoral paga. (*Incluído pela Lei nº 12.034, de 2009*)
§1º É vedada, ainda que gratuitamente, a veiculação de propaganda eleitoral na internet, em sítios: (*Incluído pela Lei nº 12.034, de 2009*)
I - de pessoas jurídicas, com ou sem fins lucrativos; (*Incluído pela Lei nº 12.034, de 2009*)
II - oficiais ou hospedados por órgãos ou entidades da administração pública direta ou indireta da União, dos Estados, do Distrito Federal e dos Municípios. (*Incluído pela Lei nº 12.034, de 2009*)
§2º A violação do disposto neste artigo sujeita o responsável pela divulgação da propaganda e, quando comprovado seu prévio conhecimento, o beneficiário à multa no valor de R$ 5.000,00 (cinco mil reais) a R$ 30.000,00 (trinta mil reais). (*Incluído pela Lei nº 12.034, de 2009*)

Art. 57-D. É livre a manifestação do pensamento, vedado o anonimato durante a campanha eleitoral, por meio da rede mundial de computadores - internet, assegurado o direito de resposta, nos termos das alíneas a, b e c do inciso IV do §3º do art. 58 e do 58-A, e por outros meios de comunicação interpessoal mediante mensagem eletrônica. (*Incluído pela Lei nº 12.034, de 2009*)
§1º (VETADO) (*Incluído pela Lei nº 12.034, de 2009*)
§2º A violação do disposto neste artigo sujeitará o responsável pela divulgação da propaganda e, quando comprovado seu prévio conhecimento, o beneficiário à multa no valor de R$ 5.000,00 (cinco mil reais) a R$ 30.000,00 (trinta mil reais). (*Incluído pela Lei nº 12.034, de 2009*)
§3º Sem prejuízo das sanções civis e criminais aplicáveis ao responsável, a Justiça Eleitoral poderá determinar, por solicitação do ofendido, a retirada de publicações que contenham

agressões ou ataques a candidatos em sítios da internet, inclusive redes sociais. *(Incluído pela Lei nº 12.891, de 2013)*

Art. 57-E. São vedadas às pessoas relacionadas no art. 24 a utilização, doação ou cessão de cadastro eletrônico de seus clientes, em favor de candidatos, partidos ou coligações. *(Incluído pela Lei nº 12.034, de 2009)*
§1º É proibida a venda de cadastro de endereços eletrônicos. *(Incluído pela Lei nº 12.034, de 2009)*
§2º A violação do disposto neste artigo sujeita o responsável pela divulgação da propaganda e, quando comprovado seu prévio conhecimento, o beneficiário à multa no valor de R$ 5.000,00 (cinco mil reais) a R$ 30.000,00 (trinta mil reais). *(Incluído pela Lei nº 12.034, de 2009)*

Art. 57-F. Aplicam-se ao provedor de conteúdo e de serviços multimídia que hospeda a divulgação da propaganda eleitoral de candidato, de partido ou de coligação as penalidades previstas nesta Lei, se, no prazo determinado pela Justiça Eleitoral, contado a partir da notificação de decisão sobre a existência de propaganda irregular, não tomar providências para a cessação dessa divulgação. *(Incluído pela Lei nº 12.034, de 2009)*
Parágrafo único. O provedor de conteúdo ou de serviços multimídia só será considerado responsável pela divulgação da propaganda se a publicação do material for comprovadamente de seu prévio conhecimento. *(Incluído pela Lei nº 12.034, de 2009)*

Art. 57-G. As mensagens eletrônicas enviadas por candidato, partido ou coligação, por qualquer meio, deverão dispor de mecanismo que permita seu descadastramento pelo destinatário, obrigado o remetente a providenciá-lo no prazo de quarenta e oito horas. *(Incluído pela Lei nº 12.034, de 2009)*
Parágrafo único. Mensagens eletrônicas enviadas após o término do prazo previsto no caput sujeitam os responsáveis ao pagamento de multa no valor de R$ 100,00 (cem reais), por mensagem. *(Incluído pela Lei nº 12.034, de 2009)*

Art. 57-H. Sem prejuízo das demais sanções legais cabíveis, será punido, com multa de R$ 5.000,00 (cinco mil reais) a R$ 30.000,00 (trinta mil reais), quem realizar propaganda eleitoral na internet, atribuindo indevidamente sua autoria a terceiro, inclusive a candidato, partido ou coligação. *(Incluído pela Lei nº 12.034, de 2009)*
§1º Constitui crime a contratação direta ou indireta de grupo de pessoas com a finalidade específica de emitir mensagens ou comentários na internet para ofender a honra ou denegrir a imagem de candidato, partido ou coligação, punível com detenção de 2 (dois) a 4 (quatro) anos e multa de R$ 15.000,00 (quinze mil reais) a R$ 50.000,00 (cinquenta mil reais). *(Incluído pela Lei nº 12.891, de 2013)*
§2º Igualmente incorrem em crime, punível com detenção de 6 (seis) meses a 1 (um) ano, com alternativa de prestação de serviços à comunidade pelo mesmo período, e multa de R$ 5.000,00 (cinco mil reais) a R$ 30.000,00 (trinta mil reais), as pessoas contratadas na forma do §1º. *(Incluído pela Lei nº 12.891, de 2013)*

Art. 57-I. A requerimento de candidato, partido ou coligação, observado o rito previsto no art. 96, a Justiça Eleitoral poderá determinar a suspensão, por vinte e quatro horas, do acesso a todo conteúdo informativo dos sítios da internet que deixarem de cumprir as disposições desta Lei. *(Incluído pela Lei nº 12.034, de 2009)*
§1º A cada reiteração de conduta, será duplicado o período de suspensão. *(Incluído pela Lei nº 12.034, de 2009)*
§2º No período de suspensão a que se refere este artigo, a empresa informará, a todos os usuários que tentarem acessar seus serviços, que se encontra temporariamente inoperante por desobediência à legislação eleitoral. *(Incluído pela Lei nº 12.034, de 2009)*

Do Direito de Resposta

Art. 58. A partir da escolha de candidatos em convenção, é assegurado o direito de resposta a candidato, partido ou coligação atingidos, ainda que de forma indireta, por conceito, imagem ou afirmação caluniosa, difamatória, injuriosa ou sabidamente inverídica, difundidos por qualquer veículo de comunicação social.

§1º O ofendido, ou seu representante legal, poderá pedir o exercício do direito de resposta à Justiça Eleitoral nos seguintes prazos, contados a partir da veiculação da ofensa:
I - vinte e quatro horas, quando se tratar do horário eleitoral gratuito;
II - quarenta e oito horas, quando se tratar da programação normal das emissoras de rádio e televisão;
III - setenta e duas horas, quando se tratar de órgão da imprensa escrita.
IV - a qualquer tempo, quando se tratar de conteúdo que esteja sendo divulgado na internet, ou em 72 (setenta e duas) horas, após a sua retirada. (*Incluído pela Lei nº 13.165, de 2015*)
§2º Recebido o pedido, a Justiça Eleitoral notificará imediatamente o ofensor para que se defenda em vinte e quatro horas, devendo a decisão ser prolatada no prazo máximo de setenta e duas horas da data da formulação do pedido.
§3º Observar-se-ão, ainda, as seguintes regras no caso de pedido de resposta relativo a ofensa veiculada:
I - em órgão da imprensa escrita:
a) o pedido deverá ser instruído com um exemplar da publicação e o texto para resposta;
b) deferido o pedido, a divulgação da resposta dar-se-á no mesmo veículo, espaço, local, página, tamanho, caracteres e outros elementos de realce usados na ofensa, em até quarenta e oito horas após a decisão ou, tratando-se de veículo com periodicidade de circulação maior que quarenta e oito horas, na primeira vez em que circular;
c) por solicitação do ofendido, a divulgação da resposta será feita no mesmo dia da semana em que a ofensa foi divulgada, ainda que fora do prazo de quarenta e oito horas;
d) se a ofensa for produzida em dia e hora que inviabilizem sua reparação dentro dos prazos estabelecidos nas alíneas anteriores, a Justiça Eleitoral determinará a imediata divulgação da resposta;
e) o ofensor deverá comprovar nos autos o cumprimento da decisão, mediante dados sobre a regular distribuição dos exemplares, a quantidade impressa e o raio de abrangência na distribuição;
II - em programação normal das emissoras de rádio e de televisão:
a) a Justiça Eleitoral, à vista do pedido, deverá notificar imediatamente o responsável pela emissora que realizou o programa para que entregue em vinte e quatro horas, sob as penas do art. 347 da Lei nº 4.737, de 15 de julho de 1965 - Código Eleitoral, cópia da fita da transmissão, que será devolvida após a decisão;
b) o responsável pela emissora, ao ser notificado pela Justiça Eleitoral ou informado pelo reclamante ou representante, por cópia protocolada do pedido de resposta, preservará a gravação até a decisão final do processo;
c) deferido o pedido, a resposta será dada em até quarenta e oito horas após a decisão, em tempo igual ao da ofensa, porém nunca inferior a um minuto;
III - no horário eleitoral gratuito:
a) o ofendido usará, para a resposta, tempo igual ao da ofensa, nunca inferior, porém, a um minuto;
b) a resposta será veiculada no horário destinado ao partido ou coligação responsável pela ofensa, devendo necessariamente dirigir-se aos fatos nela veiculados;
c) se o tempo reservado ao partido ou coligação responsável pela ofensa for inferior a um minuto, a resposta será levada ao ar tantas vezes quantas sejam necessárias para a sua complementação;

d) deferido o pedido para resposta, a emissora geradora e o partido ou coligação atingidos deverão ser notificados imediatamente da decisão, na qual deverão estar indicados quais os períodos, diurno ou noturno, para a veiculação da resposta, que deverá ter lugar no início do programa do partido ou coligação;
e) o meio magnético com a resposta deverá ser entregue à emissora geradora, até trinta e seis horas após a ciência da decisão, para veiculação no programa subseqüente do partido ou coligação em cujo horário se praticou a ofensa;
f) se o ofendido for candidato, partido ou coligação que tenha usado o tempo concedido sem responder aos fatos veiculados na ofensa, terá subtraído tempo idêntico do respectivo programa eleitoral; tratando-se de terceiros, ficarão sujeitos à suspensão de igual tempo em eventuais novos pedidos de resposta e à multa no valor de duas mil a cinco mil UFIR.
IV - em propaganda eleitoral na internet: (*Incluído pela Lei nº 12.034, de 2009*)
a) deferido o pedido, a divulgação da resposta dar-se-á no mesmo veículo, espaço, local, horário, página eletrônica, tamanho, caracteres e outros elementos de realce usados na ofensa, em até quarenta e oito horas após a entrega da mídia física com a resposta do ofendido; (*Incluído pela Lei nº 12.034, de 2009*)
b) a resposta ficará disponível para acesso pelos usuários do serviço de internet por tempo não inferior ao dobro em que esteve disponível a mensagem considerada ofensiva; (*Incluído pela Lei nº 12.034, de 2009*)
c) os custos de veiculação da resposta correrão por conta do responsável pela propaganda original. (*Incluído pela Lei nº 12.034, de 2009*)
§4º Se a ofensa ocorrer em dia e hora que inviabilizem sua reparação dentro dos prazos estabelecidos nos parágrafos anteriores, a resposta será divulgada nos horários que a Justiça Eleitoral determinar, ainda que nas quarenta e oito horas anteriores ao pleito, em termos e forma previamente aprovados, de modo a não ensejar tréplica.
§5º Da decisão sobre o exercício do direito de resposta cabe recurso às instâncias superiores, em vinte e quatro horas da data de sua publicação em cartório ou sessão, assegurado ao recorrido oferecer contra-razões em igual prazo, a contar da sua notificação.
§6º A Justiça Eleitoral deve proferir suas decisões no prazo máximo de vinte e quatro horas, observando-se o disposto nas alíneas d e e do inciso III do §3º para a restituição do tempo em caso de provimento de recurso.
§7º A inobservância do prazo previsto no parágrafo anterior sujeita a autoridade judiciária às penas previstas no art. 345 da Lei nº 4.737, de 15 de julho de 1965 - Código Eleitoral.
§8º O não-cumprimento integral ou em parte da decisão que conceder a resposta sujeitará o infrator ao pagamento de multa no valor de cinco mil a quinze mil UFIR, duplicada em caso de reiteração de conduta, sem prejuízo do disposto no art. 347 da Lei nº 4.737, de 15 de julho de 1965 - Código Eleitoral.
§9º Caso a decisão de que trata o §2º não seja prolatada em 72 (setenta e duas) horas da data da formulação do pedido, a Justiça Eleitoral, de ofício, providenciará a alocação de Juiz auxiliar. (*Incluído pela Lei nº 12.891, de 2013*)

Art. 58-A. Os pedidos de direito de resposta e as representações por propaganda eleitoral irregular em rádio, televisão e internet tramitarão preferencialmente em relação aos demais processos em curso na Justiça Eleitoral. (*Incluído pela Lei nº 12.034, de 2009*)

Do Sistema Eletrônico de Votação e da Totalização dos Votos

Art. 59. A votação e a totalização dos votos serão feitas por sistema eletrônico, podendo o Tribunal Superior Eleitoral autorizar, em caráter excepcional, a aplicação das regras fixadas nos arts. 83 a 89.
§1º A votação eletrônica será feita no número do candidato ou da legenda partidária, devendo o nome e fotografia do candidato e o nome do partido ou a legenda partidária aparecer no painel da urna eletrônica, com a expressão designadora do cargo disputado no masculino ou feminino, conforme o caso.

§2º Na votação para as eleições proporcionais, serão computados para a legenda partidária os votos em que não seja possível a identificação do candidato, desde que o número identificador do partido seja digitado de forma correta.
§3º A urna eletrônica exibirá para o eleitor os painéis na seguinte ordem: (*Redação dada pela Lei nº 12.976, de 2014*)
I - para as eleições de que trata o inciso I do parágrafo único do art. 1º, Deputado Federal, Deputado Estadual ou Distrital, Senador, Governador e Vice-Governador de Estado ou do Distrito Federal, Presidente e Vice-Presidente da República; (*Incluído pela Lei nº 12.976, de 2014*)
II - para as eleições de que trata o inciso II do parágrafo único do art. 1º, Vereador, Prefeito e Vice-Prefeito. (*Incluído pela Lei nº 12.976, de 2014*)
§4º A urna eletrônica disporá de recursos que, mediante assinatura digital, permitam o registro digital de cada voto e a identificação da urna em que foi registrado, resguardado o anonimato do eleitor. (*Redação dada pela Lei nº 10.740, de 1º.10.2003*)
§5º Caberá à Justiça Eleitoral definir a chave de segurança e a identificação da urna eletrônica de que trata o §4º. (*Redação dada pela Lei nº 10.740, de 1º.10.2003*)
§6º Ao final da eleição, a urna eletrônica procederá à assinatura digital do arquivo de votos, com aplicação do registro de horário e do arquivo do boletim de urna, de maneira a impedir a substituição de votos e a alteração dos registros dos termos de início e término da votação. (*Redação dada pela Lei nº 10.740, de 1º.10.2003*)
§7º O Tribunal Superior Eleitoral colocará à disposição dos eleitores urnas eletrônicas destinadas a treinamento. (*Redação dada pela Lei nº 10.740, de 1º.10.2003*)
§8º O Tribunal Superior Eleitoral colocará à disposição dos eleitores urnas eletrônicas destinadas a treinamento. (*Parágrafo incluído pela Lei nº 10.408, de 10.1.2002*)

Art. 59-A. No processo de votação eletrônica, a urna imprimirá o registro de cada voto, que será depositado, de forma automática e sem contato manual do eleitor, em local previamente lacrado. (*Promulgação*)
Parágrafo único. O processo de votação não será concluído até que o eleitor confirme a correspondência entre o teor de seu voto e o registro impresso e exibido pela urna eletrônica. (*Promulgação*)

Art. 60. No sistema eletrônico de votação considerar-se-á voto de legenda quando o eleitor assinalar o número do partido no momento de votar para determinado cargo e somente para este será computado.

Art. 61. A urna eletrônica contabilizará cada voto, assegurando-lhe o sigilo e inviolabilidade, garantida aos partidos políticos, coligações e candidatos ampla fiscalização.

Art. 61A.(Revogada pela Lei nº 10.740, de 1º.10.2003)

Art. 62. Nas Seções em que for adotada a urna eletrônica, somente poderão votar eleitores cujos nomes estiverem nas respectivas folhas de votação, não se aplicando a ressalva a que se refere o art. 148, §1º, da Lei nº 4.737, de 15 de julho de 1965 - Código Eleitoral.
Parágrafo único. O Tribunal Superior Eleitoral disciplinará a hipótese de falha na urna eletrônica que prejudique o regular processo de votação.

Das Mesas Receptoras

Art. 63. Qualquer partido pode reclamar ao Juiz Eleitoral, no prazo de cinco dias, da nomeação da Mesa Receptora, devendo a decisão ser proferida em 48 horas.
§1º Da decisão do Juiz Eleitoral caberá recurso para o Tribunal Regional, interposto dentro de três dias, devendo ser resolvido em igual prazo.
§2º Não podem ser nomeados presidentes e mesários os menores de dezoito anos.

Art. 64. É vedada a participação de parentes em qualquer grau ou de servidores da mesma repartição pública ou empresa privada na mesma Mesa, Turma ou Junta Eleitoral.

Da Fiscalização das Eleições

Art. 65. A escolha de fiscais e delegados, pelos partidos ou coligações, não poderá recair em menor de dezoito anos ou em quem, por nomeação do Juiz Eleitoral, já faça parte de Mesa Receptora.

§1º O fiscal poderá ser nomeado para fiscalizar mais de uma Seção Eleitoral, no mesmo local de votação.

§2º As credenciais de fiscais e delegados serão expedidas, exclusivamente, pelos partidos ou coligações.

§3º Para efeito do disposto no parágrafo anterior, o presidente do partido ou o representante da coligação deverá registrar na Justiça Eleitoral o nome das pessoas autorizadas a expedir as credenciais dos fiscais e delegados.

§4º Para o acompanhamento dos trabalhos de votação, só será permitido o credenciamento de, no máximo, 2 (dois) fiscais de cada partido ou coligação por seção eleitoral. *(Incluído pela Lei nº 12.891, de 2013)*

Art. 66. Os partidos e coligações poderão fiscalizar todas as fases do processo de votação e apuração das eleições e o processamento eletrônico da totalização dos resultados. *(Redação dada pela Lei nº 10.408, de 10.1.2002)*

§1º Todos os programas de computador de propriedade do Tribunal Superior Eleitoral, desenvolvidos por ele ou sob sua encomenda, utilizados nas urnas eletrônicas para os processos de votação, apuração e totalização, poderão ter suas fases de especificação e de desenvolvimento acompanhadas por técnicos indicados pelos partidos políticos, Ordem dos Advogados do Brasil e Ministério Público, até seis meses antes das eleições. *(Redação dada pela Lei nº 10.740, de 1º.10.2003)*

§2º Uma vez concluídos os programas a que se refere o §1º, serão eles apresentados, para análise, aos representantes credenciados dos partidos políticos e coligações, até vinte dias antes das eleições, nas dependências do Tribunal Superior Eleitoral, na forma de programas-fonte e de programas executáveis, inclusive os sistemas aplicativo e de segurança e as bibliotecas especiais, sendo que as chaves eletrônicas privadas e senhas eletrônicas de acesso manter-se-ão no sigilo da Justiça Eleitoral. Após a apresentação e conferência, serão lacradas cópias dos programas-fonte e dos programas compilados. *(Redação dada pela Lei nº 10.740, de 1º.10.2003)*

§3º No prazo de cinco dias a contar da data da apresentação referida no §2º, o partido político e a coligação poderão apresentar impugnação fundamentada à Justiça Eleitoral. *(Redação dada pela Lei nº 10.740, de 1º.10.2003)*

§4º Havendo a necessidade de qualquer alteração nos programas, após a apresentação de que trata o §3º, dar-se-á conhecimento do fato aos representantes dos partidos políticos e das coligações, para que sejam novamente analisados e lacrados. *(Redação dada pela Lei nº 10.740, de 1º.10.2003)*

§5º A carga ou preparação das urnas eletrônicas será feita em sessão pública, com prévia convocação dos fiscais dos partidos e coligações para a assistirem e procederem aos atos de fiscalização, inclusive para verificarem se os programas carregados nas urnas são idênticos aos que foram lacrados na sessão referida no §2º deste artigo, após o que as urnas serão lacradas. *(Parágrafo incluído pela Lei nº 10.408, de 10.1.2002)*

§6º No dia da eleição, será realizada, por amostragem, auditoria de verificação do funcionamento das urnas eletrônicas, através de votação paralela, na presença dos fiscais dos partidos e coligações, nos moldes fixados em resolução do Tribunal Superior Eleitoral. *(Parágrafo incluído pela Lei nº 10.408, de 10.1.2002)*

§7º Os partidos concorrentes ao pleito poderão constituir sistema próprio de fiscalização, apuração e totalização dos resultados contratando, inclusive, empresas de auditoria de sistemas, que, credenciadas junto à Justiça Eleitoral, receberão, previamente, os programas de computador e os mesmos dados alimentadores do sistema oficial de apuração e totalização. (*Parágrafo incluído pela Lei nº 10.408, de 10.1.2002*)

Art. 67. Os órgãos encarregados do processamento eletrônico de dados são obrigados a fornecer aos partidos ou coligações, no momento da entrega ao Juiz Encarregado, cópias dos dados do processamento parcial de cada dia, contidos em meio magnético.

Art. 68. O boletim de urna, segundo modelo aprovado pelo Tribunal Superior Eleitoral, conterá os nomes e os números dos candidatos nela votados.
§1º O Presidente da Mesa Receptora é obrigado a entregar cópia do boletim de urna aos partidos e coligações concorrentes ao pleito cujos representantes o requeiram até uma hora após a expedição.
§2º O descumprimento do disposto no parágrafo anterior constitui crime, punível com detenção, de um a três meses, com a alternativa de prestação de serviço à comunidade pelo mesmo período, e multa no valor de um mil a cinco mil UFIR.

Art. 69. A impugnação não recebida pela Junta Eleitoral pode ser apresentada diretamente ao Tribunal Regional Eleitoral, em quarenta e oito horas, acompanhada de declaração de duas testemunhas.
Parágrafo único. O Tribunal decidirá sobre o recebimento em quarenta e oito horas, publicando o acórdão na própria sessão de julgamento e transmitindo imediatamente à Junta, via telex, fax ou qualquer outro meio eletrônico, o inteiro teor da decisão e da impugnação.

Art. 70. O Presidente de Junta Eleitoral que deixar de receber ou de mencionar em ata os protestos recebidos, ou ainda, impedir o exercício de fiscalização, pelos partidos ou coligações, deverá ser imediatamente afastado, além de responder pelos crimes previstos na Lei nº 4.737, de 15 de julho de 1965 - Código Eleitoral.

Art. 71. Cumpre aos partidos e coligações, por seus fiscais e delegados devidamente credenciados, e aos candidatos, proceder à instrução dos recursos interpostos contra a apuração, juntando, para tanto, cópia do boletim relativo à urna impugnada.
Parágrafo único. Na hipótese de surgirem obstáculos à obtenção do boletim, caberá ao recorrente requerer, mediante a indicação dos dados necessários, que o órgão da Justiça Eleitoral perante o qual foi interposto o recurso o instrua, anexando o respectivo boletim de urna.

Art. 72. Constituem crimes, puníveis com reclusão, de cinco a dez anos:
I - obter acesso a sistema de tratamento automático de dados usado pelo serviço eleitoral, a fim de alterar a apuração ou a contagem de votos;
II - desenvolver ou introduzir comando, instrução, ou programa de computador capaz de destruir, apagar, eliminar, alterar, gravar ou transmitir dado, instrução ou programa ou provocar qualquer outro resultado diverso do esperado em sistema de tratamento automático de dados usados pelo serviço eleitoral;
III - causar, propositadamente, dano físico ao equipamento usado na votação ou na totalização de votos ou a suas partes.
Das Condutas Vedadas aos Agentes Públicos em Campanhas Eleitorais

Art. 73. São proibidas aos agentes públicos, servidores ou não, as seguintes condutas tendentes a afetar a igualdade de oportunidades entre candidatos nos pleitos eleitorais:

I - ceder ou usar, em benefício de candidato, partido político ou coligação, bens móveis ou imóveis pertencentes à administração direta ou indireta da União, dos Estados, do Distrito Federal, dos Territórios e dos Municípios, ressalvada a realização de convenção partidária;
II - usar materiais ou serviços, custeados pelos Governos ou Casas Legislativas, que excedam as prerrogativas consignadas nos regimentos e normas dos órgãos que integram;
III - ceder servidor público ou empregado da administração direta ou indireta federal, estadual ou municipal do Poder Executivo, ou usar de seus serviços, para comitês de campanha eleitoral de candidato, partido político ou coligação, durante o horário de expediente normal, salvo se o servidor ou empregado estiver licenciado;
IV - fazer ou permitir uso promocional em favor de candidato, partido político ou coligação, de distribuição gratuita de bens e serviços de caráter social custeados ou subvencionados pelo Poder Público;
V - nomear, contratar ou de qualquer forma admitir, demitir sem justa causa, suprimir ou readaptar vantagens ou por outros meios dificultar ou impedir o exercício funcional e, ainda, ex officio, remover, transferir ou exonerar servidor público, na circunscrição do pleito, nos três meses que o antecedem e até a posse dos eleitos, sob pena de nulidade de pleno direito, ressalvados:
a) a nomeação ou exoneração de cargos em comissão e designação ou dispensa de funções de confiança;
b) a nomeação para cargos do Poder Judiciário, do Ministério Público, dos Tribunais ou Conselhos de Contas e dos órgãos da Presidência da República;
c) a nomeação dos aprovados em concursos públicos homologados até o início daquele prazo;
d) a nomeação ou contratação necessária à instalação ou ao funcionamento inadiável de serviços públicos essenciais, com prévia e expressa autorização do Chefe do Poder Executivo;
e) a transferência ou remoção ex officio de militares, policiais civis e de agentes penitenciários;
VI - nos três meses que antecedem o pleito:
a) realizar transferência voluntária de recursos da União aos Estados e Municípios, e dos Estados aos Municípios, sob pena de nulidade de pleno direito, ressalvados os recursos destinados a cumprir obrigação formal preexistente para execução de obra ou serviço em andamento e com cronograma prefixado, e os destinados a atender situações de emergência e de calamidade pública;
b) com exceção da propaganda de produtos e serviços que tenham concorrência no mercado, autorizar publicidade institucional dos atos, programas, obras, serviços e campanhas dos órgãos públicos federais, estaduais ou municipais, ou das respectivas entidades da administração indireta, salvo em caso de grave e urgente necessidade pública, assim reconhecida pela Justiça Eleitoral;
c) fazer pronunciamento em cadeia de rádio e televisão, fora do horário eleitoral gratuito, salvo quando, a critério da Justiça Eleitoral, tratar-se de matéria urgente, relevante e característica das funções de governo;
VII - realizar, no primeiro semestre do ano de eleição, despesas com publicidade dos órgãos públicos federais, estaduais ou municipais, ou das respectivas entidades da administração indireta, que excedam a média dos gastos no primeiro semestre dos três últimos anos que antecedem o pleito; (*Redação dada pela Lei nº 13.165, de 2015*)
VIII - fazer, na circunscrição do pleito, revisão geral da remuneração dos servidores públicos que exceda a recomposição da perda de seu poder aquisitivo ao longo do ano da eleição, a partir do início do prazo estabelecido no art. 7º desta Lei e até a posse dos eleitos.
§1º Reputa-se agente público, para os efeitos deste artigo, quem exerce, ainda que transitoriamente ou sem remuneração, por eleição, nomeação, designação, contratação

ou qualquer outra forma de investidura ou vínculo, mandato, cargo, emprego ou função nos órgãos ou entidades da administração pública direta, indireta, ou fundacional.

§2º A vedação do inciso I do caput não se aplica ao uso, em campanha, de transporte oficial pelo Presidente da República, obedecido o disposto no art. 76, nem ao uso, em campanha, pelos candidatos a reeleição de Presidente e Vice-Presidente da República, Governador e Vice-Governador de Estado e do Distrito Federal, Prefeito e Vice-Prefeito, de suas residências oficiais para realização de contatos, encontros e reuniões pertinentes à própria campanha, desde que não tenham caráter de ato público.

§3º As vedações do inciso VI do caput, alíneas b e c, aplicam-se apenas aos agentes públicos das esferas administrativas cujos cargos estejam em disputa na eleição.

§4º O descumprimento do disposto neste artigo acarretará a suspensão imediata da conduta vedada, quando for o caso, e sujeitará os responsáveis a multa no valor de cinco a cem mil UFIR.

§5º Nos casos de descumprimento do disposto nos incisos do caput e no §10, sem prejuízo do disposto no §4º, o candidato beneficiado, agente público ou não, ficará sujeito à cassação do registro ou do diploma. (*Redação dada pela Lei nº 12.034, de 2009*)

§6º As multas de que trata este artigo serão duplicadas a cada reincidência.

§7º As condutas enumeradas no caput caracterizam, ainda, atos de improbidade administrativa, a que se refere o art. 11, inciso I, da Lei nº 8.429, de 2 de junho de 1992, e sujeitam-se às disposições daquele diploma legal, em especial às cominações do art. 12, inciso III.

§8º Aplicam-se as sanções do §4º aos agentes públicos responsáveis pelas condutas vedadas e aos partidos, coligações e candidatos que delas se beneficiarem.

§9º Na distribuição dos recursos do Fundo Partidário (*Lei nº 9.096, de 19 de setembro de 1995*) oriundos da aplicação do disposto no §4º, deverão ser excluídos os partidos beneficiados pelos atos que originaram as multas.

§10. No ano em que se realizar eleição, fica proibida a distribuição gratuita de bens, valores ou benefícios por parte da Administração Pública, exceto nos casos de calamidade pública, de estado de emergência ou de programas sociais autorizados em lei e já em execução orçamentária no exercício anterior, casos em que o Ministério Público poderá promover o acompanhamento de sua execução financeira e administrativa. (*Incluído pela Lei nº 11.300, de 2006*)

§11. Nos anos eleitorais, os programas sociais de que trata o §10 não poderão ser executados por entidade nominalmente vinculada a candidato ou por esse mantida. (*Incluído pela Lei nº 12.034, de 2009*)

§12. A representação contra a não observância do disposto neste artigo observará o rito do art. 22 da Lei Complementar nº 64, de 18 de maio de 1990, e poderá ser ajuizada até a data da diplomação. (*Incluído pela Lei nº 12.034, de 2009*)

§13. O prazo de recurso contra decisões proferidas com base neste artigo será de 3 (três) dias, a contar da data da publicação do julgamento no Diário Oficial. (*Incluído pela Lei nº 12.034, de 2009*)

Art. 74. Configura abuso de autoridade, para os fins do disposto no art. 22 da Lei Complementar nº 64, de 18 de maio de 1990, a infringência do disposto no §1º do art. 37 da Constituição Federal, ficando o responsável, se candidato, sujeito ao cancelamento do registro ou do diploma. (*Redação dada pela Lei nº 12.034, de 2009*)

Art. 75. Nos três meses que antecederem as eleições, na realização de inaugurações é vedada a contratação de shows artísticos pagos com recursos públicos.

Parágrafo único. Nos casos de descumprimento do disposto neste artigo, sem prejuízo da suspensão imediata da conduta, o candidato beneficiado, agente público ou não, ficará sujeito à cassação do registro ou do diploma. (*Incluído pela Lei nº 12.034, de 2009*)

Art. 76. O ressarcimento das despesas com o uso de transporte oficial pelo Presidente da República e sua comitiva em campanha eleitoral será de responsabilidade do partido político ou coligação a que esteja vinculado.
§1º O ressarcimento de que trata este artigo terá por base o tipo de transporte usado e a respectiva tarifa de mercado cobrada no trecho correspondente, ressalvado o uso do avião presidencial, cujo ressarcimento corresponderá ao aluguel de uma aeronave de propulsão a jato do tipo táxi aéreo.
§2º No prazo de dez dias úteis da realização do pleito, em primeiro turno, ou segundo, se houver, o órgão competente de controle interno procederá ex officio à cobrança dos valores devidos nos termos dos parágrafos anteriores.
§3º A falta do ressarcimento, no prazo estipulado, implicará a comunicação do fato ao Ministério Público Eleitoral, pelo órgão de controle interno.
§4º Recebida a denúncia do Ministério Público, a Justiça Eleitoral apreciará o feito no prazo de trinta dias, aplicando aos infratores pena de multa correspondente ao dobro das despesas, duplicada a cada reiteração de conduta.

Art. 77. É proibido a qualquer candidato comparecer, nos 3 (três) meses que precedem o pleito, a inaugurações de obras públicas. *(Redação dada pela Lei nº 12.034, de 2009)*
Parágrafo único. A inobservância do disposto neste artigo sujeita o infrator à cassação do registro ou do diploma. *(Redação dada pela Lei nº 12.034, de 2009)*

Art. 78. A aplicação das sanções cominadas no art. 73, §§4º e 5º, dar-se-á sem prejuízo de outras de caráter constitucional, administrativo ou disciplinar fixadas pelas demais leis vigentes.

Disposições Transitórias

Art. 79. O financiamento das campanhas eleitorais com recursos públicos será disciplinada em lei específica.

Art. 80. Nas eleições a serem realizadas no ano de 1998, cada partido ou coligação deverá reservar, para candidatos de cada sexo, no mínimo, vinte e cinco por cento e, no máximo, setenta e cinco por cento do número de candidaturas que puder registrar.

Art. 81.(Revogado pela Lei nº 13.165, de 2015)

Art. 82. Nas Seções Eleitorais em que não for usado o sistema eletrônico de votação e totalização de votos, serão aplicadas as regras definidas nos arts. 83 a 89 desta Lei e as pertinentes da Lei 4.737, de 15 de julho de 1965 - Código Eleitoral.

Art. 83. As cédulas oficiais serão confeccionadas pela Justiça Eleitoral, que as imprimirá com exclusividade para distribuição às Mesas Receptoras, sendo sua impressão feita em papel opaco, com tinta preta e em tipos uniformes de letras e números, identificando o gênero na denominação dos cargos em disputa.
§1º Haverá duas cédulas distintas, uma para as eleições majoritárias e outra para as proporcionais, a serem confeccionadas segundo modelos determinados pela Justiça Eleitoral.
§2º Os candidatos à eleição majoritária serão identificados pelo nome indicado no pedido de registro e pela sigla adotada pelo partido a que pertencem e deverão figurar na ordem determinada por sorteio.
§3º Para as eleições realizadas pelo sistema proporcional, a cédula terá espaços para que o eleitor escreva o nome ou o número do candidato escolhido, ou a sigla ou o número do partido de sua preferência.

§4º No prazo de quinze dias após a realização do sorteio a que se refere o §2º, os Tribunais Regionais Eleitorais divulgarão o modelo da cédula completa com os nomes dos candidatos majoritários na ordem já definida.

§5º Às eleições em segundo turno aplica-se o disposto no §2º, devendo o sorteio verificar-se até quarenta e oito horas após a proclamação do resultado do primeiro turno e a divulgação do modelo da cédula nas vinte e quatro horas seguintes.

Art. 84. No momento da votação, o eleitor dirigir-se-á à cabina duas vezes, sendo a primeira para o preenchimento da cédula destinada às eleições proporcionais, de cor branca, e a segunda para o preenchimento da cédula destinada às eleições majoritárias, de cor amarela.

Parágrafo único. A Justiça Eleitoral fixará o tempo de votação e o número de eleitores por seção, para garantir o pleno exercício do direito de voto.

Art. 85. Em caso de dúvida na apuração de votos dados a homônimos, prevalecerá o número sobre o nome do candidato.

Art. 86. No sistema de votação convencional considerar-se-á voto de legenda quando o eleitor assinalar o número do partido no local exato reservado para o cargo respectivo e somente para este será computado.

Art. 87. Na apuração, será garantido aos fiscais e delegados dos partidos e coligações o direito de observar diretamente, a distância não superior a um metro da mesa, a abertura da urna, a abertura e a contagem das cédulas e o preenchimento do boletim .

§1º O não-atendimento ao disposto no caput enseja a impugnação do resultado da urna, desde que apresentada antes da divulgação do boletim.

§2º Ao final da transcrição dos resultados apurados no boletim, o Presidente da Junta Eleitoral é obrigado a entregar cópia deste aos partidos e coligações concorrentes ao pleito cujos representantes o requeiram até uma hora após sua expedição.

§3º Para os fins do disposto no parágrafo anterior, cada partido ou coligação poderá credenciar até três fiscais perante a Junta Eleitoral, funcionando um de cada vez.

§4º O descumprimento de qualquer das disposições deste artigo constitui crime, punível com detenção de um a três meses, com a alternativa de prestação de serviços à comunidade pelo mesmo período e multa, no valor de um mil a cinco mil UFIR.

§5º O rascunho ou qualquer outro tipo de anotação fora dos boletins de urna, usados no momento da apuração dos votos, não poderão servir de prova posterior perante a Junta apuradora ou totalizadora.

§6º O boletim mencionado no §2º deverá conter o nome e o número dos candidatos nas primeiras colunas, que precederão aquelas onde serão designados os votos e o partido ou coligação.

Art. 88. O Juiz Presidente da Junta Eleitoral é obrigado a recontar a urna, quando:

I - o boletim apresentar resultado não-coincidente com o número de votantes ou discrepante dos dados obtidos no momento da apuração;

II - ficar evidenciada a atribuição de votos a candidatos inexistentes, o não-fechamento da contabilidade da urna ou a apresentação de totais de votos nulos, brancos ou válidos destoantes da média geral das demais Seções do mesmo Município, Zona Eleitoral.

Art. 89. Será permitido o uso de instrumentos que auxiliem o eleitor analfabeto a votar, não sendo a Justiça Eleitoral obrigada a fornecê-los.

Disposições Finais

Art. 90. Aos crimes definidos nesta Lei, aplica-se o disposto nos arts. 287 e 355 a 364 da Lei nº 4.737, de 15 de julho de 1965 - Código Eleitoral.
§1º Para os efeitos desta Lei, respondem penalmente pelos partidos e coligações os seus representantes legais.
§2º Nos casos de reincidência, as penas pecuniárias previstas nesta Lei aplicam-se em dobro.

Art. 90-A. (VETADO) *(Incluído pela Lei nº 11.300, de 2006)*

Art. 91. Nenhum requerimento de inscrição eleitoral ou de transferência será recebido dentro dos cento e cinqüenta dias anteriores à data da eleição.
Parágrafo único. A retenção de título eleitoral ou do comprovante de alistamento eleitoral constitui crime, punível com detenção, de um a três meses, com a alternativa de prestação de serviços à comunidade por igual período, e multa no valor de cinco mil a dez mil UFIR.

Art. 91-A. No momento da votação, além da exibição do respectivo título, o eleitor deverá apresentar documento de identificação com fotografia. *(Incluído pela Lei nº 12.034, de 2009)*
Parágrafo único. Fica vedado portar aparelho de telefonia celular, máquinas fotográficas e filmadoras, dentro da cabina de votação. *(Incluído pela Lei nº 12.034, de 2009)*

Art. 92. O Tribunal Superior Eleitoral, ao conduzir o processamento dos títulos eleitorais, determinará de ofício a revisão ou correição das Zonas Eleitorais sempre que:
I - o total de transferências de eleitores ocorridas no ano em curso seja dez por cento superior ao do ano anterior;
II - o eleitorado for superior ao dobro da população entre dez e quinze anos, somada à de idade superior a setenta anos do território daquele Município;
III - o eleitorado for superior a sessenta e cinco por cento da população projetada para aquele ano pelo Instituto Brasileiro de Geografia e Estatística - IBGE.

Art. 93. O Tribunal Superior Eleitoral poderá, nos anos eleitorais, requisitar das emissoras de rádio e televisão, no período de um mês antes do início da propaganda eleitoral a que se refere o art. 36 e nos três dias anteriores à data do pleito, até dez minutos diários, contínuos ou não, que poderão ser somados e usados em dias espaçados, para a divulgação de comunicados, boletins e instruções ao eleitorado. *(Redação dada pela Lei nº 13.165, de 2015)*

Art. 93-A. O Tribunal Superior Eleitoral, no período compreendido entre 1º de abril e 30 de julho dos anos eleitorais, promoverá, em até cinco minutos diários, contínuos ou não, requisitados às emissoras de rádio e televisão, propaganda institucional, em rádio e televisão, destinada a incentivar a participação feminina na política, bem como a esclarecer os cidadãos sobre as regras e o funcionamento do sistema eleitoral brasileiro. *(Redação dada pela Lei nº 13.165, de 2015)*

Art. 94. Os feitos eleitorais, no período entre o registro das candidaturas até cinco dias após a realização do segundo turno das eleições, terão prioridade para a participação do Ministério Público e dos Juízes de todas as Justiças e instâncias, ressalvados os processos de habeas corpus e mandado de segurança.
§1º É defeso às autoridades mencionadas neste artigo deixar de cumprir qualquer prazo desta Lei, em razão do exercício das funções regulares.
§2º O descumprimento do disposto neste artigo constitui crime de responsabilidade e será objeto de anotação funcional para efeito de promoção na carreira.

§3º Além das polícias judiciárias, os órgãos da receita federal, estadual e municipal, os tribunais e órgãos de contas auxiliarão a Justiça Eleitoral na apuração dos delitos eleitorais, com prioridade sobre suas atribuições regulares.
§4º Os advogados dos candidatos ou dos partidos e coligações serão notificados para os feitos de que trata esta Lei com antecedência mínima de vinte e quatro horas, ainda que por fax, telex ou telegrama.
§5º Nos Tribunais Eleitorais, os advogados dos candidatos ou dos partidos e coligações serão intimados para os feitos que não versem sobre a cassação do registro ou do diploma de que trata esta Lei por meio da publicação de edital eletrônico publicado na página do respectivo Tribunal na internet, iniciando-se a contagem do prazo no dia seguinte ao da divulgação. (Incluído pela Lei nº 13.165, de 2015)

Art. 94-A. Os órgãos e entidades da Administração Pública direta e indireta poderão, quando solicitados, em casos específicos e de forma motivada, pelos Tribunais Eleitorais: (Incluído pela Lei nº 11.300, de 2006)
I - fornecer informações na área de sua competência; (Incluído pela Lei nº 11.300, de 2006)
II - ceder funcionários no período de 3 (três) meses antes a 3 (três) meses depois de cada eleição. (Incluído pela Lei nº 11.300, de 2006)

Art. 94-B. (VETADO) (Incluído pela Lei nº 11.300, de 2006)

Art. 95. Ao Juiz Eleitoral que seja parte em ações judiciais que envolvam determinado candidato é defeso exercer suas funções em processo eleitoral no qual o mesmo candidato seja interessado.

Art. 96. Salvo disposições específicas em contrário desta Lei, as reclamações ou representações relativas ao seu descumprimento podem ser feitas por qualquer partido político, coligação ou candidato, e devem dirigir-se:
I - aos Juízes Eleitorais, nas eleições municipais;
II - aos Tribunais Regionais Eleitorais, nas eleições federais, estaduais e distritais;
III - ao Tribunal Superior Eleitoral, na eleição presidencial.
§1º As reclamações e representações devem relatar fatos, indicando provas, indícios e circunstâncias.
§2º Nas eleições municipais, quando a circunscrição abranger mais de uma Zona Eleitoral, o Tribunal Regional designará um Juiz para apreciar as reclamações ou representações.
§3º Os Tribunais Eleitorais designarão três juízes auxiliares para a apreciação das reclamações ou representações que lhes forem dirigidas.
§4º Os recursos contra as decisões dos juízes auxiliares serão julgados pelo Plenário do Tribunal.
§5º Recebida a reclamação ou representação, a Justiça Eleitoral notificará imediatamente o reclamado ou representado para, querendo, apresentar defesa em quarenta e oito horas.
§6º (Revogado pela Lei nº 9.840, de 28.9.99)
§7º Transcorrido o prazo previsto no §5º, apresentada ou não a defesa, o órgão competente da Justiça Eleitoral decidirá e fará publicar a decisão em vinte e quatro horas.
§8º Quando cabível recurso contra a decisão, este deverá ser apresentado no prazo de vinte e quatro horas da publicação da decisão em cartório ou sessão, assegurado ao recorrido o oferecimento de contra-razões, em igual prazo, a contar da sua notificação.
§9º Os Tribunais julgarão o recurso no prazo de quarenta e oito horas.
§10. Não sendo o feito julgado nos prazos fixados, o pedido pode ser dirigido ao órgão superior, devendo a decisão ocorrer de acordo com o rito definido neste artigo.
§11. As sanções aplicadas a candidato em razão do descumprimento de disposições desta Lei não se estendem ao respectivo partido, mesmo na hipótese de esse ter se beneficiado da conduta, salvo quando comprovada a sua participação. (Incluído pela Lei nº 13.165, de 2015)

Art. 96-A. Durante o período eleitoral, as intimações via fac-símile encaminhadas pela Justiça Eleitoral a candidato deverão ser exclusivamente realizadas na linha telefônica por ele previamente cadastrada, por ocasião do preenchimento do requerimento de registro de candidatura. (*Incluído pela Lei nº 12.034, de 2009*)
Parágrafo único. O prazo de cumprimento da determinação prevista no caput é de quarenta e oito horas, a contar do recebimento do fac-símile. (*Incluído pela Lei nº 12.034, de 2009*)

Art. 96-B. Serão reunidas para julgamento comum as ações eleitorais propostas por partes diversas sobre o mesmo fato, sendo competente para apreciá-las o juiz ou relator que tiver recebido a primeira. (*Incluído pela Lei nº 13.165, de 2015*)
§1º O ajuizamento de ação eleitoral por candidato ou partido político não impede ação do Ministério Público no mesmo sentido. (*Incluído pela Lei nº 13.165, de 2015*)
§2º Se proposta ação sobre o mesmo fato apreciado em outra cuja decisão ainda não transitou em julgado, será ela apensada ao processo anterior na instância em que ele se encontrar, figurando a parte como litisconsorte no feito principal. (Incluído pela Lei nº 13.165, de 2015)
§3º Se proposta ação sobre o mesmo fato apreciado em outra cuja decisão já tenha transitado em julgado, não será ela conhecida pelo juiz, ressalvada a apresentação de outras ou novas provas. (Incluído pela Lei nº 13.165, de 2015)

Art. 97. Poderá o candidato, partido ou coligação representar ao Tribunal Regional Eleitoral contra o Juiz Eleitoral que descumprir as disposições desta Lei ou der causa ao seu descumprimento, inclusive quanto aos prazos processuais; neste caso, ouvido o representado em vinte e quatro horas, o Tribunal ordenará a observância do procedimento que explicitar, sob pena de incorrer o Juiz em desobediência.
§1º É obrigatório, para os membros dos Tribunais Eleitorais e do Ministério Público, fiscalizar o cumprimento desta Lei pelos juízes e promotores eleitorais das instâncias inferiores, determinando, quando for o caso, a abertura de procedimento disciplinar para apuração de eventuais irregularidades que verificarem. (*Incluído pela Lei nº 12.034, de 2009*)
§2º No caso de descumprimento das disposições desta Lei por Tribunal Regional Eleitoral, a representação poderá ser feita ao Tribunal Superior Eleitoral, observado o disposto neste artigo. (*Renumerado do parágrafo único pela Lei nº 12.034, de 2009*)

Art. 97-A. Nos termos do inciso LXXVIII do art. 5º da Constituição Federal, considera-se duração razoável do processo que possa resultar em perda de mandato eletivo o período máximo de 1 (um) ano, contado da sua apresentação à Justiça Eleitoral. (*Incluído pela Lei nº 12.034, de 2009*)
§1º A duração do processo de que trata o caput abrange a tramitação em todas as instâncias da Justiça Eleitoral. (*Incluído pela Lei nº 12.034, de 2009*)
§2º Vencido o prazo de que trata o caput, será aplicável o disposto no art. 97, sem prejuízo de representação ao Conselho Nacional de Justiça. (*Incluído pela Lei nº 12.034, de 2009*)

Art. 98. Os eleitores nomeados para compor as Mesas Receptoras ou Juntas Eleitorais e os requisitados para auxiliar seus trabalhos serão dispensados do serviço, mediante declaração expedida pela Justiça Eleitoral, sem prejuízo do salário, vencimento ou qualquer outra vantagem, pelo dobro dos dias de convocação.

Art. 99. As emissoras de rádio e televisão terão direito a compensação fiscal pela cedência do horário gratuito previsto nesta Lei. Regulamento (DECRETO No 2.814, DE 22 DE OUTUBRO DE 1998) Regulamento (DECRETO Nº 5.331 DE 4 DE JANEIRO DE 2005.) Regulamento (DECRETO Nº 3.786, DE 10 DE ABRIL DE 2001.)

§1º O direito à compensação fiscal das emissoras de rádio e televisão previsto no parágrafo único do art. 52 da Lei nº 9.096, de 19 de setembro de 1995, e neste artigo, pela cedência do horário gratuito destinado à divulgação das propagandas partidárias e eleitoral, estende-se à veiculação de propaganda gratuita de plebiscitos e referendos de que dispõe o art. 8º da Lei nº 9.709, de 18 de novembro de 1998, mantido também, a esse efeito, o entendimento de que: *(Incluído pela Lei nº 12.034, de 2009)*
I – (VETADO); *(Incluído pela Lei nº 12.034, de 2009)*
II – a compensação fiscal consiste na apuração do valor correspondente a 0,8 (oito décimos) do resultado da multiplicação de 100% (cem por cento) ou de 25% (vinte e cinco por cento) do tempo, respectivamente, das inserções e das transmissões em bloco, pelo preço do espaço comercializável comprovadamente vigente, assim considerado aquele divulgado pelas emissoras de rádio e televisão por intermédio de tabela pública de preços de veiculação de publicidade, atendidas as disposições regulamentares e as condições de que trata o §2º-A; *(Redação dada pela Lei nº 12.350, de 2010)*
III – o valor apurado na forma do inciso II poderá ser deduzido do lucro líquido para efeito de determinação do lucro real, na apuração do Imposto sobre a Renda da Pessoa Jurídica (IRPJ), inclusive da base de cálculo dos recolhimentos mensais previstos na legislação fiscal (art. 2º da Lei nº 9.430, de 27 de dezembro de 1996), bem como da base de cálculo do lucro presumido. *(Incluído pela Lei nº 12.350, de 2010)*
§2º (VETADO) *(Incluído pela Lei nº 12.034, de 2009)*
§2º-A. A aplicação das tabelas públicas de preços de veiculação de publicidade, para fins de compensação fiscal, deverá atender ao seguinte: *(Incluído pela Lei nº 12.350, de 2010)*
I – deverá ser apurada mensalmente a variação percentual entre a soma dos preços efetivamente praticados, assim considerados os valores devidos às emissoras de rádio e televisão pelas veiculações comerciais locais, e o correspondente a 0,8 (oito décimos) da soma dos respectivos preços constantes da tabela pública de veiculação de publicidade; *(Incluído pela Lei nº 12.350, de 2010)*
II – a variação percentual apurada no inciso I deverá ser deduzida dos preços constantes da tabela pública a que se refere o inciso II do §1º. *(Incluído pela Lei nº 12.350, de 2010)*
§3º No caso de microempresas e empresas de pequeno porte optantes pelo Regime Especial Unificado de Arrecadação de Tributos e Contribuições (Simples Nacional), o valor integral da compensação fiscal apurado na forma do inciso II do §1º será deduzido da base de cálculo de imposto e contribuições federais devidos pela emissora, seguindo os critérios definidos pelo Comitê Gestor do Simples Nacional (CGSN). *(Redação dada pela Lei nº 12.350, de 2010)*

Art. 100. A contratação de pessoal para prestação de serviços nas campanhas eleitorais não gera vínculo empregatício com o candidato ou partido contratantes, aplicando-se à pessoa física contratada o disposto na alínea *h* do inciso V do art. 12 da Lei nº 8.212, de 24 de julho de 1991. *(Redação dada pela Lei nº 13.165, de 2015)*
Parágrafo único. Não se aplica aos partidos políticos, para fins da contratação de que trata o caput, o disposto no parágrafo único do art. 15 da Lei nº 8.212, de 24 de julho de 1991. *(Incluído pela Lei nº 13.165, de 2015)*

Art. 100-A. A contratação direta ou terceirizada de pessoal para prestação de serviços referentes a atividades de militância e mobilização de rua nas campanhas eleitorais observará os seguintes limites, impostos a cada candidato: *(Incluído pela Lei nº 12.891, de 2013)*
I - em Municípios com até 30.000 (trinta mil) eleitores, não excederá a 1% (um por cento) do eleitorado; *(Incluído pela Lei nº 12.891, de 2013)*
II - nos demais Municípios e no Distrito Federal, corresponderá ao número máximo apurado no inciso I, acrescido de 1 (uma) contratação para cada 1.000 (mil) eleitores que exceder o número de 30.000 (trinta mil). *(Incluído pela Lei nº 12.891, de 2013)*

§1º As contratações observarão ainda os seguintes limites nas candidaturas aos cargos a: (Incluído pela Lei nº 12.891, de 2013)
I - Presidente da República e Senador: em cada Estado, o número estabelecido para o Município com o maior número de eleitores; (Incluído pela Lei nº 12.891, de 2013)
II - Governador de Estado e do Distrito Federal: no Estado, o dobro do limite estabelecido para o Município com o maior número de eleitores, e, no Distrito Federal, o dobro do número alcançado no inciso II do caput; (Incluído pela Lei nº 12.891, de 2013)
III - Deputado Federal: na circunscrição, 70% (setenta por cento) do limite estabelecido para o Município com o maior número de eleitores, e, no Distrito Federal, esse mesmo percentual aplicado sobre o limite calculado na forma do inciso II do caput, considerado o eleitorado da maior região administrativa; (Incluído pela Lei nº 12.891, de 2013)
IV - Deputado Estadual ou Distrital: na circunscrição, 50% (cinquenta por cento) do limite estabelecido para Deputados Federais; (Incluído pela Lei nº 12.891, de 2013)
V - Prefeito: nos limites previstos nos incisos I e II do caput; (Incluído pela Lei nº 12.891, de 2013)
VI - Vereador: 50% (cinquenta por cento) dos limites previstos nos incisos I e II do caput, até o máximo de 80% (oitenta por cento) do limite estabelecido para Deputados Estaduais. (Incluído pela Lei nº 12.891, de 2013)
§2º Nos cálculos previstos nos incisos I e II do caput e no §1º, a fração será desprezada, se inferior a 0,5 (meio), e igualada a 1 (um), se igual ou superior. (Incluído pela Lei nº 12.891, de 2013)
§3º A contratação de pessoal por candidatos a Vice-Presidente, Vice-Governador, Suplente de Senador e Vice-Prefeito é, para todos os efeitos, contabilizada como contratação pelo titular, e a contratação por partidos fica vinculada aos limites impostos aos seus candidatos. (Incluído pela Lei nº 12.891, de 2013)
§4º (Revogado pela Lei nº 13.165, de 2015)
§5º O descumprimento dos limites previstos nesta Lei sujeitará o candidato às penas previstas no art. 299 da Lei nº 4.737, de 15 de julho de 1965. (Incluído pela Lei nº 12.891, de 2013)
§6º São excluídos dos limites fixados por esta Lei a militância não remunerada, pessoal contratado para apoio administrativo e operacional, fiscais e delegados credenciados para trabalhar nas eleições e os advogados dos candidatos ou dos partidos e coligações. (Incluído pela Lei nº 12.891, de 2013)

Art. 101. (VETADO)

Art. 102. O parágrafo único do art. 145 da Lei nº 4.737, de 15 de julho de 1965 - Código Eleitoral passa a vigorar acrescido do seguinte inciso IX:
"Art. 145...
Parágrafo único...
IX - os policiais militares em serviço."

Art. 103. O art. 19, caput, da Lei nº 9.096, de 19 de setembro de 1995 - Lei dos Partidos, passa a vigorar com a seguinte redação:
"Art. 19. Na segunda semana dos meses de abril e outubro de cada ano, o partido, por seus órgãos de direção municipais, regionais ou nacional, deverá remeter, aos juízes eleitorais, para arquivamento, publicação e cumprimento dos prazos de filiação partidária para efeito de candidatura a cargos eletivos, a relação dos nomes de todos os seus filiados, da qual constará a data de filiação, o número dos títulos eleitorais e das seções em que estão inscritos.
...."

Art. 104. O art. 44 da Lei nº 9.096, de 19 de setembro de 1995, passa a vigorar acrescido do seguinte §3º:
"Art. 44..
....
§3º Os recursos de que trata este artigo não estão sujeitos ao regime da Lei nº 8.666, de 21 de junho de 1993."

Art. 105. Até o dia 5 de março do ano da eleição, o Tribunal Superior Eleitoral, atendendo ao caráter regulamentar e sem restringir direitos ou estabelecer sanções distintas das previstas nesta Lei, poderá expedir todas as instruções necessárias para sua fiel execução, ouvidos, previamente, em audiência pública, os delegados ou representantes dos partidos políticos. (*Redação dada pela Lei nº 12.034, de 2009*)
§1º O Tribunal Superior Eleitoral publicará o código orçamentário para o recolhimento das multas eleitorais ao Fundo Partidário, mediante documento de arrecadação correspondente.
§2º Havendo substituição da UFIR por outro índice oficial, o Tribunal Superior Eleitoral procederá à alteração dos valores estabelecidos nesta Lei pelo novo índice.
§3º Serão aplicáveis ao pleito eleitoral imediatamente seguinte apenas as resoluções publicadas até a data referida no caput. (*Incluído pela Lei nº 12.034, de 2009*)

Art. 105-A. Em matéria eleitoral, não são aplicáveis os procedimentos previstos na Lei nº 7.347, de 24 de julho de 1985. (*Incluído pela Lei nº 12.034, de 2009*)

Art. 106. Esta Lei entra em vigor na data de sua publicação.

Art. 107. Revogam-se os arts. 92, 246, 247, 250, 322, 328, 329, 333 e o parágrafo único do art. 106 da Lei nº 4.737, de 15 de julho de 1965 - Código Eleitoral; o §4º do art. 39 da Lei nº 9.096, de 19 de setembro de 1995; o §2º do art. 50 e o §1º do art. 64 da Lei nº 9.100, de 29 de setembro de 1995; e o §2º do art. 7º do Decreto-Lei nº 201, de 27 de fevereiro de 1967.
Publicada em 1/10/1997

SOBRE OS AUTORES

Alan Rogério Mansur Silva
Bacharel em Direito pela Unama – Universidade da Amazônia. Formado em Comunicação Social – habilitação em Jornalismo, pela UFPA – Universidade Federal do Pará. Procurador da República atuando no Núcleo de Combate à Corrupção do MPF/PA. Membro do Grupo Executivo Nacional da Função Eleitoral, em assessoria ao PGR – Genafe/PGR. Procurador Regional Eleitoral no Pará no biênio 2013-2015. Diretor da Associação Nacional dos Procuradores da República – ANPR, desde 2011. Membro do Ministério Público Federal desde 2008.

Célia Regina de Lima Pinheiro
Desembargadora do Tribunal de Justiça do Estado do Pará. Vice-Presidente e Corregedora Regional Eleitoral do Tribunal Regional Eleitoral do Pará. Diretora da Escola Judiciária Eleitoral do TRE/PA.

Elmana Viana Lucena Esmeraldo
Bacharela em Direito. Analista Judiciária do TRE/PA. Especialista em Direito Eleitoral e Processo Eleitoral. Especialista em Direito Público. Especializanda em Direito Processual Civil. Autora dos livros *Processo eleitoral – Sistematização das ações eleitorais* e *Manual dos candidatos e partidos políticos*.

José Edvaldo Pereira Sales
Doutorando em Direito (UFPA). Mestre em Direito (UFPA). Especialista em Direito Eleitoral (Unisul/SC). Promotor de Justiça do Estado do Pará.

José Henrique Mouta Araújo
Doutor e Mestre (Universidade Federal do Pará), com estágio em Pós-Doutoramento na Faculdade de Direito da Universidade de Lisboa. Professor Titular da Universidade da Amazônia e do Centro Universitário do Estado do Pará. Procurador do estado do Pará. Advogado.

Juliana Rodrigues Freitas
Advogada. Consultora Eleitoral. Professora de Graduação e Mestrado do Cesupa (Centro Universitário do Estado do Pará). Mestra e Doutora em Direito pela UFPA.

Luiz Ismaelino Valente
Advogado e Procurador de Justiça (aposentado) do Ministério Público do Pará. Foi Coordenador das Promotorias Eleitorais do Ministério Público do Pará e Docente de Direito Eleitoral da Fundação Escola Superior do Ministério Público e da Escola Superior da Magistratura do Tribunal de Justiça do Estado do Pará. Autor de *Crimes na propaganda eleitoral*, *Cartilha eleitoral* e *Das condutas vedadas aos agentes públicos em campanhas eleitorais*.

Luzia do Socorro Silva dos Santos
Mestra e Doutora em Direito das Relações Sociais pela Pontifícia Universidade Católica de São Paulo (PUC/SP). Pós-Doutoranda pela Universidade de Coimbra. Pesquisadora e professora universitária no Brasil. Juíza de Direito no estado do Pará.

Maíra de Barros Domingues
Mestra em Ciência Política pela UFPA. Graduada em Direito pelo Cesupa. Professora Universitária. Advogada.

Sávio Leonardo de Melo Rodrigues
Advogado atuante no Tribunal Regional Eleitoral do Pará. Secretário Geral do Instituto Paraense de Direito Eleitoral. Bacharel em Direito pela Universidade Federal do Pará (2006). Pós-Graduado em Direito Eleitoral pela Universidade Federal do Pará (2009). Agraciado com a Medalha de Honra ao Mérito Eleitoral pelo Tribunal Regional Eleitoral do Pará (2010).

Esta obra foi composta em fonte Palatino Linotype, corpo 10
e impressa em papel Offset 75g (miolo) e Supremo 250g (capa)
pela Gráfica e Editora O Lutador, em Belo Horizonte/MG.